아브라함 카이퍼의 사상과 삶

braham Kuyper, His Life and Theology

아브라함 카이퍼의 삶

정성구 지음

킹덤북스
Kingdom Books

아브라함 카이퍼의 사상과 삶

발행일	2010년 6월 26일
초판3쇄	2020년 6월 30일

지은이	정성구
발행인	윤상문
발행처	킹덤북스

출판등록	제2009-29호(2009년 10월 19일)
주 소	경기도 용인시 기흥구 동백동 622-2
문 의	대표전화 031-275-0196
	팩스 031-275-0296
ISBN	978-89-94157-06-1 (03230)

Copyright ⓒ 2010 정성구

· 이 책은 저작권법에 따라 보호받는 저작물이므로 무단전재와 복제를 금지하며,
· 이 책의 내용의 전부 또는 일부를 이용하려면 반드시 저작권자와 킹덤북스의 서면 동의를 받아야 합니다.

※ 잘못된 책은 구입하신 곳에서 교환하여 드립니다.
※ 책 가격은 표지 뒷면에 있습니다.

킹덤북스
Kingdom Books

킹덤북스(Kingdom Books)는 문서사역을 통해 하나님의 나라를 확장하고, 한국 교회와 세계교회를 섬기고자 설립된 출판사입니다.

Calvinistic Theologian, Politician, Journalist

Abraham Kuyper
His life and Theology

by

Prof. Rev.S.K.CHUNG, Drs.Th, Ph.D, D.D, Litt.D

(Former President of Chongshin University &
Taeshin University & Seminary
Emeritus Prof. of Calvin University)

Kingdom Books, KOREA

2010

머리말

　1972년 그해 늦 가을이었다. 나는 청운의 꿈을 품고 사랑하는 아내와 두 아이들을 서울 도봉동 단칸방에 남겨 둔채 홀로 훌쩍 화란 암스텔담으로 유학의 길에 올랐다. 꿈에 그리던 아브라함 카이퍼 박사가 세운 뿌라야 대학교, 자유대학교(free University)에서 유학을 시작했다. 이 유학의 꿈은 그보다 10년 전 1962년에 나의 영적인 멘토인 박윤선 목사님을 만난 후부터 잉태되었다. 20대 초반의 나는 50대 중반의 박목사님을 은사로 모시면서 동산교회의 교육전도사로 일했는데, 그 당시 매 주일 강단에서 외치는 그의 진리의 메시지는 내 영혼을 사로잡았다. 그때 박목사님은 이사야서 주석을 집필하시면서 깨달은 진리를 매 주일 설교 말씀으로 쏟아내어 놓았는데 당시 나는 마치 이사야가 다시 되돌아 온듯한 착각을 하곤 했다. 그런중에 박목사님의 성경주석을 살펴보니 모두가 화란 개혁주의 신학자들의 책들이 많이 인용되었고, 특히 칼빈과 카이퍼와 바빙크의 사상이 핵심을 이루었다. 나는 어린 마음에 화란어를 공부해야 박목사님의 사상을 배울 수 있겠구나 생각하고 화란어를 열심히 자습해서 신학교 졸업하던 해에는 『화란어 문법의 연구』라는 번역서를 내었다. 이러한 계기로 인해 나는 후일에 한국외국어대학교 화란어과 창설교수가 되었다. 화란어를 가르치는 교수의 경험이 화란 유학을 결행하도록 이끄는 기폭제가 되었다.

　나의 자유대학교 시절, 아직은 말도 글도 제대로 모르고 앞뒤를 분간 못하고 있을 때 화란 근대사를 가르치는 얀 반 덴 벅(Jan Van Den

Berg) 교수를 만났다. 그는 나에게 『낮은 땅 높은 빛』이란 화란 근대사 논문집을 읽으라고 과제물을 주었다. 그 책을 읽고 화란 근대사는 곧 아브라함 카이퍼의 역사였고 그가 끼친 영향은 교회와 사회, 문화, 정치 등 삶의 전 영역에 미치지 않는 곳이 없었음을 알게 되었다. 그러나 나의 유학 초기의 방황은 끝나지 않았다. 준비없이 온 유학 (비록 총신대 강사와 명색이 한국외국어대학교 전임대우 교수였음에도 불구하고), 언어에 대한 한계, 경제적 어려움, 가족을 두고 온 고독감으로 인해 심한 스트레스에 시달리고 있었다. 그러던 어느 날 자유대학교 신학부 도서관에서 이것저것 책들을 뽑아보다가 문득 아브라함 카이퍼의 조그마한 명상록이 눈에 들어왔다. 책 제목은 『하나님께 가까이, Nabij God te Zijn』이었다. 책 제목 아래에 시편 73:28이 기록되어 있었다. 곧 "하나님께 가까이 함이 내게 복이라" 라는 말씀을 발견하는 순간 나는 마음에 감동을 받고 기숙사로 돌아와 그 말씀을 다시 명상했다. 그때 가슴의 뜨거움 때문에 나는 오랫동안 하나님께 무릎끓어 기도하고 뒹굴었다. 이것은 일찍이 중생의 체험을 한 이후에 필자가 두 번째 갖는 큰 은혜의 체험이었다. 필자는 아브라함 카이퍼의 명상록을 통해서 카이퍼를 만났고, 또 하나님 중심의 신학과 세계관에 눈뜨게 되었다. 뿐만 아니라 카이퍼를 통해서 종교 개혁자 요한 칼빈을 보게 되었다. 그 후 나는 전처럼 방황하고 무기력한 사람이 아닌 가슴이 뛰는 역동적인 삶을 살 수 있었고, 하나님 중심의 칼빈주의 신학과 신앙을 통한 광활한 세계관을 갖게 되었다. 그리고 신학을 공부하는 가운데 카이퍼 사상의 후계자인 헬만 도예베르트(Herman Dooyeweerd) 박사와의 개인적인 만남은 물론이고 당대의 아브라함 카이퍼 사상을 이은 기라성 같은 칼빈주의 학자들과 교류하게 되었다. 무엇보다 L'abri Fellowship에서의 한스 로크마커(Hans Rookmaaker) 박사와 프란시스 쉐퍼(Francis Schaeffer) 박사와의 만남은 소중했다. 특히 나의 주임교수인 요하네스 벨까일(Johannes Verkuyl) 박사는 아브라함 카이퍼와 같이 행동하는 칼빈주의

학자였다. 그를 통해 칼빈주의와 카이퍼에 관하여 많은 것을 배우게 되었다.

그래서인가, 1977년 필자가 귀국한 이듬해에 첫 번째 큰 집회가 부산 초량교회에서 열렸는데, 전국 목사 장로 기도회에 나의 강연의 주제는 '하나님께 가까이'였다. 이는 화란에서 아브라함 카이퍼의 책을 접하게 되었을 때의 메시지 바로 그 제목이었다. 그 후 1988년에는 '아브라함 카이퍼(신학자, 정치가, 언론인) 전시회'를 종로 5가 100주년 기념관에서 열었다. 그때 화란 수상의 축전을 받았고, 화란 대사가 직접 찾아와 격려를 했다. 카이퍼의 사상과 삶에 대한 동경이 있었기에 나는 그의 사상과 삶을 다룬 책을 집필하고 싶었다. 그러나 그동안 바쁜 일정과 더불어 그의 사상과 삶을 다루기에는 나의 학문적 그릇이 부족함을 느껴 미루어왔다. 그동안 카이퍼에 관한 책 몇 권이 우리말로 번역되기도 했고, 그에 대한 연구논문도 훌륭한 젊은 학자들에 의해 여러 편 발표되기도 했다. 그러나 그의 사상과 삶의 전반적인 부분을 총체적으로 소개한 저술은 아직 출간되지 않은 것 같다. 나는 약 40여년 동안 칼빈주의 운동을 하면서 칼빈의 자료와 카이퍼의 자료를 적지 않게 수집했다. 그리고 '한국 칼빈주의 연구원'을 설립한지 25년이 지났고, 총신대학교와 대신대학교의 교수 일선에서 물러나 다소 시간적인 여유를 갖고 있는 이때에 나는 『아브라함 카이퍼의 사상과 삶』을 써보기로 했다. 하지만 쉽지 않았다. 앞으로 후학들의 더 깊은 연구를 기대해 본다.

특히 2008년 늦가을에 나는 다시 유럽 5개국을 순방하는 중에 화란에 들려 카이퍼 박사 탄생지인 마슬루이스를 방문했다. 그리고 또 카이퍼 박물관도 살펴봤다. 이때 나는 다시금 카이퍼의 사상과 삶에 대한 책을 쓰기로 굳게 결심했다.

이 책은 어떤 특정한 사람보다는 신학자, 목회자, 평신도, 대학생 등 모든 그리스도인들이 부담없이 읽고 영적인 통찰력을 얻기를 바라는 마음으로 집필했다. 필자의 간절한 소망은 즈의 나라와 주의 몸된 교회를 위해 한 생을 바친 카이퍼의 사상과 삶이 한국 교회의 지도자들에게 커다란 영적인 도전이 되기를 바랄 뿐이다.

마지막으로 이 책을 출간할 수 있도록 도움을 주신 여러 분들에게 감사를 표하고 싶다. 먼저 이 책에 사진자료를 게제하도록 허락한 자유대학교의 카이퍼 연구가요, 나의 오랜 친구인 얀 더 브라인(Jan De Bruijn) 박사에게 감사한다. 또한 이 책을 출판함에 있어서 미국의 카이퍼리안 칼빈주의자이신 풀러신학교의 리차드 마오(Dr. Richard Mouw) 박사의 귀한 추천에 감사한다. 그리고 나의 가장 가까운 친구 중의 한 사람인 미국의 칼빈신학교 총장이셨던 제임스 더 용(Dr. James de Jong)박사의 추천에도 감사한다. 그는 나와 함께 화탄 뿌라야 대학교 동문으로서 30년 동안 주안에서 아름다운 교제를 나눈 절친한 친구이다. 또한 추천의 글을 써주신 칼빈대학교 총장 길자연 박사를 위시해서 고신대학교 김성수 총장, 동덕여자대학교 손봉호 전 총장, 장로회신학대학교의 최윤배 교수님, 총신대학교의 안인섭 교수님들께 감사를 드린다. 특히 이 책을 집필할 때 영문 자료들을 수집허준 곽홍석 선생님과 나의 악필의 원고를 컴퓨터에 입력하기 위해 애쓴 김진웅 선생의 수고를 오래 기억하고 싶다. 또한 부족한 책을 정밀히 분석하여 교정해주고 멋진 예술작품으로 만들어준 킹덤북스 대표 운상문 목사님의 호의를 잊을 수 없다. 이 책을 읽는 모든 독자들에게 하나님의 은총이 임하여 삶의 모든 영역에서 하나님의 영광과 주권을 드러내는 신실한 그리스도인이 되기를 기도한다.

2010. 5
저자 정성구

목차

머리말 • 6

제1부
아브라함 카이퍼의 **생애**

서설: 아브라함 카이퍼를 소개함 • 17

젊은 날의 카이퍼 - 그의 신앙과 인격 형성 • 21
카이퍼의 성품 . 카이퍼의 가문 . 카이퍼의 대학시절 . 카이퍼의 회심(回心) . 카이퍼가 만난 시골 칼빈주의자들

위대한 목회자 카이퍼 • 44
베이스트(Beesd) 교회의 첫 목회 . 우트레흐트(Utrecht) 교회의 목회 . 암스텔담 중앙교회 목회

칼빈주의 대학의 설립자 카이퍼 • 61
왜 칼빈주의 대학이 필요했을까? . 자유대학의 설립과정 . 자유대학의 문이 열리다 . 카이퍼 이후, 칼빈주의 학문적 계승자들

교회의 개혁자 카이퍼 · 79
화란 국가교회의 세속화 . 교회 개혁의 최전방에 선 카이퍼 . 카이퍼의 교회 개혁의 과정 . 1886년 분열(Separatie)과 슬픔(Doleantie) . 화란 개혁교회(Gereformeerd Kerk)의 설립

교육의 개혁자 카이퍼 · 101
카이퍼의 교육개혁의 배경 . 카이퍼의 기독교 교육을 위한 투쟁 . 하나님 중심의 학문 . 카이퍼의 교육 투쟁의 열매

기독교 정치가 카이퍼 · 113
카이퍼의 정치 철학의 기반 . 카이퍼의 기독교 정치의 모델 . 카이퍼의 정당정책 기조-당수 . 카이퍼의 정치적 리더십 . 카0 퍼의 칼빈주의적 정치 . 카이퍼의 정권창출 수상이 되다 . 도전과 응전(Ⅰ)-철도 대 파업 . 도전과 응전(Ⅱ)-고등교육법 . 도전과 응전(Ⅲ)-금주법과 사회보장법 . 은퇴 없는 반세기의 정치가 카이퍼 . 카이퍼의 정치적 열매 . 기독교 정치가 카이퍼의 평가

다양한 저술가 카이퍼 · 162
카이퍼의 박사 학위논문집 . 카이퍼의 신학 저서들 . 기독교 정치에 관한 저서들 . 성경 명상(묵상)을 위한 저서들 . 교회 개혁을 위한 저서들

천재적 저널리스트 카이퍼 · 174
카이퍼는 타고난 언론인 . De Heuraut지의 발행인 겸 편집주간 . De Standaard지의 편집인과 주필 . 칼빈주의적 저널리스트

사회의 개혁자 카이퍼 • 188
카이퍼 시대의 사회적 이슈 . 카이퍼의 사회 개혁의 관심 . 카이퍼의 사회개혁의 실제 . 노동법 제정을 위한 카이퍼의 투쟁

제2부
아브라함 카이퍼의 **사상**

카이퍼의 설교론-불꽃같은 설교자 • 203
카이퍼에게 있어서 성경과 설교 . 카이퍼의 설교자 이해 . 카이퍼의 설교관, 말씀 봉사의 의미 . 카이퍼의 목회와 설교 . 카이퍼의 설교 내용

카이퍼의 교회론 • 226
교회 관리 . 참된 교회는 하나님의 말씀이 선포된다 . 참된 교회는 성례가 바로 집행 된다 . 성만찬과 공개적 신앙고백 . 교회에 대한 그리스도인의 책임

카이퍼의 성령론 • 238
칼빈과 카이퍼의 성령론 . 성령의 사역범위 . 성령과 창조 그리고 재창조 . 성령과 성경 . 성령의 부으심과 오순절 . 성령과 초대교회 그리고 신약성경 . 성령의 사역과 구속운동 . 성령과 설교사역 . 성령의 사역과 기도

카이퍼의 영역주권 • 259
영역주권의 선포 배경 . 영영주권의 원리자 칼빈 . 영역주권의 선포 환경 . 영역주권의 원리

카이퍼의 칼빈주의적 기독교 세계관 • 274
카이퍼의 칼빈주의적 세계관의 유래 . 카이퍼의 기독교 세계관 정립 . 칼빈주의에서 마음의 안식을 얻다 . 종교 다원주의는 불가하다 . 정치도 칼빈주의자의 몫이다 . 학문도 하나님을 위하여… . 모든 예술은 하나님으로부터 왔다 . 칼빈주의가 대안이다

카이퍼의 하나님 중심의 신학 • 301
계시와 상징주의에 대한 카이퍼의 입장 . 하나님의 자기 계시가 기독교 신학의 원리 . 성경의 권위와 영감 . 하나님 중심의 신학 . 범신론과 진화론의 거절 . 그리스도의 사역 . 성령의 사역 . 성경의 자증(自證)

카이퍼의 구원론 • 314
구원은 하나님의 단독 사역이다 . 오직 은혜(Sola Gratia)로만 구원 얻는다 . 하나님 주권과 인간의 책임 . 중생(重生) . 신본주의와 인본주의의 대결 . 죄는 삶의 전 영역에 영향을 준다 . 중생자만이 바른 학문을 할 수 있다 . 오직 믿음(Sola Fide) . 성도는 날마다 성화(聖化)의 삶을 산다 . 영적 전쟁 . 최후 승리에 대한 확신

카이퍼의 특별은총론 • 330
카이퍼는 특별은총론자 . 그리스도는 모든 사람을 위한 것이 아니다 . 결과로서 증명된다 . 특별은총은 말로 다할 수 없는 하나님의 자비이다

카이퍼의 일반은총론과 문화 • 340
은총에 대한 용어 차이 . 일반은총의 의미 . 일반은총과 문화 .
기독교 문화 건설을 위한 대결(Antithesis) . 일반은총론에 대한 평가

카이퍼의 선교론 • 355
카이퍼는 선교의 프런티어 . 선교 사역은 하나님의 주권적 사역 . 선교는 하나님의 영광을 위한 것이다

카이퍼의 경건론 • 363
하나님의 일을 하는 것이 경건이다 . 그리스도인의 경건은 인내를 통해 나타난다 . 성령의 능력으로 사는 것이 경건이다 . 말씀을 따라 사는 것이 경건이다

아브라함 카이퍼의 평가와 결론 • 375

미주 • 381

부록 • 411
카이퍼의 저서 및 참고서 • 413
1988년 카이퍼 전시회 자료 • 427
카이퍼의 사진자료 • 445
인명 및 주제 색인 • 467

Abraham Kuyper,
His Life and Theology

제1부
아브라함 카이퍼의
생애

이것은 스텐다드지 편집인으로 사역한 아브라함 카이퍼의 40년 봉직을 축하하는 포스터이다. 카이퍼는 자신에게 두 분의 멘토가 있는 데 한 분은 칼빈이고 다른 한 분은 흐룬 반 프린스터라고 사진으로 설명하고 있다.

서설

아브라함 카이퍼 박사를 소개함

카이퍼(1837-1920)는 그를 비판하는 사람들에게서도 "열 개의 머리와 백 개의 손을 가진자"라는 칭송을 받았다. 그는 참으로 다방면에 천재적인 머리를 가졌을 뿐 아니라 칼빈주의의 세계화를 위해서 전 생애를 걸었다. 그리고 카이퍼는 하나님의 영광과 주권을 위해서 불꽃같은 삶을 살았던 작은 거인이었다. 이제 필자는 그의 신학, 그의 신앙, 그의 리더십, 그의 설교, 그의 연설, 주옥같은 그의 글들을 오늘의 한국 독자들에게 소개하려고 한다.

카이퍼 박사는 19세기 화란이 낳은 하나님의 위대한 종이었다. 아마 그가 영어권이나 불어권 나라에 태어났다면, 그의 명성과 사상은 훨씬 더 한국에 잘 알려졌을 것이다. 그러나 그의 조국 화란은 조그마한 나라였고, 강대국인 영국, 독일, 불란서 사이에 끼어서 상대적으로 약소 국가인데다가 제한된 화란어 사용으로 해외에서는 널리 알려지지 않았다.

그러나 1920년 아브라함 카이퍼 박사가 서거했을 때 전 세계 120개 신문들은 아브라함 카이퍼의 서거를 애도하고 제2의 칼빈이 잠들었다고 논평했으며, 그가 일생동안 하나님의 주권과 하나님의 왕권을 위해서(Pro Rege) 일했던 위대한 신학자요, 교회 개혁가요, 정치가요, 언론인이었음을 평가했다.

카이퍼는 1837년에 목사의 아들로 태어나서 라이덴 대학에서 문학과 신학을 공부했으며 25세의 나이에 신학 박사 학위를 받았고, 26세에 목사가 되어 베이스트 시골 교회와 우트레흐트와 암스텔담의 큰 교회의 담임목사로 주님의 교회를 섬겼다. 전술한 바대로 카이퍼는 너무나도 다재다능한 인물이었기에 그와 입장을 달리하던 사람들도 그를 격찬했다.

그는 이 세상 인간의 모든 삶의 영역이 하나님 주권하에 있음을 확신했다. 그래서 그는 167cm의 작달막한 키에 지칠 줄 모르는 정열을 가지고 그리스도의 몸된 교회와 하나님의 나라를 위해서 모든 분야에서 혼신의 힘을 쏟으면서 하나님의 영광을 위해 살았다.

카이퍼는 불을 튀기는 대설교가였을 뿐만 아니라 자유주의 노선에선 국교에서 교회를 개혁하여 화란 개혁교회를 세운 교회개혁가였다. 카이퍼는 불란서 혁명이 인본주의 사상에서 이루어진 것을 공격하고, 그의 스승인 흐룬 반 프린스터(Groen Van Prinstere)의 뒤를 이어 A. R. P. 정당의 당총재가 되었다. 그리고 그는 하원의원과 종신 상원의원을 지냈으며 수상으로서 재직하면서 칼빈주의적 정치를 실현하였다.

카이퍼는 인본주의적이고 무신론적 학문운동의 국립대학에 대항해서 성경적이고 신본주의적인 칼빈주의 사상을 가진 뿌라야 대학(화란자유대학교)을 설립하고 조직신학 교수 및 총장에 취임하였다.

1880년 뿌라야 대학을 개교하면서 영역주권(領域主權, Souvereiniteit in eigen King) 사상을 제창함으로써 삶의 모든 영역에 하나님의 주권을 인정하였다. 그는 모든 그리스도인들은 예수 그리스도의 십자가로 구원을 받았기 때문에 우리의 삶 전체를 하나님의 영광을 위해 살아야 하며 그의 말씀 앞에 순종의 삶을 살아야 할 것을 역설하였다.

그리고 1898년 미국 프린스턴 대학에 가서 그 유명한 '칼빈주의' 란 무엇인가? 에 관하여 특별강연을 함으로써 갈채를 받았고 미국 장로교회에 결정적인 영향을 끼쳤다.

뿐만 아니라 그는 일간지인 '스텐다드' 지를 창간하여 편집인이 되었고 주간지 '헤라우트' 지를 창간하여 45년간 편집장으로 일하였다. 카이퍼의 생애 50여 년간은 기독교 언론인으로서 하나님의 주권과 그의 영광을 위한 삶이었다. 카이퍼는 1862년부터 그의 서거때까지 한 평생을 저술가로서 일하면서 223권의 크고 작은 책을 저술하였다. 그 중에는 신학, 정치, 사회, 문화, 예술, 과학, 교육 등 손대지 않은 것이 없었다.

카이퍼는 복음이 인간의 전 생활을 변화시켜야 한다고 믿었다. 그에 의하면 개인적으로 그리스도를 믿고 능동적인 교회생활을 하는 것도 중요하지만, 그러한 신앙의 삶이 구체적인 삶속에서 명백히 드러나야 한다는 것이다. 그는 하나님 앞에서(Coram Deo) 우리의 삶 전체를 드려야 할 것을 주장하였다.

이제 한국 교회는 복음을 받은지 120년이 넘었고 하나님의 축복으로 1천만 명의 기독교인을 헤아리게 되었다. 그러나 우리의 삶의 전 영역에서 하나님의 주권과 영광을 나타내는 삶은 부족한 것 같다. 그런 까닭에 아브라함 카이퍼의 칼빈주의적 삶의 원리는 우리들에게 새로운 신선한 충격을 주리라고 믿는다.

필자가 이 책을 쓰면서 확신하게 된 것은 카이퍼는 칼빈의 신학과 신앙에 기초한 칼빈주의자였다는 사실이다. 그래서 필자는 이 책의 매 장마다 칼빈의 사상과 카이퍼의 사상을 비교하여 논술했다. 이것을 통해 독자들은 카이퍼는 3세기 전의 칼빈의 신학과 신앙의 기반 위에 확고히 서 있는 학자라는 사실을 알게 될 것이다. 혹자는 카이퍼가 칼빈을 그리 많이 인용하지 않았다고 평가하는 이도 있다. 사실 카이퍼는 자신의 저술을 쓸 때 칼빈의 저서를 참고하였지만 오늘날 우리가 논문의 각주를 다는 것처럼 하지는 않았다. 카이퍼의 글은 거의 대부분 'De Heraut'나 'De Standaard' 지에 성경명상, 논설, 연설, 설교 등으로 실렸다. 그는 다양한 장르를 넘나들면서 수많은 글을 썼고 223권의 크고 작은 책들을 출판했다. 하지만 앞서 언급했듯이 그는 칼빈의 책들을 참고하면서도 무슨 책 몇 페이지라고 정확히 주(註)를 달지는 않았다. 또 그렇게 할 필요도 없었다. 그는 당시에 최고의 칼빈학자였을 뿐 아니라 칼빈의 신학과 신앙을 보다 구체적으로 확대하고 세분화하고 적용하는 일에 전 생애를 걸었다. 더욱이 그는 구체적인 삶의 현장에서 하나님께 영광을 돌리는 것이 무엇인지를 묻고, 칼빈의 신학적 교리적 체계를 대중들이 쉽게 알아듣고 이해할 수 있도록 헌신의 노력을 다했다. 카이퍼는 16세기 칼빈 이후에 하나님께서 인류에게 주신 참으로 걸출한 위인이다. 하나님께서 그의 나라와 몸 된 교회를 위해서 카이퍼를 도구로 쓰신 셈이다. 독자들은 이 책을 통해 그리스도인으로서 이 땅에 살면서 삶의 모든 영역에서 구체적으로 어떻게 살아야 할지를 깨닫게 될 것이다.

젊은 날의 카이퍼
_그의 신앙과 인격 형성

아브라함 카이퍼는 특이하고 천재적인 인물이었다. 1897년 챨스 보이스벤(Charles Boissevain)이란 학자는 "그의 반대편에 있는 사람도, 카이퍼를 가리켜 열 개의 머리와 백 개의 손을 가진 사람"(een Tegenstander, die Tien Hoofden en Honderd Armen Bezit)이라고 평가했다고 했다.[1] 카이퍼는 너무나 다방면에서 천재였음으로 그저 경이로운 인물이라는 것 외에는 달리 평가할 방도가 없다. 사람은 한 가지에도 천재가 될 수 없는데 카이퍼는 실로 여러 방면에 천재였다. 그는 천재적인 머리만 가진 것이 아니었다. 그는 논리가이자 실천가로서, 감성과 지성과 영성뿐아니라, 의지력, 호소력, 리더십을 한꺼번에 갖춘 걸출한 인물이었다. 사람들은 그가 유럽의 작은 나라 화란에 태어나지 않고 미국이나 다른 강대국에 태어났더라면 지금보다 훨씬 더 많은 영향력을 끼쳤을 것이라고 했다.

카이퍼가 1920년 11월 8일 83세로 서거 했을 때 전 세계 120여개의 일간지와 주간지에서 그의 죽음을 애도했고, 카이퍼를 칼빈주의 신학자와 정치가 그리고 언론인으로서 대서특필했다. 특히 미국의 그랜드 레피즈 프레스(Grand Rapids Press)지는 그를 "제2 칼빈이라고"(Kuyper as a Second Calvin)[2]했다. 그리고 카이퍼 연구의 대가이며 제1회 카이퍼 대상을 받은 푸칭거(George Puchinger)박사는 그의 기념연설에서 "카이퍼는 우리에게 여전히 매혹적입니다."란 말로 시작했다.³ 1980년 필자가 푸칭거 박사와의 대화중에, 오늘날 카이퍼 대한 관심이 화란에서는 점점 줄어들고 있는데 어떻게 생각하는가라고 물었다. 푸칭거의 대답은 앞으로 카이퍼의 신학과 신앙운동은 다시 부흥될 날이 곧 올 것이라고 낙관적으로 대답했다. 이제 카이퍼의 어린 시절에서부터 청소년기에 이르기까지 그가 가졌던 꿈과 비전은 무엇이며 그의 이상은 무엇이었는지를 살펴보려고 한다.

카이퍼의 성품

카이퍼는 위대한 꿈의 사람이었다. 그런데 그는 그가 꿈꾸던 것을 구체적으로 실현하고 열매를 맺은 사람이었다. 그는 조그마한 어촌 마슬루이스(Maassluis)의 목사의 아들로 태어나 꿈 많은 소년으로 자랐다. 그는 다방면에 재능이 뛰어난데다, 천재적인 감수성과 영감으로 그가 발표한 모든 것은 히트를 쳤고, 그가 구상하고 계획했던 꿈을 기어코 성취시켜나간 집념의 사람이었다.

그런데 카이퍼의 초인적인 능력과 꿈이 이루어져 가자 많은 사람들이 그를 환호하고, 지지를 보내고, 감격스러워 했지만, 또 다른 부류의 사람들은 그에게 혐오감을 느끼기도 하고 그의 이상적인 꿈을 강하게 비판하기도 했다.

남녀노소를 불문하고 많은 사람들이 그를 추종했으며, 그의 설교와 강연 그의 저서들을 통해서 용기와 희망과 꿈을 가졌다. 그러나 어떤 이는 등을 돌리기도 했다. 그를 개인적으로 만나게 되면, 갑자기 기발한 아이디어를 내서 사람들을 깜짝 놀라게 하는 매력도 있지만, 입장이 다른 사람들을 난처하게 하고 분노를 일으키게도 하였다.

카이퍼의 정치적 후계자인 코라인(Dr.H.Colijn) 박사는 카이퍼를 가리켜 "국가의 상징으로서 카이퍼"(Dr. Kuyper Als Nationale Figuur)[4]라고 했지만, 카이퍼의 정치적 적수인 뜨뤁스뜨라(P.J. Troelstra)는 일생동안 카이퍼 노선을 비판했다. 카이퍼는 자신이 쓴 논설이나 소책자에서 그의 반대자를 마치 고양이가 쥐를 다루듯 했다고 한다.[5] 카이퍼는 그와 반대하는 자들과 논쟁을 할 때는 종종 정서적으로 익살스럽고 온순한 말을 하려고 했으나 그의 말은 신랄하고 격렬했다.

카이퍼는 논쟁가였다. 논쟁을 좋아했을 뿐 아니라, 논쟁을 즐기는 타고난 싸움꾼이었다. 그는 자신이 확신하고 있는 칼빈주의적 세계관을 사수하기 위해서 또 개혁주의 신학을 지키기 위해서 한 치의 양보도 없이 반대자를 굴복시키는데 천부적인 머리를 가지고 있었다. 그는 논리적 토론을 즐겼으며 그리고 열정적이었다. 어떤 때는 친절했고 어떤 때는 불쾌감을 주기도 하고 때로는 과장하는 듯한 인상을 주기도 하고, 때로는 풀기 어려운 복잡한 문제를 아주 쉽게 설명하는데도 천재적이었다. 말하자면 천재로서의 카이퍼는 감정의 폭이 넓어서 어느 것에 초점을 맞추기가 쉽지 않았다. 그래서 카이퍼 노선을 따르는 사람은 늘 감탄했고 정치적으로 반대 입장에 서 있던 진보주의자, 사회주의자들은 항상 카이퍼의 논리를 당해 낼 수가 없어서 분통을 터뜨렸다.

또 하나 여기서 살피려는 것은 카이퍼는 예술적 감성을 많이 가지고 있었다는 점이다. 여러모로 그는 예술적 감성을 가진 자로서 여러 방면에 그 자질이 나타나곤 했다. 그는 상상력이 풍부했고 공상적이기도 했다. 그리고 그가 어떤 이론을 만든 후에는 반드시 끝까지 밀고 나가는 저력도 갖고 있었다. 대부분의 경우 감성이 풍부한 사람은 논리와 합리성이 부족하기 마련이고 논리적이고 합리적인 사람은 감성이 부족하기 쉽다. 그러나 카이퍼는 지성과 감성 그리고 영성을 한꺼번에 다 소유한 아주 보기 드문 천재라고 할 수 있다. 그럼에도 불구하고 너무 바쁘게 일을 했음으로 허둥대기도 하고 복장이 단정치 못하기도 했다. 그 이유는 그는 시간을 쪼개어 가면서 날마다 강연을 하고 날마다 사설을 쓰고 날마다 성경 명상록을 쓰고 날마다 정적들과 싸우는 준비를 했기 때문이다. 그리고 날마다 자유주의자들과 힘겨운 승부를 겨루어야 했기 때문이다.

카이퍼는 천재적인 머리도 있었지만 그의 근면성, 뜨거운 정열, 흔들림 없는 그의 꿈의 실현, 하나님의 주권과 영광을 위한 그의 투쟁들이 함께 어우러져서 위대한 칼빈주의 사상을 다시 일으켜 세웠다고 할 수 있다.

카이퍼는 26세의 나이에 목사가 되었다. 그리고 첫 목회지 베이스트(Beesd)교회에서 일할 때 위대한 칼빈주의적 정통신앙을 가진 자들과 만났다. 그때의 만남이 그의 인생을 180도로 변화시켰다. 카이퍼는 자유주의적인 청년 목사였지만 첫 목회지에 가서 두 번째 회심을 체험한 후, 개혁주의 신학자와 목회자로 거듭나게 된다. 만에 하나 카이퍼가 베이스트 교회에서 칼빈과 돌트신경을 고수하는 개혁주의자들과 만남이 없었다면 그의 인생은 전혀 다른 길로 갔을 것이다. 물론 아브라함 카이퍼는 목사의 아들로 태어나서 처음부터 화란 국가교회 즉 갱신교회 교인이었다. 이것이 그로 하여금 그의 믿음을 형성하는 힘이 되기도 했지만, 자기 자신의 품성을 도야해서 훌륭한 시민으로 또는 학구적인 학자로 발돋움하게 하는 계기도 되었다. 카이퍼는 일찍 회심 체험을 했다. 그러나 이러한 은혜를 누리게 된 것은 앞서 언급한 베이스트의 칼빈주의자들의 도움 때문이다. 그는 이제 일찍이 라이덴 대학교 신학부에서 체험하지 못한 영감을 새로이 받게 되었다. 푸칭거 박사의 표현대로 하면 "종교적인 불똥이 점화되면 감동을 잘하는 카이퍼 자신은 문화적인 화약통으로 변했다. 그것은 일단 폭파되었기 때문에 오늘날까지 화란에 많은 흔적을 남겼다."[6] 고 했다.

카이퍼는 신앙의 사람이었다. 그리고 그는 지성과 감성과 영성을 겸비한 사람이었다. 무엇보다 그는 영적인 깊은 곳에서 다함이 없는 아이디어를 지닌 비범한 사람이었다. 결국 한 사람의 변화가 교회를 새롭게 하고 국가를 새롭게 하고 민족을 새롭게 만들었다. 카이퍼의 회심은 그냥 영적인 변화 뿐 아니라 그의 학문, 그의 사상, 그의 세계관 전부의 변화였다. 19세기말 자유주의 사상이 창궐하던 시대에 16세기 개혁주의 신학과 신앙을 회복하고 더욱 발전시키기 위해서 하나님은 한 사람 천재, 카이퍼를 그의 도구로 쓰신 것이다.

카이퍼의 가문

카이퍼의 가문에서 기록으로 알 수 있는 사람은 카이퍼의 중조부 딕 카이퍼(Dirk Kuyper)였다. 그는 1707년에 라트비아(Latvia)의 리보에서 출생했으며 암스텔담 왕궁 옆에 있는 암스텔담 중앙교회에서7 안 반데인(Ann van Duyn)과 결혼해서 10명의 자녀를 낳았다. 그는 직업은 선원이었는데, 후일 고급 가구 제작자가 되었다. 그 아들 중에 여덟 번째가 아브라함이었고 1750년 11월 27일에 암스텔담 서부교회(WesterKerk)에서 세례를 받았다. 그는 화필 제조공으로 일했는데, 그에게서 얀 프레드릭(Jan Fredrick)이 1801년 5월 20일에 태어났다. 이분이 바로 아브라함 카이퍼의 아버지였다.

아브라함 카이퍼의 가정적인 형편을 알아보기 위해서는 그의 아버지 얀 프레드릭에 대해서 좀 더 소개하는 것이 좋겠다. 아브라함 카이퍼의 아버지는 일생동안 두 번의 큰 변화를 입었다. 본래 얀 프레드릭은 그의 선친이 했던 직업인 화필 제조공을 하지 않고 무역회사에 일하였다. 그는 영어에 능통했기 때문에 종교 소책자 협회 의뢰를 받아 영어로 된 전도책자를 화란어로 여러 권 번역했다. 그 번역판이 아주 우수했기에 그 협회의 이사 중 한 사람이 그에게 신학을 공부하면 어떻겠느냐고 하면서 용기를 주었다. 그리고 신학을 공부하면 필요한 등록금과 모든 재정적인 지원을 아끼지 않겠노라고 했다. 그래서 얀 프레드릭 카이퍼는 신학을 공부하게 되었고 1828년 8월 10일에 호흐마데(Hoogmade)에서 목사가 되었다.

얀 프레드릭 카이퍼 목사는 1834년 9월 28일에 마슬루이스(Maassluis) 교구로 전출되었고 1837년 10월 29일 주일날에 아브라함 카이퍼가 출생했다. 그래서인가 그의 어머니는 카이퍼를 종종 주일아이(Sunday's Child)라고 부르기도 했다.[8]

카이퍼는 전형적인 어촌 마을인 마슬루이스에서 태어나 아버지에게서 유아 세례를 받고 아버지 목사의 교육과 훈계로 성장했다. 마슬루이스는 어촌이라고는 하지만 운하를 통해서 제법 큰 배가 드나들고 있는 지역으로서 한국으로 치면 읍 정도의 크기였다. 하지만 마슬루이스교회는 종교 개혁 이후에 세워진 교회로서 교구의 중앙 교회로 되어 있었다. 수백 년 동안 이 교회는 이 지역의 어머니 교회였고 보수적인 교회였다. 지금 마슬루이스에는 아브라함 카이퍼의 박물관(Kuyper Museum)이 세워져 있다. 카이퍼의 중심 무대가 암스텔담 이기도 하고 또 베이스트나 우트레흐트, 헤그 등도 관련이 있지만 카이퍼의 출생지인 마슬루이스가 박물관 장소로 선택되었다.[9]

1841년 4월에 카이퍼의 가족은 질렌드(Zeeland)지역의 수도인 미델벅(Middelburg)으로 옮겼다. 그리고 1849년 아버지 카이퍼는 라이덴의 한 교회에 청빙을 받게 된다. 그때 이미 장성한 아브라함 카이퍼는 김나지움(Gymnasium)에 입학하게 된다. 거기서 카이퍼는 유명한 역사학자인 프라인(R.J.Fruin)의 지도를 받았는데 후일 아브라함 카이퍼가 라이덴 대학에 들어갔을 때, 프라인은 거기 교수가 되어 있었다. 김나지움이란 우리나라는 좀 생소한 것이지만 대학 예비학교 또는 문법학교라고 할 수 있다. 여기서 인문학의 기초를 거의 마스터한다. 영어, 독일어, 불어는 물론이고, 히브리어, 헬라어, 라틴어 등 고전어를 통달할 수 있어야 대학에 진학할 수 있는 교육제도라고 할 수 있다. 모든 학자들은 어김없이 김나지움 학교를 거치도록 되어 있는데, 카이퍼는 거기서 어학에 천재적 실력을 발휘했다.

카이퍼의 대학시절

1855년 카이퍼가 18세가 되던 해에 명문 라이덴 대학교(Leiden Universiteit)에 입학했다. 이미 카이퍼는 김나지움에서 고전어와 성경 원어를 배웠고 영어와 독일어, 불어까지 완벽히 배운 터라, 카이퍼는 라이덴 대학에서 문학과 신학을 함께 전공하게 된다. 당시 이 학교는 특권층의 학생들이 다니는 학교였고 소수 엘리트 교육을 지향했다. 당시 라이덴 대학교의 수업은 포괄적이며, 이성적이며, 신학적인 전통으로 양육했는데, 그때 학생들은 주로 신학을 선호했다. 그때 학생들에게 신학은 고상하며 뛰어나고 전반적으로 발전하는 학문쯤으로 이해되었다. 특히 신학은 모든 예술과 인간 문제와 관계가 있으며, 하나님에 대해서 조직적으로 연구하는 학문의 한 종류로 생각했다. 일반적으로 학생들은 두 종류의 지식을 미리 갖고 있었다. 그들은 헬라어와 라틴어로 된 고전 원문에 대해서 잘 알고 있었으며, 어학적, 역사적, 문학적, 철학적인 견해를 갖고 있었다. 뿐만 아니라 성경에 대해서도 잘 알고 있었다. 당시 성경은 주로 그들의 가정에서 읽혀졌으며, 청년들은 교리문답(Catechismus)을 통해서 성경을 배웠고, 매주 행해지는 설교를 통해서 성경이 강해되었다.

카이퍼도 그와 비슷한 환경에서 성장했다. 그러나 카이퍼에게 있어서 라이덴 대학의 생활은 쉽지 않았으며 엄청난 변화의 시기였다. 왜냐하면 라이덴 대학의 신학부는 이미 자유주의 신학으로 곪아가고 있었기 때문이다. 라이덴 대학의 신학부는 스콜텐(Scholten), 꿔넨(Kuenen),

라우벤호프(Rauwenhoff) 교수들이 진을 치고 있었고 역사적 개혁신학에 대해서 근본적인 의의를 제기하고 있었다. 라이덴 대학의 신학부는 개혁교리를 뒤집기 시작했고 정통교리를 비판하기 시작했다. 특히 스콜텐 교수의 강의가 문제였다. 그러나 그의 강의는 젊은이들에게 무척 매력적이었다. 많은 학생들이 스콜텐의 강의에 감화를 받고, 스콜텐 교수의 새롭고 현대적인 신학 이론에 대한 수업을 한 학기 동안 듣기 위해서 다른 대학교에서 오는 경우도 있었다. 그러나 특이한 사실은 젊은 카이퍼는 예상과는 달리 그것에 전혀 동요되지 않았다. 카이퍼는 다른 학생들과 달리 스콜텐 교수로부터 감동을 받을 수 없었기 때문에 다른 학생들과 같이 거기 휩쓸리지 않았다.[10]

카이퍼는 스콜텐 교수 일행이 개혁교회의 정통성을 공격함으로써 신학적 혁신을 꾀하려는 소동을 주의 깊게 관찰했다. 이러한 경험이 후일 자유주의자들과 싸움을 할 때 큰 도움이 되었다. 하지만 앞서 언급했듯이 카이퍼는 그의 동료들이 스콜텐 교수에게 받았던 감화를 받지 못했다. 왜냐하면 카이퍼는 약혼녀인 죠 스카이(Jo Schaay)에게 편지를 보낼 때 "신학부에는 내가 좋아하는 교수가 없다"[11]는 말을 하였기 때문이다.

또 카이퍼는 1867년 4월 5일에 그의 정치적 멘토인 기욤 흐룬 반 프린스터에게 쓴 편지를 보면 다음과 같은 내용이 기록되어 있다. "나는 현대주의적이 됐던 때가 없었는데, 불행하게도 내가 라이덴에서 받은 4년간의 현대교육이 나로 하여금 완전히 새로운 교리에 점점 더 깊이 빠지게 했습니다."[12] 이 서신을 검토해 보면 카이퍼는 나름대로 정통신앙을 지키려고 노력도 했고 또 부모의 가르침도 있었지만 4년 동안 자유주의자들을 통해 강의를 듣다가 보니 어느덧 물이 들었던 것이다.

라이덴 대학 시절에 그는 그 부모들과 함께 라이덴의 호흐부르트(Hoogewoerd)에 살고 있었다. 대학 시절에 그는 작은 방에서 열심히 공

부했다. 카이퍼는 그가 쓰는 방을 "나의 밧도섬"이라고 불렀다.[13]

당시 그는 교수들로부터 근면과 불굴의 정신에 대해서 늘 칭찬을 받곤 했다. 하지만 그의 아버지는 아들 카이퍼가 늘 걱정이 되었다. 당시 카이퍼의 가정은 형편이 어려워서 카이퍼가 주말 가정교사 노릇을 하면서도 건강을 돌보지 않고 책 속에 묻혀서 살았기 때문이다. 카이퍼를 가르친 교수들은 당대에 걸출한 실력가들이었고 존경을 받았지만, 그러나 카이퍼는 그들 교수들에게서 만족을 얻지 못했다. 그래서 카이퍼는 자기 나름대로의 길을 찾기 위해서 신학을 비롯해서 광범위한 책들을 섭렵했다. 그는 이렇게 하는 것이 강의를 듣는 것보다 더 낫다고 생각했기 때문이다. 카이퍼는 다른 사람의 뒤를 따르거나 다른 사람의 성공사례를 쫓아가는 사람이 아니라 자기 나름대로의 독창적이고 개척적인 것을 좋아했다. 그는 늘 탐구자였으며, 자기 나름대로의 해답을 찾으려고 고민하면서 노력했다. 이런 카이퍼의 성격은 일찍이 종교 개혁자들이 걸어갔던 모습과 아주 흡사했다.

카이퍼는 그가 공부하는 모든 분야를 완전히 통달하려고 했기 때문에 매우 야심적인 사람이었음을 부인할 수 없다.[14] 그는 일생동안 자기와 관련된 모든 분야에서 알아야 할 모든 학문을 독학으로 깨우치겠다는 열망을 갖고 있었다. 나중에 카이퍼가 쓴 『신학 백과사전학』을 보면 그가 얼마나 광범위한 독서와 깊은 학문을 준비했는지를 알 수가 있다. 그 당시 대학생으로서 그렇게 자신의 학문을 스스로 개척한 것은 신학 전반에 걸쳐서 상세하게 확실히 알려는 열망으로 가득 찼기에 할 수 있는 일이었다. 오늘날 우리 대학생들과 달랐던 것은 시험이나 승진을 위한 공부가 아니라, 진리 탐구와 원리를 제대로 깨우쳐서 대안을 제시하기 위함이었다. 그래서인지 카이퍼는 교수와 학생들로부터 존경을 받았다. 카이퍼는 신학 분야에서 원리와 원칙 그리고 역사적인 맥을 잘 파악하고 있었기에 신학적인 논쟁을 좋아하고 비판적이었다. 그러면서 그는 끊임없이 자기 자신에게 잔인할 정도로 가혹하게 학문에 열중했다. 카이퍼는 단 1분의 시간도 놀이나 오락에 쓴 적이 없이 자신의 일상생활을 학생으로 엄밀한 계획에 따라서 실행했다.

그런데 그렇게도 총명하던 젊은 카이퍼는 어느 날 16세의 소녀와 사랑에 빠지게 된다. 21세 된 신학과 학생인 카이퍼는 그 소녀를 지적으로 또는 영적으로 자신과 동등하게 만들기 위해서 무척 애썼다. 카이퍼는 자기 수준으로 그 소녀를 끌어 올리려고 다소 건방진 행동을 했다. 카이퍼는 5년 동안의 열정적인 편지를 보냈는데 그 편지 내용을 보면 후일 카이퍼가 위대한 지도자로서 발돋움 할 수 있는 자질을 엿볼 수 있다고 한다.[15]

카이퍼는 여자 친구에게 독후감을 쓰게 하거나, 신앙에 대한 질문서를 보내 답하도록 했고 음악회나 연극을 별로 좋아하지 않았다. 여자의 마음을 잘 알아주지 못하고 엄격했는데, 카이퍼의 생각은 그것이 곧 여자를 위하는 길이라고 여겼다.

한편 카이퍼는 지적인 학생으로 인정받기를 바랬다. 그래서 1859년 흐로닝헌 대학에서 주관하는 논문 현상 모집에서 16세기 폴란드의 종교 개혁자 얀 라스코(Jan a lasco1491-1560)에 대한 논문을 써서 금상을 받았다. 19세기 중반에는 대학교에서 개최하는 논문에 금상을 수상하는 것은 박사 학위 이상의 의미가 있었다.

카이퍼가 종교 개혁자 라스코에 대한 주제를 잡은 것도 놀랍지만 자료를 찾기 위한 끈질긴 노력 또한 찬사를 받아 마땅하다. 17세기 가톨릭의 제수잇파들이 종교 개혁자들의 서책을 모두 불태웠기 때문에 라스코의 책이 있을리 만무했다. 그러나 카이퍼의 열정은 아무도 말릴 수가 없었다. 화란의 모든 국공립 도서관, 대학 도서관에도 없었던 책을 어느 노 목사님 서재에서 찾았다. 1년 동안 사투를 벌이면서 논문을 완성했다. 카이퍼가 23세의 나이에 논문 금상을 받았으니, 과연 학자로서 데뷔한 셈이다. 그 후 2년 후에 카이퍼는 『요한 칼빈과 요한 라스코의 교회론 비교연구』(Joannis Calvini et Joannes a Lasco de Ecclesia Sententiarum inter se compositio Academiach Proefschrift)로 신학 박사 학위를 받았다. 이때 그의 나이 25세 때의 일이었다. 그 당시 카이퍼는 이미 종교 개혁자 칼빈과 라스코의 대가가 되어 있었다.

카이퍼의 회심(回心)

1862년 9월 20일 카이퍼는 그 유명한 스콜텐 교수 아래서 신학 박사 학위를 받았다. 그러나 반년이 지나도록 목사로 청빙하는데가 한 곳도 없었다. 그는 학문적으로는 대성했지만 아직은 목사로는 부족했다. 그러다가 26세 때 베이스트(Beesd)교회에 청빙을 받아 목사가 되고 결혼도 했다. 특히 이때 그는 아직은 온전한 개혁주의 목사라고 할 수 없었고 지성만 가득했을뿐 영적으로 깨어진 모습이 아니었다. 그러면 이제 여기서 카이퍼의 회심과 그의 영적 체험들을 살펴보자. 사실 카이퍼는 어린 시절부터 영성이 풍부하고 감성이 예민한 아이였음에 틀림없었다. 그가 열 살 때 쓴 글이 있는데 카이퍼의 글 가운데는 가장 오래된 자료이다.

"저 카이퍼는 하늘에 계신 하나님, 왕의 왕이신 하나님께 겸손한 마음으로 아룁니다. 내가 잠자리에 들었으나 내가 저지른 악한 일에 대한 생각으로 잠을 이루지 못했던 것이 1845년 10월 10일 오후 10시 30분이었다. 내가 회개를 하고 악한 짓에서 벗어나서 착한 일을 위해서 노력하겠다고 굳게 결심한 때가 오후 11시 15분이었다.

1878년 Middelburg에서 Abraham Kuyper" [16]

위의 글을 보면 10살짜리 어린 아이의 메모이지만 놀랍기도 하고 그 진실하고 진지함에 놀라지 않을 수 없다. 이 메모에서 보는 것처럼 카이퍼는 어려서부터 신앙에 대해서 진지했음을 확인할 수 있다. 어린 나이에도 순수한 신앙심이 있었기에 하나님께 회개를 하게 된 것이다. 또한 이것은 카이퍼가 일생동안 마음에 간직했던 영적인 충동이기도 했다. 그러나 특이한 것은 카이퍼는 어린 나이에 회개했던 이 메모와는 별도로 두 번 회심한 사실을 발견할 수 있다.

첫 번째는 1863년 2·3월에, 그가 학창 생활을 거의 마감할 때였고, 두 번째는 날짜를 정확히 알수 없지만 베이스트 교회 담임목사가 된 초기였다. 두 번째 회심을 경험한 후 그의 회심에 관하여 1873년에 카이퍼가 쓴 『확신컨대』(Confidentie)를 보면 그의 회심의 내용이 잘 나타난다. 그 책에서 카이퍼는 그의 회심 뿐 아니라 회심 후에 그가 밝힌 개혁주의 신앙 노선을 조목조목 잘 정리했다. 라이덴에서 일어났던 회심은 윤리적인 회심이라고 볼 수 있는데 그것은 그의 약혼녀가 선물한 샬로트 영(Charlott Yonge)의 『레드클리프의 상속인』(The Heir of Redclyffe)이라는 영어 소설을 읽고 난후에 일어났다. 카이퍼는 외국의 영향에 대해서 민감했다. 그는 이 책에서 처음으로 영국 교회의 영성(靈性)을 깨달았으며 하나님께 대한 지식과 우리 자신에 대한 지식 사이에는 밀접한 관계가 있다는 사실에 관하여 종교 개혁자 요한 칼빈(John Calvin)의 기독교 강요(Institutes)의 첫 문장을 통해 깊은 진리를 체험하게 된다.

"우리가 가지고 있는 지혜 즉 참되고 건전한 지혜는 거의 모두가 두 가지 부분으로 되었으니 곧 하나님을 아는 지식과 우리 자신을 아는 지식 그것이다. 그러나 이 두 지식은 갖가지 끈으로 연결되어 있어서 그중에 어느 것이 먼저 오며 또 어느 것이 그 뒤에 결과로 따라 오는 것인지를 분간하기가 쉽지 않다."**17**

카이퍼는 칼빈의 신지식(神知識)에 대한 명백한 정의에 붙잡혔다. 또한 그의 약혼녀인 조 스카이에게 보낸 편지와 그가 후에 쓴 『확신컨대』는 젊은 날의 카이퍼의 심령이 레드클리프의 상속인의 저자인 샬로트 영에 매료되었음을 엿볼 수 있다. 카이퍼는 죄인들을 회개하라고 부르시는 하나님 앞에서 그의 오만한 지성을 내려놓았다. 그리고 그는 이 첫 번째 회심을 통해서, 그는 중생해서 다른 사람과 같이 개종을 해야겠다는 결심이 섰다. 그는 자기 자신의 힘으로 아무것도 할 수 없고 오직 하나님께서 함께 해주셔야 된다는 사실을 깨닫게 된다.

카이퍼가 읽은 『레드클리프의 상속인』에서는 의지가 강한 필립과 마음이 온유한 가이(Guy)가 중요한 등장 인물로 나타난다. 그런데 젊은 카이퍼의 마음에 중요한 변화를 일으킨 것은 이 소설을 읽는 동안에 일어났다는 사실이다. 카이퍼가 후일 쓴 『확신컨대』에는 다음과 같은 글이 있다.

"필립이 깨진 것을 보면 마치 내 마음이 산산이 부서진 것 같았으며, 그가 자기 자신을 정죄하는 말 하나 하나가 내 마음에 꽂혀서 내 자신의 야심과 성품을 심판하는 것 같았다. 나는 참회한 행복한 사람들을 부러워했다."**18**

카이퍼의 독선적이고 이기적인 마음이 깨어지기 시작했다. 카이퍼는 칼빈의 메시지 곧 하나님만이 참 지식의 근본이라는 것과 아울러 진심으로 회개하는 자의 심령을 이해하게 되었다. 그래서 1863년 3월 2일 그의 약혼녀에게 다음과 같은 편지를 보냈다.

"나는 옳지 않았다. 나는 지나치게 독선적이었으며 지나치게 고집이 셌으며 지나치게 이기적이었기에, 고상한 점이라고는 너무나 부족했던 너무 어린 하나님의 자녀였다. 수년 동안 나는 내 자신을 속여 왔으며 나는 내 자신에게 선한 일을 했다고 말했다. 나는 내 양심을 달랬으며, 나의 천진난만한 영혼을 잠들게 했다. 나는 무엇이 죄인지 전혀 몰랐으며 나는 더 이상 내 자신을 통제할 수 없었다. 벌써 12시 반이 되었다. 나는 내 공부방에 혼자 있다가 위층으로 올라가서 무릎을 꿇고 오랫동안 간절히 기도했다. 나는 몇 년 동안 그렇게 하지 못했다. 내가 하나님을 만난 것일까? 그렇지 않았다. 돌이켜보니 내가 헛소리를 한 것 같다. 그리고 나의 야망을 채우고 나를 지탱해주고 나를 이만큼 만든 것은 미덕이며 관념이며 이상이었다. 그러나 나는 하나님을 알지 못했다. 왜냐하면 죄에 대한 고백과 깨진 마음 깊숙한 곳에 나오는 회개가 여전히 낯설었기 때문이다. 나에게는 그렇게 할 마음이 없었다. 만약 내가 나의 사랑하는 죠(Jo)이외에 다른 사람에게 이 편지를 쓰려고 했다면, 나는 나의 고백이 나의 완고한 마음을 다른 방법으로 표현한 것으로 해석될지도 모른다는 두려움 때문에 이 편지를 찢어버렸을 것이다. 그러나 당신은 그렇게 생각하지 않을 것이라는 것을 나는 알고 있다."[19]

이 편지는 그 당시 카이퍼의 정신적 상태를 나타내는 좋은 자료이다. 그는 옛 사람이 서서히 허물어지고 있었다. 카이퍼는 자신을 진실하게 볼 수 있는 영안이 열리고 있었다. 그리고 3주 후인 1863년 3월 22일에 카이퍼는 약혼자에게 다음과 같은 편지를 썼다.

"먼저 내가 어렸을 때는 나는 말할 수 없이 순진하고 성실했다. 그런데 나는 너무 오래동안 그런 상태에서 방치되었으며 내가 학생으로 있는 동안에는 아무런 변화가 없었다. 그러나 마음의 충격을 받자 나의 순진한 믿음이 사라졌는데도, 그것이 나를 조금도 아프게 하지 않았다. 죠야! 그런 순진한 믿음과 함께 나의 참된 신앙심이 나의 영혼에서 살아져 버렸어! 비록 나는 그 믿음을 잃어버렸지만 나는 여전히 그 믿음을 사랑하고 있었다. 무엇보다 나는 너를 통해서 그 믿음을 다시 찾아냈다. 그것이 전처럼 강하진 않지만 하여튼 그것이 돌아 왔다. 나는 너의 몸과 마음에 진실한 아이처럼 비추고 있는 나의 형상을 완전히 지워버리려는 노력을 한 때도 있었다. 그러나 나는 제때에 마음을 바꾸었다. 지금 나는 나의 자만심이 너를 얼마나 괴롭게 했으며 너의 경건한 마음을 얼마나 슬프게 했는지 알고 있을 뿐이다." [20]

카이퍼는 그의 약혼자에게 사랑의 고백보다 진지한 신앙고백을 하고 있다. 카이퍼는 그의 마음의 영적 방황을 솔직하게 표현했다. 그로부터 4년 후인 1867년 4월 5일에는 그의 정치적 멘토인 흐룬 반 프린스터(Groen van Prinsterer)에게도 다음과 같이 썼다.

"그 순간부터 나는 정통적인 신앙이 무엇인지도 모르고 기본적으로 정통적인 신앙인이 되었다. 그러나 나는 아직 교화되지 않았으며 나의 마음이 아직 나의 의지를 계몽하지 못했다." [21]

모든 인간에게는 윤리적인 회심도 있지만 자신과 하나님만이 아는 숨겨진 비밀이 있을 수 있다. 하지만 카이퍼는 자신과 하나님 사이에 놓여 있는 영적 비밀을 그의 약혼녀에게 솔직히 표현했다.

카이퍼가 만난 시골 칼빈주의자들
카이퍼가 진정으로 영적으로 거듭나고 완전한 칼빈주의자로 돌아선 것은 시골 칼빈주의자들과 만남을 통해서부터 시작되었다. 당시 교회들은 신학을 전공한 박사를 구하지 않았다. 그래서 교회들은 학구적인 목사가 아니라 진정으로 거듭난 영적인 목회자를 찾고 있었다. 그러므로 젊은 학자인 카이퍼 목사가 갈 수 있는 교회가 없었다. 카이퍼는 육개월을 더 기다린 후에 베이스트 교회의 청빙을 받았다. 베이스트는 우트레흐트와 벤보쉬 사이에 있는 조그마한 시골로서 당시로는 마차나 농부의 손수레 정도만 들어갈 수 있는 지역이었다. 카이퍼는 이 교회의 청빙에 만족했는데 그것은 사랑하는 사람과 결혼할 수 있었기 때문이었다. 카이퍼는 1863년 7월 1일에 결혼했고, 베이스트 교회 부임 설교를 결혼한지 두 달 후인 8월 9일 저녁 예배시간에 했다.

그날 카이퍼는 목사로 위임받고 첫 설교에서 "그가 빛 가운데 계신 것 같이 우리도 빛 가운데 행하면 우리가 서로 사귐이 있고"라는 요한 1서 7절 말씀을 강론했다. 카이퍼는 이 설교에서 "여러분은 공동체의 필요성이 얼마나 강력하게 나의 마음 속에 메아리치고 있는지 알고 계십니까?"라고 화두를 던지면서 공동체의 필요성을 외쳤다. 카이퍼는 비록 26세의 젊은 목사로서 시골 교회에 왔지만 그의 이상과 꿈은 대단했다. 이는 1860년 9월 그의 약혼녀에게 보낸 편지에 상세히 나타나 있다.

"나에게 행복을 가져다주는 별이 나의 인생 행로에 높이 떠올랐을 것이다. 그 별이 내가 바라는 대로 너무 높이 떠오르지 않도록 하나님께서 내가 자만하는 것을 막아 주실 것이다. 무엇보다 하나님께서는 나의 무덤에 '보잘 것 없는 삶을 산자'라는 냉엄한 말로 나의 전 생애가 요약되는 것을 막아 주실 것이다. 제발 나의 포부를 격려해주고 나의 야망을 양육하고 키워주며, 내가 나의 소명을 사임하고 시간을 허송하지 않도록 나를 격려해주고 고무해 주며, 내가 극복해야 할 위험을 지적해주며, 하나님의 보내심을 받은 수호 천사가 되어서 나로 하여금 내가 될 수 있는 최고의 사람이 되게 해주오" [22]

카이퍼의 이상은 너무도 높았지만 그의 사랑하는 약혼녀만은 평생 동반자와 위로자와 수호천사로 곁에 있어 주기를 기대했다. 그의 큰 꿈은 자신의 생애 전체를 통해서 결국은 이루어졌고, 커다란 영적 전투에 그의 삶 전체를 송두리째 다 드렸다. 하지만 카이퍼의 첫 부임지인 베이스트 사람들은 카이퍼를 그리 달갑게 생각하지 않았다. 카이퍼는 그 교인들에게 젊은 신학자요 패기 넘치는 목회자였지만 제대로 대접을 받지 못했다. 그의 교인들을 짜증나게 한 것은 카이퍼가 목사로서 사명을 다하지 못한 것도 아니고 성격 문제도 아니었다. 그에게 결정적인 영향을 준 것은 전혀 다른 곳에 있었다. 그 교회 안에는 수세기 동안 종교 개혁자 요한 칼빈의 신학과 신앙을 그대로 믿고 진리를 지켜온 정통 신앙의 사람들이 있었다. 그들은 때 묻지 않고 순박한 농부라고 깔볼 것이 아니라, 참으로 역사적 개혁주의 신앙을 사수하고 하나님의 영광과 주권을 최우선으로 알고 살아가는 공동체였다. 이 그룹의 사람들은 풋내기 젊은 목사요, 자유주의 신학의 메카인 라이덴 대학 출신의 신학박사를 탐탁지 않게 생각했을 뿐 아니라 아예 상대조차 하지 않았다.

카이퍼 목사의 입장에서 보면 여간 힘들고 버거운 일이 아니었다. 카이퍼는 그 당시 상황을 그의 책 『확신컨대』란 책에서 다음과 같이 썼다.

"내가 이사한 지역에는 몇 가지 경우를 제외하고 엄격한 보수성이 우세했다. 그러나 이와 같은 보수성은 인습적이었고 참된 교화를 하지 못했고 영적인 활기가 없었다. 거기에는 깊은 곳에서 나오는 목소리도 없었으며 먼 옛날의 교인들의 삶이 묻어 나오지도 않았다. 그들은 나에게서 무엇인가를 받고 싶었지만 돌려주기를 좋아하지 않았다. …나는 나의 교인들 중에는 불만이 있는 집단이 있다는 말을 들었다. 그런데 그와 같은 공론가들은 품위 있는 사람들이 아니라는 소문이 있었다. 그들은 화를 잘내며 거만하고 괴상하며 전임 목사들을 괴롭혔다고 들었다. 그리고 그들 대부분이 매우 천민 출신이기 때문에 전임 목사들에게 했던 것처럼 그들 때문에 안정을 잃지 않기 위해서는 그들을 피하는 것이 가장 좋았다. 하지만 나는 그렇게 하는 것이 괴로웠다. 가정 심방을 할 때에는 나는 떨리는 마음으로 노크를 했다. 그것은 젊은 목사가 불속으로 뛰어드는 것 같았다. 이 사람들은 나를 친절하게 대하지 않는 것이 확실했다. 그들은 다른 성도들로부터 나의 정통신앙이 여전히 성숙되지 않았다는 말을 들었으며, 그들은 나를 한 인간으로 보지 않고, 자기들에게는 무심한 교회의 대표정도로 보았기에 그들은 내게 반발했다. …대학교육을 받은 나는 성경에 대해서 이 순진한 사람들과 겨루기에 충분한 지식을 갖지 못했다. 그러나 그들은 성경말씀을 잘 알고 있을 뿐 아니라 그들은 정통적인 개혁신학 이론에 기초를 둔 체계적인 세계관을 가지고 있었다. 때때로 나는 교실에서 다시 앉아서 유능한 스콜텐 교수가 하는 '개혁교회의 교리' 강의를 듣는 것 같았다. 내가 감동을 받은 것은 그들은 개혁교회의 진리를 지키고, 믿고, 그대로 구체적으로 생활하고 있다는 점이다."[23]

카이퍼의 입장에서는 정통 개혁주의 신앙을 가진 그 시골 사람들이 그의 목회에 걸림돌이 되기는 커녕 큰 충격으로 다가왔다. 카이퍼 자신이 목사의 아들로 태어나서, 신앙으로 자랐고, 당대의 최고의 학자 밑에서 공부했고, 박사 학위를 받은 젊은 목사였으나 처음 부임한 베이스트 교회에서 경험한 사건은 그로 하여금 신학과 신앙을 다시 생각하게 만들었다. 그는 힘들고 어려운 환경이었지만 다시 마음을 다잡고 그들과 진지한 대화를 나누고 싶었다. 그리고 그들의 신앙을 배우고 싶었다. 두 번째 심방 중에 그들과 대화의 문이 열렸다. 그러자 논쟁은 끝나게 되었다.

카이퍼는 그들에게 말하기 보다 오히려 듣는 입장이 되었고, 그들과 주고받은 이야기를 통해 주일에 설교를 쉽게 할 수 있게 되었다. 카이퍼는 목사로서 자신을 과시하려 했던 것을 회개하면서, 모든 것을 내려놓고 정통 개혁주의 신앙 노선을 지키는 그들의 말에 귀를 기울였다. 그들은 카이퍼 목사의 말을 듣지 않고 도리어 카이퍼 목사를 설득했다.

그들은 카이퍼 목사가 진정으로 16세기 칼빈이 세운 역사적 개혁주의 신앙에 굳게 설 것을 강력하게 요구했고, 카이퍼는 그들의 정통신앙을 그대로 수용하게 되었다. 다음의 글을 통해 카이퍼의 솔직한 심정을 확인할 수 있다.

> "나는 그들에게 반항하지 않았다. 지금까지도 나로 하여금 그런 결정을 하게 하신 하나님께 감사를 드린다. 그들의 완강한 인내력이 나의 영혼의 축복과 나의 일생에 떠오르는 샛별이 되었다.[24]

우리가 여기서 기억해야 인물은 베이스트 교회의 강력한 정통 신앙 그룹의 대표격인 피에쳐 발투스(Pietje Baltus, 1830-1914)를 거명하지 않을 수 없다. 카이퍼가 그 교회를 시무하는 동안, 그 여인은 30대 중반의 아직 젊은 여성이었다. 카이퍼 목사가 발투스의 집에 심방 갔을 때 그 여인은 카이퍼와 악수하기를 거절했다. 그 이유는 발투스의 판단으로는 카이퍼 목사가 순수한 복음을 전하지 않는, 개혁주의 목사로는 함양 미달로 보았기 때문이었다. 사실 발투스가 담임 목사에게 그런 행동을 보인 것은 아주 결례이지만 무언의 항의이고 메시지였다. 발투스는 카이퍼 목사의 설교에 대한 반항으로 교회에 출석하기를 거절했을 뿐 아니라 사적으로 대담하게 목사의 심기를 건드렸다.

하지만 카이퍼 반응은 그것을 긍정적으로 받아드렸다. 역시 카이퍼는 큰 그릇이었다. 사람들이 카이퍼의 못 마땅한 것을 말하고 비판했지만 카이퍼는 그 모든 것을 포용했다. 존경받은 목사의 심방을 기다리며 정중하게 영접하는 것이 예법이지만 발투스가 담임목사의 악수를 거절하는 것은 큰 잘못이라고 할 수 있다. 하지만 카이퍼는 그것에 개의치 않고 그럴만한 이유가 있을 것이라 생각하고 이해했다. 결국 카이퍼는 발투스의 진심 곧 카이퍼가 정통 개혁주의 목사로서의 설교를 하게 하려는 것을 알게 되었다. 카이퍼는 그 여인을 무례한 여자라고 방치 하지 않았으며 그 교회에 돌아와서 장로와 집사들에게 그 여인이 자기를 어떻게 대해 주었는지를 알려주지 않기로 결심했다. 카이퍼는 그녀를 통해서 자유주의 신학에서 정통 개혁주의 신학과 신앙으로 되돌아섰다. 1914년 3월 30일 발투스가 죽자, 카이퍼가 주필로 있는 일간지 스텐다드지에 다음과 같은 요지의 기사가 실렸다.

"그 여인이 그 당시에는 아직 젊었지만 그 여인의 결단은 요지부동이었다. 그 여인은 순교자들이 지켰던 신앙고백을 고수했다. 그 여인은 순교를 결심한 사람들 중에서도 죽음 앞에서 굴복하고 타협하는 자들을 많이 보아 왔다. 카이퍼 박사가 목사가 되었을 때도 그 여인은 카이퍼를 자기 목사로 대우하지 않았다. 그런데 그 둘이 거듭 만나서 대화를 하게 되자 카이퍼 박사의 생각이 바뀌었다. 카이퍼는 갑자기 이 여인 속에는 '절대적인 능력'이 있다는 것을 알게 되었다. 이 둘의 만남은 점점 믿음의 선조들의 영적인 유산에 대한 교육으로 발전되었다. 그 후 카이퍼는 냉담한 현대주의적 사고를 버렸다. 이제는 돌트총회

(The Synod of Dordt)의 참뜻을 깨닫게 되었고 이론적으로만 알았던 요한 칼빈(John Calvin)의 사상이 그의 마음에 자리 잡았다. 이처럼 하찮은 시골 여인이 카이퍼를 불완전한 것에서 완전한 것으로 자유주의에서 정통주의로 바꾸어 놓았다. 카이퍼 박사는 그녀를 만나고부터 새롭게 되었고 그가 해야 할 소명을 다시 발견하고 확신을 얻게 되었다.

하지만 카이퍼의 영적인 변화는 하룻밤 사이에 일어난 것이 아니었다. 그것은 베이스트 교구의 목사관에서 일어난 기나긴 영적 전투에서 일어난 것이다. 카이퍼는 오랫동안 우울함과 싸웠다. 그러나 그는 거기서 뛰어나와 "내 영혼아 네가 어찌하여 낙심하며 어찌하여 내 속에 불안해 하는가 너는 하나님께 소망을 두라 그가 나타나 도우심으로 말미암아 내가 여전히 찬송으로 하리로다" 하신 시편 42편 5절의 노래를 소리 높여 불렀다. 카이퍼는 외부인에게 그토록 열정적이고 호전적인 전사였으나 집에서는 사소한 걱정을 많이 하는 사람이었으며 불안했다. 그리고 자신의 장래와 그가 섬기는 교회에 대해서 걱정과 염려를 많이했다. 더욱이 카이퍼는 1867년 4월 5일에 흐룬 반 프린스터에게 편지를 쓰면서 그의 목회 현장에서 그는 "외로우며 나의 신념에 동참하는 친구가 하나도 없다."[25] 고 했다.

하지만 카이퍼의 우울과 고독은 이름 없는 시골 사람들에 의해서 차츰 변화되고 새롭게 되어 위대한 역사가 일어나게 되었다. 라이덴 대학의 신학부에 대해서 아무 것도 모르는 베이스트 벌판에 묻혀 사는 가장 순박한 성도들에 의해 그 벌판에 홀로선 카이퍼의 마음 속에 강력한 진리의 햇살이 들어왔다. 카이퍼가 쓴 고백서인 『확신컨대』 (Confidentie)에는 다음과 같은 내용이 기록되어 있다.

"나는 어찌 할꼬! 나에게는 보수적인 정통 신앙 서적이 없다. 나는 그것들을 본적이 없으며 그것들은 내게 생소한 것이다. 그것이 라이덴 신학생들의 실상이었다. 정통적인 신앙고백이 우리에게는 웃기는 풍자화로 보여졌기 때문에 가난한 학생들이 그런 무익한 저작물에 그들의 돈을 드린다는 것은 사치이며 금전 낭비였다. 나는 칼빈(J.Calvin)과 라스코(A Lasco)에 대해서 많은 것을 읽었지만 내가 진리를 알고 있다는 것보다는 그저 학문적으로 이해할 뿐이었다. 나는 칼빈과 라스코의 책들을 그냥 출판물로 의례적인 간행물로 읽고 연구했기 때문에 그들의 심오한 진리를 캐내는 데는 역부족이었다. 그런데 무슨 일이 일어났는가? 시골 한 구석에 숨어 있던 농부들이 나에게 칼빈이 온전한 라틴어로 말했던 내용을 그들의 방언으로 정확하게 말했다. 비록 신분이 낮은 이 노동자들은 칼빈의 이름을 들은 적이 거의 없지만 칼빈이 그들의 마음 속에 살아 있었다. 칼빈이 죽은지 수세기가 지났지만 더구나 외국에서 칼빈의 교리와 신앙은 이 순박한 노동자들의 가슴과 삶에서 온전히 살아 있었다."[26]

결국 카이퍼의 고백을 정밀히 검토해 보면 평범한 농부들과 노동자들이 카이퍼에게 개혁주의적 지식이 부족하다는 것을 라이덴 신학자들이 가르쳤던 것보다 더 엄격하게 훈계한 셈이다. 그리고 카이퍼는 그들의 가르침을 허락했다. 그토록 거만했던 카이퍼는 베이스트에서 가장 평범한 사람들의 말을 청종하는 겸손한 사람이 되었다. 젊은 신학박사인 카이퍼는 처음 베이스트에 도착할 때는 작은 믿음의 공동체 안에서 잘난 체 하는 사람이었지만 나중에는 그들 가운데서 작은 자가 되었다. 카이퍼는 그들의 확고한 소신을 귀중히 여겼다. 그는 라이덴 대학에서 학문하는 방법을 배웠지만, 그 아름다운 정통 개혁주의 신앙의 가락은 농부들에게 배운 셈이다. 베이스트 공동체를 통해 카이퍼는 다시 태어났다. 그 결과 그는 16세기 요한 칼빈의 신학과 신앙을 회복하는 칼빈주의의 부흥가가 되었고 개혁자가 되었다. 그리고 칼빈의 신학과 신앙을 더욱 구체화시키고 발전시키는데 한 생애를 걸었을 뿐 아니라 삶의 전 영역에 하나님의 왕권과 그의 영광과 주권을 위한 전사로 살았다. 카이퍼는 칼빈주의적인 신앙을 위해서 순박하고 지체 낮은 서민들과 손을 잡고 그들의 애환과 눈물을 닦아주는 친 서민 정책으로 수상의 자리에 오르게 된다. 위에서 설명한대로, 필자는 젊은 날의 카이퍼를 옳게 이해하는 것이 카이퍼의 사상과 삶을 이해하는 지름길이 될 것으로 생각한다.

라이덴 대학에서 25세의 나이에 신학 박사 학위를 받고서 찍은 사진임(1862)

위대한 목회자 카이퍼

　카이퍼는 1863년 그의 부친의 뒤를 이어 목사가 되었다. 카이퍼가 어린 시절부터 꿈꾸든 목사가 된 시기는 그의 나이 약관 26세 때였다. 라이덴 대학교로부터 25세에 신학박사(Dr. Theol) 학위를 받은 일년후, 결혼과 함께 베이스트(Beesd) 교회의 청빙을 받아 목사로 부임했다. 당시 그는 말 그대로 햇병아리 목사였다. 아버지로부터 정통 신앙을 배웠지만 그가 다녔던 학교인 라이덴 대학은 이른바 자유주의의 아테네였다. 물론 그가 23세에 종교 개혁자 존 라스코를 연구하고 또 박사 학위논문도 『요한 칼빈과 요한 라스코의 교회론 비교연구』1 란 제목으로 썼지만 그것은 다만 그저 학문적 연구에 불과했을 뿐이다. 아직도 그는 복음의 정수를 깨닫지 못한 자였다. 그런 까닭에 잃어버린 영혼을 향한 뜨거운 가슴을 지닌 개혁주의자가 되지 못했다. 그래서 카이퍼의 심중에는 두 가지 표리부동한 사고가 있었다. 가슴은 아버지 목사의 정통주의적인 요소가 있었으나, 머리는 자유주의적인 사고가 지배했다. 그렇기 때문에 목회 초년병으로서 가슴에 열정은 있었으나 신학적으로는 이것도 저것도 아닌 어정쩡한 생각으로 목회를 시작했다. 카이퍼가 처음 부임한 교회는 시골교회라고는 하나 한국식 개념의 시골 개척교회가 아니었다.

베이스트 교회는 종교 개혁 시대인 약 1500년대에 개척되었고 그 무렵에 지어진 교회로서는 작지만 시계탑이 웅장하게 세워진 교회였다.² 이 교회는 종교 개혁 시대에 세워진 개혁교회였기에 베이스트 교회 성도들 중에는 종교 개혁자 요한 칼빈의 신학과 신앙이 원형 그대로 보존되어 있었다. 그러면 이제 첫 목회지인 베이스트 교회로부터 시작된 카이퍼 목사의 목회를 살펴보자.

베이스트(Beesd) 교회의 첫 목회

약관 26세의 나이에 카이퍼는 목사가 되었다. 두말할 필요없이 그는 목사의 가정에 태어나 일찍 소명을 받고 아버지 밑에서 어린 시절에 많은 설교를 들으면서, 교리문답으로 철저한 교육을 받았다. 그러나 아버지를 떠나 라이덴 대학교에 들어가 문학과 신학을 공부하는 동안 계몽주의, 합리주의 사상에 물든 이른바 자유주의 사상의 영향을 받았다. 카이퍼는 대학시절에 마음의 한 가운데 갈등이 있기는 해도 당대의 시대적 흐름인 자유주의 신학을 자연스럽게 수용하게 되었다.

더구나 당대 자유주의 신학의 거두인 스톨텐(Prof.Dr.J.H. Scholten) 박사 아래서 신학 박사 학위를 받았으니, 그 자존심 또한 대단했으리라고 본다. 그러나 베이스트 교회의 첫 목회지에 부임하는 날, 1863년 8월 9일 부임 예배 본문은 요일 1:7이었다. 그는 이 본문을 읽고 첫 설교를 했다. 이 설교의 내용 중 절반은 복음적이었지만, 절반은 현대주의 사상이었다. 그러나 이 젊은 햇 병아리 목사는 매우 솔직하게 열정적으로 설교했다. 비록 카이퍼는 목회 초년병 이긴 하지만 인격적으로나 학문적으로나 나무랄데 없는 설교자였다.

우선 우리는 카이퍼의 첫 목회지인 베이스트 교회의 형편을 알아보는것이 중요하다고 본다. 앞서 언급했듯이 베이스트 교회가 그냥 시골교회라고만 생각해서는 안 된다. 이 교회는 칼빈의 종교 개혁 전후에 세워진 교회였으므로 이미 300년도 훨씬 넘은 교회였다. 이 말은 이 교회가 전형적인 역사적, 전통적인 교회라는 것이다. 이런 교회의 특징은 너무 오래된 나머지 교회 분위기가 의식적이며 열정이 부족하였다. 또 다른 점은 어떤 성도들은 가장 정통 신앙을 갖고 그 옛날 칼빈의 신학과 신앙 그리고 돌트신경(Dordt Canon)의 교리를 철저히 지키려는 사람들도 있었다. 당시 카이퍼의 설교를 그런데로 따르려는 사람들은 그저 평범하게 전통적으로 신앙생활을 하는 사람들이었다. 그러나 역사적 개혁주의 신앙 곧 종교 개혁자 칼빈의 신앙을 고스란히 물려받은 열성적인 성도들은 카이퍼 목사가 정통도 아닐뿐더러, 자유주의 경향을 가졌음으로 설교자 카이퍼에게 눈길 한 번 주지 않았다. 심지어 그 교회 성도들도 칼빈의 신학과 신앙을 철저히 보수하려는 사람들을 가리켜 "몇몇 불평분자들"(Few malcontent)[3] 이라고 했다. 사실 젊은 카이퍼의 입장에서 보면 난감했다. 카이퍼는 목회의 경험도 없고, 그가 가진 신학적인 배경은 현대주의 곧 자유주의 신학이었다. 이 교회는 크게 두 부류로 나누어져 있었다. 대다수의 성도들은 화란의 국가교회인 갱신교회(Hervormed Kerk) 성도로서 현실에 안주하면서 의식적이고 형식적인 신앙생활을 하고 있었으며 뜨겁지도 차지도 아니한 신앙생활을 유지하고 있었다. 그러나 다른 한편으로 지나칠만큼 비타협적인 외골수의 교인들이 그들은 종교 개혁자 요한 칼빈의 신학과 신앙을 머리로, 가슴으로, 삶으로, 힘있게 지키려는 한 무리들이었다.

그들은 하나님의 영광과 주권을 최우선으로 삼을 뿐 아니라 하나님의 말씀인 성경을 절대적으로 믿고 순종하면서 살아가려는 개혁주의자들의 원형이라고 할 수 있었다. 그러니까 그들은 자유주의 냄새가 풀풀나는 풋내기 젊은 목사를 아예 상대조차 하지 않았다. 카이퍼로서는 참으로 난감하기 그지 없었다. 그러나 카이퍼는 이들을 어떠하든지 끌어 안으려고 노력했다. 그 첫 번 시도로서 카이퍼 목사는 이들을 계속 심방하고 대화를 시도했다. 카이퍼의 심방은 그들에게 무엇을 설교하거나 말하기보다는 인내를 갖고 진지하게 경청하는 것이었다. 아마 이것은 카이퍼의 목회적 리더십이라고 해도 좋을 것이다. 그는 철저한 개혁주의 성도들과의 끊임없는 대화를 해나가는 중에 점차 설교의 확신과 평안을 얻을 수 있었다. 목회자 카이퍼가 성도들을 변화시킨 것이 아니라, 철저한 개혁주의 신앙을 가진 작은 그룹의 성도들이 카이퍼 목사를 변화시키고 있었다. 그 대표적인 사람이 여성도인 발투스(Pietronella Baltus)였다.[4] 발투스는 순전하고 철저한 신앙의 소유자였고, 순교자적인 신앙을 가졌다. 개혁주의적 세계관과 인생관을 가졌던 발투스가 젊은 목사 카이퍼에 대한 진심어린 충고와 경고는 카이퍼를 변화시켰다. 처음에는 두 사람이 참으로 서먹서먹하던 관계였으나, 발투스의 개혁신학과 신앙에 대한 확신과 카이퍼 목사의 겸손으로 말미암아, 장차 칼빈주의 신학과 신앙의 거목이 태어나고 있었다. 발투스의 권면과 충고가 카이퍼 목사의 신학적 신념들과 세계관에 커다란 변화를 가져다주었다. 결국 그 교회의 발투스를 비롯한 개혁주의자들의 권고로 반 정통주의, 반 자유주의적 견해에 애매하게 안주하던 카이퍼는 건전한 정통주의와 개혁주의 입장으로 완전히 돌아서게 된다. 자기 본교회 목사로 하여금 역사적 칼빈주의 사상으로 돌아오도록 겁없이 충고한 발투스를 비롯한 개혁신앙의 성도들도 귀하지만, 그들의 충고를 겸허히 수용하고 전통적, 역사적 칼빈주의자로 돌아선 카이퍼도 위대했다.

카이퍼는 당대의 최고의 지성으로 신학 박사 학위를 받았지만, 그것을 주님의 십자가와 말씀 앞에 내려놓게 된다. 거기서 카이퍼는 또 다시 칼빈을 만나게 된다. 그는 박사 학위 과정에서 칼빈의 저서들을 탐독하고, 폴란드의 종교 개혁자 라스코를 읽었으나, 진정으로 칼빈을 가슴으로 만난 곳은 바로 이 시골교회인 베이스트였다. 왜냐하면 이 시골교회에서 신앙생활을 하는 사람들은 그 옛날 칼빈이 쓴 라틴어 책을 읽고 그대로 신앙생활을 하고 있었기 때문이다. 그들의 신앙은 성경을 하나님의 말씀으로 믿었을 뿐 아니라 하나님의 영광과 주권을 최우선으로 하고 살았다. 실로 칼빈이 죽은 이후 300년이 지났지만, 칼빈의 신학과 신앙은 평범한 노동자들의 가슴에 고스란히 그대로 살아있었다. 당시 유럽의 신학교와 대도시 교회들은 한결같이 계몽주의, 합리주의, 현대신학으로 세속화 되었는데, 이 성도들에게는 칼빈신학의 원형이 그대로 보존된 셈이다. 카이퍼와 칼빈의 영적 자녀들과의 만남으로 그는 새로운 눈을 뜨게 되었다. 드디어 카이퍼는 칼빈에게 왔다(in time Kuyper Came to Calvin). **5** 그때부터 카이퍼는 화란어, 라틴어, 독일어, 영어 등 칼빈의 책들을 닥치는대로 탐독했다. 그리하여 그는 19세기 칼빈주의 부흥가로서 다시 태어났고 진리의 정수를 지닌 복음의 전사로 되살아났다. 젊은 목사 카이퍼가 시골교회 베이스트에서 4년간 목회한것은 그에게는 일생 일대의 변화의 기간이었을 뿐 아니라 영적으로 성숙 되어가는 시기였다. 그것은 또한 하나님의 섭리였다. 그는 가장 낮은 자리에서 성도들의 아픔과 눈물을 보았고, 그들의 필요를 알았다. 그래서 이때부터 카이퍼의 설교는 다듬어지고 영적으로 무르익어 갔으며, 심방과 상담을 병행했다. 교회안에 젊은이들을 위한 정규 프로그램을 만들어 교육했고, 성도들을 위해서 기독교회사 특별강좌를 개설했다. 뿐만 아니라 교회재판소(당회, Consistory)**6** 를 주재하면서 목회에 전념했다. 그리하여 카이퍼의 명성은 점점 확대되어 전국 교회에 알려지게 되었다. 그중 하나가 1866년 화란에서 종교 개혁자 라스코(Johannes A Lasco)의 저작이 두 권으로 출판되었는데, 그속에는 카이퍼가 쓴 논문, 121페이지의 장문의 글이 라틴어로 서문에 들어가 있었다. 이는 아직 30도 되기 전에 칼빈과 라스코 연구에 최고 권위자 라는 사실을 만방에 선포한 셈이다. 이로 말미암아 카이퍼의 학자적 입지는 굳어졌고, 종교 개혁시대의 교회론 연구에 절대적 가치를 갖게 되었다. 당시 라틴어는 유럽의 고급 언어요 공통 언어였음으로 카이퍼는 화란을 뛰어 넘는 학자가 되었다. 이것은 마치 칼빈의 라틴어 저서들이 유럽에 즉시 영향을 끼친 것과 같았다.

카이퍼는 베이스트 교회에 있을 때만 해도 정치에 개입하지 않았다. 하지만 카이퍼는 독서광으로 자연히 칼빈의 시대에 관심을 쏟게 되자 정치에 관심을 두지 않을 수 없었다. 특히 16세기 교회는 교회와 국가가 아주 밀착되어 있었음으로 자연히 카이퍼는 본의 아니게 정치학과 정부쪽에 관심을 갖게 되었다.

그래서 당대의 걸출한 칼빈주의 정치가였던 흐룬 반 프린스터(G.Groen Van Prinsterer)의 기독교 정치운동에 관심을 갖게 되었다. 이제 카이퍼는 자연스럽게 정치, 경제, 사회, 문화, 노동, 예술, 교육 등 삶의 전 영역에 관심을 갖게 되었고, 그의 생애 이른 시기에 기독교 민주주의자가 되었다. 카이퍼는 베이스트 교회에 목회하는 중에서도 전원적이고, 목가적인 환경을 즐기는 삶을 살지 않았다. 그는 방대한 독서와 연구생활, 서신교환, 각종 회의를 주제했다. 카이퍼는 보통 새벽 두시까지 연구에 몰두했고, 어떤 때는 새벽 네시까지 거의 밤을 세우면서 공부했다. 베이스트 교회 4년간의 목회기간에 카이퍼는 화란 국가교회에서 인정받는 유능한 목회자로 성장했고, 대 신학자로 발돋음하게 되었다. 그는 더 이상 시골교회 목사가 될 수 없었다. 마침내 카이퍼는 철저한 칼빈주의 신학자가 되었고, 삶의 전 영역에 하나님의 영광과 주권을 고백했으며, 16세기의 칼빈의 사상으로 돌아갔다. 그래서인가 그는 1867년 6월 우트레흐트(Utrecht) 중앙교회 담임목회자로 청빙을 받게 되었다.

우트레흐트(Utrecht) 교회의 목회

카이퍼 목사가 우트레흐트 교회의 목사로 청빙 받은 것은 그의 나이 30세였다.[7] 우트레흐트 중앙교회(Domkerk)는 당대의 걸출한 정통주의적 지도자들이 있었다. 이는 또한 카이퍼에게는 부담스러운 것이 될 수 있었다. 그러나 한편으로는 카이퍼가 정통주의 신앙으로 자리 매김하는 기회가 될 수 있었다. 또한 우트레흐트 중앙교회는 국가교회였기에 거대한 제직회가 있었고 열한 명의 목사와 더불어 일하면서 각 지교회마다 책임 목사가 따로 있었다.[8]

우트레흐트 중앙교회의 첫 부임설교는 "하나님께서 사람이 되심, 교회의 생활원리"(De menschwording Gods ; het levensbeginsel der kerk)[9] 란 제목으로 설교했다. 아직도 완벽한 정통 칼빈주의자의 설교는 아니었지만 국가교회는 개혁되지 않으면 안 된다고 포문을 열었다. 카이퍼는 다음과 같이 설파했다.

> "우리는 반드시 교회를 개혁하고 새로운 교회를 세워야 한다. 그러나 새로운 교회를 세우려면 성령께서 계시하신 교회건설의 방법을 따라야 한다. 또 그것은 순수해야 한다"[10]

그 교회의 정통 신앙을 가진 개혁주의 성도들은 카이퍼의 설교를 대대적으로 환영했다. 그렇기 때문에 카이퍼 목사는 우트레흐트 중앙교회 뿐만 아니라 어느 지교회에서 설교를 하던지 상관없이 사람들이 교회당을 가득 메웠다. 이는 잠자던 화란 국교회에 새바람을 불러 일으키는 효과를 가져왔다. 그는 베이스트 교회에서 목회 하던대로 당회 운영, 강의 등 바쁜 나날을 보냈다. 더 이상 그는 시골교회 목사가 아니라 대도시 중앙교회 담임목사로서 그에게 맡겨진 책임과 소명을 출실히 감당했다.

그런데 카이퍼는 천부적으로 문필가요 설교가요 연설가였는지, 교회의 결정적인 문제가 있을 때나, 국가의 정책에 대한 긴급한 제안이 있을 때마다 소책자 또는 팜플랫을 만들어 자신의 입장을 개진했다. 마치 칼빈이 당시에 신학과 교회에 대한 개혁주의 입장을 소논문 형식으로 끊임없이 출판한 것과 비교해 볼 수 있다.

카이퍼의 목회철학은 어떤 목표와 뜻을 이루기 위해서는 반드시 조직과 구성원의 변화가 있어야 한다고 생각했다. 특히 1867년과 1868년에 노회와 총회에 선거 열풍이 불었다. 모든 대표들이 현실의 안주에 빠져 교회 간부들 중에는 현대주의, 자유주의, 사상을 가진 자들이 진을 치고 있을 때 카이퍼는 제직회, 노회, 총회 등에서 중직을 맡고 있는 인물들은 개혁주의 신앙을 가진자들로 물갈이를 했다. 카이퍼 목사는 총회를 진두지휘 하면서 모든 기관에 정통주의자들이 장악하도록 했다. 왜냐하면 카이퍼가 칼빈주의 사상을 체계화한 것도 교회와 세상의 변화는 단순히 몇몇 사람의 모범적인 삶으로는 안 되고 결국은 구조적 변화 곧 시스템(system)의 변화없이는 불가능했기 때문이다. 그래서 그는 개혁주의 교회 원리를 확실히 세우고 그 뜻을 구체적으로 이루기 위해서 여론을 일으키고 조직화하면서 진정한 개혁주의 교회를 재건하려고 했다. 그러기 위해서 끊임없이 교계 신문에 글을 쓰고 팜플렛(소책자)을 출판했다.

30대 초반의 젊은 목사가 기존의 총회의 문제점을 지적하고 교회개혁의 기치를 높이들 때, 많은 사람들이 그를 지지했다. 특히 실제적으로 카이퍼의 정책대로 흘러가자 이른바 기득권 세력들은 무척 당황했다. 이 기득권 세력들은 평화주의자였고, 정통 신앙을 가지긴 해도 현실에 안주하는 세력들이었다. 그래서 카이퍼의 변화의 바람을 이기지 못하고 심지어 카이퍼 공포증(Kuyper phobia)을 가졌고, 카이퍼를 총회에 벌집 쑤시는 듯 한다고 해서 방화범(firebrand)이라고 비꼬았다.[11] 왜냐하면 카이퍼는 여러 방면에서 많은 불을 질렀다고 생각하고 선전포고를 했기 때문이다. 그러나 얼마가지 않아서 그들도 아브라함 카이퍼의 학문적인 칼빈주의 신학과 칼빈주의 세계관의 부흥을 구체적으로 보게 되었다.

카이퍼가 우트레흐트 교회 재임시 국가적으로 중요한 이슈 가운데 하나는 교육문제였다. 당시 교회는 국가교회였기에 교육도 국립교육으로서, 국가가 모든 종교교육까지도 통제할 수 있다고 생각했다. 그런데 카이퍼는 달랐다. 개혁주의 신앙을 가진 부모들은 그들의 자녀를 칼빈주의적 신앙과 세계관으로 교육해야 한다는 주장을 폈다. 카이퍼 목사는 1869년 5월 18일 우트레흐트 중앙교회에서 열린 전국총회 전야 메시지를 전했다. 그런데 그날 저녁 31세의 젊은 목사의 불같은 메시지에 화란의 위대한 기독교 정치 지도자인 흐룬 반 프린스터가 완전히 녹아 버렸다. 그는 기독교 역사가, 언론인, 정치인, 전직 수상, 정치지도자, 기독교교육 운동의 지도자였다. 흐룬은 카이퍼의 메시지에 그가 평생하고 싶었던 꿈이 이루어진 것이라고 확신했다. 당시 카이퍼의 메시지를 요약하면 이렇다. 교육에는 국가적 특성과 사명도 중요하지만 그보다 더 큰 것은 신앙의 자유, 양심의 자유, 그리고 부모의 자율권을 정부가 인정하라는 것이었다. 흐룬은 카이퍼의 음성을 듣고 하나님께 감사했다. 이전에 카이퍼와 흐룬은 서로 서신으로는 교환했었지만, 흐룬이 카이퍼의 그 웅장하고 논리정연하고 확신에 찬 메시지를 듣기는 그날이 처음이었다. 집회를 마치고 당회실에서 67세의 흐룬과 31세의 카이퍼 목사가 감격적으로 만났다. 그 만남은 화란 개혁교회의 물줄기를 바꾸는 역사적 사건이 되었다. 아브라함 카이퍼에게는 일생동안 두 분의 멘토가 있었는데, 한 분은 요한 칼빈이고 다른 한 분은 흐룬 반 프린스터였다.[12] 카이퍼는 후일에 이렇게 회고했다.

"1869년 5월 8일 우트레흐트 중앙교회 당회실, 잊을 수 없는 그 저녁에 내가 처음으로 만난 그 사람은 강열한 시선으로 열성적이며 건실한 말로 단 한 번에 나를 강하게 사로잡고 매우 강하게 인상을 남겼다. 그래서 그때 나는 영적인 동료, 아니 그의 신앙적인 아들이 되었다" 13

후일에 카이퍼는 흐룬의 후계자가 되었고 9월 1일 카이퍼는 반혁명당 (the Anti-Revolutionary party)의 당수가 되었다. 14

같은 해에 그는 기독교 언론계에도 투신한다. Heraut 잡지는 종교와 정치를 함께 다루던 잡지인데 카이퍼를 협동편집인으로 임명했다. 원래가 글쓰기를 좋아하던 카이퍼로서는 자기의 소신을 마음껏 펼칠 수 있는 장(場)을 마련하게 된 셈이다. 이때부터 시작해서 카이퍼는 장장 50년간을 펜을 놓지 않고 교회, 신학, 정치, 문화, 교육, 예술 등 현란한 필치로 국민을 칼빈주의 사상으로 무장시키고 깨우는 일을 했다. 그는 언론의 충직한 용호자로서 언론의 힘과 위력을 알았다. 카이퍼 목사는 우트레흐트 교회를 3년간 목회하면서 실로 많은 일들을 했다. 그는 교정가일 뿐만 아니라 국가의 정치, 언론에서 두각을 나타낼 만큼 성장했다. 그래서 카이퍼는 1870년 2월 12일 암스텔담 중앙교회 담임목사로 청빙을 받는다.

암스텔담 중앙교회 목회

드디어 카이퍼는 화란의 수도인 암스텔담, 암스텔담 중에서도 왕궁과 나란히 놓인 중앙교회 목사가 되었다. 그의 나이 33세 때의 일이다. 어느덧 카이퍼는 시골의 전통적 교회의 목회와 우트레흐트 중앙교회의 목회를 거쳐서 농익고 틀이 잡혀진 목사로 암스텔담으로 왔다. 암스텔담교회의 총 교인수는 일만사천명이었고 당시 암스텔담 인구의 절반이었다. 중앙교회를 포함해서 십여개의 교회당이 있었다. 그 교회는 자유주의적 목사 장로를 축출하고 오직 정통적이고 개혁주의적인 사람만으로 선출하였기 때문에 카이퍼 같은 강력한 메시지와 칼빈주의적 지도자가 필요했다.

　카이퍼는 부임 첫 날 에베소서 3:17을 읽고 "뿌리가 박히고 터가 굳어진"이란 제목으로 설교했다. 교회는 비진리에 항거해야 하며 끊임없이 개혁되어야 함을 역설했다. 그의 메시지는 늘 새롭고 역동적이었다. 그의 설교는 어느 계층에 치우친 것이 아니라 남녀 노소, 빈부의 유무에 관계없이 또 유무식과 관계없이 살아있는 말씀을 힘있게 증거했다. 카이퍼는 교회당을 찾는 이들에게 실망을 주지 않고 영혼의 깊은 곳에 주의 복음을 전했다. 카이퍼는 전에 시무하던 두 교회에서 신앙적으로 신학적으로 영적인 큰 변화를 경험했기 때문에 이전보다는 전혀 다른 목사로서 하나님과의 깊은 영적 교제를 갖고 있었다. 그러기에 그의 메시지는 진실하고 확신에 차 있었다. 또한 하나님의 말씀에 대한 깊은 연구로 말미암아 영적 통찰력을 갖게 되었을 뿐 아니라 진리에 대한 확신과 그것을 삶의 모든 영역에 적용하는데도 탁월했다. 성도들은 그 시대에 하나님께서 보내주신 사자로 여기고 환영했다. 카이퍼의 설교와 그의 글들은 정통 신앙을 갖고 있는 개혁주의적 청중들에게는 하나님이 보내신 이상적인 것들이었다. 카이퍼 목사와 성도들의 영적교감은 신앙생활의 전반에 나타났다. 그 결과 그가 하나님의 말씀을 가지고 그들에게 진리를 외치는 것은 참으로 영광스런 일이었다. 카이퍼의 설교는 우선 성경의 본문에 충실한 설교였다. 그의 설교는 신학적인 강의도 감정적인 훈계도 충동적인 설교도 아닌 영적으로 균형잡힌 설교였다.[15] 카이퍼의 설교는 청중들의 지·정·의에 호소하는 설교로써 그의 설교는 역동적이고 감동적이며 은혜가 충만했다. 무엇보다 그의 메시지는 새로운 통찰력과 신선미가 있었다. 카이퍼는 사회복음주의를 설교한 적은 결코 없었으나 복음이 지니고 있는 사회적인 의미를 자주 강조했다(Although, Kuyper never preached the social gospel, he did frequently accentuate the social implication of the gospel).**16**

카이퍼 목사는 타고난 문장가이기도 했지만 그는 또한 타고난 웅변가요 능변가이기도 했다. 그는 유창한 발성, 간결한 단어사용, 음절의 높낮이 조절, 때로는 잔잔한 시내처럼, 때로는 천둥이 치는 듯한 폭발력 그리고 풍부한 어휘력을 지닌 대 설교가였다. 그의 발음은 우아하고 고전적이면서도 역동성이 있었다. 카이퍼의 설교는 그 자체가 예술이었다. 사람들은 그의 설교를 통해서 영적인 유익은 말할것도 없고, 그의 웅장한 목소리 그리고 능숙한 성경강해로 영원한 생명의 진리를 설교할 때 미적 즐거움도 함께 누렸다. 실은 카이퍼는 미학(美學)에 대한 연구도 했고 강의도 한 바 있다.

이때야말로 카이퍼의 목회 가운데 최고의 전성기로 보아도 좋을 것이다. 훌륭한 대 설교자가 암스텔담 교회에 부임함으로써 성도들은 새로운 영적인 만족을 누리게 되었다. 개혁주의 성도들은 카이퍼의 설교를 듣고 그가 쓴 설교와 글들을 읽으면서 그가 꿈꾸던 칼빈주의적인 세계관으로 교회와 세상을 변화시키는 일에 자연스럽게 동참하게 된다. 성도들은 카이퍼를 우상시 하지는 않았지만 그를 진심으로 사랑하고 존경했으며 이런 목회자를 보내주신 하나님께 감사를 드리곤 했다. 실제로 카이퍼 교회의 성도들은 그의 설교 뿐만 아니라 카이퍼의 성경봉독에도 은혜를 받았다. 대부분의 설교가들은 설교의 중요성은 알아도 성경봉독의 중요성을 잘 모르고 있는 것 같다. 그런데 카이퍼의 성경낭독은 얼마나 아름답고 감동적이었던지 성경봉독 그 자체가 메시지라고 할만큼 설득력이 있었다. 1947년 신약학자인 흐로쉬이데(Grosheide) 박사는 회고 하기를 "여러해 전에 어느 공적인 모임에서 나는 카이퍼 박사가 시편 148편을 낭독하는 것을 들은 적이 있다. 그 낭독으로 내가 받은 인상은 오늘까지 생생하다. 분명하고 특이한 낭독 방식은 너댓가지 설명을 덧붙이는 것 이상으로 시편에 대한 통찰력을 가져다 주었다"[17]고 했다.

카이퍼의 목회 사역의 범위는 암스텔담 교회에 국한된 것이 아니었다. 그의 목회사역은 전국교회였고, 화란 전체에 영향을 미쳤다. 설교, 강연, 대중연설, 논설, 명상록, 설교집, 에세이 등등 그는 이미 열 개의 머리와 백 개의 손을 가졌다는 별명처럼 그의 메시지는 모든 성도, 모든 국민에게 강력한 영향을 끼쳤다. 오늘날의 목회학 이론 가운데 목회란 자기 교회에 출석하는 사람만이 목회의 대상이 아니라 그 지역의 모든 사람이 목회의 대상이란 이론이 있다. 그런데 카이퍼는 벌써 1870년대에 그렇게 했으니 그는 탁월하게 앞서간 목회자임에 틀림 없다. 카이퍼의 설교가 때로는 강연 스타일로 나타나기도 했지만 예수 그리스도의 복음을 담은 심오한 해석과 더불어 탁월한 방식으로 적용했다. 그래서 카이퍼의 설교에 감동을 받은 친구들과 성도들이 힘을 합해서 암스텔담의 고급 주택가인 프린스 헨드릭카데 183번지의 저택을 마련해주기로 했다.

카이퍼 박사의 목회전략 가운데 한 가지는 교육이었다. 특히 젊은이들과 장년들을 위한 교육이었다. 그중에서 그는 개혁교회의 역사를 심도있게 가르쳤다. 당시 카이퍼의 목회 지역에 6, 7천명의 등록교인이 있음에도 불구하고, 35세의 젊은 목사는 그 엄청난 목회를 성공적으로 해내었다. 실로 그는 유능한 사람이었다. 또한 그는 교회안에 있는 다양한 의견들을 잘 조정하고 치리했으며 특히 자유주의 신학의 도전에 대하여는 영적전쟁의 전사가 되었다.

1871년 3월 14일 암스텔담 교회에서 그는 현대주의(Modernisme)에 대한 비판강연을 했다. 물론 이 강연은 다른 도시에도 계속되었고 작은 책으로도 출판되었다. 카이퍼의 주장은 이러했다. 현대주의는 그냥 세계관이나 시대의 사조가 아니라 자유주의 신학이라고 했다. 카이퍼는 자유주의를 신기루로 비교함으로써 자유주의 신학을 비판하고 분석했다. 카이퍼 박사가 본 자유주의와 신기루는 둘 다 웅장하고 매혹적일 정도로 아름다운 화려한 현상이지만 둘 다 고정된 법칙에 따라 일어나고, 이미 존재하고 있는 것을 반영할 뿐이며, 또 둘 다 실체가 없고 비실재적인 형태와 그늘 속에서 자기를 상실하고 있다고 했다. 카이퍼의 메시지는 자유주의 신학이 얼마나 공허하고 유명무실한지를 확연히 보여준다.

그가 한 강연 내용 중에 몇 토막을 인용하면 다음과 같다.

> "자유주의 신학자의 신은 추상적(abstractism)이다."
> "그들의 기도는 진정한 간구의 본질을 결여한다."
> "만일 그들이 논리적이라면, 그들은 우주를 다스리는 신적 섭리라는 자신들의 개념을 부인해야만 한다."
> "그들의 말하는 바, 진화론적 인간관에 따라서, 만일 자신과 도덕적 성품이 짐승에서부터 진화했다면 도덕을 논할 수 없게 된다."
> "그들은 죄에 대한 정확한 지식을 소유하고 있지 못하다. 그들의 생각에 죄는 내적불안, 결코 진정되지 않는 한 도덕적 이상에 의해서 끊임없이 끌려다니는 것이다. 그러나 그 도덕적인 이상이란 것도 실제하지 않는 것이다."
> "그들의 교회에는 교회의 본질을 규정하는 표시나 특성 등의 내용은 하나도 없다. 현대주의는 교회를 근본적으로 다르게 바꾸었음으로 그것을 교회라고 할 수 없다."
> "자유주의자는 가장 완고한 교의학자이다."[18]

카이퍼 자신이 과거에 자유주의 신학을 공부했을 뿐 아니라 그 자신이 자유주의자로서 목회 일선을 나갔던 사람이었기에 자유주의의 속성을 익히 잘 알고 있었다. 그는 자유주의 신학이 개혁주의 신학과 신앙의 적수임을 알고 철저히 공격했다. 한편 화란의 자유주의 신학자들과 목회자들은 새로운 강적을 만난 것이다. 그들 나름대로 묘안을 짜기도 하고 반발도 했지만 카이퍼의 논적이 되지 못했다. 왜냐하면 카이퍼 박사는 신학적으로나, 목회적으로나, 논리적으로나, 조직력으로나, 영적인 능력으로나, 자유주의자들이 도저히 감당할 수 없었기 때문이다. 그래서 카이퍼는 자유주의 신학을 비판하고 개혁신학을 회복하기 위한 총사령관이 되었다.

1871년 9월 6일에 아브라함 카이퍼 박사는 개혁주의 선교 정책에 대한 중요한 메시지를 발표했다. 제11차 화란 개혁주의 선교협회 선교축제 대회 전날 연설에서 그는 자신의 입장을 분명히 밝혔다. 그때 카이퍼가 행한 강연의 요점을 정리하면 다음과 같다.

우선 카이퍼는 요한복음 20장 21절을 읽었다. "예수께서 가라사대 너희에게 평강이 있을지어다, 아버지께서 나를 보내신 것 같이 나도 너희를 보내노라." 카이퍼는 여기서 세 가지 요점으로 메시지를 증거했다. 누가 선교사를 보낼것인가? 그 대답은 조직된 제도적 교회이다. 그러면 누구를 파송할 것인가? 그 대답은 교회의 아들과 딸이다. 그러므로 교회는 십자가의 증거가 될 자녀들을 위해서 기도해야 한다. 또한 선교의 유일한 목적은 무엇인가? 그 대답은 진실로 이방인의 회개, 영혼의 구원, 그리고 교회의 증가가 최고의 목적이다. 그렇지만 그것들은 결국 최상의 목적인 하나님 아버지의 영광을 위한 수단에 불과하다는 요지로 말했다. 카이퍼의 개혁주의 선교에 대한 원리를 이어 받아서 화란에서는 20세기 최고의 걸출한 신학자들이 나왔다. 예를 들면 헨드릭 크렘머(H. Kraemer), 바빙크(J.H. Bavinck), 벨카일(J. Verkuyl), 블라우(J. Blauw) 같은 학자들이다.

화란 교회는 그때나 지금이나 늘 평안하지는 않았다. 다양한 의견,

다양한 사상들이 서로 충돌하고 있었다. 예를 들면, 진짜 자유주의자, 반쪽 자유주의자, 정통주의자 그리고 개혁주의자 등 모든 유형의 목회자들이 포진하고 있었기 때문에 함께 모여 일한다는 것은 참으로 어려운 일이었다. 아브라함 카이퍼 박사는 이미 교정가(敎政家)로서 교회의 개혁에 최선봉에 서 있었다. 그러면 어째서 카이퍼는 자기 자신의 목회도 바쁘고 방대한데, 화란 전체 교회에 그토록 관심을 갖고 있었는가? 그 이유가 무엇이었을까? 이런 질문에 답해서 그는 유명한 소책자인 『확신컨대』(confidentie)19란 책을 썼다. 카이퍼는 신학자 목회자 언론인이자 교회 개혁가로서 자신이 확신하고 있는 신앙의 진리에 대하여 분명히 썼다.

첫째, 교회 문제에 대한 관심은 일찍이 요한 칼빈과 요한 라스코의 교회론을 비교 연구하면서 이미 구체화되었다고 했다. 그리고 베이스트 교회에 있을 때 자기는 처음에는 자유주의자였으나 철저한 개혁주의 사람들과 만남으로 변화되었다고 했다.

둘째, 카이퍼가 교회 문제에 그토록 정열을 쏟은 것은 개인이나 교회 공동체나 가정이나 모든 국민의 요구는 교회가 교회답게 새롭게 될 것을 요구하고 있기 때문이라고 했다.

셋째, 카이퍼가 구상하고 있는 이상적인 교회의 청사진이 있었기 때문이다. 국가교회는 반드시 개혁주의적이며, 민주주의적이며, 자율적이며, 자립적이어야 한다. 그가 꿈꾸는 교회는 반드시 세 가지가 잘 균형이 잡혀있어야 한다고 했다. 그것은 말씀의 목회, 예배의 목회, 선교와 박애의 목회여야 한다. 카이퍼의 저술 『확신컨대』는 양심적으로 말씀대로 살려는 목사들에게는 공감을 얻었지만 자유주의자들 특히 기득권을 사수하려는 사람들로부터는 엄청난 도전과 공격이 되었기에 그들로부터 강한 비판을 받았다. 그렇기 때문에 카이퍼는 비록 교회 뿐만 아니라 교육, 정치 부분에서도 개혁주의 신앙, 칼빈주의적 세계관을 가지고 싸웠다. 카이퍼는 자기가 확신한 것에 대해서는 세상이 무엇이라 하던지 상관하지 않고 앞으로 걸어가는 확신의 사람이었다. 카이퍼의 교회개혁은 실로 외로운 전투였으나 그의 가슴은 세상이 감당할 수 없는 신앙과 열정으로 충만해 있었다. 그러므로 암스텔담 교회의 개혁주의자와 철저한 정통주의자들에게 카이퍼 목사는 찬란한 햇빛과도 같았다. 그는 그들에게 위대한 설교자였고 자녀의 교육을 마음놓고 맡길 수 있는 스승이었고, 영혼의 문제를 터놓고 이야기 할 수 있는 상담목사로 그리고 교정(敎政)을 가장 합리적으로 민첩하게 처리하는 행정목사로 자리 매김했다. 암스텔담 교회에서는 카이퍼가 전무후무한 말씀의 종이며 이상적인 목회자였다.

그러나 카이퍼 박사가 가진 더 큰 꿈과 비젼은 암스텔담 중앙교회에서는 모두 담을 수가 없었다. 그는 삼년 육개월 동안의 목회를 마치고 국회로 갔다. 아브라함 카이퍼 같은 스타일은 누구도 흉내낼 수 없는 것이었다. 오직 하나님께서 19세기 말 칼빈주의 부흥운동을 위해서 한 사람을 도구로 쓰시기 위해서 그를 위험한 영적 전투장으로 파송했다고 봐야 한다. 카이퍼의 목회는 1863년에서 1874년 11년 동안 목회자로서 정열을 쏟았다고 할 수 있다.

암스텔담교회 담임목사 시절

칼빈주의 대학의 설립자 카이퍼

필자는 약 40년 전에 카이퍼가 세운 쁘라야 유니버시티 곧 자유대학교에 유학을 갔었다. 화란 사람들은 이 대학을 약자로 V.U라고 부른다. 그런데 자유대학교의 라틴어 이름은 자유 개혁주의 대학교 (Universitas Libera Reformata)[1]라고 한다. 다른 장에서 이미 언급했듯이 자유대학교는 대 칼빈주의 신학자요 교회의 개혁자요 그리고 기독교 정치의 체계를 세운 아브라함 카이퍼 박사가 세운 대학이다. 그는 하나님 중심적인 세계관을 가진 인재들을 키워서 교회와 세상을 개혁하려는 꿈을 가졌다. 이는 흡사 그보다 300년 전에 그의 정신적 스승인 요한 칼빈이 세운 제네바 아카데미와 비교할 수 있는 대학이다. 카이퍼 자신이 평생 꿈꾸어 왔던 하나님의 영광과 주권을 삶의 전 영역에 증거하려는 열매가 실현된 셈이다. 그것이 바로 자유대학의 설립이다.

왜 칼빈주의 대학이 필요했을까?

사실 칼빈이 1559년에 제네바 대학을 세운 후 그 학교에서 교육받고 훈련받은 인재들은 유럽 각국으로 흩어져 개혁교회 건설의 선봉장이 되었다. 그로 말미암아 17세기는 칼빈주의 신앙이 전성기에 이르렀고 개혁교회는 로마 가톨릭의 굴레에서 벗어나서 교회 뿐 아니라 정치, 경제, 사회, 문화, 예술 등 삶의 전 영역에 칼빈주의 사상이 확산되어 갔다. 종교 개혁의 정신은 곧 하나님의 영광과 주권을 높이고 성경을 신앙과 생활의 유일한 표준으로 삼았다. 그리고 하나님 중심의 세계관이 널리 퍼졌다. 그러나 개혁교회가 안정기에 들어왔을 때 로마 가톨릭에서는 이른바 반종교 개혁운동(Anti-Reformation)이 일어났다. 가톨릭은 이그나티우스 로욜라(Ignatius Loyola)를 중심으로 예수회(Jesuit)를 만들어 개신교를 핍박했다. 특히 프랑스 남부지역과 헝가리 등에서 심한 박해가 있었다. 그때 개혁교회 성도들을 저주하고 모멸감을 주기 위해서 만든 말이 '칼빈주의'란 말이었다. 당시 심한 박해를 견디다 못한 영국 청교도들은 신앙의 자유를 찾아 신대륙으로 건너갔다. 그리고 이어서 유럽 각국의 개혁주의 신앙을 가진 성도들도 신대륙으로 피난갔다. 그 후 박해의 시대가 어느 정도 지나가자 불란서, 영국과 독일에서는 이른바 계몽주의 사상이 나타났다. 이 계몽주의 사상은 달리 말하자면 합리주의 사상이라고 할 수 있는데, 이 사상의 핵심은 증명되는 것은 믿고 증명되지 않는 것은 믿을 수 없다는 것이다.

합리주의 사상에 물든 유럽인들은 성경도 신앙도 하나님도 결국 과학의 잣대로 분석하고 비판했다. 무엇보다 합리주의 사상은 그냥 철학적인 이상에 그친 것이 아니라, 실제적으로 신학, 교회, 정치, 경제, 사회, 과학, 교육 등 삶의 전 영역에 세계관으로 자리매김했다. 그런 까닭에 당시 대학들은 이런 계몽주의, 합리주의 사상을 생산하는 진원지가 되었고, 그것이 바로 정의이며 진리가 되었다. 이런 상황이 되자 16세기 종교 개혁 특히 칼빈의 종교 개혁의 정신은 퇴색하게 되었고 과학 우상주의, 이성 우상주의 사상이 삶의 모든 분야에 마치 독약처럼 퍼져갔다. 특히 이런 영향이 신학계에 미치게되자 자유주의 신학(Liberal Theology)이 태동하게 되어 성경을 과학의 잣대로만 분석 비판하게 되었다. 그 결과 성경본문은 파괴되고 성경의 초자연적인 현상은 모두 부인되었으며 성경의 모든 이적과 기사를 믿지 않게 되었다. 더욱이 각급 학교들은 계몽주의 합리주의 사상이 마치 진리인 것처럼 선전하면서 가르쳤다. 특히 국립대학들은 한결같이 모든 학문의 영역에 무신론적 인본주의적 세계관 그리고 합리주의만이 진리라고 가르쳤다. 더구나 이 시기에 진화론의 대두와 유물주의의 출현으로 고등교육은 망가지고 있었다. 정부의 관료들은 철저히 현대주의 사상에 빠져있었고 각 대학의 교수와 학생들도 모두 같은 생각을 갖고 있었으니, 대학이나 국가가 꼭 같은 체제(System)로 움직였다.

한편 이러한 영향에 물든 교회도 역시 약 200여 년 동안 세속화되고 피폐할 수밖에 없었다. 비록 정통 신앙을 가진 사람들이 없었던 것은 아니지만 머리 밀린 삼손처럼 아무런 힘을 발휘할 수 없었다. 뿐만 아니라 강단의 세속화로 말미암아 복음적인 설교 대신에 인본주의가 설교판을 치고 있었다. 그러므로 국가 주도하의 교육체제와 사상교육이 지배하게 되자 개혁교회 성도들은 성경적 신앙을 지킬 수가 없었다. 특히 1789년 불란서 혁명 이후에는 무질서와 혼돈이 사회 전반에 미쳤다. 그리고 나폴레옹이 이끄는 제국주의, 1812년에는 영국과 미국의 전쟁, 1830년에는 화란과 벨기에의 국가분열, 또 그리스와 폴란드는 혁명이 일어났다. 그 후 몇 년 사이에 마치 유행이나 되는 듯이 각 나라에 혁명이 일어났다. 더욱이 18세기에는 벤담의 공리주의, 꽁트의 과학적 사회주의, 독일의 낭만주의, 맑스의 공산주의 선언이 나왔고, 챨스 다윈의 진화론들이 대두되었다.

이러한 사상의 여파로 당시 사람들의 의식 구조는 합리주의, 계몽주의 사상에 깊이 침잔되어 있었고 자연스럽게 역사주의 또는 고등비평학이 일반화되었다. 그 결과 예수는 그냥 도덕선생과 같은 의미로 이해되어졌다. 그러니 이런 사상을 받아드린 목사들이 강단을 세속화시키는 것은 당연한 것이었다. 그들은 인간은 자기 마음먹기에 따라서 모든 것을 할 수 있다고 했다. 그리고 인간이 만든 법칙 그 자체가 진리요 정의가 되었다. 더구나 화란 같은 나라는 교사들을 높이 받들었는데, 그들을 인류의 선각자요 구세주로 치켜세웠다. 당시 학교들은 인본주의 종교의 거룩한 공회당이었다. 따라서 학교에서는 정치적 자유주의와 급진주의, 신학적 자유주의 그리고 인본주의와 계몽주의 사상이 학문의 기본 틀로 제공되었다. 한편 복음적이고 보수적인 신앙을 가진 사람들은 대개 이원론(Dualism)적 세계관에 빠져있었다. 즉 세상이야 어찌되던 상관없고 개인적인 신앙만 유지하면 된다고 생각했다. 이런 절박한 상황 속에서 흐룬 반 프린스터가 나타나 하나님의 말씀으로 돌아가자고 16세기의 칼빈의 사상으로 돌아가자고 외쳤다. 그러나 그가 외치는 구호는 너무나 작은 목소리에 불과했지만, 그의 뒤를 이은 아브라함 카이퍼 박사는 자신의 멘토인 요한 칼빈과 흐룬 반 프린스터의 노선을 따라 칼빈주의 사상의 복원을 시도했다. 그것은 바로 인본주의 교육에 대항하면서 하나님 중심의 세계관을 가지고 자유롭게 교육할 수 있는 대학을 만드는 것이었다.

자유대학의 설립과정

카이퍼가 자유대학을 세우게 된 것은 한마디로 인본주의 교육이냐 신본주의 교육이냐에 대한 물음에서 시작되었다. 화란의 국립대학인 라이덴 대학, 우트레흐트 대학, 흐로닝헌 대학들은 신학적으로 철저하게 인본주의적이고 자유주의 신학을 가르치는 본산지였다. 그리고 다른 인문과학, 사회과학, 자연과학의 모든 학부들도 철저히 계몽주의 인본주의 사상에 기초하여 가르쳤다. 당시 대학들은 국민의 정신 속에 불신앙의 인자(因子)를 불어 넣는 목사, 법률가, 교수, 의사, 전문인들을 양성하는 기관이었다. 그 결과 학생들은 기독교적 세계에 기초한 학문을 배우는 것이 아니라 철저히 합리주의적 기반 위에서 학문을 쌓았다. 결국 당시 대학들의 교육은 국가를 비기득교 국가가 되도록 했다.

1870년에 카이퍼는 그와 뜻을 같이하는 사람들과 힘을 합해서 칼빈주의적 세계관에 기초한 기독교 대학을 설립하려다가 실패했다. 왜냐하면 아직도 카이퍼의 꿈을 이해하는 사람도 없었거니와 협력자도 없었기 때문이다. 또한 1876년에는 당시 수상 헴스켈크(Heemskerk)가 제출한 고등교육법이 통과되었다. 그는 암스텔담 아테네 일루스티(Amsterdam, Athanaeum, Illustie)란 학교를 세워 카이퍼를 교수로 모시려 했다.[2] 그러나 카이퍼는 이를 거절했다. 그 이유는 그 학교는 카이퍼가 꿈꾸는 칼빈주의적 대학이 아니었기 때문이다. 그런 와중에서도 카이퍼는 끊임없이 고등교육 법안 개정 즉 국가에서도 자유롭고 교권에서도 자유로운 대학의 입법을 위해서 투쟁했다. 하지만 카이퍼는 심한 스트레스를 받아 신경 쇠약에 걸려 남유럽 스위스와 이태리에 요양을 떠났다. 1877년 1년이 넘게 요양하다가 돌아온 그해에 개정 교육법은 통과되었다. 그 개정 교육법의 핵심은 자격 요건만 갖추면 사립학교를 설립할 수 있도록 했다.

그러나 자유주의 사상을 가진 입법부의 사람들은 자격 요건을 도저히 이행할 수 없는 까다로운 법을 만들어 포기할 수밖에 없도록 했다. 대학이 되려면 반드시 5개 학부인 교양학부, 신학부, 법학부, 의학부, 자연과학부로 구성되어야 한다. 시험과 학위와 성적은 국립대학과 동등해도, 법적 자격은 인정하지 않았다. 그리고 그들의 농간은 또 있었다. 신학부를 교양학부에 존속시키기로 결정했다. 따라서 국립대학교는 신학을 종교학으로 변경하기로 했다. 교육법은 실제로 정부 각 분야와 대학에서 활동하는 자유주의자들의 손에 의해서 요리되고 있었다. 자유주의 사상가들은 카이퍼 박사가 원하는 대학을 설립하지 못하도록 사실상 원천 봉쇄하려고 했다. 더구나 신학부 교과 과정에서 조직신학과 실천신학을 아예 빼 버렸다.

자유주의자들은 아브라함 카이퍼와 그의 친구들이 꿈꾸는 칼빈주의 신학과 모든 학문의 영역에 신본주의 세계관 즉 칼빈주의 사상을 가르치는 것을 원천 봉쇄하려고 많은 계략을 세웠다. 왜냐하면 자유주의자들은 그들의 신학체재 유지를 위해서 카이퍼의 도전을 막아야 했기 때문이다. 무엇보다 종교학과 신학은 엄연히 다른데, 신학부를 종교학부로 바꾸려는 시도 자체가 불손하기 그지 없었다. 신학의 내용과 대상은 초자연적인 하나님을 알아가는 지식이라면, 종교학은 종교를 인간사의 보편적 현상으로 보는 것이다. 자유주의자들은 신학을 종교학부로 고친 후 학생 소집을 해보니 뜻대로 안 되니까 궁여지책으로 목사 교육을 위해서 각 대학에 두 명의 신학 교수를 채용하기로 했다. 각 대학의 교수들은 자유주의 신학자가 대부분이고 한 명만이 정통신학자였다. 그러나 조직신학을 맡기지는 않았다. 참으로 자유주의 신학자들의 끈질긴 기득권 수호와 농간은 너무 심했기 때문에 교육개혁의 입법은 사실상 별 의미가 없었다.

　한편 카이퍼 박사는 요양에서 돌아와 건강을 회복한 후 한결같이 칼빈주의적 세계관에 기초한 사립대학의 꿈을 구체화시켰다. 카이퍼는 국가와 교권의 지배를 받지않는 하나님의 영광과 주권만을 최우선으로 하는 그런 대학을 설립하려고 했다. 그는 처음부터 교양학, 신학, 법학, 의학, 자연과학부를 갖춘 5개 학부를 원했다. 카이퍼는 하나님의 주권이 삶의 전 영역에 확고히 자리 매김하는 것을 원했다. 그의 꿈은 당시로는 뜬 구름 잡듯이 보였다. 교수도 학생도 재정도 뒷받침 되지 못했기 때문이다. 그런데 하나님의 은혜로 카이퍼의 꿈은 작게나마 그대로 실현되었다. 1880년 교수 5명 학생 5명과 함께 학교가 시작되었다. 당시 자유대학이 개교하던 날 학교 구성원은 교양학부 교수 1명 학생 1명, 신학부 교수 1명 학생 1명, 법학부 교수 1명 학생 1명, 의학부 교수 1명 학생 1명, 자연과학부 교수 1명, 학생 1명이었다. 카이

퍼는 총장 겸 교수로서 신학, 히브리어, 미학, 문학 등을 가르쳤다.[3]

자유대학에 대한 그의 꿈과 이상은 앞서 언급했듯이 학교는 국가나 교권으로부터 자유로워야 한다는 것이었다. 교과과정을 짜거나 교수를 선발할 때 국가가 간섭해서도 안 되고 교권이 영향을 주어서도 안 된다는 것이다. 카이퍼가 지향하는 교육 목표는 두말할 필요 없이 칼빈주의적 세계관이었다. 교리적 기초는 하이델베르크 신조, 벨직 신앙고백, 그리고 돌트신경 등이었다. 그는 역사적 신앙고백과 교리위에 학교가 세워져야 한다고 생각했다. 그리고 모든 학문은 하나님의 말씀에 기초하며, 신앙의 안목으로 역사와 세계와 인생을 볼 줄 아는 안목이 길러져야 한다고 생각했다. 인간은 중립적인 선택을 할 수 없다고 보았다. 하나님의 말씀을 따르던가 아니면 인간의 말을 따르던가 둘 중에 어느 하나를 선택해야 하는 것이다. 또 인간은 하나님 계시에 기초한 신앙을 갖던지 아니면 인간의 이성을 믿던지 할 수밖에 없다. 이런 대립의 명제는 피할 수 없다는 것이다.

인간은 기본 전제가 무엇인가 또는 무엇을 기초로 한 세계관이냐에 따라서 종교, 신학, 정치, 사회, 문화, 예술, 역사 이해 등에서 엄청난 차이가 난다. 그러므로 카이퍼는 칼빈주의적 세계관만이 어두움의 세계를 밝혀주고 하나님께 가까이 더 갈 수 있다고 생각했다. 그리고 그것만이 국가와 민족과 교회를 새롭게 변화시킬 것이라고 확신했다. 카이퍼의 소신은 교육의 개혁 없이는 교회도 세상도 바로 세울 수 없다는 확고한 지론을 갖고 있었다. 그는 숱한 어려움과 난관 그리고 도전과 핍박에도 불구하고 그는 원대한 꿈, 강력한 리더십, 탁월한 조직력, 엄청난 추진력, 사람의 마음을 움직이는 설득력을 골고루 갖추고 있었기 때문에 기어이 역사의 물줄기를 되돌려 놓았다. 하나님께서 19세기말 자유주의 신학의 어두운 굴레에서 벗어날 수 있도록 하기 위해서 카이퍼를 도구로 사용해서 칼빈의 사상, 돌트(Dordt)의 정신으로 되돌아 가도록 하신 것이다.

자유대학의 문이 열리다

자유대학을 세우기 위한 카이퍼의 오랜 투쟁은 치열했다. 그것은 불가능을 가능케 한 하나님의 은혜였다. 인본주의 사상으로 철갑처럼 무장된 국가를 상대로 해서, 19세기의 사람들이 거의 관심도 두지 않았던 하나님의 영광과 주권을 회복하려고 했다. 그러나 암초는 여기저기에 있었다. 가장 중요한 것은 재정 문제였다. 국립대학이야 국가의 재정지원으로 아낌없이 쓰고 일하도록 공급되었지만 사립대학으로서 자유대학은 그렇지 못했다. 카이퍼의 꿈을 아는 몇몇 부유한 사람들의 기부도 있었지만 그것만 가지고는 어림도 없었다. 그래서 그는 뜻을 같이 하는 개혁주의 성도들의 작은 주머니에 도움을 구했다. 그는 학교 후원을 위한 개미군단을 만들었다. 후일 카이퍼의 후원자들은 동전 저금통장을 만들어 "자유대학은 여러분의 것입니다."(V.U is UW)라는 구호를 만들어 캠페인을 벌였다. 특히 카이퍼는 설교와 강연과 매일 쏟아내는 명칼럼을 통해서 지지자들을 독려하고 힘을 한곳에 모았다. 과연 그는 시대를 뛰어넘는 일꾼이었다.

문제는 또 있었다. 그것은 자유대학을 세우면 카이퍼와 뜻을같이 할 뿐 아니라, 그의 칼빈주의 사상을 수용하고 전수해줄 수 있는 석학들이 과연 있는가 하는 것도 큰 문제였다. 재정문제도 하나의 큰 문제였지만 자격을 갖춘 실력있는 교수들을 구하기가 더 어려웠다. 악조건이 있었지만 뜻을 같이 하는 인재들을 모아야 했다. 그리고 칼빈이 제네바 대학을 세울 때는 개교하던 날 유럽 각 나라에서 161명의 학생이 왔으나, 자유대학의 경우는 처음에는 학생들이 거의 없었다. 왜냐하면 시설도 열악했지만 그 학교를 졸업해도 각종 자격을 취득할 수 없었기 때문이다. 예를 들면 신학이면 목사 안수문제, 법학이면 판·검

사나 변호사 자격증, 의사이면 의사면허증 같은 것이 보장되지 못했다. 그럼에도 불구하고 첫 신입생으로 5명의 학생들이 왔다. 칼빈주의적 원리만이 교회와 국가를 살릴 수 있다는 신념을 가진 젊은이들이 입학을 하게 된것이다.

자유대학에 대한 그의 계획이 구체화되고 개교일이 가까워 오자 찬반 양론이 극에 달했다. 어떤 이는 이렇게 조그마한 나라에 우리가 원하는 대학을 왜 세울 수 없단 말인가라고 하면서 후원하는 분들도 많았다. 또 다른 사람들은 재정적으로 돕겠다고 나선 이들도 있었다. 하지만 호되게 비판하고 저항하는 세력들도 있었다. 카이퍼가 자유대학을 세우고 신학부를 만든다면 이는 제도적 교회에 대한 정면 도전이라고 보는 이들도 있었다.

또 카이퍼가 구상하는 칼빈주의적 대학 설립계획은 통일된 화란의 국가 정신에 도전하는 반역 행위라고 몰아가는 사람도 있었다.[4] 더욱이 독선적인 비판가들은 '카이퍼가 자신의 학교를 설립해서 모든 학문과 과학에서 자신을 격리시켜 버리고 있다'고 혹평했다.[5] 더 심한 사람들은 카이퍼가 세운 자유대학은 몇 년 못가서 문을 닫을 것이며 하루살이 같은 운명이 될 것이라고 했다.[6] 또 다른 한편 어떤 이는 걱정하기를 만에 하나 카이퍼가 세운 자유대학이 점점 커져서 카이퍼의 제자와 졸업생들이 각계 각층에 포진 하게 된다면 무슨 일이 벌어질 것인가를 염려하기도 했다(그 후 그들의 걱정은 현실화되었다. 지난 130여 년 동안 수많은 칼빈주의 사상을 가진 지도자들이 배출되어 각 영역의 요소 요소에 자리를 잡고 하나님의 나라 건설에 박차를 가했다).

드디어 1880년 10월 20일 자유대학은 개교되었다. 이 날은 카이퍼의 승리의 날이자 하나님의 승리의 날이었다. 특히 이 날은 아브라함 카이퍼의 생애에 있어서 가장 중요한 날이자 화란 칼빈주의자들에게도 역사적이며 기념비적인 날이었다. 이사회의 의장인 호비(W.Hovy)씨가 다섯 명의 교수를 임명했다. 신학부에는 아브라함 카이퍼(A. Kuyper) 박사, 럿거스(Rutgers)박사와 후더마커(Hoedemaker), 법학부에는 피비우스 박사(D.P.D.Fabius) 그리고 문학부에는 딜로(F.W.J.Dilloo)박사였다.**7**

이들 초대 교수들은 아브라함 카이퍼의 동반자일 뿐 아니라 위대한 학문적 업적을 내었다. 가령 럿거스 박사는 22권의 책을 썼고, 후더마커 교수는 40권의 저서를 남겼다. 또 파비우스 박사는 65권을 집필했다. 물론 카이퍼 박사는 223권의 책을 저술했다.**8** 이들이 그토록 위대한 연구와 저술 활동을 할 수 있게 된 것은 역시 아브라함 카이퍼 박사를 추종하는 수많은 개혁교회의 평범한 성도들의 영적이고 물질적인 후원이 있었기에 가능했다.

1880년 10월 20일, 자유대학교 개교의 핵심은 카이퍼 총장의 취임 연설이었다. 그는 그 자리에서 영영주권사상(Souvereiniteit in eigen kring)을 선포했다. 카이퍼의 독특한 연설법인 청중을 사로잡는 카리스마와 웅변술과 미학을 동원한 이 연설은 성공적이었고 칼빈주의 사상의 핵심이 선포되었다. 그 자리에는 수많은 정치지도자, 교회의 지도자, 교육계의 최고의 지도자들이 운집했다. 그 가운데는 카이퍼의 노선을 지지하는 사람도 있었지만 또한 반대자도 많았다. 하지만 카이퍼 박사의 확신에 찬 그의 메시지는 삶의 모든 영역에 하나님 주권이 움직이고 있기에 그 영역은 하나님께서 주인이시므로 다른 영역이 간섭하거나 침범할 수 없다는 것이었다. 이 세상에는 그리스도께서 이 땅이 내 것이 아니라고 말할 수 없는 땅은 한 치도 없다고 함으로써 그리스도의 왕권을 확실히 선포했다. 예수 그리스도는 만유의 주이시고, 만왕의 왕이시므로, 그는 교회의 머리가 될 뿐 아니라 모든 영역에 왕이시라는 메시지였다.

카이퍼의 메시지에 청중들은 조용히 경청했을 뿐 아니라 때로는 우레 같은 박수로 답하기도 했다. 그동안 기독교 고등교육법을 위해서 사활을 걸었던 카이퍼는 그 자리에서 모든 반대파들의 이론을 잠재웠다. 그 후 그는 공동 설립자들과 협력하면서 화란에 칼빈주의 신학과 신앙을 수립하기 위해서 간절히 기도했다. 뿐만 아니라 학문적 토론과 정책적 토론도 같이 병행하면서 모든 것을 결정했다. 카이퍼는 당면한 문제인 학교의 확장을 위한 기금조성, 학교를 널리 알리기 위한 홍보전을 전개하면서 하나님의 은혜와 축복을 눈으로 확인할 수 있었다. 카이퍼야 말로 오늘로 말하면 CEO형 총장이었다. 실제로 카이퍼는 초대 총장만 역임한 것이 아니라 네 번씩이나 총장의 일을 더했다. 1880년 처음 총장 취임사에서 그는 '영역주권사상'으로 강연했다. 그러나 다시 1882년에 총장 재취임 시에는 '살아계신 하나님의 교회를 위해 현대의 성서비평을 비판함' 이란 주제로 강연했다.[9] 화란의 전통은 총장이 취임 할 때마다 취임강연(Rectorale Oraties)을 하는 전통이 있었다. 말하자면 한 개의 소논문을 발표하고 소책자로 남기는 것이 관례였다. 이것은 그 시기에 학문적인 방향 제시 또는 사상적 방향 제시를 하는 중요한 이정표가 되었다. 1888년에 카이퍼는 다시 총장이 되었다. 그때의 총장 취임 연설은 '칼빈주의와 예술'(het Calvimisme en de Kunst)이었다.[10] 그는 신학과 기독교 정치 뿐 아니라 예술 분야에서도 탁견을 가지고 있었다. 결국은 예술도 어떤 세계관에 기초 하는 가가 중요했다. 카이퍼는 예술 분야에서도 칼빈주의적 세계관으로 눈이 열려야 하고 그 예술을 통해서도 하나님께 영광을 돌려야 한다고 주장했다. 1892년 카이퍼는 네 번째로 총장의 일을 시작했다. 당시의 취임 강연은 '경계의 깃발'(De verflauwing der Grengen)이었다.[11] 이 강연을 통해 인본주의 세계관과 칼빈주의 세계관의 분경한 차이점이 무엇인가를 묻고 있다. 여기서 그는 범신론적 세계관을 비판하고 있다.[12]

1899년 카이퍼 박사는 다시 총장에 취임하면서 '진화론'(Evolutie)에 관하여 강연했다. 카이퍼는 당시 유럽을 강타한 찰스 다윈의 진화론과 진화론적 세계관을 비판하고 하나님 중심의 칼빈주의 세계관을 역설했다. 실제로 그가 다섯 번의 총장직을 맡으면서 행한 취임연설 내용을 검토해 보면 그가 자유대학교를 설립한 목적과 사상을 얼마나 일목 요연하게 제시했는지 알 수 있다.

카이퍼는 자유대학을 설립함으로써 칼빈주의 운동을 체계적으로 할 수 있었다. 이 대학은 성경적 세계관의 진원지였다. 그리고 개혁주의 사상 곧 칼빈주의 사상을 체계화하는 동시에 비기독교적 세계관을 비판하고 항거하는 기능을 담당했다. 앞서 언급한 대로 카이퍼는 자유대학교를 통해 정부의 간섭과 교권의 간섭을 받지 않으면서도 하나님 중심의 원리를 고수하면서 경건과 학문을 이루어가는 대학으로 성장시키고자 했다. 왜냐하면 예수 그리스도는 죄인의 구주이시지만 그는 또한 온 세상과 우주의 주인이시기 때문에 대학의 주인도 당연히 예수 그리스도가 되어야 한다고 했다. 하나님께서는 우리 인간들에게 하나님께서 주신 문화적 명령(Cultural mandate, 창1:27~28)을 충실히 수행할 수 있도록 소명을 주셨다.[13] 결국 카이퍼가 세운 자유대학은 그의 칼빈주의 운동의 진원지가 되었을 뿐 아니라 교회의 개혁, 교육의 개혁, 정치의 개혁, 사회개혁의 총사령부가 되었다.

카이퍼 이후, 칼빈주의 학문적 계승자들

카이퍼 박사가 세운 자유대학은 칼빈주의 학문 운동의 요람이었다. 뿐만 아니라 자유대학은 이른바 기독교 학교 운동의 모체가 되기도 했다. "내 시작은 미약했으나 네 나중은 심히 창대 하리라"(욥 8:7)라는 말씀과 같이 5명의 교수와 5명의 학생으로 시작된 자유대학은 날이 갈수록 수가 더해지고 교수들은 칼빈주의적 세계관으로 역사와 학문과 정치와 교회를 논했고 국민들이 가야 할 길을 제시했다. 이러한 상황이 되자 개혁교회 성도들의 지지도 폭팔적으로 불어났다. 그리고 그의 메시지와 글들은 화란의 국민들 속으로 깊이 파고들어 갔다. 카이퍼는 그 힘겹고 바쁜 중에서도 하루도 빠짐없이 글을 썼다. 그 결과 그는 일생동안 크고 작은 223권의 책을 출판하기에 이르렀다. 그리고 그의 영향력은 개혁교회 내부뿐 아니라 그의 꿈과 이상대로 정치, 경제, 사회, 문화, 교육, 예술, 법률 등 삶의 전 영역에 영향을 끼쳤다. 그런데 이러한 칼빈주의적 세계관으로 모든 학문을 탐색하는 방법은 그 후 수많은 칼빈주의 학자들에게 영향을 주었다. 그리고 많은 칼빈주의 학자들을 배출했다. 그리고 이러한 파급 효과는 화란에만 머문 것이 아니라 남아공화국, 미국과 카나다까지 확산되어 갔다. 필자는 이런 학맥을 자유대학 학파라고 부르고 싶다. 자유대학은 무슨 학문을 하던지 칼빈주의적 조망(Perspective)안에서 진리를 캐내는 방식을 시도하기 때문이다.

앞서 자유대학의 5명의 창설교수는 말할 것도 없거니와 그 외에도 이 대학에는 기라성 같은 학자들이 셀 수 없을 정도로 많았다. 그중에 카이퍼의 교의학 과목을 이은 헬만 바빙크(H.Bavinck) 박사의 경우를 살펴보자. 그는 워필드, 카이퍼와 함께 세계 3대 칼빈주의 신학자로 자리 매김 했다. 그는 캄펜신학대학에서 신학을 공부하고 라이덴 대학에서 "쯔윙글리의 윤리학"이란 제목의 논문으로 신학 박사 학위를 받았다. 그 후 바빙크 박사는 모교인 캄펜 신학교 교수를 하다가 카이퍼의 부름을 받아 자유대학교의 교수로서 일생을 보냈다. 그는 4권의 『개혁주의 교의학』(Gereformeerd Dogmatiek, 1895-1901)을 출간했다.**14** 이 책을 통해서 그는 개혁주의 교회의 신학적 기반과 토대를 쌓았다. 바빙크는 카이퍼와 마찬가지로 다작가였다. 그는 일생동안 크고 작은 책 80종을 저술했다. 바빙크는 교의학자로서 카이퍼보다 더 섬세하고 정밀하게 개혁신학 체계를 완수했다. 특히 그는 카이퍼의 신앙노선을 그대로 따르면서 개혁주의 신학자로 대성했고 그의 저작은 후일 개혁주의 교의학의 거의 표준적인 교과서가 되었다.

그 외에도 실천신학자 비스터벨트(P.Biesterveld), 경제학에서 디펜호르스트(P.A.Diepenhorst)가 있었다. 그는 자유대학에서 『칼빈과 경제』란 제목으로 박사 학위를 받고 교수가 되었다. 그리고 신약 해석학의 대부 흐로쉐이데(F.W.Grosheide), 구약학의 거물 알더스(G.Ch.Aaldes) 그리고 기독교 교육학자로서 카이퍼의 사상체계를 액면 그대로 물려받은 봐터링크(J.Waterink)는 칼빈주의 교육운동의 모델이 되었다. 그리고 카이퍼의 칼빈주의적 정치 이론을 그대로 계승한 사람이 있었는데 그 사람이 바로 콜라인(H.Colijn)이다. 그는 칼빈과 흐룬 그리고 카이퍼의 사상을 정통으로 이어받아 반혁명당 당수가 되었고 후일에 수상의 자리에 올랐다.

그리고 최근까지 각계각층에 나타난 카이퍼의 효과는 참으로 대단하다. 물론 카이퍼의 사상을 비판한 학자도 있었다. 그 대표적인 사람이 스킬더(K.Schilder)[15] 박사이다. 하지만 헬만 도예베르트 박사를 중심으로 그 후에 기라성 같은 정치가와 사상가들이 많이 일어나 각계각층에 칼빈주의적 세계관 건설에 앞장섰다. 이는 한 사람의 사상적 영향이 얼마나 대단한 것인지를 보여준 사례이다. 그들은 거의 모두가 자유대학교에서 교육받고 훈련받은 인사라는 사실이다. 필자가 지난 40여 년 동안 직접 만나서 교제하고 관계 했던 분들을 중심으로 살펴보면 대체로 다음과 같다.

카이퍼 사상을 가장 학문적으로 체계화한 학자로는 헬만 도예베르트(Herman Dooyeweerd, 1894-1977) 박사를 들 수 있다. 그는 아브라함 카이퍼 박사가 주도하는 신 칼빈주의 운동의 환경에서 성장해왔고 1917년 헬만 바빙크 아래서 법학 박사 학위를 받은 후, 그는 법조계, 관계, 학계에 위대한 족적을 남겼다. 1923년에 정치 원론으로서의 "칼빈주의적 영영주권사상"을 발표했다. 그는 아브라함 카이퍼 연구원의 정기

간행물인 『기독교 정치학』의 편집 책임자로 있었다.

그의 수많은 저작 중에는 '기독교 철학' 수립의 대저인 『법개념의 철학』(Wijsbegeerde der Wetsidee, 1935)를 발표함으로써 칼빈주의 철학의 기초를 놓았다.16 같은 해 도예베르트 박사는 볼렌호번 박사와 함께 칼빈주의 철학회(De Vereniging voor Calvinistische Wijsbegeerte)를 창설하고 개혁주의 철학(Philosophia Reformata)이란 잡지를 내면서 칼빈주의 사상을 체계화, 조직화 시켰다. 그 후 칼빈주의 세계관 운동에 영향을 받은 사람들은 모두가 도예베르트와 연관된다고 볼 수 있다. 도예베르트 박사의 사상을 비판적 시각에서 보는 이도 없지는 않지만, 그는 카이퍼의 사상을 따라 삶의 전 영역에 하나님의 왕권을 높이고 하나님으로부터 오는 소명 의식을 고취시키는 기독교 세계관을 건설하였다. 그는 실로 칼빈주의적 시각에 입각한 삶의 이론을 정립한 20세기의 최대의 기독교 철학자였다. 1972년 필자는 도예베르트 박사를 만나 뵙고 다음과 같이 질문했다. "선생님의 기독교 철학의 기본은 무엇입니까"라고 했더니 그는 대답하기를 나의 철학은 '성경'에서 나왔다고 했다. 그는 시편 119편 105절 "주의 말씀은 내 발에 등이요 내 길에 빛이니이다"라는 말씀이 자신의 철학의 핵심이라고 했다. 그는 성경을 중심해서 역사와 인생과 우주와 학문을 본다고 대답했다. 필자는 그때 칼빈주의적 세계관이란 곧 성경적 세계관이란 것을 확실히 깨닫게 되었다.

카이퍼의 계승자 중에는 도예베르트와 함께 기독교 철학을 이끈 볼렌호번(D.H.Th.Vollenhoven, 1892-1977) 박사가 있다. 필자는 그의 생애 만년에 그와 이웃에 살면서 교제할 수 있는 행운을 가졌다. 그는 1911년 자유대학에 입학해서 1914년까지 신학을 공부했다. 그는 아브라함 카이퍼의 아들인 H.H.카이퍼 교수와 헬만 바빙크에게서 신학을 배웠다. 그러다가 1914년 철학으로 전공을 바꾸었다. 그 후 그는 1918년에 "유신론적 관점에서 본 수리철학"(De Wijsbegeerte der Wiskunde van Theistisch

Stanpunt)으로 철학 박사 학위를 받았다. 도예베르트와 함께 그는 카이퍼의 노선을 따라 칼빈주의 영영주권사상을 심도 있게 체계화했고 『칼빈주의와 철학의 개혁』, 『철학사』 등 많은 저서와 논문을 남겼으며 후학들에게 카이퍼 사상을 전수했다.

그리고 미술사 교수로서 현대 젊은이들에게 많은 영향을 주었던 사람이 있는데 그 분이 바로 로끄마꺼(Hans R.Rookmaaker,1922-1977) 박사이다. 로끄마꺼 박사는 화란의 칼빈주의적 예술 평론가이자 자유대학교의 미술사 교수였다. 그는 프란시스 쉐퍼와 함께 라브리 운동의 선구자이며 화란의 엑크엔빌(Eek en Wiel)이란 라브리 회관에서 성경을 가르치고 예술과 인생과 철학을 강의했다. 로끄마꺼는 칼빈주의적 예술 평론가로서, 삶은 종교이고 인간은 종교적 존재라는 것을 전제하고 자신의 입장을 개진한다. 그는 예술가의 모든 예술적인 행위는 가치중립적인 것이 아니라고 했다. 그러므로 인간은 하나님을 섬기든지 우상을 섬기든지 둘 중에 어느 하나를 선택할 수밖에 없다고 했다. 예술가의 표현방식은 작가의 감정적인 표현이 아니라 신앙의 표현이란 것이다. 그의 주저인 『현대 예술과 문화의 죽음』(Modern Art and the Death of Culture, 1970)에서 그는 칼빈주의 세계관으로 예술과 인생을 보는 시각을 열어주었다. 필자는 그와 더불어 라브리에서 약 4년 동안 사귐과 가르침을 받았는데 그 시간을 잊을 수 없다.

그 외에도 공학자로서 칼빈주의 철학자가 된 반 리센(Van Riessen), 정치가인 가우즈바르트(Bob Goudzwaard, 1934) 등은 각기 다른 분야에서 활동했지만 모두가 카이퍼의 칼빈주의 사상에 기초한 사람들이다. 이들 외에도 화란에는 기라성 같은 수많은 지도자들이 학계, 정계에 포진하고 있지만 여기서 모두 거명할 수는 없다.

한편 카이퍼의 칼빈주의 사상이 북미주에도 크게 영향을 끼쳤다. 특히 미국의 칼빈대학, 돌뜨대학(Dordt College), 트리니티기독대학, 카나다의 리딤머대학(Redeemer college), 킹스 유니버시티대학, 기독교 학문 연구원 등 많은 대학들은 카이퍼의 칼빈주의 사상을 학교의 지상 목표로 삼고 있다. 북미주에서 카이퍼의 칼빈주의 사상을 실천하거나 학문적 대가를 이룬 사람은 에반 라너(E.Evan Runner)이다. 그는 미국의 걸출한 칼빈주의 철학자로서 칼빈대학의 철학 교수였다. 그는 휘튼대학, 웨스트민스터신학교, 자유대학교에서 도예베르트와 볼렌호번으로부터 사사받은 후 북미주에 칼빈주의 운동의 전도사가 되었다. 그는 1956년에 "개혁주의 학문 연구회"와 1967년에는 "기독교 학문 연구회"를 주도했다.

또 자유대학을 졸업한 고든 스파이크만(Gorden J Spykman, 1926-1993)은 칼빈대교수로서 북미주에 종횡무진 활동하면서 칼빈주의 학문운동에 앞장설 뿐 아니라 카이퍼의 칼빈주의 세계관을 북미주에 정착시키는 데 힘썼다. 그 외에도 스프롤(R.C.Sproal), 반틸(C.Van Til), 늣슨(Knutsen) 등 많은 학자들이 카이퍼의 칼빈주의 신학과 신앙의 영향 아래서 활동했다. 특히 금세기 최고의 전도자이자 사상가이며 라브리 운동의 창시자인 프란시스 쉐퍼(F.Schaeffer 1912-1984)[17] 도 카이퍼의 칼빈주의 운동에 큰 영향을 받았다. 그는 전 세계를 순회하면서 현대의 세속화된 문화와 자유주의 신학을 비판하고 하나님 중심의 사상으로 돌아갈 것을 설교와 강연을 통해 힘있게 외쳤다. 필자는 이분들과의 만남과 교제를 통해서 새로운 영적인 눈을 뜨게 되었고 많은 것을 배우게 되었다.

아브라함 카이퍼가 1880년 자유대학을 세운 것은 개혁주의 교회 역사상 획기적인 사건이었다. 기독교의 복음이 대중적이어야 하고 가난하고 약한 자에게 증거되어야 하는 것은 분명 맞는 말이다. 하지만 복음을 세계화하고 삶의 전 영역에 구체화 하는데는 사상과 이론이 뒷받침되어야 한다. 필자가 보기에 개인의 구원이 첫째이지만 구원 받은 사람이 하나님의 나라 건설과 하나님의 영광을 들어내기 위해 노력해야 하며, 삶의 전 영역에 하나님의 주권을 높여야 한다는 카이퍼의 칼빈주의 사상은 옳았고 그의 칼빈주의 대학 건설은 탁월한 선택이었다고 생각한다.

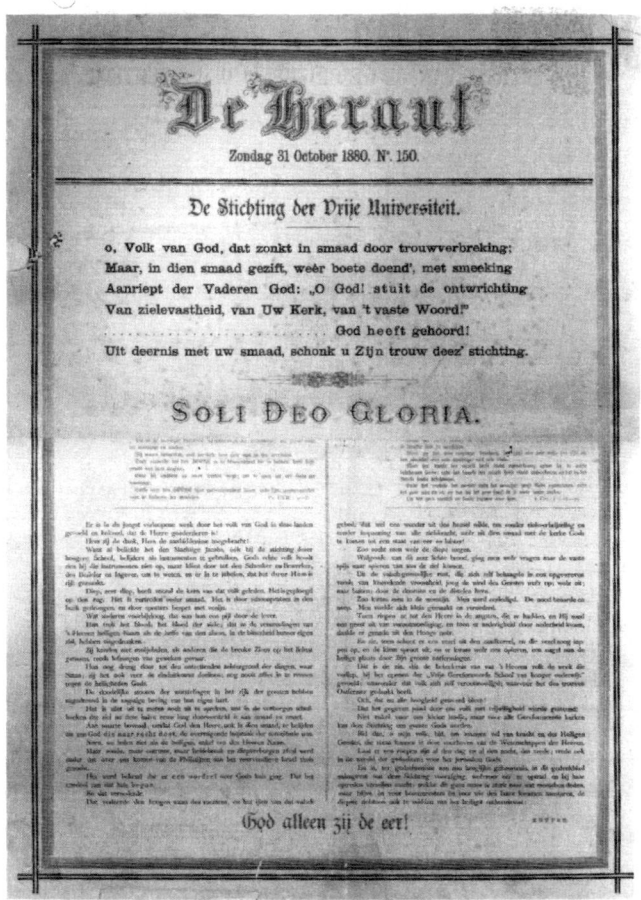

카이퍼가 주필로 있던 주간지 헤라우트지

교회의 개혁자 카이퍼

　1920년 11월 12일, 카이퍼의 무덤이 만들어졌다. 비문은 당시 법무부 장관이었던 헴스켈크(Mr. Th. Heemskerk)가 썼는데, 그 비문에는 '말씀의 종 교회의 개혁자'(Bedienaar des woords, Kerk Reformator)란 말이 유독히 강조되었다.1 카이퍼는 위대한 정치가로서 하원의원, 상원의원, 수상, 당 총재를 지냈다. 그리고 자유대학의 설립자요 불굴의 저널리스트요 개혁주의 신학자로서, 칼빈의 사상을 본받아 칼빈주의 세계관을 체계적으로 세운 위대한 하나님의 종이었다.

　또한 그는 역시 목사요, 설교자로서, 화란교회가 하나님의 말씀에 굳게 서기를 바랬고, 16세기의 종교 개혁의 전통을 따라서 교회가 교회다워지는 것을 원했다. 그러나 당시 국가교회는 복음의 진리에서 자유주의 사상을 받아드렸다. 그래서 카이퍼는 그의 혼신의 힘을 쏟아서 자유주의자들과 싸웠고, 하나님의 말씀인 성경의 권위를 수호하기 위해서 한 평생 투쟁했다. 한마디로 말하자면 그의 생애는 교회의 개혁자로서의 삶이라고 할 수 있다. 카이퍼 생애는 어쩌면 그의 사상의 멘토인 칼빈과 비견될 수 있다.

　16세기 요한 칼빈(John Calvin)은 종교 개혁자로서 교회의 개혁자였다. 칼빈이 교회 개혁을 한 것은 로마 가톨릭 교회가 성경적 교회가 아니었기 때문이다. 당시 로마 가톨릭 교회는 성경적인 교회와는 너무나 이탈한 상황에 놓여 있었다. 즉 세상의 이방 종교와 교황제도를 섞어서 이른바 유사 종교가 되었기에 개혁이 반드시 필요했다. 무엇보다 하나님의 말씀에서 기초하지 않고 인본주의적인 사상에 편승하여 교회의 전승(Tradition)을 귀중히 여겼던 교회는 개혁되어야 했다. 본래 개혁(Reformation)이란 하나님의 말씀을 따라 본래대로 돌아가는 것(Reformed According to the Word of God)을 의미한다. 결국 중세 교회가 하나님의 말씀에서 너무나 멀어졌기에 본래 성경대로 다시 되돌려 놓는 것이 바로 개혁이란 것이다. 그러면 이제 칼빈이 1539년 추기경 사돌렛토에게 보내는 답신을 한 번 살펴보자.

> "불신앙이 넓게 퍼져서 종교의 교훈이 대부분 혼합되어 순수하지 않으며, 의식은 오류투성인데다 하나님께 드리는 예배는 미신으로 말미암아 더러워지지 않은 부분이 없다.…하나님의 진리의 빛은 소멸되었고 하나님의 말씀은 매장되었으며, 그리스도의 덕은 아주 잊어진체 버려졌으며 목사의 직무는 파괴되었다.²

이와 같이 19세기 말, 아브라함 카이퍼가 당시 국가교회를 볼 때도 칼빈 시대와 흡사했다. 그래서 교회 개혁의 의지가 그의 가슴에 불꽃처럼 타오르게 되었다. 16세기의 칼빈이 그러했던 것처럼 19세기의 카이퍼도 자유주의, 인본주의 사상으로 더럽혀진 교회를 향해, 교회의 개혁을 단행하지 않을 수 없었다. 그에게 있어서 교회의 개혁은 피할 수 없는 과제이자 사명이며 소명이기도 했다.

화란 국가교회의 세속화

아브라함 카이퍼와 반혁명당이 기독교 신앙을 가진 자들을 위한 사회 개혁을 추진해가는 동안 화란 국가교회의 영적인 상태는 형편이 없었다. 일찍이 영적 부흥운동 즉 레베이(Rev'eil) 운동도 있기는 했지만 몇몇 소수에 불과했다. 화란 국교의 사람들은 역사적 개혁주의 교리에 둔감할 뿐 아니라 온통 세속주의에 물들어갔다. 이른바 흐로닝헌 신학의 도전으로 역사적 칼빈주의 신앙은 기를 펴지 못했고 자유주의자들의 주도하에 있었다. 화란 국가 전체가 현대주의(Modernism)화 되어갔다. 흐로닝헌 대학의 학자들은 신인(神人)으로서의 예수 그리스도의 신성을 부정하고 그냥 신적 성격을 가진 사람 정도로만 이해했다. 그들은 예수 그리스도의 초자연성을 거부해 버렸다. 그렇게 되자 화란 국교회도 같은 신앙 노선을 걷게 되었다. 자유주의 입장을 가진 지성인들이 각광을 받게 되자 역사적 신앙을 가진 사람들을 공격했고 칼빈주의를 지키려는 사람들은 움츠려들고 자유주의자들의 힘에 눌리고 가리워졌다.[3]

1860년 이후 화란 국교회의 목회자들은 흐로닝헌학파(Groningen School)들의 사주로 완전히 자유주의로 돌아섰다. 특히 당시 부스켄 휴트가 쓴 『성경에 관한 편지』라는 제목의 책이 유명했다. 이 책은 1858년에 출판되어 엄청난 인기를 끌었는데, 성경의 진정성에 대해서 비판적으로 다루었다. 실제로 휴트는 화란 개혁교회의 전통적인 입장을 떠났음에도 불구하고 많은 사람들은 그의 성경 비평을 그대로 받아들이는 사태가 발생했다. 결국 화란 교회는 역사적 기독교 신앙을 포기하고 그 시대의 정신을 따라서 세속주의적으로 변질되어 갔다. 더욱이 이렇게 된 원인을 살펴보면 이미 현대주의의 대변자였던 알라드 피어슨(Allard Pierson, 1831-1896)의 영향이 컸다. 그는 다른 자유주의자들과 같이 성경의 권위와 영감을 부정하고 과학적, 합리적인 잣대로 성경을 해석했다. 피어슨은 일찍이 부흥운동(Rev'eil)의 가족에서 태어나 로텔담의 불란서 개혁교회의 목회자가 된 사람이다. 그는 처음에는 이성

보다 종교적 감성을 더 중요하게 생각했다. 교회는 예수 그리스도를 그냥 신적 사랑의 모델로만 선포하면 된다고 생각했다. 그 후 피어슨은 세속적인 인본주의자가 되어 교회를 떠났고 실제로 기독교 신앙에서 완전히 떠났다.[4] 그는 예수 그리스도가 하나님의 아들이라는 사실을 부정했다. 그리고 기독교의 오류를 지적한다고 하면서 반기독교적 행동을 서슴치 않았다. 물론 피어슨의 이런 태도는 그 자신의 사상이기 전에 이미 유럽 각 나라에 전염병처럼 번지고 있던 계몽주의, 합리주의 사상이기도 했지만, 그의 발언은 화란 국교회의 현대주의와 세속주의에 엄청난 영향을 주었다.

바로 이런 환경에서 아브라함 카이퍼는 현대주의 사상과 대결하는 전투의 지도자가 된 것이다. 1865년에 화란 국교회의 지도자들 가운데 현대주의 사상에 반기를 든 지도자들은 역사적 개혁주의 신앙을 지키려고 '고백적 연합회'(Confessional Union)를 조직했다. 카이퍼가 우트레흐트 교회에서 목회하고 있었던 기간에(1867-1870) 그는 이 조직의 회장이 되었고, 암스텔담 교회로 목회지를 옮긴 후에도 계속 되었다. 실로 카이퍼는 자유주의와 대항해서 싸우며 역사적 개혁주의 신학과 신앙을 지키는 선봉장이 되었다. 카이퍼는 확신하기를, 현대주의 사상은 참된 기독교의 적수이며, 칼빈주의 사상만이 자유주의를 대항해서 싸울 수 있는 유일한 사상체계라고 했다. 왜냐하면 하나님께 모든 영광과 존귀를 돌리며 성경의 권위와 영감을 믿는 것은 바로 칼빈주의 이기 때문이다. 한편 현대주의는 인간 스스로 최고의 결정권을 가지며, 인간과 세계에 대해서 판단했다. 현대주의는 불란서 혁명 사상에 기초한 반기독교적 사상인데다 무신론적 세계관(Godless World-View)이었다.[5]

이런 현대주의 폐해는 엄청났다. 카이퍼는 이런 현대주의 사상의 배후에는 독일 철학자 쇼펜하우어(Arthur, Schopenhauer, 1788-1860) 그리고 프레드리히 니체(Fredrich Nietzsche, 1844-1900)의 영향이 크다고 지적했다. 이들을 통해서 사회주의와 허무주의(Nihilism) 사상이 일어났고 기독교의 도덕적 가치는 전면 부정되었다. 더구나 다윈(C. Darwin)의 진화론 사상이 부흥되면서 현대주의 사상과 연결되어 기존의 가치 기준이 허물어지고 반기독적인 자유주의가 성행하게 되었고, 교회는 정체성을 잃어버리게 되었다. 이에 반해서 아브라함 카이퍼가 주장했던 칼빈주의 사상은 인간의 전적부패를 믿고 하나님의 주권을 세웠다. 카이퍼는 이런 사상이 삶의 전 영역에 구체화되고 실현되어야 한다고 믿었다. 카이퍼가 이토록 자유주의자들과 대결을 하게 된 이유가 무엇인가? 그것은 그가 일찍이 베이스트(Beesd) 교회에서 개혁주의 신앙의 사람들에게서 깊은 영향을 받았기 때문이다. 또한 칼빈의 사상에 심취되어 칼빈의 교회론을 깊이 연구했기 때문이다. 더욱이 그는 그 자신이 라이덴 대학에서 현대주의, 자유주의 신학을 공부해 본 경험이 있었기에 자유주의자들과의 전투에서 맞수로서 전면에 나설 수 있었다. 그래서 카이퍼는 "나는 한때 내 스스로 현대주의자였고, 나는 현대주의의 꿈을 꾸던 사람이다."[6]고 고백했다. 그래서 카이퍼는 역사적 개혁주의 신학과 신앙을 지키고 현대주의 사상과 싸우기 위해서 최전방에 서게 되었다. 그가 우트레흐트 교회에 재임하고 있을 때 그는 "내가 원하는 교회는 개혁주의적이며, 민주적이며, 독립적인 것이다. 특히 교리로 잘 조직(무장)되고 공예배가 잘 이루어지고, 교육이 잘 실시되며, 사랑의 목회가 성공하는 그런 교회이다."라고 했다.[7] 그러면서 카이퍼는 성도들이 끊임없이 신앙의 순결을 지키면서 성장해 갈것을 주문했다. 또한 그는 16세기 종교 개혁자들이 주장한데로 개혁교회는 하나님 앞에서 항상 개혁되어야 한다고 설파했다.[8]

교회 개혁의 최전방에 선 카이퍼

이제 카이퍼는 자유주의 신학과 신앙을 물리치기 위하여 최전방에 섰다. 왜냐하면 그는 준비된 하나님의 사람으로서 자유주의의 깊은 속내를 이미 알고 있었을 뿐 아니라, 역사적 칼빈의 신학과 신앙 그리고 칼빈주의 사상을 꿰뚫고 있었기 때문이다.

카이퍼는 설교, 연설, 신문의 논설과 논문으로 그가 하나님으로부터 받은 모든 재능을 총 동원하여 자유주의 진영에 무차별 폭격을 가하였다. 특히 카이퍼가 자유주의와 대항해서 행한 연설과 수많은 저술을 집필하면서 외로운 싸움을 했지만, 그래도 그는 지칠 줄 모르는 엄청난 에너지를 발휘하면서 자유주의 요새를 정확히 폭파했다. 1871년 3월 14일 카이퍼는 암스텔담을 시작으로 전국을 돌면서 '현대주의, 기독교 세계에 있어서 신기루'(Modernism a Fata Morgana in the Realm of Christianity)란 강연을 했다. 이 강연은 소책자로 발간되었고 연설에 참여하지 못한 사람들도 자유롭게 읽을 수 있도록 했다. 그에 의하면 현대주의는 자유주의 신학인데 그것은 신기루처럼 실체가 없는 거짓된 사상이라고 했다. 그는 자유주의 신학과 신기루를 비교하면서 비판했다. 신기루란 이상 기체 현상으로서 대체로 짧은 시간동안 발생한다. 신기루와 자유주의 신학은 둘 다 웅장하고 매혹적일 정도로 아름답고 화려한 현상이지만, 둘 다 고정된 법칙에 따라 일어나고 이미 존재하고 있는 것을 반영할 뿐이며, 둘 다 실체가 없고 비실제적인 형태와 그늘 속에 있기에 허무주의에 빠진다고 신랄하게 공격했다. 달리 말하면 그의 강의는 자유주의 신학이 얼마나 공허하고 유명무실한가를 확연히 보여준다. 카이퍼는 또 다시 말하기를 자유주의 신학자들이 말하고 있는 신(神)은 하나의 추상(Abstraction)에 불과하지 인격적 하나님은 아니라고 했다. 자유주의자들이 논리적인 듯하지만 실제로는 비논리적이다. 예를 들면 그들이 말하는 진화론적인 인간관에 따르면, 만약 자신의 도덕적 성품이 짐승에서 시작됐다면 도덕을 논할 수 없다는 것이다. 카이퍼는 자유주의자들의 교회에는 교회의 본질을 규정하는 표지, 특성, 내용이 하나도 없다고 비판했다. 그들은 교회를 자기들 나름대로 규정하고 그런 것을 교회라고 우기는 우를 범하고 있었다. 자유주의자들은 굉장히 개방적인 듯이 선전하지만 자기들이 믿는 신앙 체계가 아니면 과감히 배척한다. 그런데 당시 이런 현대주의 사상들은 강단에서 공공연히 설교되어지고 있었다. 결국 기독교는 인본주의적인 종교가 되어버렸다.

그래서 카이퍼는 이러한 자유주의자들과 끊임없이 도전하고 싸웠다. 이는 반세기 후에 미국의 그레샴 메이첸 박사가 『기독교냐? 자유주의냐?』(Christianity and Liberalism)란 책에서 자유주의는 기독교가 아니라고 주장한 것과 같다. 1870년대 이후 카이퍼의 모든 저술들과 강연 논문들에는 유난히 전투, 투쟁이란 말이 제일 많이 나온다. 왜냐하면 그는 교회가 교회다운 자기 모습을 되찾으려면 무엇보다 교회 안에 들어온 불순세력인 자유주의와 싸워서 승리를 쟁취해야 한다고 생각했기 때문이다. 특히 그는 정치에 있어서도 인본주의적 사회주의 정치이념을 가진자들과 논리면 논리, 철학이면 철학, 조직이면 조직, 어떤 형태로던지 영적 전쟁에서 승리해야 한다는 것이 그의 지론이었다. 왜냐하면 이 세상은 어디든지 하나님의 주권이 미치지 아니한 곳이 없지만, 사탄의 공작도 만만찮아 전천후로 기독교회와 성도들을 공격해 오기 때문이다. 그러므로 우리는 모든 역량을 총동원해서 승리해야 한다. 이는 일찍이 종교 개혁자들의 사상에서 '전투적 교회'의 사상을 그대로 물려 받았다고 할 수 있다.

사람들은 가끔 카이퍼에게 어째서 교회 문제에 대해서 그토록 관심이 많은지를 물었다. 그에 대해서 카이퍼는 1873년에 출판한 『확신컨대』(Confidentie)라는 책자로 대답했다.[9] 이는 목회자로서의 경험과 확신 그리고 개혁주의 성도들의 신앙을 지도하는 헤라우트지의 편집장으로서 그가 깨달은 칼빈주의적 신학과 신앙 그리고 16세기 요한 칼빈에게서 배운 신학과 신앙이 너무나 확실하기에 이 글에서 '확신컨대'를 문장의 맨앞에 내세우면서 자유주의와 정통 칼빈주의 사상과의 차이점을 극명하게 보여주고 있다. 이 책에는 카이퍼 자신이 라스코의 작품을 발견하고 『레드클리프가의 상속인』(The Heir of Redclyffe)을 읽었던 이야기를 담고 있다. 또한 그가 교회문제에 대해서 그토록 관심을 두는 것은 개인, 교회, 가족 그리고 국민생활의 욕구는 교회가 변화되고 교회가 개혁되어야함을 요구하고 있기 때문이라고 했다. 뿐만 아니라 카이퍼는 이상적인 교회의 청사진을 제시했다. 그에 의하면 화란 국가교회는 반드시 개혁주의적이고 민주적이며, 자율적이며, 자립적이 되어야 한다고 했다. 교회는 세 가지 조화된 목회를 해야 하는데 그것은 말씀의 목회, 예배의 목회, 선교와 박애의 목회라고 했다. 그는 말씀 중심의 교회를 지향하면서, 헝클러진 예배를 회복하고, 선교하고, 나누며, 섬기는 교회를 지향했다. 그런데 화란의 국가교회는 우선 성경의 권위를 믿지 않고 역사적 예수, 구속주로서의 그리스도를 믿지 않고 있었기 때문에 당시 교회는 완전히 개혁되지 않으면 안 되었다. 카이퍼가 말한 『확신컨대』란 말속에는 자유주의와 싸우겠다는 강한 의지와 철저히 개혁주의 신앙을 지키겠다는 확고함이 배여 있다.

 카이퍼 박사가 화란 국가교회를 향해서 공격의 고삐를 늦추지 않고 있을 때, 그가 속한 화란 국가교회 즉 갱신교회의 반발은 대단했다. 그는 젊은 학자요, 젊은 목사였다. 그러니까 기득권을 가진 원로들과 중진 목사들 그리고 기득권 수호를 외치는 자들은 카이퍼를 엄청나게 공격하고 그의 행동을 제지했다. 그리고 그들은 그에게 압력을 가하고 따돌리려고 했다. 그도 그럴 것이 카이퍼의 공격 포인트는 단지 교회뿐 아니고 교육과 정치 분야에서도 개혁주의 신앙과 칼빈주의 세계관을 위해 전투를 선포했기 때문이다. 그 당시 화란 국가교회 안에서 카이퍼를 지지하거나 엄호하는 사람은 거의 없었다. 하지만 카이퍼는 그가 평소에 생각하는 사상체계에 따라서 끊임없이 대중들을 설득하고, 신문에 글을 쓰고, 메시지를 통해서 성도들을 사로잡았다. 카이퍼가 이렇게 적극적으로 나오자 그의 반대편 사람도 엄청난 비판의 글을 올리고 도전해 왔다. 그러나 카이퍼는 그들의 글들이 벌써 잘못된 전제, 잘못된 세계관, 잘못된 신학 체계로부터 나온 것이기에 답변할 가치가 없다고 생각했다. 카이퍼는 그에게 도전하는 세력들이 많으면 많을수록 그와 자유주의자들의 논쟁의 주제들은 더 크게 부각된다는 사실을 잘 알고 있었다. 앞서 언급한 『확신컨대』란 책은 교회 개혁이란 주제로 당시의 상황을 아주 정확하게 제시한 것이라고 볼 수 있다.

  교회 개혁을 위한 카이퍼의 도전은 화란 국가교회 지도자들이 볼 때는 무모한 듯이 보였을지 몰라도 그는 어려운 난관을 무릅쓰고 교회개혁을 위한 씨앗을 지속적으로 뿌렸다. 하지만 교회 개혁은 그렇게 쉽지 않았다. 많은 사람의 공감대가 필요했으며 시간이 필요했다. 특히 교회 개혁의 씨앗이 뿌리를 내리고 열매를 맺기 위해서는 후원자들이 있어야 했다. 그런데 앞서 언급했듯이 화란 국가교회의 목사들, 여당 성직자들, 교육위원회, 교회재판소, 일반 교인들은 카이퍼의 교회 개혁의 목소리에 귀를 막고, 그들 자신의 기득권 사수에 안주하려고 했다. 심지어 당시 그의 교회 개혁의 타당성을 인정하는 사람들마저도 선뜻 카이퍼를 거들지 못했다.

  하지만 카이퍼가 우트레흐트 교회를 사임하고 암스텔담 교회로 사역지를 옮긴 후에는 그의 교회 개혁의 의지와 메시지가 먹혀들기 시작했다. 왜냐하면 암스텔담 중앙교회는 카이퍼와 신앙이 맞는 성도들이 많았기 때문이다. 그 교회는 개혁주의자와 철저한 정통주의자들이 있었다. 그래서 카이퍼의 사역은 빛이 났고 그의 설교가 엄청난 반응을 불러 일으켰다. 그들은 카이퍼의 설교에 만족했고, 기독교 교육을 잘 하는 교육 목회자로 또는 영적 문제를 터놓고 이야기 할 수 있는 상담 목사로, 교회 행정의 달인으로서 카이퍼 목사에게 무한한 애정과 신뢰를 보냈다. 교회 개혁을 위한 그의 외침은 거기에서 끝난 것은 아니었다. 그는 목양의 현장, 곧 설교의 강단은 한계가 있음을 깨닫고 더 큰 하나님의 나라 건설을 위해서 교회 개혁을 위한 구조적 변화를 주기 위해서 정치에 입문했다. 카이퍼는 11년간 목회를 하면서 그의 학문과 인격, 목사로서의 소양을 쌓고 교회 개혁과 사회 개혁, 정치 개혁의 더 큰 밑그림을 그리게 되었다. 그는 36세의 최연소 국회의원으로서 나라 전체 즉 교회, 정치, 사회를 개혁하려는 당찬 포부를 가지고 있었다.

카이퍼의 교회 개혁의 과정

먼저 화란 국가교회의 형편을 살펴보자. 화란 교회가 국가교회로 된 것은 1816년이었다. 국왕 윌리암 1세는 칙령으로 화란의 모든 신교 교회를 국가교회로 바꾸었다. 그렇게 되자 교회의 개혁주의적 구조나 행정보다는 정부의 주도아래 총회가 모든 것을 총괄하게 되었다. 이 국가교회를 우리는 갱신교회(Hervormed Kerk)라고 부른다. 물론 이 교회도 개혁주의적 신앙고백을 채택하고는 있었지만, 실제로는 개혁주의적 표준에서 한참 벗어났다. 이런 화란 국가교회가 1852년에 와서 새 헌법을 만들고 교회가 다소간 국가의 종속적인 성격을 약간 벗어나기는 했지만 실제로는 별로 달라진 것이 없었다. 화란의 국가교회는 1816년에 이미 개혁 교회의 순수성을 상실하고 있었다. 그 후 60년 동안 점점 세속화되어 갔고 자유주의 신학으로 기울어졌다. 그동안 개인이나 단체들이 교회 정화의 길을 가려고 몸부림을 쳤으나 결과는 아무것도 남지 않았다.

당시 국가교회의 성도는 화란 전체 인구의 절반이나 등록되어 있었지만, 그 교회는 합리주의 사상으로 병들어 갔고 종교적 자유주의가 대학의 신학부, 목사, 학교 등 온 총회를 점령하고 있었다. 물론 그중에서도 개혁주의 신앙을 가진자들도 있었다. 이 상황에서 카이퍼는 교회의 개혁이야말로 시대적인 사명이요 하나님의 명령으로 받아들였다. 1878년 이후로 카이퍼는 명예목사가 되었고, 그 후 암스텔담 교회에서 그를 장로로 임명했다(오늘 우리식으로 말하면 무임목사라고 하는 것이 더 적절할 것 같다).

    1883년 화란 국가교회는 목사 후보생들의 서약을 없애버렸다. 이 때문에 후보생은 각자 알아서 자기 스스로 믿고, 고백하고, 지키면 그만이었다. 이렇게 되니까 전통적 개혁교회의 신앙고백은 고사하고 예수 그리스도로 말미암은 구원의 은혜, 하나님의 구원경륜, 성경의 무오성을 믿는 것까지도 생략되었다. 이런 상황에서 개혁주의 정통 신앙을 지키려는 사람들은 크게 놀라지 않을 수 없었다. 바로 그때 카이퍼는 헤라우트지에 교회가 개혁해야 할 것을 조목조목 제시했다. 그는 국가교회가 그렇게 흐리멍텅하게 목사 후보생들의 서약을 생략한 것은 일종의 유화 정책에 불과한 세속주의라고 몰아세웠다. 그리고 그는 이 새로운 악을 방어하고 교회의 신앙고백을 수호하는 것이 그들의 의무라고 선포했다. 또한 그는 교회재판소(당회나 노회)가 기준을 정해놓고, 진심으로 그 서약에 동의하지 않으면 목회를 할 수 없도록 해야 한다고 못 박았다. 그리고 그는 개혁주의적인 각 교회 제직회는 즉각 네 명의 위원을 선출해서 가능한 한 빨리 총회 결정에 반대의사를 전달할 수 있도록 모임을 결성할 것을 촉구했다. 그리고 총회가 이를 취소하도록 전국 대회를 열자고 제안했다. 여기에는 구체적으로 암스텔담 교회재판소가 주도권을 가지고 있었는데, 전국 모임을 주도하고 목회자의 서약 즉 연합의 삼형식(Three Forms of Unity)을 찬동해야 참석할 수 있도록 서명을 하자고 제안했다. 카이퍼의 이런 교회 정치적 결

단은 성공적이었고 국가교회의 총회의 결의를 뒤엎었다.[10]

특히 카이퍼는 1883년에 교회 개혁에 대한 논문을 발표했는데, 그는 이 책을 종교 개혁자 마틴 루터 400주년 탄생일에 개혁주의 아들들에게 헌정한다고 했다.[11] 이 책은 카이퍼의 교회 개혁의 교본이라고 할 수 있다. 이 책은 네 부분으로 구성되어 있다. 첫째는 교회의 일반원리(Algemeene Beginselen), 둘째는 교회의 건실한 기초에 관해서(Van de Rechte Formatie der Kerk), 셋째는 교회의 변질(Van De Deformatie der Kerken), 넷째는 교회의 개혁(Van de Reformatie der Kerk)에 관하여 다루고 있다.

이 책의 내용을 좀 더 세분해서 살펴보면, 카이퍼의 교회 개혁의 의지와 원칙과 방법을 알 수 있다. 그는 이 책에서 도대체 교회 개혁이란 무엇인가를 묻고, 교회의 건실한 기초는 하나님의 말씀이라는 것을 밝혔다. 그리고 하나님의 말씀은 교회 생활 전체에 중심이 되어야 한다고 주장했다. 그러므로 목회자는 하나님의 말씀 봉사를 바로 해야 하며, 왕이신 예수님이 교회를 실제로 다스리게 해야 한다고 했다. 그런 까닭에 우리 인간은 단지 그의 도구(Instrumenteel)로 쓰임을 받는 존재에 불과하기에 겸손해야 한다고 했다. 그리고 그리스도의 교회는 항상 새 언약에 기초하고 있음을 밝혔다. 또 교회는 여전히 성령께서 함께 하셔야 참된 교회 일수가 있다고 했다. 그리고 교회는 참된 예배가 이루어져야 하며 직분은 하나님이 주신 줄 알고 왕이신 그리스도를 주로 모시고 온전히 바로 섬길 줄 알아야 한다고 했다.

무엇보다 교회의 변질은 여러 가지에서 온다고 주장했다. 예를 들면 회원 변질, 직분자의 사명 변질, 신앙고백의 변질, 훈련의 변질, 구제의 변질, 예배의 변질, 설교의 변질, 당회의 변질 등이 그 대표적인 예라고 했다. 이것은 인간의 죄로 말미암아 병든 것도 있지만 거짓된 신학의 사상으로 교리와 신앙이 변질되어 진다. 그리고 교회의 개혁은 어떻게 가능한가? 라는 질문에 그는 영적 각성으로 교회는 개혁 될 수 있고, 회개를 한 후 개혁주의 신앙을 지키고 성령으로 개혁되어야 한다고 했다. 그리고 교회의 개혁은 개혁교회의 원칙인 하나님의 말씀이 중심이 되어 개혁해 나가야 할 것이라고 했다. 이 책은 개혁주의 신앙을 사수하려는 많은 사람들이 읽고 또 읽고 전달하였기에 화란 국가교회 안에 이미 교회 개혁의 분위기는 무르익게 되었다.

1886년 분열(Separatie)과 슬픔(Doleantie)

1886년 화란 국가교회 곧 갱신교회(Hervormed Kerk)는 개혁교회(Gereformeerd Kerk)와 분열되었다. 화란 사람들은 이를 슬픔(Doleantie) 또는 슬픔의 교회(Doleantie Kerk)라고 말한다. 본래 돌레안티란 말의 어근인 라틴어 Dolea는 애도하다, 슬퍼하다, 슬픔을 알리다, 불만을 품다는 말에서 나온 것이다. 이는 국가교회의 정치적 전횡과 신학적으로 성경을 떠나 자유주의 노선을 걷는 것에 대해서 슬퍼한다는 뜻이다. 종교 개혁 이후의 화란 교회는 칼빈주의적 교회였으나 18, 19세기에 들어와서 서서히 옛 영화와 빛을 잃어 갔다. 급기야 1816년에 와서는 국가교회가 됨으로써 교회는 진리를 파수하고 하나님의 영광과 주권을 높이기 보다는 인본주의적이고 정치적이 되었다. 특히 당시 교회는 기득권 수호에 안주함으로써 성경에서 점점 멀어져 가고 있었다. 그래서 카이퍼는 20년간을 교회 개혁의 선봉장이 되어, 16세기 칼빈의 신학과 신앙을 복원하고 돌트신경과 하이델베르크 교리문답과 벨직신경의 가르침을 따라 참된 칼빈주의 교회로 돌아갈 것을 촉구했다. 칼빈주의로 돌아가기 위해 그는 차근차근 성도들을 깨우고 동지들을 규합하고 신문을 통해서 여론을 몰아갔다. 물론 화란 국가교회가 모두 부패 했거나 자유주의로 넘어간 것은 아니었다. 그 가운데 목사, 장로, 집사, 교회재판소 구성원 중에는 여전히 개혁주의적 교리와 신앙을 가진 자도 있었다. 말하자면 그 교회 안에는 자유주의자들과 정통주의자들이 함께 섞여 있는 셈이었다. 그러나 국가교회 전체를 보면 개혁하지 않으면 안 될 형편이었다. 카이퍼 박사는 일선 목회를 떠나 정계에 발을 들여 놓았지만 여전히 암스텔담 중앙교회의 교회재판소 회원이었다. 교회재판소란 우리나라에는 없는 제도이다. 그러나 이는 유럽 개혁교회, 특히 칼빈이 세운 제네바 교회 때에는 콘시스토리(Consistory)라고 했다. 이는 우리나라 장로교회와 비교하면 당회와 유사한 성격을 가지고 있다고 할 수 있다. 당시 화란 교회의 콘시스토리는 당회와 노회를 합한 권한을 갖고 교회의 인사, 행정, 재판과 법적인 문제를 관장하는 최고의 기관이었다. 여기서는 독자의 이해를 돕기 위해 당회라고 쓰려고 한다.

암스텔담 중앙교회 당회는 이런 일이 있었다. 그 교회의 17세 된 청년은 어릴 때 유아 세례를 받고 교회 학교에서 꾸준히 하이델베르크 교리문답과 벨직신경을 반복하여 교육을 받았다. 이제 그는 나이가 되어 당회에 가서 신앙고백을 하고 입교 교인이 되고 싶었다. 그래서 그는 당회 앞에 섰다. 당회는 그 사람이 성경 진리와 교회의 신앙고백에 관한 올바른 지식을 갖고 있고 그의 신앙고백이 정통주의적이고 그의 행위가 모든 사람에게 덕을 끼치는 삶이라고 인정되면 그에게 성찬에 참여할 수 있는 자격을 준다. 그러면 입교 교인이 되는 것이다. 그 결과 그는 입교교인이 되어 공동체 안에서 모든 의무와 권리를 행하게 된다. 이는 모든 개혁교회나 장로교회의 전통이었다. 그런데 이런 교회의 특별 기능이 빛을 잃으므로 문제가 생겼다. 입교 후보생을 두고 많은 당회 회원들이 시험하는 것이 어렵기 때문에 당회는 대표제 방법을 썼다. 목회자는 한 두 명의 장로의 도움을 받아 입교 희망자를 테스트 했다. 그런데 문제는 정통주의적인 청년들은 정통주의적 목사에게로, 자유주의적 청년들은 자유주의적인 목사에게 가서 시험을 보는 기이한 현상이 일어났다. 그 당시 암스텔담 교회는 현대주의 물결이 최고조에 달한 때인지라 자유주의 목사들은 그들의 입맛대로 자신들이 원하는 대로 입교 교인의 자격을 주고 교회의 정회원이 되게 했다. 그 다음 해는 정통주의적이고 개혁주의적인 장로 선출로 말미암아 자유주의 청년들을 제지했다(화란 개혁교회는 장로가 종신직이 아니고 3년마다 한 번씩 신임을 묻고, 또 다른 장로들이 일하도록 되어 있었다). 일이 이렇게 되자 자유주의 목회자들은 총회를 등에 업고, 규정된 과정에서 지성적인 지식만 갖추면 입교 할 수 있는 것이지 왜 하필이면 역사적 정통신앙을 고백해야 되느냐고 하면서 신앙의 자유를 부르짖었다. 그러자 자유주의자들의 공격으로 화란 국가교회도 동조해 버렸다. 문제는 이것만이 아니었다.

입교문답을 할 때 목사가 주로 질문하고 장로는 한 두 명이 도우미로 있었는데, 나중에는 장로가 빠지니 목사 마음대로 결정권을 갖게 되었다. 입교 후보생이 자유주의라면 자유주의 목사에게 가서 입교 교인의 자격을 얻어서 이명하는 경우도 생겼다. 당시 암스텔담에는 세 명의 자유주의자들이 바른 신앙고백이 없는 자유주의자들에게 입교를 남발하자, 카이퍼 박사와 그의 동료들은 총회와 자유주의 목회자들을 탄핵하고 불법을 소원했으나 총회는 도리어 자유주의 목사들을 두둔하고 카이퍼와 그의 일행들을 조사하기로 하고 압박을 가했다. 이때 카이퍼는 "위협적인 대결"(Het Dreigend Conflict)이란 46페이지짜리 유인물을 만들어 총회와 대결했다.[12] 그래서 암스텔담 당회와 제직회는 입교 교인증명서 발부 문제를 두고 총회와 정면으로 부딪치게 되었다. 그러나 노련한 총회의 정치가들은 카이퍼 일행들의 반발에 고단수의 전략으로 나왔다. 한편 카이퍼를 지지하는 80명의 서명자들도 함께 뭉쳐 국가교회 총회의 처사에 반발하고 역사적 개혁주의 신앙을 굳건히 지키기로 결의하였다. 그럼에도 불구하고 화란 국가교회는 교권을 동원해서 노회에서 80명의 개혁주의자들을 면직시켰다. 여기에는 카이퍼 박사를 비롯해서 5명의 목사, 42명의 장로 33명의 집사 등이 포함되었다. 이 가운데는 자유대학교 모든 교수들이 포함되어 있었다. 이는 화란 교회사의 중요한 분열의 사건이자 슬픔의 역사이다. 카이퍼 전기 작가인 반덴 벅(Vanden Berg)은 총회의 지시대로 노회가 카이퍼 일행을 파면한 것은 적어도 세 가지 정도의 야만적인 처사를 행사했다고 비판했다.

 그 위원회는 카이퍼 일행들에게 변론할 기회도 주지 않고 정직시켰다. 그리고 술취함이나 극단적인 잘못된 처사의 경우를 제외하고는 정직은 2주일 후에 발표되는 것이 원칙인데 그것을 어겼다. 그리고 면직 서류에는 모든 위원회의 위원들이 서명해야 효과를 발휘함에도 불구하고 두 사람밖에 서명하지 않았던 것이다.[13] 이사회는 카이퍼 그룹을 제지하기 위해서 불법과 무법을 자행했다. 국가교회 총회의 지지자인 베스트호프 목사는 암스텔담 교회 당회 회의실 열쇠를 관리인에게 주지 않고 자기가 챙겨 넣었다. 그리고 문을 잠근 후 문안쪽에 철판을 갖다 대었다. 그리고 고용된 관리인들도 출입을 통재당했다. 카이퍼 일행들이 문을 열 것을 요구했으나 거절했다. 30분 후에 벽장식의 판자가 뜯겨지고, 안쪽 쇠판들이 뜯겨지고 새 자물쇠를 고정시킨 나사들이 교체되었다. 그리고 비로소 문이 열렸다. 이 사건은 총회파들이 카이퍼 일행을 몰아세우고 공격하기 위해 만든 사건이었다. 자유주의 신문이 이를 대서특필했지만 실상은 총회파들의 농간이었다. 하지만 이 사건은 암스텔담은 말할 것도 없고 전국 교회에 엄청난 파문과 사람들의 관심을 불러 일으켰다. 국가교회의 총회파들은 그들의 교권을 지키려고 경찰을 불러들여 교회 건물을 사수하려고 했다. 그들에게는 시장 티에르호번(Jan Tierihoven)이 지지했고, 강력한 자유주의 신문과 잡지들이 그들을 후원했다. 그래서 그들은 경찰의 엄호하에 의사록, 기록물들, 회원기록, 서신교환 등 모든 문건들을 가져갔다. 국가교회

지도자들은 수백 명에게 자유주의적 노선을 가도록 하고 부도덕한 젊은이를 입교하게 하고 서류를 만들었다.

제명당한 목사들과 장로들 그리고 집사들은 한 강당을 빌려 예배를 드렸는데 이를 '성경 강독회'라 불렀다. 카이퍼 박사는 그날 히브리서 11장을 읽고 신앙의 조상들이 걸어갔던 믿음의 행진을 힘주어 말했다. 특히 13절의 말씀 "땅에서는 외국인과 나그네로다"는 말씀과 시편 119편 19의 "나는 땅에서 객이 되었사오니 주의 계명을 내게 숨기지 마소서"를 연결시키면서 청중들을 위로했다. 그는 청중을 향해서 예수 그리스도의 복음대로 그리스도인답게 살아가자는 사도적인 권면을 했다. 이런 성경 강독회는 축소된 예배 형식이었고 그해 말까지 계속되었다. 카이퍼와 그의 동료들은 국가교회의 교회당 건물을 억지로 소유하려고 하지 않았다. 무엇보다 그의 일행들은 국가교회에 용서를 빌며 굴복할 의사도 없거니와 혁명적인 방법으로 시위를 할 의도도 없었다. 그런 와중에 80명의 정직된 사람 중에 5명이 국가교회로 되돌아갔다. 총회는 최종적으로 카이퍼와 그의 일행 75명을 면직시켰다. 이 사건을 슬픔(Doleantie)이라고 한다. 왜냐하면 교권과 정권이 야합해서 성경적인 진리를 지키려는 사람들을 무참히 짓밟았기 때문이다. 당시 국가교회 총회는 75명을 위한 청문회를 열었다. 그러나 오직 카이퍼 박사만이 9월 16일 빌렘스 교회에 도착했다. 그는 논쟁을 통해서 국가교회의 총회는 교회개혁을 부르짖는 자신을 옥죄이고 합법적으로 죽이기 위한 것이라면서 의장과 일전을 벌였다.

카이퍼는 그때 『총회 회원들의 양심에 보내는 마지막 말』이라는 소책자를 제출했다. 총회가 카이퍼 일행을 면직하게 된 것은 카이퍼가 주장하는 개혁주의적이고 정통주의적 신학과 신앙을 반대해서 기어코 자유주의적인 노선을 사수하려고 했기 때문이다. 그러나 카이퍼는 16세기 종교 개혁자들이 그토록 확실하게 조국 화란에 심어준 하나님 중심, 성경 중심, 교회 중심의 신학과 신앙을 확고히 지켜내려고 했다. 왜냐하면 국가교회의 인본주의적이며 현대주의 사상은 교회를 파괴하는 암적인 존재였기 때문이다.

그 지리한 1886년의 1년간의 긴 논쟁은 사실상 끝나고 그해 말에 교회는 분열의 슬픔을 경험해야 했다. 암스텔담 교회가 교회 개혁의 중심에 서기도 했지만 다른 도시들에서도 이러한 움직임은 있었다. 목사와 장로, 평신도 중에는 기회가 되면 언제라도 국가교회에서 탈퇴해서 개혁주의 노선으로 돌아오겠다는 사람들도 점점 많아졌다.

화란 개혁교회(Gereformeerd Kerk)의 설립

화란어로 Gereformeerde Kerk란 말은 그대로 직역하면 재개혁된 교회란 의미이다. 본래 개혁교회가 자유주의로 세속화되고 오염 되었음으로, 다시 한 번 개혁해서 16세기 칼빈의 신학과 신앙에로 복원하고 본래의 교회로 되돌아간다는 것이다. 카이퍼는 20여 년 동안 교회 개혁에 생사를 건 전투사였다. 비록 카이퍼와 그의 일행 75명은 국가교회에서 재명되기는 했지만 새로운 개혁교회를 만들려고 노력했다. 하지만 다소 시간이 필요했다. 그들의 정직 처분은 정당한 법절차를 거치지도 않았을 뿐 아니라 전혀 양심에 거리낄 일을 그들이 한 것도 아니지만 그것을 현실로 받아드렸다. 국가교회 총회가 교회 건물을 물리적으로 지키려고 하자, 카이퍼 일행은 세든 강당에서 예배를 드리고 잠정적으로 국가교회의 총회와는 유대를 끊었다. 카이퍼는 계속해서 헤라우트지나 스텐다드지를 통해서 국가교회 총회의 위선과 잘못을 논리적으로 파헤쳤고 그것을 다시 소책자로 만들어 출판 했는데, 많은 동조자들이 눈덩이처럼 불어났다. 카이퍼와 그의 동지들이 국가교회를 떠나 개혁교회의 회복을 외쳤지만 그것은 잠정적임을 내외에 천명했다.

"우리는 역사적이고 개혁주의적인 화란 교회를 만든다. 우리는 국가교회로부터 분리된 것이 아니다. 따라서 우리는 새로운 교회나 새로운 교파가 아니다. 우리는 전체 교회가 1816년에 국가교회로의 멍에를 벗어버리고, 우리와 함께 본래 화란 개혁교회로 남아 있기를 바라는 소망에서 잠정적으로 국가교회의 조직을 떠나는 것이다. 우리는 교회 건물과 기타 재산들에 대한 권리를 포기한 것이 아니라 적대자의 보다 센 힘 때문에 이 권리를 잠시 자제하고 있을 뿐이다. 우리는 교회의 상태와 현재 우리에게 행해지고 있는 불법의 행위들에 대해서 애도하고 슬퍼한다." [14]

이렇게 카이퍼가 주도하는 교회 개혁이 진행되자 국가교회에 소속된 사람들은 물론이고, 개혁을 추진하면서 따라온 사람들도 가부간에 자신의 입장을 분명히 밝혀야 했다.

1887년 1월에 집회가 열렸다. 이는 암스텔담에서 300명, 다른 지역에서 1200명이 참가했다. 예배와 강연, 논문 발표와 토론이 있는 대규모 집회였다. 당시 아브라함 카이퍼를 비롯한 자유대학교 교수들이 이 집회를 이끌었다. 이 집회에서 그들은 1816년에 실시된 국가교회의 멍에를 벗어버리고 개혁교회로서의 사명을 어떻게 감당할 것인지, 남아 있는 자와 떠난 자들이 어떻게 처신해야 마땅한지를 토론했다. 카이퍼 자신에게 이 기간은 참으로 귀한 시간이었고 개혁은 반드시 성공해야만 했다. 이 집회 이후 200개의 교회가 십 만 명 정도 되는 전교인과 함께 국가교회를 떠나 카이퍼를 지지하기에 이르렀다. 해가 거듭할수록 카이퍼에게 쏠린 교회들이 많아졌다. 하지만 아직 교회 개혁은 완성된 것도 아니었고 성공했다고 말할 수도 없었다. 그는 목사요 교의 신학자요 교회사가 이기에 개혁교회를 새롭게 세우는 것이 얼마나 어려운 일인지 잘 알고 있었다. 그래서 카이퍼는 개혁운동이 완전히 정착되기 위해서는 교육이 시급하다고 생각했다.

　난제들은 또 있었다. 이미 1834년에 개혁된 교회그룹이 있었는데, 그들은 카이퍼와 신앙 노선은 같았지만 카이퍼 그룹과 연대하기는 어려웠다. 또한 그들은 기존 교회에 소속되어 있다고 해도 개인적으로 개혁주의적 삶을 사는 것이 가능했음으로 소극적인 인사들도 많았다. 이런 상황 가운데 화란 국가교회는 새로운 그룹 즉 개혁주의 신앙을 지키려는 카이퍼의 지지자들을 여러 방면으로 압박을 가하고 직간접으로 박해를 했다. 국가교회 당국은 공공연히 시당국과 공권력을 동원해서 개혁 그룹이 쓰고 있는 교회 건물을 빼앗는 일을 자행했다. 또 세입자들이 집세를 꼬박꼬박 내고 있음에도 불구하고 개혁주의 쪽에 속했다는 이유로 교회 소유의 집에서 쫓겨났다. 그뿐 아니라 힘없는 늙은 과부들을 쫓아내고 문건과 기록을 찾으려고 가택 수색을 했다. 말하자면 국가교회는 개혁이 두려웠고 기득권을 포기할 수 없었기 때문에 이성을 잃고 비신사적으로 개혁주의자들을 박해했다.

　국가교회는 막대한 재산을 지키기 위해서 시장, 경찰서장, 군인을 동원해서 엄청난 부동산을 지키려고 혈안이 되어 있었다. 교회 개혁 운동이 일어나자 먼저 직격탄을 맞은 것은 자유대학교였다. 7년 전인 1880년에 아브라함 카이퍼가 세운 자유대학교는 국가교회에 소속된 성도들로부터 많은 헌금이 들어왔으나, 국가교회에 소속된 사람들은 점점 자유대학교에 대한 동정심을 버리고 재정후원을 끊었다. 또 국가교회의 지도자들은 공공연히 방해를 했고 자유대학을 즉각 교회에서 추방하려고 했다. 하지만 이런 일 때문에 자유대학교는 칼빈주의자들로 하여금 형제애로 단결하게 하는 단단한 끈이 되었다. 카이퍼가 이끄는 개혁교회에 대한 탄압을 일삼는 자들은 모든 일간지와 주간지를 장악하고 있는 현대주의자들이었다. 거기에 실린 교권주의자들의 논설은 왜곡되었고 카이퍼를 혐오스런 인물로 보고, 풍자적 만화를 통해 그를 조롱했다. 국가교회는 국가의 것이므로 국가의 정책과 방향 그리고 정치와 맞물리면서 그를 매장 시키려고 혈안이 되어 있었다.

하지만 카이퍼는 목사일 뿐 아니라 정치가요 언론인이었기 때문에 국가교회와 정치 지도자들에게 정면 대결했다. 그는 반혁명당의 지도급 인사와 손을 잡고, 그가 속해 있는 헤라우트지와 스텐다드지를 통해서 그들을 향한 공격의 고삐를 늦추지 않았다. 그러나 이 시기는 카이퍼의 일생에 있어 가장 힘들고 어려운 시기였다. 심지어 그에게는 물리적 폭력과 암살의 위험도 있었다. 협박 편지도 무수히 많았기 때문에 가족과 친구들이 경찰의 보호를 받으라는 충고도 했으나 거절했다. 또 실제로 카이퍼가 면직 당한 후에 경찰은 자신들의 결정에 따라 그에게 방탄복을 입은 경찰관으로 하여금 그를 보호하도록 하겠다고 제안을 했다. 카이퍼의 참모들은 경찰의 제안을 받아드렸다. 하지만 카이퍼는 이를 거절 했다. 경찰이 계속 제의를 했을 때 카이퍼는 대답하기를 "나의 생명은 하나님의 손안에 있습니다."[15] 라고 했다. 1886년 카이퍼는 화란 개혁교회를 탄생시켰다. 그는 진리의 최전방에 서서 전투를 직접 지휘한 작은 거인이자 장군이었다. 진리를 위한 그의 투쟁이 없었다면 오늘의 개혁교회는 없을지도 모른다.

카이퍼가 시무하던 우트레흐트 중앙교회

교육의 개혁자 카이퍼

아브라함 카이퍼는 교육의 개혁자이다. 그의 칼빈주의 신학과 세계관은 삶의 모든 영역에 하나님의 주권을 인정하기 때문에 교육 분야도 예외가 아니었다. 그의 주장에 의하면 우리가 하나님의 영광과 주권을 높이기 위해서는 개인의 신앙만 중요한 것이 아니라 사회의 구조나 정치의 구조, 교육의 구조까지도 바꾸어야 한다. 만약 제도적 구조를 그대로 방치해 둔다면 아무리 그리스도인들이 하나님의 말씀을 따라 바르게 산다고 해도, 인본주의적이고 무신론적 세계관을 가진 집단들이 그 교육의 기관을 장악하고 있다면, 자연스럽게 자유주의 신학을 배우고 인본주의 세계관 아래서 모든 학문을 할 수밖에 없다. 그의 지론에 의하면 칼빈주의적 세계관을 가진 교육체제를 유지하기 위해서는 입법 투쟁을 해야 하고 정치적으로 맞서서 싸울 것은 싸워야 된다는 것이다. 논리는 논리로 철학은 철학으로, 정책은 정책으로 맞서서 쟁취해야 한다고 주장했다. 결국 카이퍼는 승리했다. 그래서 기독교 세계관 곧 칼빈주의적 세계관을 가진 초, 중, 고, 대학 등을 세워 하나님 나라 건설과 세상을 변화시키는 인재 양성에 박차를 가했다. 이것이 카이퍼의 교육개혁 철학이었다.

카이퍼의 교육개혁의 배경

화란 정부는 1917년 헌법을 개정해서 교육 정책을 확립했는데, 이는 한마디로 아브라함 카이퍼 박사의 반세기 동안의 정치활동(1867-1918)과 교육 논쟁의 결과요 열매였다. 그가 교육에 대해 그토록 관심을 갖게 된 것은 그의 칼빈주의적 신념 때문이었다. 그에 의하면 기독교는 하나님의 영광과 주권을 최우선으로 해야 하는데, 그리스도인들은 그리스도를 믿어 구원 얻는 것으로 모두 끝나는 것이 아니기에, 삶의 모든 영역에서 구체적으로 복음을 증거하고 세상을 변화시켜야 한다. 그렇게 하려면 우선적으로 크리스챤 지도자들의 세계관과 인생관을 칼빈주의적 세계관으로 변화시켜야 하는데 이에 대한 최선의 방편은 교육밖에 없다고 주장했다. 그러나 그의 사상을 실현하기에는 현실적으로 쉽지 않았다. 세상과 정부는 생래적으로 인본주의적이며 유물주의 세계관을 갖고 있었다. 그러므로 그것의 체제를 바꾸기 위해서는 엄청난 투쟁과 조직적인 저항 그리고 정치적 영향력을 발휘해야만 가능하다고 했다. 이것이 카이퍼의 지론이다. 우리 한국의 성도의 수가 전 인구의 20%라고 하지만 카이퍼가 구상했던 식의 교육정책과 원리를 한 번도 시도한 적이 없다. 그런 측면에서 본다면 교육의 개혁자로서, 카이퍼의 사상과 삶을 고찰해 보는 것은 크게 유익 하리라고 본다. 우선 카이퍼가 교육 투쟁을 위해서 생사를 건 이유가 무엇인지 그 배경을 알아보도록 하겠다. 이것은 매우 중요하다.

현대 화란의 교육 역사는 불란서 점령군에 의해서 1795년에 세워진 바타비아 공화국(Batavian Republic)과 함께 시작된다. 그 공화국의 새로운 지도자들은 18세기 계몽주의 사상(Enlightment)과 프랑스 혁명 사상의 영향을 받아 정치적으로 느슨한 연방 국가를 중앙집권적인 국가로 재편성했다. 1806년 교육 시행령이 통합되고 이성 지향적 교육 즉 인본주의적이고 자유주의적인 교육제도를 만들어 약 50년 동안 시행하였다. 그 교육 시행령은 모든 종교집단의 이념적인 차이와는 상관없이 공통적으로 적용되는 교육제도였다. 이 시행령에는 기독교 교육을 그냥 '모든 사회적이며 기독교적인 덕목을 육성하는' 식의 어구를 집어넣는 것에 불과했다. 그래서 교육에 대한 합리주의적 시각과 개혁주의자들과는 엄청난 차이가 존재하기 때문에 분쟁의 불씨가 그대로 남아 있었다. 그 시행령의 핵심은 교육은 국가가 맡아서 하면 된다는 것이다. 그리고 합리주의 사상에 맞도록 만들어졌기 때문에 단지 기독교 교육은 그냥 인간을 도덕적이고 이성적인 시민으로 살아갈 수 있도록 돕는 역할만 하는 것으로 생각했다.[1]

이에 반해서 카이퍼의 영적 스승인 흐룬 반 프린스터(Groen Van Prinsterer)는 "교회가 분리되는 자유"란 소논문을 써서 교육개혁을 주장했다. 그 결과 그는 1837년 교육 분쟁에서 개혁교회의 지도자가 되었다.[2] 흐룬의 논지는 이렇다. 국가는 일반 학교에서 학생들에게 이성주의적이고 자유주의적인 수업을 요구해서도 안 되고, 국가교회는 이성주의적인 신념을 요구해서도 안 된다고 했다. 흐룬은 만일 국가가 권력으로 학생들에게 자유주의를 강요한다면 국가의 정책과 의견을 달리하는 소수는 자유롭게 정통적이고 개혁주의적인 교회와 학교를 세울 수밖에 없다고 했다. 한걸음 더 나아가서 흐룬은 국가의 교육정책에 반대할 수 있는 자유를 추가로 요구했다. 그러자 흐룬의 친구이며 후일 진보주의 지도자가 되었던 톨백(Johan Rudolf Thorbecke)으로부터 맹렬한 비난을 받기도 했다.[3] 흐룬의 입장이 그의 소논문에 잘 표현되었는데, 그 내용은 다음과 같다.

"타당한 이유가 있던 없던 오늘날 학교 교육의 성격이 비기독교적 이라고 생각하는 부모들이 많다. 부모들의 입장에서 보면 자녀들이 하나님 앞에서 하나님 중심의 기독교 교육을 못 받고 있다고 생각한다. 국가가 신앙의 자유를 무시하고 또 부모의 권리를 무시하여 아이들을 마치 국가의 소유물처럼 여기고 있다. 이런 불란서 혁명사상은 반대해야 한다."**4**

흐룬의 주장은 개혁교회 성도들이 신앙의 정체성을 지키기 위해서는 국립학교와 별도로 기독교 사립학교를 세워야 한다고 했다.

카이퍼의 기독교 교육을 위한 투쟁

이러한 흐룬 반 프린스터가 쌓아둔 학교 논쟁에 카이퍼가 체계적으로 이어 받았다. 그는 자신의 영적인 스승의 소극적인 발언과 내용들을 더 적극적으로 더 철저히 논리화하고 체계화해서 개혁주의 교육을 세우기 위해 헌신했다. 1869년 5월 18일에 카이퍼는 '국민의 양심에 호소함' 이라는 제목으로 연설을 했다.**5**

카이퍼의 연설의 요점은 이렇다. 당시 진보적인 '국가론' 을 수용 할 수 없다고 했다. 왜냐하면 자유주의 사상을 가진 지도자들이 국가를 등에 업고 학교정책을 독점하기 때문에 성경만이 하나님의 말씀으로 믿고 있는 개혁주의적 신앙노선을 가진 사람에게는 발붙일 곳이 없었다. 그는 학부모의 신앙과 세계관으로 자녀를 가르칠 수 있도록 학교 교육을 다원화해야 된다고 했다. 카이퍼는 구체적인 그의 교육정책을 위해서 다음과 같은 주장을 폈다. 그는 학부모들이 자녀들의 교육 내용을 자유롭게 선택할 수 있도록 합법적으로 제도화해야 한다고 했다. 교육이 국가의 획일적인 통제로 이루어지면 양심의 자유, 신앙의 자유가 제한 받게 된다는 것이다. 무엇보다 그는 사회구조가 획일적이 아니고 다원화 되어야 할 것을 주장했다. 그렇다고 해서 기독교 진리가 절대로 상대화 되어서는 안 된다고 했다. 카이퍼의 주장은 칼빈주의자들이 자유주의적인 통제로부터 벗어나 재기독교화(Re-

Christianization)함으로써 개혁교회의 정체성을 지켜야 한다.

카이퍼의 이런 논지로 말미암아 화란 정치계와 교육계는 엄청난 교육 논쟁에 휩싸였고, 그에 대한 도전도 만만치 않았다. 카이퍼는 이를 교육의 자유화(Vrijheid van Onderwijs)라고 했고 또 이런 학교투쟁(Schoolstrijd)은 바로 언약의 자녀(het kind des verbonds)들을 위한 것이라고 주장했다.⁶ 또 카이퍼는 의무교육이 학부모를 억압하고 통제 감독하는 수단으로 사용되면 안 되고 진정으로 어려운 가정을 돕는 기능을 해야 한다고 주장했다. 1874년 1월 실시된 선거에서 카이퍼가 국회의원으로 당선된 후에 상원에서 그의 처녀연설을 했다. 그때 카이퍼는 국민에게 학교교육에 대한 정견을 발표했다. 그는 학교 교육은 인간의 지식 즉 인류학, 심리학, 종교, 사회학, 교육학, 그리고 도덕성에 대한 심오한 문제를 담고 있기 때문에 국가와 교회의 간섭과 지배를 받지 말아야 한다고 주장했다. 오히려 학교 교육은 부모의 신앙과 세계관에 따라 선택 되어져야 한다고 했다. 그러면서도 카이퍼는 자유로운 학교교육 체계에서는 국가가 감당해야 할 일정한 권리와 의무가 있다고 했다. 그에 의하면 국가는 간접적으로 학교의 수업을 요구하며 학교 수업에 대한 법령을 제정하고 교육수준을 유럽 수준으로 끌어 올리며 허가하는 권리가 있다고 했다. 그리고 국가는 가난한 부모들이 재정적으로 그들의 의사를 자유롭게 행사할 수 있도록 해야 한다고 했다. 뿐만 아니라 부모와 자녀 간에 또는 교회와 세속적 학문 간에 일어나는 상충되는 이익을 규제하거나 공정하게 조정할 의무가 있다고 했다.

그리고 카이퍼는 이 연설에서 다양한 교육제도를 도입하려면 긍정적인 헌법 개정이 필요하다고 역설했다. 또한 그는 학교에 대한 공적 자금 지원 정책을 폈다. 세금이 공립학교만을 위해서 쓰여져서는 안 되고 사립학교와 가난한 학부모들의 교육비를 지불하는데도 쓰여져야 한다고 역설했다.

1878년 카이퍼는 반혁명당의 정강정책인 '우리의 계획'(Ons Program)을 발표했다. 이 정강을 통해서 반혁명당은 화란에서 최초의 기독교적 대중정당으로 거듭났고 이것을 기초로 해서 기독교 자유 고등교육기관(De Christelijke Vrije Hoogeschool)인 자유대학교가 1880년에 설립되었다.7 카이퍼가 쓴 『우리의 계획』에 있는 기본원리 12조를 보면 시민이 종교와 학교 교육을 선택할 수 있는 평등권이 보장되어야 한다는 것을 확인할 수 있다.8 그는 자신의 지지자들로 하여금 복수학교 정책을 위한 투쟁을 하게 하기 위해서 『우리의 계획』이란 저서에서 그가 주장했던 학교 교육 정책을 되풀이해서 언급했다. 카이퍼는 헌법 개정을 위한 토론에서 독자들에게 그들의 목표는 반혁명적인 사회를 세우는 것이 아니고 다양한 사회를 위한 반혁명적인 정책을 세우는 것임을 상기시켰다. 그는 전국적인 학교 제도에 대한 헌법 조항을 개정하기 위해서 양원의 결정적인 찬성표를 얻는 것은 심히 어렵다고 경고했다. 그러나 그는 만일 1848년과 같은 이례적 상황이 일어난다면 헌법 개정이 성사 될수도 있다고 예견도 했다.9 하지만 반대파들은 국가가 모든 학교들에게 요건과 기준을 강화하도록 했다. 그 결과 이른바 개혁주의 신앙을 지키기 위한 자유 학교들은 상대적으로 불이익을 당하고 피해를 입었다. 실로 국가가 법의 잣대로 진실한 신앙인들의 이상을 꺾으려고 했다. 카이퍼는 이에 반대했지만, 1878년에 7월 18일에 진보주의자들의 법안이 상원에서 통과되었다. 그러자 카이퍼는 왕에게 국왕의 재가를 거절할 것을 요구하는 국민청원(Peoples petition) 활동을 즉시 시작했다. 그의 주도하에 일주일 만에 305,102명의 개혁교회의 성도들이 서명에 참가했고 심지어 가톨릭 교도들도 164,000명이 힘을 보태었다. 카이퍼의 이런 활동은 진보주의자들의 학교 정책을 무력화시켰다.10

하나님 중심의 학문

카이퍼는 왜 어째서 그의 생애를 통해서 고육 문제에 대해서 그토록 전력투구를 했을까? 그것은 앞서 언급했듯이 하나님의 나라와 참된 교회를 건설하기 위해서는 교육은 필수인데 그 교육 정책의 입안자인 정부가 어떤 세계관을 갖느냐에 따라서 역사가 완전히 바뀌는 현상이 일어난다는 것이다. 하나님의 주권은 교회들 울타리 안에서만 적용되는 것이 아니라 삶의 모든 영역에서 움직인다는 것이다. 정부가 교수를 임명해 버리면, 무신론적이고 진보주의적 세계관을 가진 사람들이 활개를 치면서 자기의 이념과 사상을 가르칠 수밖에 없다. 그러면 개혁주의 신앙을 가진 사람도 은연중에 그러한 세계관으로 물들게 된다는 것이다.

오랜 교육투쟁 끝에 카이퍼는 1880년에 뿌라야 대학, 곧 자유대학교를 세우게 된다. 그는 국가의 권력과 모든 학문의 영역에서 예수 그리스도를 머리로 인정하는 하나님의 영광과 주권을 높이고자 했다. 자유대학교의 목적은 정치, 경제, 사회, 과학, 노동, 학교교육 등과 같은 분야에서 활동할 미래의 신칼빈주의 지도자들에게 고등교육을 제공하는 것이었다. 자유대학교의 고등교육을 통해서 진보적이고 자유주의적인 정책에 도전하는 것을 목표로 삼았다. 그는 자신의 총장 취임 연설인 '영영주권사상'(Souvereiniteit in eigen kring)을 발표하면서 다양한 사회구조 개편과 또 학문이 그 특성에 따라 개발되어야 한다고 했다. 따라서 국가는 학교 교육을 다양한 시각으로 보고 지지할 의무가 있음을 지속적으로 외쳤다.[11]

자유대학교 설립은 참된 칼빈주의적 세계관을 세우려고 시도한 카이퍼의 첫 번째 목표가 이루어진 셈이다. 결국 그에 의해서 세워진 개혁교회, 대학교, 정당, 학교, 교육협회, 신문사들은 모두 카이퍼의 칼빈주의의 세계관의 터 위에 건설되었다.

그는 학문도 하나님을 위한 학문이어야 할 것을 주장했다. 왜냐하면 인간은 하나님으로 말미암아 지음 받고, 하나님의 영광을 위해서 살아야 함으로 학문도 중립적인 입장을 취해서는 안 된다고 보았기 때문이다. 그래서 카이퍼의 명상록에는 다음과 같은 글이 실려있다.

"인간의 학문 역시 하나님께로 향하게 하는 것이 되어야 한다. 기독교 신자의 의무이다. 학문의 한 분야 즉 신학은 하나님께 관한 지식을 목적으로 하여 그 영역을 잘 개척해 나갈 뿐 아니라, 모든 분야의 학문으로 총괄적으로 하나님의 영광을 드러내도록 해야 한다. 학문이 아무리 완전하고 박식하다고 할지라도 하나님을 따로 떼어놓고 그분의 존재에 대해서 의심을 품게 하거나 그분을 부인하게 되면 그것은 더 이상 학문이 아니라 죄악인 것이다. 왜냐하면 그것은 인간이 마음과 뜻을 다하여 우선적으로 하나님을 사랑해야 하는 큰 계명을 거스리도록 하기 때문이다.… 학구적 탐구에서 하나님께로 향해지는 것을 느끼지 못하고 다른 모든 것 앞에서 학문적 지식으로 하나님께 대한 영광을 강조하기 위해 노력하지 않는 과학자는 크게 첫째 되는 하나님의 계명을 범하는 것이 된다."[12]

우리는 위의 글을 통해서 카이퍼가 어째서 기독교 교육을 위해서 그토록 사생결단을 하면서 한 생애를 바치게 되었는지 그 이유에 관하여 짐작 할 수 있을 것이라고 본다. 비록 그가 영역주권을 제창하고 하나님의 영광과 주권을 위한 칼빈주의적 세계관 건설이 이상이라고 할지라도 당시 잘못된 국가관과 교육관을 가진 사람들이 법률을 제정하고, 철저히 합리주의적, 인본주의적 세계관으로 끌고가는 것을 그냥 묵과할 수는 없었다. 그는 오랜 세월의 입법 투쟁과 정치적 영향 그리고 논리적 대결을 통해서 칼빈주의적 세계관을 가진 사람들은 삶의 모든 영역에 하나님의 주권과 영광을 드러내는 삶을 살아야 한다고 호소했다. 말하자면 카이퍼는 이론적인 칼빈주의자일 뿐 아니라 행동하는 칼빈주의자였다. 그래서 그는 국가 지상주의자들이 갖고 있는 교육 정책을 바꾸어 교육도 학문도 하나님 중심의 신앙으로 전환해야 한다고 주장했다.

카이퍼의 교육 투쟁의 열매

이제 학교 정책에 대하여 카이퍼가 미친 영향이 어떠했는지를 살펴보자. 우리는 일반적으로 기독교 교육을 교회 교육이라고 이해하고 있다. 우리는 교회에 나오는 어린이와 청소년들에게 성경을 가르쳐 삶의 전 영역에서 그리스도인으로서 영향력을 끼치는 사람을 만들기 위해 노력하고 있다. 이것이 교회 교육의 주된 목적이다. 예수님께서 남기신 마지막 유훈 중에도 선교와 교육의 중요성 곧 예수님은 "그러므로 너희는 가서 모든 사람으로 제자를 삼아 아버지와 아들과 성령의 이름으로 세례를 베풀고, 내가 너희에게 분부한 모든 것을 가르쳐 지키게 하라"(마 28:19-20)고 했다. 예수님께서도 자신이 분부한 모든 것을 "가르쳐 지키도록" 하라고 명령 하시면서 교육의 중요성을 말했다. 그 후 16세기 종교 개혁도 교회의 신학적인 개혁 못지않게 교육의 개혁을 단행한 크나큰 사건이었다. 1523년에 쯔윙글리(Ulrich Zwingli)는 "청소년들의 기독교 교육"이란 작은 논문을 발표했다.**13** 그리고 칼빈은 제네바에서 추방되어 스트라스벅에서 불란서의 피난민 목회를 할 때 기독교 교육의 선각자 존 스툼(J.Sturm)의 학교를 방문하고, 하나님의 말씀은 모든 교육의 기초라고 선언했다. 그 후 1559년에 그는 종교 개혁을 완수하고 개혁주의 사상을 가르치기 위해 교역자와 평신도가 함께 공부할 수 있는 제네바 대학을 세웠다.

칼빈은 전 유럽 대륙에 영향을 미쳤다. 특히 화란의 개혁파 교회, 불란서의 위그노파(Huguenotes), 영국의 청교도들과 스코틀랜드의 장로교회 등에서는 초기부터 칼빈의 교육이념을 실행에 옮겼다. 특히 칼빈의 영향을 받아 코메니우스(J.A.Comenius)나 페스탈로치(Pestaloggi)와 같은 위대한 교육가가 나왔다. 하지만 18, 19세기의 계몽주의 합리주의 사상의 영향으로 말미암아 신학은 말할 것도 없고 모든 학교, 모든 학문이 종교 개혁의 정신을 떠나서 세속화되었다. 교회의 위기가 곧 교육의 위기가 되었고, 교육의 위기가 교회의 위기가 되었다. 카이퍼가 교육 개혁을 위해 투쟁할 시기에는 불란서 혁명의 영향을 받아 '주인도 없고 하나님도 없다'(no master no God)는 말이 유행했으며 이것이 당시의 구호였다. 이러한 사회상은 당시 유럽 사회가 구조적으로 얼마나 타락했는가를 보여준다. 무신론 교육이 학교에서 행해지고 과학적 합리주의를 우상시 하고 있음에도 불구하고 국가가 그것을 옹호하고 뒷받침하고 있었다.

그래서 그는 전 생애를 교육 투쟁에 바쳤다. 특히 자유대학교를 세워서 국립대학의 교육과 맞섰다. 그리고 결국은 승리했다. 또 그 학교로 말미암아 수많은 칼빈주의적 세계관을 가진 대학자들이 배출되었다. 그리고 그들은 신학, 정치, 경제, 사회, 문화, 과학, 법률, 교육 등 삶의 전 분야에 뛰어들어 하나님의 나라를 건설하는데 앞장섰다. 무엇보다 그는 칼빈의 사상을 발전시켜 현대적이면서 신칼빈주의적인 사회 및 정치 이론을 만들었다.**14** 카이퍼의 영향으로 말미암아 이루어진 칼빈주의 교육의 특색과 원리를 요약하면 다음과 같다.

첫째, 칼빈주의 교육 사상은 이원론(Dualism)을 거부한다. 즉 '은혜'와 '자연' 혹은 '영적 영역'과 '자연적 영역', 또는 '교회와 세상'을 완전히 둘로 나누어 버리는 이원론적 세계관을 거부한다. 그래서 카이퍼의 교육 사상을 그대로 이어받은 기독교 교육학자 워터잉크

(Waterink)**15**는 '사회적 삶이 없는 개인적 삶은 소망이 없는 일이요 개인이 없는 사회적 삶은 망상'이라고 했다. 칼빈주의 교육이념은 우주적이며 삶의 전체성(Totality of life)을 강조한다.

둘째, 칼빈주의 교육 이념은 청지기로서의 인간의 소명(召命)을 강조한다. 모든 인간은 죄로 말미암아 전적으로 타락하고 부패했을지라도 하나님의 형상을 갖고 있다. 그러므로 하나님께서는 인간으로 하여금 창조 세계의 놀라운 가능성을 열도록 명령하시고 축복했다. 그리고 인간이 죄로 말미암아 부패했을지라도 예수 그리스도 안에 있는 구속으로 말미암아 새로운 삶의 중심을 갖게 되었다. 그런 까닭에 칼빈주의 교육은 하나님께서 주신 문화건설의 소명을 강조한다. 이는 하나님의 말씀이 인생의 구체적인 삶에 빛이 되고 등이 되도록 하는 것이다.

셋째, 칼빈주의적 교육 원리는 하나님 중심 사상이다. 그 하나님은 천지와 그 가운데 있는 만물을 만드신 창조주이시며 죄에서 우리를 구속하신 구속주 하나님이시다. 교육의 원인, 결과, 규범은 모두 하나님으로부터 되었다(롬11:36). 하나님이 없으면 만물이 존재하지 않으므로 칼빈주의 교육의 출발점은 창조주 하나님께 대한 신앙 회복이다. 칼빈주의 교육의 알파와 오메가는 결국 하나님 중심 사상이다.

넷째, 칼빈주의적 교육 원리는 인간 존재에 대한 바른 대답이다. 인간은 죄로 타락했으나 여전히 하나님의 형상을 가졌고, 하나님의 구원의 대상이다. 그런데 인간의 내부는 '종교적 자아'와 '종교의 씨앗'이 있다. 이것이 기독교 교육의 전제가 된다. 성경적인 인간론은 인간이 감히 하나님 앞에 설수 없는 죄인이라 할지라도, 종교적 인간으로서는 예수 그리스도의 은혜로 구속의 대상이 되며, 새로운 피조물이 될 수 있다.

이상의 칼빈주의적 교육 원리는 위대한 칼빈주의적 교육 운동의 아버지 아브라함 카이퍼의 사상이다. 이는 또한 모든 칼빈주의자들의 사상이기도 하다. 카이퍼는 하나님의 영광과 주권을 이 땅에 실현하기 위해서 교육 개혁에 생사를 걸었다.

카이퍼 박사가 암스텔담 새 교회에서 영영주권사상을 발표하고 자유대학교 총장으로 취임한다. 1880. 10. 20

기독교 정치가 카이퍼

카이퍼는 위대한 정치가이다. 그는 기독교 정치가로서 칼빈주의적 신앙과 세계관으로 하나님의 영광과 주권을 들어 내려고 했던 칼빈주의적 정치가이다. 카이퍼는 칼빈 이후에 가장 뛰어난 칼빈주의 신학자이자 대 설교가, 목회자, 사회 개혁가, 교회의 개혁가 그리고 저널리스트였지만 그의 생애는 항상 정치와 무관하지 않았다. 그는 그리스도인이 예수 그리스도의 피 공로로 구원을 받았다면 삶의 전 영역에 하나님의 왕권을 세우고 하나님께 영광을 돌리기 위해서 세상을 변화시켜야 하고 잘못된 제도를 바꾸어야 한다고 생각했다. 그 구조적 틀 곧 시스템(System)을 바꾸기 위해서는 기독교인의 정치 참여는 필수적이라고 생각했다. 그래서 그는 반혁명당의 당수가 되었고 하원의원, 상원의원 그리고 내무장관, 수상의 자리에 올랐고, 당권을 장악했을 뿐 아니라 불법 파업을 잠재우고 교육법을 고치고, 기독교 민주정치의 뿌리를 내리게 했다. 필자는 이 장에서 정치가로서 그의 진면모는 무엇인지, 그의 정치 철학 곧 칼빈주의적 정치 이론은 무엇인지를 살피려고 한다. 아브라함 카이퍼의 생애와 사상을 논하는 책들을 살펴보면 대부분 정치가로서의 카이퍼의 삶을 최소한 30%이상 할애하고 있다.[1]

카이퍼가 주장하는 칼빈주의적 정치(Calvinistische Politiek)는 바로 칼빈주의적 세계관(Calvinistische Wereldbeschouwing)을 갖고 정치한다는 뜻이다.² 그에게 있어서 정치란 세속적 권력을 행사하는 것이 아니라, 하나님의 왕권을 세우고 하나님 나라 건설을 위한 것이라고 생각했다. 그래서 그는 당시 암스텔담 중앙교회의 당회장 자리와 위대한 설교자로서의 귀중한 직책을 비워두고 국회로 진출하게 되었다. 전 생애를 통한 그의 정치적 투쟁과 열매들은 실제로 기독교 정치의 모델이 되었다. 그리고 카이퍼의 정치적 행보는 칼빈주의적 세계관 정립에 필요한 토론의 과제가 되었다.

카이퍼가 비록 정당의 당수, 하원의원, 상원의원, 수상으로 살았지만 그의 가슴은 항상 하나님 중심의 사상으로 불타고 있었다. 그는 궁극적으로는 왕 되시는 그리스도의 왕권(Pro Rege)을 위해서 그리고 삶의 전 영역에 하나님의 영광(Soli Deo Gloria)을 위해서 헌신했다. 또한 하나님의 주권은 각 영역에 중심이 된다는 이른바 영역주권(Souvereiniteit in Eigen Kring) 사상을 줄기차게 주장했다. 이러한 그의 정치 철학의 근저에는 바로 칼빈주의적 세계관이 깔려있었다. 그래서 카이퍼는 그의 정치 철학의 핵심적 저서인 『우리들의 계획』(Ons Program)은 칼빈주의적 신학과 신앙에 바탕을 두고 있다.

카이퍼의 정치 철학의 기반

1916년에 카이퍼 박사는 『반혁명적 정치학』(Anti-Revolutionaire Staatkunde)이란 책을 출판했다. 거기서 그는 정치에 있어서 자신의 신학적 기반을 고백적 형식으로 말하고 있다.

"나는 법률가가 아니다. 자질에 있어서도 그렇고 정치를 전공하지도 않았다. 나는 미국 프린스턴 대학교로부터 명예 정치학 박사 학위를 수여 받았다. 그렇다고 이 학위들이 나의 기질을 바꾸지는 못했다. 나는 나의 신학적인 배경과 더불어 한 사람의 실천적 정치가일 뿐이다(Ik Blijf Practisch Staatsman Van Theologische). 내가 지은 초기의 저작 『우리들의 계획』(Ons Program)에서 밝혔던 것처럼 내가 같은 동료 그리스도인들에게 공언했던 것들 외에 다른 어떤 특징이 나에게 있다고 보고 그것에 관해 현재 연구되어지고 말해지는 것은 부적절한 것이다."[3]

이 고백을 보면 카이퍼는 자신을 실천적 정치가로 표현하고 있다. 그러면 그가 무엇에 대한 실천적 정치가란 말인가? 그것은 일반적 의미에서 말하는 정치학이나 정치원론이 아니고, 왕이신 예수를 위한(Pro Rege) 즉 그리스도의 왕권을 세우기 위한 정치적 실현이란 말이다. 특히 카이퍼의 신학에 돋보이는 일반은총론(De Gemeene Gratie)과 삶의 모든 영역에 그리스도의 왕권을 수립하는 것은 그의 정치 철학의 핵심이라고 할 수 있다.

그는 자신의 신학과 신앙의 원리를 정치 분야에 실천에 옮겼다. 카이퍼는 성도 개인이 구원 받는 것도 중요하지만 정치문제에 있어서도 비중생자인 불신자들이 무신론적이고 유물주의적 세계관으로 나라를 다스리도록 방치해서는 안 된다고 했다. 교회는 특별은총의 영역이므로 죄인이 구속함을 받고 구속의 은혜에 감사, 감격하면 된다. 하지만 우리가 발붙이고 사는 세상은 또 다른 영역이다. 거기는 빈부의 격차, 교육의 문제, 노동자들의 노동문제 등 여러 가지 정치적 문제가 산적히 쌓여있다. 그런 까닭에 이런 일반은총의 분야에서 생겨난 문제들을 해결하려면 정치적으로 조정하고 법을 고치고, 국민들을 깨우고 이끌어가야 한다. 그러므로 구속함을 받은 중생한 그리스도인들은 그런 정치적 문제는 세속적인 데다 우리가 간여할 바가 아니라고 생각하고 포기하거나 방치해서는 안 된다는 것이다. 하나님의 주권은 교회당 울타리 안에서만 작용하는것이 아니라 삶의 모든 영역 즉 정치, 경제, 사회, 교육, 문화, 예술 등에서도 역사 한다고 했다. 그런 까닭에 각각 다른 영역의 사람들도 고유의 권한을 갖고 있으면서 주권자이신 하나님, 그리고 예수 그리스도에 순종해야 한다고 주장했다. 카이퍼는 "우리의 소명은 세상 한 가운데 있기에 바로 여기서 하나님은 영광을 받으셔야 한다"고 했다.4

카이퍼의 정치철학은 그의 신학의 핵심 중에 하나인 일반은총에 근거하고 있다. 이원론적 세계관을 가진 사람들이나 신비주의적 세계관을 가진 사람들은 카이퍼를 이해할 수 없다. 그의 사상의 핵심은 하나님이 창조주이시고 구속주이시며 심판주이시지만 그 하나님은 교회만을 다스리며 관계하시는 것이 아니라 정치를 포함한 삶의 전 분야에 역사하신다는 것이다. 하나님은 역사(歷史)속에서 역사(役事)하신다. 그는 정부를 항상 축복 또는 저주를 집행하는 하나님의 종이요 도구로 보았다. 그렇다고 해서 통치자의 정치학 교과서가 성경어야 한다고는 생각하지 않았다. 정치가는 국민들의 한 가운데서 하나님이 허락하신 일반은총의 법을 높이 세우고 그 법 질서를 세우기 위해서 부름받았다고 했다. 이 세상 나라도 결국 하나님의 주권 아래 있음으로 이 세상은 도피의 장소가 아니라 하나님으로부터 받은 바 소명을 실천할 수 있는 소중한 일터인 것이다. 왜냐하면 창조의 세계는 본래부터 예수 그리스도에게 종속되어 있기 때문이다. 이 세상에서 하나님은 예수 그리스도를 모든 것의 상속자로 세우셨다. 그러므로 성도들은 하나님의 창조와 새 창조 사이의 시기에 놓여 있다. 이런 때에 성도들은 이 세상에서 부름받은 소명을 잘 감당해야 한다.

카이퍼는 왕이신 그리스도를 위하여(Pro Rege)란 부분을 설명하면서, 세속주의가 그리스도의 왕권에 대한 국민들의 의식을 말살해 버렸다고 비판 했다. 세속 정치가들은 그리스도의 왕 되심을 인정치 않고 그 자리에 인간을 신격화 시켜버렸다. 세속주의는 인본주의 세계관을 갖고 나라를 다스리게 했다. 그렇게 되니까 바른 믿음을 갖고 살기 원하는 사람들은 그러한 세속 정치에 염증을 느끼고 신비적이고 고립적인 영역으로 도피해 버렸다. 이러한 상황을 보고 카이퍼는 그리스도의 왕권은 교회 안에서만 행사되는 것이 아니라, 그리스도는 인간의 삶의 모든 영역에 주(主)가 되신다고 했다. 실로 카이퍼의 정치철학은 삶의 모든 영역에 그리스도의 왕권을 세우는 것이었다. 이것에 관해 카이퍼는 더욱 확신감을 갖고 이렇게 말했다.

"예수를 진정으로 받아들인 성도는 구속함을 받고 영생을 얻었음을 자랑하고 있다. 하지만 그리스도께서 그의 운명과 인생을 통치하시는 주님이시며 왕이시며, 그의 온전한 명령자이시며 절대적 통치자가 되신다는 사실을 인정하려고 하지 않는다. 왜냐하면 그렇게 되었을 때 그는 자신의 인생을 통하여 자신의 이름을 빛내지 못할 위험이 있다고 생각하고 있기 때문이다."[5]

카이퍼의 칼빈주의 신학은 구원론적이기보다 우주론적이다. 그의 시야는 훨씬 광범위하고 우주적이다. 그가 정치에 적극적으로 나선 이유가 무엇인가? 그것은 이러한 신학적인 바탕위에서 그 하나님의 주권을 회복하고자 했기 때문이다. 왕으로서 그리스도의 통치는 우리의 영적 생활에만 국한 된 것이 아니라, 창조 세계의 질서와 개체 속에서도 함께 행사하고 있다. 그러므로 세상에 대해서 염세적인 생각이나 비관적인 삶 그리고 이원론적(Dualistic) 세계관은 칼빈주의자에게는 맞지 않는 것이다. 그래서 카이퍼는 다음과 같이 고백했다.

"사탄이 점령하고 있는 장소에서도 그리스도는 우리 마음의 주인이 되신다. 우리는 지금 우리의 몸과 영혼, 우리의 전 인격과 능력과 은사 속에 그분을 모시고 있다. 우리는 우리 자신을 위해서가 아니라 그를 위해 존재하며, 살아가며, 고통받으며, 책임을 감수한다. 이것이 우리가 그리스도를 우리의 주님이라고 고백하는 그 고백이 담고 있는 깊은 의미이다."6

카이퍼는 기독교 정치가 이전에 그는 그리스도의 왕권의 신학자이며, 일반은총의 신학자이며, 성령의 신학자였다. 그의 기독교 정치의 기초와 기반은 그의 신학적 기반 위에 있음은 두 말할 필요가 없다. 만일 그에게 그리스도의 왕권수립과 영영주권사상이 없었다면, 그는 목회지를 떠나 정치에 입문하지도 않았을 것이다. 실로 그는 자신의 인생을 통해서 기독교 정치가로서 칼빈주의적 이상을 마음껏 펼쳤다.

카이퍼의 기독교 정치의 모델

1920년 카이퍼 연구원에서 발행한 화란 칼빈주의 운동의 계보를 설명하는 앨범과 스텐다드(Stanadaard)의 편집 주간으로 사역한 그의 40주년 기념 포스터에 보면, 카이퍼는 두 분의 멘토(Mento)를 가지고 있었다. 그 중에 한분은 16세기의 종교 개혁자 요한 칼빈(John Calvin)이고 다른 한분은 카이퍼의 정치적 스승인 흐룬 반 프린스터(Groen Van Prinsterer)이다. 카이퍼는 칼빈으로부터 개혁신학의 원리를 배웠고 특히 일반은총의 원리를 터득해서 그의 사상을 발전시켰다. 따지고 보면 그의 기독교 정치이론도 결국 칼빈을 제외하고는 설명할 수가 없다. 특히 흐룬 반 프린스터는 카이퍼에게 '반혁명' 의 영감을 주었고 칼빈주의적 정치가가 되도록 동기부여를 했다고 할 수 있다.

카이퍼 이전에 흐룬 반 프린스터는 이미 불란서 혁명이 철저히 무신론적이고 혁명적인 반 성경적인 배교적 행위로 규정하고 불란서 혁명

자체가 불신앙에서 출발 된 것이라고 주장했다. 그래서 그는 유명한 저서 『불신앙과 혁명』(Ongeloof en Revolutie,1847)을 썼고 반혁명당(Anti-Revolutionare Partij)을 만들었다. 그 후 그는 당수로 있었고 후일 아브라함 카이퍼에게 당권을 물려주었다.

우리가 카이퍼의 기독교 정치 모델을 말할 때 칼빈과 흐룬 반 프린스터를 안다면 카이퍼의 정치사상이 무엇인지 쉽게 알 수 있다.

카이퍼는 칼빈을 모델로 했다.

카이퍼는 그 당시 최고의 칼빈 학자였다. 그의 박사 학위논문도 『칼빈과 라스코의 교회론 비교 연구』였다. 거기다가 그는 베이스트 교회의 목사로 있을 때 철저한 개혁주의 성도들로부터 16세기 요한 칼빈의 사상을 가슴으로 뜨겁게 받아들였다. 그는 어학의 천재였기에 옛날 칼빈처럼 라틴어에 탁월해서 모국어인 화란어 보다 더 잘했을 정도이다. 그러면 칼빈이 카이퍼에게 기독교 정치의 모델이 될 만한 메시지는 어떤 것이었는지 잠시 살펴보기로 하자.

우선 카이퍼는 기독교 정치의 기반으로서 '하나님의 주권'을 들고 있다. 하나님의 주권은 교회 뿐 아니라 삶의 전 영역에 미친다는 것이 그의 기독교 정치의 기초이다. 그런데 이미 16세기 요한 칼빈은 이것에 관하여 다음과 같이 말하였다.

"모든 국가와 민족의 흥망성쇠는 하나님의 손과 뜻에 달려 있다."[7]
"사람들의 마음은 전적으로 하나님의 통제 아래 있다. 그의 주권적 기쁨에 따라서 그 마음을 강퍅하게도 하시고 브드럽게도 하신다."[8]
"하나님께서 세상을 다스리지 않으시면 신자들을 위한 구원은 없다."[9]
"하나님께서는 그의 택하신 자들의 이익을 증진시키는 그러한 방법으로 높은 곳에서 모든 것을 다스리신다."[10]

칼빈은 하나님이 우리의 영적인 구원자이실 뿐 아니라, 구체적으로 이 세상에서의 주권자이심을 말했다.

결국 카이퍼의 일반은총 사상 또는 그리스도의 왕권 사상도 따지고 보면 요한 칼빈에게서 기초한 것이다. 즉 칼빈의 사상이 카이퍼의 기독교 정치 철학의 기초가 되었다. 그리고 칼빈의 국가에 대한 이해도 카이퍼에게 영향을 주었다고 할 수 있다. 칼빈은 국가에 대해서 다음과 같이 설명했다.

"주께서는 만왕의 왕이시다. 그가 그의 거룩한 입을 여실 때는 무엇보다 다른 것에 우선하여 그의 말씀을 들어야 한다.····우리는 우리 위에 권위를 가진 자에게 복종해야 한다. 그러나 주안에서만 그렇게 해야 한다."[11] "율법은 국가의 강한 조직이다."[12]

칼빈에 의하면 그리스도께서는 만왕의 왕이시므로 결국 온 세상은 그리스도의 왕권 앞에 순종해야 한다는 것이다. 하지만 카이퍼는 칼빈이 어렴풋하고 완곡하게 표현한 것을 보다 확실하게 구체적으로 대안을 제시했다. 특히 칼빈은 그리스도의 주권을 설명하는 대목에서 카이퍼와 일맥 상통한 말을 하고 있다.

"그리스도는 온 세상을 하나님의 권위 아래 모아 그에게 순종하기 위하여 보내심을 받았다."[13] "복음의 교훈이 순전하게 전파되는 곳은 어디든지 확실하게 그리스도의 통치가 이루어진다."[14] "그리스도의 왕국은 영적인 것이어서 모든 것이 그것과 연관되어 있다."[15]

여기서 확인할 수 있는 것은 그리스도의 왕권은 삶 전체와 관련되어 있음을 알 수 있다. 흔히 카이퍼의 칼빈주의를 칼빈과 구별해서 신칼빈주의(Neo-Calvinism)이라고 하지만 그 사상의 뿌리와 맥은 전혀 다르지 않다. 다만 카이퍼는 칼빈의 일반은총론과 그리스도의 왕권을 보다 넓게 그리고 자세하게 설명한 것 뿐이다. 그러므로 랑그레이(M.R.Langley)의 설명대로 카이퍼는 16세기 요한 칼빈의 『기독교 강요』와 5세기에 어거스틴(St. Augustine)이 쓴 『하나님의 도성』(Civitate Dei)으로부터 물려받은 사상적 기반 위에 서 있다고 할 수 있다.[16]

카이퍼는 흐룬 반 프린스터를 모델로 했다.

흐룬 반 프린스터는 19세기 칼빈주의 운동의 선각자였다. 그는 또한 기독교 정치, 기독교 정당, 기독교 교육의 기초를 놓았다. 카이퍼가 우트레흐트 교회의 담임 목사로 있을 때 흐룬 반 프린스터와 만남은 참으로 하나님의 오묘한 섭리였다. 1860년 5월 18일 기독교 국가 교육 협회 전국 대회가 카이퍼가 시무하는 우트레흐트 중앙교회에서 개최되었고, 그날 카이퍼가 대회 전야 연설을 맡았다. '국민의 양심에 고함' 이란 불같은 연설을 듣고 있던 청중 가운데는 전 화란 수상이며, 위대한 정치지도자, 언론인, 반혁명당 당수이자 이 협회의 명예 회장인 흐룬 반 프린스터(Groen Van Prinsterer)가 있었다. 그는 카이퍼의 연설에 점차 빨려 들면서 화란 국가의 미래의 희망을 발견했다. 그날 카이퍼의 연설은 마치 하늘에서 내리는 깨끗한 이슬처럼 나이든 흐룬에게 내렸다. 그날 카이퍼의 연설은 도전적이었고 개혁적이었고 희망적이었고 감동적이었다. 집회를 마친후 우트레흐트 교회의 교제실에서 67세의 흐룬과 31세의 카이퍼 목사가 감격적으로 만났다. 이 만남은 그의 인생의 중요한 전환점이 되었고, 또 화란 역사의 새로운 장을 여는 계기가 되었다. 그리고 칼빈주의 사상이 구체적으로 날개를 달아 온 누리에 비상하게 된 동기가 되었다. 그로부터 몇 달 뒤인 9월 1일에 흐룬은 공문서로 카이퍼를 반 혁명당의 장래 지도자로 공식 지명하였다.

흐룬과 카이퍼의 만남을 역사적으로 평가하면 흐룬의 입장에서는 든든한 후계자를 만난 셈이되고, 카이퍼의 입장에서는 위대한 사상적 정치적 스승을 간난 셈이 된다. 카이퍼의 대 선배이자 정치적 원리를 제공한 흐룬 반 프린스터는 화란의 귀족출신의 정치가로서 그는 본래 역사학자였다. 역사학자의 예민한 감각을 갖고 화란을 비롯한 당시 유럽의 정치, 경제, 사회, 문화, 사상을 볼때 기가 막힐 노릇이었다. 곳곳에서 무신론적 인본주의 사상이 창궐하고 교회들은 이런 세속주의적 사상을 가감 없이 받아들였다. 그래서 교회의 강단은 자유주의자들이 점령하여 역사적 예수 그리스도를 부인하고 있었다. 또한 신학자들은 성경의 초자연성을 부인하고 기독교 신학을 종교 현상학 정도로 이해하고 있었다. 그리고 세상 나라 (Civitas Mundi)는 전부 혁명과 전쟁으로 얼룩져 있었고, 당시 시대의 흐름을 주도하고 있던 사상인 계몽주의 사상과 낙관주의 사상은 더 이상 이런 소용돌이를 잠재울 수가 없었다. 더구나 1789년에 불란서 혁명과 나폴레옹의 제국주의가 일어나고, 그 후 불란서, 독일, 오스트리아, 헝가리 등에서 계속해서 혁명이 일어났다. 그리고 1861-1865년에 미국의 시민전쟁, 1870년에 보불전쟁 등으로 세계는 무질서와 혁명이 지배했다. 사상적으로는 벤담(Bentham)의 공리주의, 맑스(K.Marx)의 공산주의, 다윈의 진화론 등이 일어났고, 1869년 일차 바티칸 공회의를 기점으로 가톨릭이 부흥되고, 실존주의자들이 일어났다. 특히 이런 대내외적 환경과 더불어 낙관주의적 계몽주의 사상이 지배하게 되자 중명되는 것은 믿고 중명되지 않는 것은 믿을 수 없다고 했다. 이런 분위기를 타고 고등 비평주의 학파들이 일어나 성경을 과학의 잣대로 난도질을 하였다. 위기의 시대였다. 이런 환경을 역사가의 예리한 관찰로 감지한 분이 바로 흐룬 반 프린스터였다.

그는 이런 19세기의 문제를 해결할 수 있는 유일한 대안은 16세기의 종교 개혁자 요한 칼빈의 사상, 즉 하나님 중심, 성경 중심의 사상으로 돌아가는 길밖에는 다른 대안이 없다고 생각했다. 그래서 흐룬이 화란의 수상을 지내면서 내건 모토는 '역사와 인생의 어두운 곳에 하나님의 말씀을 비추이게 하자'였다.

하나님의 말씀은 빛과 진리이므로 이처럼 철저히 망가지고 파괴된 교회와 세상을 다시 살려 내는 길은 칼빈이 그러했던 것처럼 하나님의 말씀으로 돌아가는 길밖에 없었다. 그리고 그것을 이루기 위해서는 불란서 혁명이 얼마나 무신론적이고 배교적인 사상인지를 만천하에 알려야 했다. 뿐만 아니라 다시 칼빈주의 사상으로 돌아가기 위해서는 반혁명당을 조직해야 했다. 그렇지만 당시 흐룬이 조직한 반혁명당은 약하기 이를데 없었다. 그러나 흐룬의 사상과 정치적 기반이 아브라함 카이퍼에게 넘어가자 역사의 커다란 변화가 일어났다. 그는 흐룬 반 프린스터의 칼빈주의 사상과 그의 정치사상을 고스란히 받아서 발전시키고 개혁해 나갔다.

카이퍼는 당시 계몽주의 철학과 불란서 혁명사상을 추종했던 자유주의적 부르조아들과 그들의 자유방임적 경제체제와 산업화 정책에 의해서 억압받았던 소외 계층 즉 끌라이너 루이던(Kleine Luiden : 작은 사람들)을 지지 기반으로 반혁명당을 발전시켜 하나님이 우리 인간에게 요청하는 정의와 자유를 위해서 투쟁했다.

흐룬과 카이퍼는 비록 연령의 차이는 한 세대의 간격이 있었지만 그 둘은 칼빈주의 운동을 지지하는 정치적 동반자였다. 그래서 그 둘은 일생동안 셀 수 없을 정도로 수많은 편지를 서로 교환하면서 하나님 나라 건설과 복음전도를 위해서 협력했다. 그래서 카이퍼의 멘토는 칼빈인 동시에 흐룬 반 프린스터였다.

카이퍼의 정당정책 기조-당수

카이퍼의 정당은 흐룬 반 프린스터에게 물려받은 반혁명당이다. 반혁명당이란 어감은 한국인들에게는 좀 생소하고 듣기에 어색할 수 있다. 사실 이 정당은 기독교 정당이란 말이지만 실제로는 칼빈주의적 세계관을 가진 기독민주당으로 이해하면 된다. 1879년 4월 3일 우트레흐트에 당사를 둠으로 시작된 반혁명당(Anti-Revolutionare Partij)의 정치 원리는 다음과 같다.

> "정치의 영역에서도 반혁명 운동은 하나님의 말씀이 영원한 원리가 된다는 사실을 고백한다. 국가의 권위는 교회의 결정에 의존하는 것이 아니라, 국가 공무원의 양심 속에 역사하시는 하나님의 말씀의 규례에 의존한다.' [17]

이는 세계의 어떤 정당 정책에도 찾아볼 수 없는 것이다. 이것은 하나님의 말씀이 중심이 되고 하나님 중심의 세계관으로 정치, 경제, 사회와 문화를 보려는 안목의 정책이다. 정당의 목표는 정권창출이라는 말이 있지만 카이퍼가 이끄는 반혁명당은 정권 창출보다 더 중요한 것은 삶의 모든 영역 곧 정치에 있어서도 하나님의 말씀이 기초가 되어야 한다는 것이다. 그는 흐룬이 세운 초미니 약체 정당을 활성화 하고 조직적으로 체계화 했을 뿐 아니라 당원을 계속 확보해 나갔다.

카이퍼의 생각은 그리스도인들이 이 세상에서 하나님의 백성으로서의 자존심과 신앙을 지키고 정부나 국민에 대해서 바른 의견을 제시하려면 개인으로서는 한계가 있음으로, 사상은 사상으로, 논리는 논리로, 정책은 정책으로 대결하기 위해서 기독교 정당이 반드시 필요하다고 보았다. 그것은 당시 반혁명당이 전당대회에서 채용한 21개의 조항 중에는 이런 것이 있다. 그것은 성경과 창조사역에서 발견되어지는 하나님의 명령이 정치 활동에 있어서도 규례가 되어져야 한다. 또한 주권적 권위의 궁극적 원천은 국가 위에 계시는 하나님께서 교회와 국가가 완전히 분리되는 것을 원하셨지만, 민주적인 교회의 정황속에서 그리스도인은 사회 변혁의 중요한 책무가 있음을 밝혔다. 또 복음이 국민의 삶 속에서 영향력을 행사하는 것을 방해해서는 안 된다고 반혁명당 정책에서 밝혔다. 그런데 실제로 반혁명당의 이런 원리들의 표현은 요한 칼빈의 『기독교 강요』(The Institute of Christian Religion, 1559)의 제2권에 나타난 하나님께 속한 도덕법 해설과 유사하다.[18] 칼빈의 사상을 이해한 흐룬 반 프린스터와 카이퍼는 반혁명당 정책 기조의 중심을 개혁주의 신앙에 두었다.

앞에서도 언급했지만 19세기 말 당시의 상황을 다시 정밀히 분석해 보면 왜 반혁명당이란 당명이 필요했으며, 왜 칼빈주의적 정당인 반혁명당이 필요했는지를 짐작케 할 수 있을 것이다. 당시는 혁명의 시대였다. 혁명의 시대는 인간이 중심이 된 인본주의 세계였다. 당시 사상적 조류는 하나님을 인정하지 않고 성경을 거부했다. 이런 인본주의적이고 계몽주의적 세계관을 가진 불신앙과 혁명과 반동적 정치 유형이 전 유럽을 강타했다. 바로 이런 절박한 시기에 반혁명당은 '복음이냐 혁명이냐' 라는 슬로건을 걸고 세속적 인본주의 정치 유형과 개혁주의 신앙 사이의 대립을 주장했다. 흐룬과 카이퍼는 다함께 세속주의자들이 불신앙으로 공격하는 것에 맞서서 하나의 정치적 영성(Political Spirituality)을 가지고 신앙을 지키려고 했다. 카이퍼가 이끌고 있는 반혁명당은 세상의 불의와 비진리 그리고 불신앙을 향해 싸우면서 성경만이 우리의 신앙과 생활의 유일한 법칙이라는 것을 논증했다. 뿐만 아니라 이 땅에서 우리 인간은 그리스도의 왕권에 순종해야 한다고 주장했다. 흐룬과 카이퍼는 당시에 성행하던 '역사적 예수' 와 '신앙의 그리스도' 로 분리시키려는 자들에 대항하여, 예수 그리스도는 시간과 공간 속에 오셨던 역사적 실제요, 그는 우리의 구주이며 중보자라는 것을 힘있게 변증했다. 그래서 카이퍼의 자전적 에세이 『확신하건데』(Confidentie, 1873)를 보면, 그의 일생의 목표가 하나 있었다. 그것은 교회와 국가 안에 존재하는 불신앙의 공격으로부터 기독교 신앙을 방어하는 것이라고 했다.

그는 개혁주의 사상체계에 근거하여 기독교적 대안을 제시하여 변화를 이끌어 가는 정당 정책의 기조를 이루었다. 카이퍼는 그의 정치 철학을 그가 주필로 있는 신문에 끊임없이 글을 써서 국민들을 계몽할 뿐 아니라 이것을 통해 자신의 지지 기반을 넓혀갔다. 당시 그가 쓴 글을 보면 다음과 같다.

> "하나님께서는 말씀하셨다. 우리는 하나님의 말씀 안에서 그의 뜻을 이해할 수 있는 하나의 계시를 소유했다. 말씀의 기초 위에서 여러 원리들이 충돌할 때는 당연히 하나님의 말씀에 순복할 뿐이다. …우리 모든 인간의 통찰은 하나님의 결정에 복종해야 한다. 우리는 하나님의 말씀을 믿고 고백하지만 우리의 적수들은 불신앙을 갖고 있기 때문에 서로 불일치가 일어난다. 복음이냐 혁명이냐 이는 올바른 신앙을 자각케 하기 위해 선포되어져야 한다." [19]

카이퍼에게 있어서 그의 신학과 신앙 그리고 그의 정치적 활동은 구분되지 않는다. 그는 교회의 강단에서던지, 신문사 논설을 쓰던지, 자유대학교의 교수를 하던지, 국회의정의 단상에 섰던지, 집권당 당수로서 수상의 자리에 있던지 상관없이 처음도 마지막도 오직 하나님의 주권과 그리스도의 왕권을 높이 세우는데만 전념했다. 그 표준은 바로 하나님의 말씀인 성경이었다. 그래서 카이퍼는 성경적 규범만이 어느 시대나 진실되고 정당하다는 것을 증언하는 정치적 청지기의 본보기

(Example of Political Stewardship)로서 신앙과 문화를 통합함으로써 우리에게 꿈과 희망을 준다고 할 수 있다.[20]

카이퍼의 정치적 리더십

앞서 언급했듯이 노 정치가 흐룬 반 프린스터와 젊고 패기에 넘친 31세의 목회자 카이퍼와의 만남은 화란의 새로운 역사를 썼고, 기독교 정치에 있어서 칼빈주의 사상을 꽃피우게 했다. 흐룬 반 프린스터는 훌륭한 정치가이자 역사학자로서 칼빈의 사상과 칼빈주의 신앙을 따라 19세기의 일그러진 교회와 사회를 성경적으로 되돌려 놓으려고 했다. 그러나 그는 이른바 '군대 없는 장군'이란 별명이 있듯이 그를 추종하는 세력은 극히 소수였다. 흐룬 반 프린스터는 위대한 역사학자로서 『불신앙과 혁명』(Ongeloof en Revolutie)을 썼는데, 혁명은 모두 하나님 없는 불신앙 운동에서 기인한다고 역설했다.[21] 그러나 흐룬의 경우는 대중적 정치가도 아닐뿐 아니라 조직가도 아니었다. 그는 자녀가 없는데다 평생 외로운 투쟁을 했다. 그런데 흐룬이 세운 반혁명당이 카이퍼에게 넘어가자 사정은 달라졌다. 카이퍼는 신학자이자, 불을 튀기는 설교자이자, 대중을 사로 잡는 명연설가였다. 그리고 그는 명문 장가로서 대중들에게 감동을 주는 글을 썼다. 그는 철저한 칼빈주의자로서 사람을 끄는 흡입력이 있었다. 카이퍼가 당을 책임지자 곧 조직이 살아나고 사람들이 모여 들고 체제가 정비되었다.

카이퍼는 조직의 명수일뿐 아니라 정치적 리더십도 대단했다. 카이퍼가 설교를 하거나 강연을 하는 날에는 그 강당은 청중들로 꽉 찼다. 그의 설교와 강연의 주된 내용은 인본주의 사상, 계몽주의 사상을 배격하고 철저히 칼빈주의 사상으로 돌아가자는 것이었다. 실로 그는 뛰어난 대중 정치가였다. 그가 설교하거나 강연할 때는 역사가 일어나고 사람들에게 용기와 활력을 주고 새 힘을 불어 넣었다.

일반적으로 사람을 움직여 감동을 주는 수단은 두 가지다. 하나는 말이요, 다른 하나는 글이다. 카이퍼는 천부적 대중 연설가인 동시에 당시에 'De Heraut' 지와 'De Standaard' 지의 편집장으로 있었기에 하루도 빠짐없이 논설과 명상록을 쏟아내었다. 그는 평생을 그렇게 살았다. 그는 대중들을 설득시키는 말과 글 양쪽을 병행하면서 역사를 변화시켜 갔다. 정치는 지지자들이 많아야 한다. 그래서 카이퍼는 화란의 교회와 사회의 잠자는 영혼들을 깨워서 역사를 움직여 가시는 하나님의 주권을 보게했다. 그리고 삶의 모든 영역에 하나님의 주권적인 통치가 있음을 기회 있을 때마다 외쳤다. 그는 하나님의 말씀만이 우리의 삶의 모든 영역에 기준이 되고 표준이 된다고 했다. 이는 일찍이 16세기 요한 칼빈이 시도했던 바로 그 메시지였다.

카이퍼는 칼빈주의 정치의 창설자로서, 반혁명당을 잘 이끌어 갔다. 그 당은 비록 11명의 하원의원을 갖고 있었으나 장래가 촉망되는 정당이었다. 그때 그는 국가 위원회 의장으로서 정당을 강력하게 잘 지도해 갔다. 그러면서도 카이퍼는 신문 발행인과 편집장으로서의 역할도 충실히 했다. 그리고 국민대회의 의장과 주 연설가, 최고 수준의 공동 전략가, 선거운동의 찬조 연설가, 정치 전반의 전략가 그리고 반혁명당과 국회 원내 대표, 정치 관측자로 광범위하게 활동했다. 말 그대로 그는 '열 개의 머리와 백 개의 손'을 가졌다고 할만큼 모든 면에 독창적이면서 역동적이었다. 오직 주 예수 그리스도로부터 오는 그의 영적인 에너지는 거대한 폭포와 같았다. 칼빈주의 정치가란, 하나님의 말씀을 모든 지혜의 원천으로 생각하고 그 말씀을 삶의 모든 기초로 생각하는 칼빈의 신앙 노선을 따르는 것이었다. 그러나 정치의 현실에 있어서 미니 정당으로서는 발언권이 약할 뿐 아니라 집권당이 될 수가 없었다. 그렇기 때문에 자연스럽게 연정(聯政)을 할 수밖에 없었다.

그런데 당시는 좌파 정당이 거의 절반을 차지했고 우파 정당으로는 반혁명당과 가톨릭 당밖에 없었다. 만에 하나 두 당이 협력을 한다면 어떤 법률 통과를 위해서 상당히 유리하고 승산이 있었다. 그러나 실제로 칼빈주의 신앙을 가진 반혁명당은 가톨릭당과 연합 전선을 펼치기는 어려웠다. 왜냐하면 카이퍼는 기회가 있을 때마다 로마 가톨릭의 오류를 지적하는데 앞장섰기 때문이다. 그는 개혁교회의 목사이며 자유대학교의 신학부 교수로서 또 기독교 주간지의 'De Heraut'의 편집장으로서 활동하고 있었기 때문에 자연히 가톨릭과는 비판적 관계에 있었다. 특히 카이퍼는 1872년 성 바돌로매(Saint Bathalomew)축제일, 300주년 연설에서 가톨릭 교회가 칼빈주의자들인 휴그노파 성도들을 대량 학살한 그 날을 기념해서 소책자를 발행한 것과 가톨릭의 비성경적이고 교권수호를 위해 저질러진 악한 행동을 역사적으로 비판했다. 그런데 어떻게 가톨릭당과 협력이 가능했을까? 문제는 당시에 정당 중에 좌파 정당이 상승세를 타고 있음으로 헌법을 고치는데 서로의 도움이 필요했다. 가톨릭당과는 신학적으로 신앙적으로 입장이 서로 달랐지만, 교육법 개정에는 서로가 같은 의견을 가지고 있었다. 정부는 인본주의 계몽주의 사상을 가진 사람들을 통해 초등학교에서부터 대학에 이르기까지 그들의 사상체계를 주입시키려고 했다. 그러나 카이퍼가 이끄는 반혁명당은 그 부모의 신앙에 따라서 정부의 간섭 없이 성경적 신앙을 가르칠 수 있는 사립학교 법을 만들려고 했다. 다행스럽게도 가톨릭당도 같은 의견이었다. 그래서 카이퍼는 교육법을 수정하는 것에 관해서는 양당이 서로 협력할 수 있다고 생각했다. 두당은 서로의 정책과 신앙은 다르지만 특별한 사안에 따라서는 협력하되 비판할 것은 서로 비판한다는 입장이었다.

카이퍼의 칼빈주의적 정치

카이퍼는 정치의 개혁자이다(A Reformer in Politics). 그의 정치 철학의 핵심은 바로 반혁명당의 원리인데 곧 성경적 원리라고 할 수 있다. 그는 반혁명당의 당수와 더불어 오랜 세월 하원의원, 상원의원, 수상을 역임하면서 끊임없이 반혁명의 원리를 주장했다.

카이퍼가 쓴 대작 가운데는 그의 정치 기조를 설명한 『우리들의 계획』(Ons Program)이 있지만 그의 만년에 집필한 『반혁명 정치학』(Anti-Revolutionaire Staatkunde)도 있다. 이 책에는 기독교 정치가로서의 그의 확고한 정치 철학이 담겨져 있다. 물론 이 책의 내용은 오래 동안 'De Heraut' 지와 'De Standaard' 지에 게재하여 끊임없이 대중들에게 꿈과 희망을 주고 개혁주의 성도들을 계몽하고 지도하던 글을 모은 것이다. 이 책도 따지고 보면 카이퍼의 칼빈주의 사상을 구체화시킨 산물이라고 할 수 있다. 이 책에는 예수 그리스도의 왕권을 위한(Pro Rege) 그리스도인들의 소명과 책임을 묻고 있다. 그리고 삶의 전 영역에 하나님의 주권과 영광을 드러내야 함을 강조하고 있다. 즉 이 책에는 영영주권사상이 강하게 묻어 있다. 본래 반혁명의 원리는 21개 조항으로 되어 있는데, 카이퍼는 이것을 해설하면서 방대한 저서를 만들었다. 그것은 정치가들을 위한 것도 있지만 대중들에게 반혁명의 원리를 일깨우고자 한 내용도 포함되어 있다. 그는 성경의 본질적인 원리들과 인본주의의 본질적인 원리들 사이에는 극명하게 다른 대립(Antithesis)이 있음을 지적했다.

이것은 본질적으로 서로 다른 세계관의 차이라고 설명했다. 하나님 중심 사상인 칼빈주의 사상과 인본주의 사상은 피할 수 없는 대립 관계가 있음을 명확히 조명했다. 인본주의적 운동의 대표적 사례가 바로 불란서 혁명 운동이었다. 이는 역사에서 성경적 원리와 하나님을 배제하고 인간만이 스스로 구원자이고 인간의 마음먹기에 따라 이 세상에 유토피아를 건설할 수 있다고 하는 사상이었다. 그것은 인간 자신을 우상화 할 뿐 아니라 이런 인본주의 세계관이 정치, 경제, 사회,

문화, 교육, 예술, 종교 등에 침투하면 엄청난 악영향을 주어 궁극적으로는 사람들을 불신앙으로 몰고가서 파멸케 한다고 했다. 그는 인본주의 사상은 사람을 죽이는 치명적인 병균과 같다고 생각했다. 그래서 카이퍼의 정치적 스승인 흐룬 반 프린스터는 당 이름을 반혁명당이라고 이름지었다. 실로 흐룬은 위대한 선각자일 뿐 아니라 19세기 칼빈주의 운동의 단초를 제공한 인물이었다. 그런 까닭에 카이퍼의 칼빈주의를 논할 때 칼빈과 흐룬 두 인물을 빼고는 말할 수 없을 것이다.

하지만 실제로 흐룬 반 프린스터의 반혁명의 사상 또는 칼빈주의 사상은 흐룬 자신의 명상에서 나온 것은 아니었다. 귀족 출신의 흐룬이 젊은 날 라이덴 대학에서 역사학을 공부하고 있을 때 흐룬은 한 성경 연구 모임에 참석하게 된다.[23] 그때 그는 빌렘 빌더다익(Willem Bilderdijik)과 아이삭 다고스타(Issac Dacosta)[24]를 만나게 된다. 두 사람 모두 철저한 역사적 칼빈주의자였다. 그들이 성경공부를 인도하면서 재기한 도전은 하나님의 말씀이 우리의 구체적 삶 가운데 어떤 의미를 갖고 있느냐 하는 것이다. 그는 이 질문의 해답을 시편 119:105에서 찾게 된다. 즉 "주의 말씀은 내 발에 등이요 내 길에 빛이니이다." 라는 성경 말씀을 통해서 말이다. 역사 학도로서 예민한 시대 감각을 가졌던 흐룬은 성경을 통해 고찰해 보면 불란서 혁명은 인본주의 운동이므로 다시 16세기의 요한 칼빈의 신학과 신앙으로 돌아가야 한다는 사실을 깨닫는다.

그래서 흐룬은 인간의 전적 부패와 예수 그리스도 안에서의 구속을 힘있게 붙들고 하나님의 영광과 주권을 위해 살기로 결심한다. 그리고 반혁명 운동의 기수가 된다. 하지만 흐룬의 사상 운동은 아브라함 카이퍼에게 와서 꽃이 피고 열매 맺고 역동적이고 전국적이고 세계적이 된다.

카이퍼는 흐룬에게서 물려받은 반혁명의 원리를 정치에 응용하여 발전시키고자 노력했다. 그는 흐룬과 마찬가지로 기독교는 개인의 경건생활이나 내면적 신앙생활에만 머무는 편협한 종교가 아니라 하나님의 주권이 삶의 모든 영역에 미치기 때문에 그리스도인들은 삶의 모든 영역 곧 정치, 경제, 사회, 문화, 예술 등 모든 곳에 하나님의 나라가 이루어지도록 노력해야 한다고 주장했다.

특히 그는 성경적 원리를 정치 분야에서 하나님의 영광과 주권을 세우고자 노력했다. 카이퍼는 적어도 반세기 후를 내다 보면서 개혁주의 정치 원리를 구체적으로 적용했다. 또한 그는 강연과 글을 통해서 기득권 수호만을 주장하는 보수주의나 신학적 자유주의를 아울러 비판하였다. 카이퍼는 일상의 사건들 배후에 있는 종교 개혁의 원리가 얼마나 중요한지를 보고 있었다.

1872년 4월 1일에 'De Standaard' 지의 첫 번 논설에서 그는 하나님의 말씀이 삶의 규범이 될 때 국민적 실천을 불러일으킬 수 있다고 웅변적으로 주장했다. 성경은 사람에게 하나님의 존재를 입증시켜주는 안경 역할도 하지만, 죄로 말미암아 타락한 창조 세계를 어떻게 이해할 것인지를 보여주는 안내자가 된다고 함으로써 요한 칼빈과 의견을 같이 했다.[25]

그리고 기독교 정치가로서 아브라함 카이퍼는 계시된 성경을 통해 시대의 문제에 해답을 얻을 수 있도록 체계화된 원리를 제시했다. 성경만이 신앙과 생활의 유일한 법칙이라는 것이 반혁명의 원리이다. 칼빈주의 정치 원리 곧 반혁명의 원리는 21개 조항이 있지만 처음 5개 조항이 본질적이고 근본적인 것이므로 이것을 정리해 보면 다음과 같다.

첫째, 정치를 개혁하고 민족적 양심을 가지고 독재와 맞서 싸우려면 개혁주의 신앙에 확고히 서 있어야 한다. 그런 까닭에 개혁주의 사상은 옛것을 사수하고 기득권을 주장하는 수구적인 발상이 아니라 언제나 성경적이며 진취적이어야 할 것을 말했다. 1조를 인용하면 다음과 같다.

> "주권적 권위의 원천은 인간의 의지나 인간이 제정한 법률에 의해서가 아니라 오직 하나님 안에서 그 진원지를 발견하게 된다. 1813년 화란의 독립과 국가의 재건과 화란 헌법제정 당시 하나님의 도우심으로 말미암아 그 세력이 절정에 달해 있었던 오렌지 왕가의 주권(Souvereiniteit van Oranje)이 든든히 서 있을 때만해도 인민주권론은 감히 위세를 떨칠 수 없었다." [26]

둘째, 반혁명의 원리는, 궁국적으로 주권은 하나님께만 속해 있다는 사실을 선포한다. 이 문맥에서 하나님은 오랜지 왕가의 경우처럼 정치적 주권을 헌법이 정하는 바에 따라서 합법적인 지도자에게 위임했다고 할 수 있다. 이는 로마서 13장의 메시지와 동일한 것으로 보인다.

셋째, 반혁명의 원리는 정치적 영역에서까지도 하나님의 말씀을 영원불변의 진리로 고백한다. 기독교 정치 원리는 하나님의 말씀에 기초한다. 세 번째 원리 중에는 다음과 같은 말이 있다.

> "국가의 권위는 교회의 목양의 현장에서 얻어진 원리라기보다는 공직자들의 양심 속에 역사하는 하나님의 법에서 나온다." [27]

다시 말하면 이 원리는 성경이 정치의 기본이며 기준이 된다는 것이다. 성경의 원리는 이 세상의 모든 상황 곧 정치적 문제 해결의 열쇠이며 해답이다. 그렇지만 하나님의 말씀을 구체적인 삶에 적용하고 실행할 때는 그리스도인의 양심이 중요하다고 보았다. 그래서 카이퍼는 구체적 정치 현안을 해결함에 있어서 양심과 법을 따라 하도록 지도했다. 물론 국가의 직무와 교회의 영적인 권위와는 항상 구별해야 함은 두말 할 필요가 없었다.

넷째, 제도적 종교에 대한 형평성을 언급했다.

"기독교 국가에 있어서 정부는 ① 복음을 표현하는데 대한 행정적 법률적 장애물을 제거해야 한다. ② 국민의 영적인 성장 문제는 정부의 역량을 넘어서는 것이기 때문에 정부는 그것과 관련된 어떠한 문제가 발생하면 충돌을 삼가야 한다. ③ 영원의 문제를 두고 서로 입장이 다른 경우에는 여러 교회들과 종교 단체들을 동등하게 대우해야 한다. ④ 양심에 거리낌 없이 국가 권력에 대한 한계를 인정함으로써 정부는 하나님 종으로서 하나님께 영광을 돌려야 한다."

사실 이 원리는 인간은 그 성격상 종교적이 될 수밖에 없기에 민주주의적 사회 다원주의를 인정한다고 볼 수 있다. 그리고 국가와 교회는 서로 구별되어야 할 것을 말했다. 통치자도 하나님을 섬기는 자이고, 공무원도 정치가도 하나님을 섬기고 하나님께 영광을 돌려야 한다. 그래서 화란은 지금도 국가의 목표 중에 첫째는 하나님(God), 둘째는 조국(Vaderland) 그리고 셋째가 여왕(Koninginn)이라고 한다.

다섯째, 주일(主日)과 사법적 서약이다. 그 원리는 다음과 같다.

"반혁명 운동은 정부의 통치권이 하나님의 은총으로부터 말미암았다는 통치 원리를 고백한다. 그러므로 정부는 주일 성수 자유를 위하여 법정에서 사법적 서약들을 사용할 수 있는 권리를 가지고 있다…"[28]

이 말에 의하면 주일은 성도들이 하나님께 예배드리는 안식의 날이기도 하지만, 일반인들에게는 휴식을 취하는 날이기도 하기 때문에 배려해 주어야 한다.

카이퍼의 정치 원리는 반혁명당의 원리에 나타났고 그 바탕은 결국 요한 칼빈의 전통에 근거하고 있다. 즉 오직 성경만이 우리의 신앙과 삶의 모든 영역에 기준이 되며, 정치, 경제, 사회, 문화, 교육의 길잡이가 된다는 것이다. 그렇기 때문에 카이퍼는 주님의 교회와 그의 나라 건설을 위해서 뜨겁게 자신의 생을 바쳤다.

카이퍼가 쓴『반혁명 정치 원리』라는 방대한 700여 페이지의 책은 '하나님의 주권', '일반은총', '하나님의 말씀', '하나님의 영광', '영역주권', '하나님의 법' 등이 수없이 반복되고 있다. 이는 그가 쓴『우리들의 계획』이란 정당 정책을 해설한 것인데 카이퍼의 정치 원리는 바로 하나님 중심의 신학 곧 칼빈주의 사상에서 나왔다.

카이퍼의 정권창출—수상이 되다

드디어 카이퍼 박사가 수상 각하가 되었다. 30여 년 동안 전혀 불가능하리라고 생각되었던 일이 전개 되었다. 그의 나이 64세 되던 해인 1901년 그는 하원의원과 반혁명당의 총재로서 또 'De Heraut' 지의 편집장이자 대학교수로 있다가 수상의 자리에 오르게 되었다. 그리고 그는 수상의 자리에 오르면서 동시에 내무부 장관직을 겸했다. 카이퍼는 수상의 자리에 오른 기쁨보다는 그가 한 평생 꿈꾸어 왔던 그리스도의 왕권을 세우고, 모든 국민이 하나님의 말씀인 성경의 원리대로 사는 나라를 더 생각했다. 그것은 칼빈주의적 세계관이 삶의 전 영역에 더 널리 확산되기를 희망했다. 그러나 야당으로 한 평생 자유주의, 계몽주의 사상을 가진 자들의 불신앙을 공격하였던 그였지만 그가 집권한다고 해서 하루아침에 모든 것이 완성되리라는 낙관주의 생각만 할 수 없었다. 그는 기독교 민주주의 신봉자로서, 그리고 칼빈주의자로서 더 크고 힘든 투쟁이 다가올 것이라고 예측했다. 카이퍼의 의중에는 이 세상에는 어차피 중생자와 비중생자가 현존하고 있고, 하나님 중심의 세계관을 가진 사람들과 인본주의 세계관을 가진 사람들이 존재하기에 이 둘 사이에는 서로 피할 수 없는 대결(Antithesis)이 항상 있을 것이라는 사실을 잘 알고 있었다. 카이퍼가 빌헴미나(Wilhemina)여왕에 의해서 수상으로 선포되자 그는 먼저 주변 정리를 했다. 우선 자유대학교의 교수직 사표를 내었다. 그러나 학교 당국은 사직서를 받지 않고 휴직을 허락했다. 학교는 그가 수상직을 그만 두고 난 후에도 끊임없이 그가 세운 학교에 관련을 갖도록 배려하였다. 그리고 카이퍼는 당 총재직도 내어놓고, 하원의원직도 사임했다. 꼭 그럴 필요는 없었지만 카이퍼의 의중은 권력의 분산이 이루어져야 된다는 것을 잘 알고 있었다. 더욱이 그는 신문사 편집인 자리도 다른 사람에게 위임했다.

　그는 모든 사람들에게 꿈같은 약속을 하지 않았지만 자기 자신과 타협하지도 않았다. 전에 여당은 야당이 되고, 야당은 여당이 되었다. 이재 좌파 정당들은 카이퍼를 의심하고 노골적으로 비판했다. 그래서 카이퍼도 정치인이기 때문에 많은 정적들을 얻게 되었다. 그런데 참으로 특이한 것은 카이퍼는 기독교 정당이던 또는 세속 정당이던 간에 자신의 정책을 비판하는 것을 환영했다.29 야당 국회의원들이 카이퍼를 정치적 모사꾼이라고 비난 했을때도 카이퍼는 관용을 가지고 이런 비난에 답했다. 특히 민주적 사회주의자들과 혁명주의적 이념을 표방한 맑스주의자들이 더욱 거세게 카이퍼 수상을 비방하고 사사건건 문제 제기를 했다. 실제로 카이퍼 행정부는 하나의 이슈를 가진 정부는 아니라고 할 수 있다. 왜냐하면 카이퍼 수상은 하층 계급의 빈곤문제, 교육적 불공평, 외설 문화문제, 여러 정부부처의 정의로운 행정 등 사회 모든 영역의 문제를 해결하기 위한 실천이 필요하다고 보았기 때문이다. 그러나 내면적으로 하나님의 말씀인 성경 진리가 모든 문제 해결의 열쇠라고 생각했고 그리스도의 왕권 수립이 일차적 목표였다. 그렇지만 카이퍼 내각은 신정주의적(神政主義的) 표현은 가급적 피했다.

그 대신 교회 개혁 정책이라던지 주일법 개정 법안은 기독교회 뿐만 아니라 모든 국민에게 주일에 쉬는 것은 유익하다는 입장이었다. 또한 카이퍼 수상은 국가가 국민을 위한 정책을 추진하는 과정에서 이웃 사랑의 원리를 실천할 책임이 있음을 강조했다. 물론 이 말은 두 말할 필요 없이 성경에 근거한 개념이었다. 화란의 경우는 오랜 기독교 전통 그 자체가 정부의 시책에 크게 영향을 끼쳤다. 예를 들면 여왕은 하나님의 은총에 의하여 통치할 수 있음을 인정했다. 가령 여왕의 연례 왕정 연설을 할 때 그 원고는 수상이 작성했다. 그런데 여왕은 그 연설에 앞서 먼저 기도로 시작할 뿐 아니라, 의회의 모든 법안 등이 제출될 때도 먼저 한 사람이 기도하고 시작했다. 또한 화란의 모든 기관들도 직간접적으로 기독교적인 전통에 서 있는 것은 사실이다. 그러나 여기서도 신앙적인 입장과 세계관에 따라서 정당간의 의견이 갈리고 격돌할 수밖에 없었다. 카이퍼 수상은 매우 진취적이고 역사를 앞질러가는 지도자였지만, 맑스주의나 사회주의자들은 카이퍼 내각이 지나치게 보수화 되었다고 몰아붙였다. 그러나 실제로 카이퍼 수상과 그의 내각은 기독교 민주주의자였다. 그는 '고등교육과 중등교육의 자유', '기술교육 개혁', '노동협약', '교사들과 그들의 가족들을 위한 연금법' 개혁안을 내어놓고 의회와 조율했다. 카이퍼는 기독교 단체이건 비기독교 단체이건 간에 권리와 의무를 평등하게 갖춰야 한다는 방침을 세웠다.

특히 카이퍼 수상의 머리속에는 세속교육의 일방적 독주를 막기 위해서는 교육의 모든 과정에 대한 개혁이 필수적이라는 사상이 지배하고 있었다. 일찍이 그는 하원의원 시절에 기독교 사립학교 법을 엄청난 투쟁 끝에 쟁취하고 자유대학교를 세웠던 경험이 있다.

카이퍼 정부의 또 다른 정치적 목표는 가능한 음주, 놀음, 풍기 문란, 그리고 포르노 문학과 같은 사회의 해악들을 저지하고 일소하는 것이라고 했다. 이러한 사회 문제에 대한 입법 활동은 사회적 부패 척결을 위해서 입안되었다. 하지만 한걸음 더 나아가서 이 법안들은 결혼, 가정, 교회 등 일반적인 권위 문제와 관련하여 기독교적 국가 전통을 세우려는 것이다.[30]

카이퍼 내각의 또 다른 관심은 산업혁명으로 말미암아 급변하는 사회 변화를 어떻게 대응할 것인가였다. 무엇보다 카이퍼 정부는 인간의 기본권을 박탈하려는 세력들로부터 노동자를 보호하기 위해 사회 법안을 마련했다. 카이퍼 수상은 그 법안 제출에 있어서 전능하신 하나님이 주권자가 되신다는 사실을 고백함으로 끝을 맺곤 했다. 그렇지만 그는 맑스주의나 사회주의 사상체계를 거부했다. 카이퍼 수상은 맑스주의 사상을 신봉하는 정치가들을 향해 "그대들은 누구를 선택할 것인가 맑스인가 그리스도인가"라고 도전했다. 철학적 유물론에 기초한 맑스주의는 계급투쟁을 그 전술로 이용하고 있으며, 인간의 사회적 삶 자체를 오직 물질적 관심사에서만 국한시켜 이해한다. 그러나 예수 그리스도는 이들과는 근본적으로 다른 세계관에 기초한다. 성경에는 부자에 대한 교훈도 있지만 (약 5:1-6) 가난한 자에 대한 교훈도 있다 (벧전 2:13-19). 그러므로 성경의 어느 한쪽만 강조하는 것은 잘못이다. 재산을 소유하고 있는 자들과 청지기의 직을 강조하는 본문과 사회 정의에 필수 불가결을 강조하는 본문이 성경에 함께 나타나 있음을 잊어서는 안 된다고 했다.[31]

카이퍼는 또한 개인과 국가에 대한 이중 도덕 개념을 강력히 거부했다. 카이퍼는 기회 있을 때마다 자신의 정책에 대한 지지를 위해서 기독교 전통에 호소했다. 그는 언제나 의회 구성원들에게 기독교와 맑스주의 사이의 종교적 대립을 힘있게 주장했다.

도전과 응전(Ⅰ)―철도 대파업

카이퍼 수상은 본래부터 신학자요 목회자였지만 또한 정치 전략가이기도 했다. 그러나 카이퍼가 수상이 된 후 3년째에 들어서는 1903년에 엄청난 사건이 터졌다. 그것은 바로 전국적인 철도 대파업이 일어난 것이다. 당시 철도가 가장 중요한 교통수단인 시절 전국 철도 파업은 국가 기능을 완전히 마비시키는 정도가 아니라 국가 비상사태라고 할 수 있었다. 그러나 화란의 철도회사 경영진은 이것을 해결할 수 있는 능력도 대안도 없었다. 특히 화란 같은 작은 나라는 이 철도 대파업이 국가의 내분 사태나 다름없었다.

필자는 여기서 당시 화란의 철도 대파업의 전후 관계를 모두 설명할 필요는 없다고 본다. 그러나 더욱 중요한 것은 그 파업이 가지는 역사적 배경이 더욱 중요하다고 볼 수 있다. 이것에 관하여 간략히 언급하고자 한다. 당시의 서구 사회를 강타한 것은 맑스의 공산주의 사상이었다. 이런 맑스주의, 공산주의 사상은 정치는 말할 것도 없고, 경제, 사회, 문화, 학문에 이르기까지 엄청난 영향을 끼치게 되었다. 여기에다 한 걸음 더 나아가서 러시아의 무정부주의자 마하일 바꾸닌(Michael Bakunin, 1814-1876)이 그의 저서 『신과 국가』를 통해 무정부주의 사상, 사회주의 사상을 고무, 찬양했다. 그의 망언은 기독교의 도전이었고 서구 사회에 공산주의 혁명과 폭동을 일으키는 요인이 되었다. 그는 기독교를 가장 악랄한 종교로 비꼬고, 기독교는 신의 유익을 위해 인간성을 빈곤케 한다고 역설하고 진정으로 무정부주의를 예찬했다.32 물론 이런 시대적 환경은 당시 유럽에서 일어난 인본주의, 계몽주의 사상과 연결된다. 이러한 사상은 모든 면에서 하나님을 배제시키고 인간의 판단과 결정만이 절대적이라는 사상이다. 그것을 이루기 위해서 그들은 폭력을 정당화 시킬뿐 아니라 수단과 방법을 가리지 않고, 가진 자들과 정부를 뒤엎어야 한다고 생각했다. 당시 철도 파업자들의 마음 한 구석에는 이러한 폭력을 통해 정부를 전복하고 가진 자들을 증오하고 타도하자는 생각도 있었다. 그런데 이러한 분위기에 기름을 붙고 노동자의 시위와 파업을 부추기는 정치가가 있었는데 그 사람은 화란의 변호사 출신의 뜨룰스트라(P.J.Troelstra)였다. 그는 25년 동안 사회 민주노동당의 지도자로 국회에서 일했다. 트룰스트라의 노동당은 맑스주의 입장에 서 있었다.

그 당은 경제의 사회화의 정당성을 주장했으며 노동당의 필요성을 선전했다. 그래서 그들은 항상 노동 조합과 제휴해서 노동자들의 시위를 독려하고 지원했다. 트룰스트라와 노동당은 한술 더 떠서 정규군 패지, 산업과 운송의 국유화, 하루 8시간 노동제, 사고와 질병, 노인과 실업으로부터 노동자들의 전면 보험제 실시를 주장했다. 트룰스트라는 국제 노동운동과 연대를 표방했고 화란 군주제를 혐오했다. 바꾸닌과 트룰스트라의 영향으로 화란의 노동자들은 뭉쳤고 카이퍼의 집권을 비판했다. 카이퍼와 트룰스트라는 일생동안 정치적 맞수이자 적대관계에 있었다.

카이퍼는 기독교 민주주의자로, 예수 그리스도의 왕권과 하나님의 말씀을 기초한 원리로 정치하는 칼빈주의적 정치가였다. 그러나 트룰스트라는 맑스주의 공산주의 세계관을 가진자로서 민중봉기의 기수였다. 그러므로 카이퍼가 수상으로 재직하고 있는 동안 그를 가장 많이 괴롭히고 힘들게 했던 사람은 바로 트룰스트라 의원이었다. 트룰스트라 같은 맑스주의자들의 고무로 철도 파업은 시작되었다. 철도파업은 경제적인 것보다는 정치적인 것이다. 그는 카이퍼 내각에 흠집을 내고 협박해서 진보적 세력을 확장시키고자 했다.

물론 철도파업은 실제로 사소한데서 시작되었다. 처음에는 철도가 아니고 수로(水路) 운수 회사 노동자들의 파업이 시작되었다. 파업은 곧 해결되었으나 파업 노동자들을 해고 하지 않은채 그대로 두자, 새로운 파업이 시작되었다. 이것이 암스텔담 전 항구로 확산되었고 노조원들이 화물 배들의 짐을 하역하지 않자, 회사는 철도회사의 노동자를 고용했다. 그런데 도리어 수로운수 노조와 철도 노조가 단합해서 파업을 시도했고, 이것이 전국적으로 확산되어 철도 기능이 완전히 마비되었다. 사실 처음 파업은 고용주에 대한 불만을 가진 20-30명의 노동자들에 의해 시작되었다. 그러자 사회주의적이고 맑스주의 사상을 가진 노조가 기다렸다는 듯이 이에 합세하고, 그 배후에 노동당의 트룰스트라 같은 정치 지도자가 배후 조정을 하면서 무정부 상태로 몰아가고 있었다. 화란은 수도가 헤이그에 있었고 파업은 화란의 중심도시 암스텔담에서 진행되었으나 당시는 보고 채널도 잘 이루어지지 않았다. 그러나 카이퍼 수상은 이 사건은 혁명적인 무정부주의자들의 소행임을 간파했다. 그는 국민군을 소집하여 폭도들에게 정부의 권위에 존경심을 갖도록 했다. 그리고 파업 때문에 혼돈하고 있는 시민들에게 평화를 회복해주려고 노력했다. 하지만 새로운 파업이 일어나자 정부는 즉각 할 수 있는 대로 임시 철도운행을 정상화 하도록 필요한 조치를 취했다.

정부는 암스텔담 요새를 강화했다. 이러한 일련의 조치들은 혁명 분자들에게는 강한 경고로 비추어졌다. 그런데 문제는 철도 노조만이 아니었다. 난데없이 계급차별 타파라는 유언비어가 나돌아 급수시설을 중단하려고 했고 덩달아서 마부들의 동맹파업을 했다. 현대적으로 말하면 택시노조의 파업인 셈이다. 마부들이 동맹파업은 이러했다. 당시의 육로 교통기관인 마차가 정지되면 의사들이 왕진을 못할 것이고 빵가게와 밀가루 운반이 어려워진다는 것을 알고 이 기회를 틈타 무정부 상태를 만들어서 체제 전복을 하자는 것이었다. 카이퍼 정부로서는 위기일발이었다.

그러나 카이퍼는 상황을 예의 주시하고 강력한 대안을 제시했다. 그는 어느 국민이나 예외없이 사회적이고 경제적으로 정부의 기능이 마비되는 것을 막아야 한다고 호소했다. 그리고 그는 법과 질서를 파괴하는 행동을 결코 용인하지 않으려고 했다. 하지만 노동자들 중에 폭도들은 고개를 쳐들고 무력 사용을 하려고 했다. 한 마디로 법과 질서를 우습게 여기고, 카이퍼 정부를 무력화 시키려고 했다. 이에 대해서 카이퍼 수상은 하원에 나가서 웅장한 연설로 세 가지 법안을 제출했는데 모든 하원의원이 이를 환영했고 국민들의 지지가 있었다. 세 가지 법안은 다음과 같다.

첫째, 정부는 긴급 상황이 발생할 경우에 기차에 군인들을 배치함으로써 철도 운행을 보호하기 위한 철도 부대를 창설하도록 했다.

둘째, 정당하다고 입증된 불만의 경우는 정당한 조치를 취하도록 했다. 그래서 정부위원회는 그들의 법적 지위와 근로 조건을 조사해서 고용안전을 보장하고, 정부의 보호 아래서 올바른 법적 지위를 보장받을 수 있도록 대안을 제시했다.

셋째, 실제로 위법한 것은 범죄로 간주하고, 정부는 노동자 자신의 직무를 버리면 엄벌에 처하고 다른 어떤 일터에서도 일할 수 없도록 했다. 이를 가르쳐 반(反)철도파업법(Anti-railroad Strike law)이라고 했다.[33]

새로운 반철도파업법은 대부분 동의를 얻을 수 있었다. 하지만 카이퍼가 하원에 법안을 제출하자 무정부주의자들과 사회주의자들은 소위 저항위원회(a Committee of Resistance)를 구성하여 그의 법률안 통과를 저지하려고 했다. 이 위원회는 공산주의자, 사회주의자, 급진 무정부주의자들로 구성되었다. 이들은 또 다시 노동자를 선동해서 정부 전복을 시도했으나 의회의 법안이 압도적인 다수로 승리했다. 특히 세 법안 모두 통과되고 카이퍼는 승리했다. 그 후로 화란에서 철도 파업은 사라졌다. 그리고 혁명적인 선동자들의 선동에 휩쓸려 파업에 참가했던 많은 노동자들은 실직하고 철도회사는 이천 명을 해고시켰다. 이에 대해서 사회주의자들은 그를 두려운 아브라함, 야만적인 권력의 사나이로 비판했으나, 카이퍼 수상은 카이퍼 내각을 최상의 봉사 기간으로 만들었다.

도전과 응전(II)-고등교육법

아브라함 카이퍼는 신학자이지만 교육행정가이기도 했다. 그는 당대 최고의 명문 라이덴 대학에서 문학과 신학을 공부하여 25세에 신학박사가 되었고, 칼빈주의적 학문을 위해서 1880년 자유대학교(Vrije Universiteit)를 세워서 여러 번 총장과 교수를 지냈다. 그리고 이제는 나라의 수상이 되었다. 그가 수상의 자리에 오르게 되자 아직도 못다 이룬 꿈들을 실행하려고 했다. 그것은 경직된 국공립학교를 개혁하면서, 비국공립학교 즉 사립학교를 자유롭게 세우고, 그 학교들이 국공립학교와 동등한 대우, 동등한 자격증, 동등한 재정 후원을 받도록 하려는 것이었다. 그래야만 국가 경쟁력을 높일 수 있고 개혁주의 신앙을 가진 사람들이 자유롭게 그들이 가진 칼빈주의적 세계관을 학문과 연결시켜 발전시킬 수 있기 때문이다. 그의 논지는 교육이 획일화 되어서는 안 되고 다원화 되어야 한다는 것이다. 다시 말하면 국공립학교들이 한결 같이 진화론적이고 계몽주의적인 인본주의 교육을 지향하는데 그런 학교에 개혁주의 신앙을 가진 성도들의 자녀를 계속해서 보낼 수 없다는 것이다. 그가 처음 하원의원이 되었을 때부터 이런 교육 투쟁을 계속했기 때문에 1880년 자유대학을 설립할 수 있었다. 그러나 문제는 여전히 남아 있었다. 그것은 이 대학 출신들은 국가시험을 통과해야 국공립대학 졸업자와 같은 자격을 주었기 때문에 이중고를 겪고 있었다. 물론 국가의 재정지원도 없었다.

카이퍼의 의중은 단순히 자기가 세운 자유대학교 뿐만 아니라 그 후에 있을 모든 사립대학도 자유롭게 세워져야 하고 모든 면에서 국공립학교와 똑같은 대우를 받을 수 있는 법적제도를 만드는 것이었다. 이는 대학교육에만 한정되어서는 안 되고 초등교육, 중등교육, 김나지움 교육에 이르기까지 광범위하게 적용되어야 한다고 했다. 그래서 부모들과 학생들은 자기들의 신앙을 따라서 학교를 취사 선택할 수 있도록 하자고 정책을 제시했다. 그의 생각은 일종의 교육 개혁 법안이요, 교육 다원화 정책이다. 교육의 경직화, 교육의 국가화, 교육의 획일주의에서 벗어나서, 교육의 경쟁력도 회복하고 자유를 주자는 것이다.

또한 그는 교육의 다원화는 물론이고 교육의 전문화 또는 특성화도 제시했다. 당시의 유럽과 화란의 대학들은 인문학에만 치우친 나머지 기술, 공학, 농학 등의 특수한 실용적인 학문에 대해서는 무관심했다. 그러나 카이퍼 수상은 당시에 델프트(Delft)의 기술, 공업학교를 대학으로 격상시켜 델프트 공과대학을 만들어 미래에 유능한 과학기술, 공학기술을 발전시켜 나라 발전의 원동력을 심어야 한다고 주장했다.

그리고 바거닝건(Wageningen)에는 농업대학을 만들어서 농공학의 센터로 만들자고 제안했다. 그의 비전은 학문의 다양성을 인정할 뿐 아니라 그 학문이 구체적이고 실제적으로 산업 발전에 동력이 되도록 하자는데 있었다. 1세기 전의 카이퍼의 구상은 우리시대에도 가장 적절한 대안이라고 평가할 수 있다.

그리고 그의 또 다른 꿈은 비록 국공립대학이라도 개혁주의 신앙을 가진 우수한 교수들 이른바 특임 교수를 파송하는 제도를 만드는 것이었다. 그 이유는 국공립대학의 교수들이 인본주의적이고 자유주의적 사상을 가진 자들이 많았기 때문에 획일적이고 일방적인 강의를 학생들에게 가르치도록 방치해서는 안 된다고 생각했기 때문이다. 그래서 그는 특별 교수를 파송해서 학생들이 자유롭게 취사 선택할 수 있도록 법안을 만들었다. 그리고 그는 자신의 꿈과 계획이 담긴 그 법안을 의회에 제출했다. 1904년 2월 25일 고등교육 법안 심의가 한창일 때, 사회주의자들인 좌파들은 카이퍼 법안을 반대했다. 그러나 명연설가요, 독특한 카리스마를 가진 카이퍼의 논리와 설득에 의회는 녹아지고 있었다. 그는 그냥 직업적인 정치인이 아니고 대 신학자요, 대 칼빈주의자였기에 논리에도 전혀 밀리지도 않았다. 오히려 그는 웅장한 연설로 사람들을 설득시키는 천재였다. 그래서 카이퍼의 법안은 그가 원하는대로 기울어지고 있었다. 하지만 반대당의 공격도 만만치 않았다. 이 법안의 핵심은 대학의 목적과 학문의 본질이 무엇인지에 대한 토론이었다. 3월 25일 연설에서 카이퍼는 대학을 가리켜 고등한 학문성을 학생들에게 교육하기 위해서 세워진 기관이라고 정의하였다. 그에 의하면 고등한 학문성이란 지식의 축적, 오류로부터 진리를 식별할 수 있는 능력, 그리고 학문적인 연구 방법을 포함한다고 했다. 특히 그는 대학 교육에 있어서 토론이 교육 향상에 크게 도움이 된다고 주장했다.[34]

카이퍼는 인간의 마음 속에 있는 근본적인 종교적 대립과 더불어 학문에 있어서 두 가지 접근법이 있다고 보았다. 하나는 중립적 체계인데 이것은 이른바 '가치중립적 학문 방법론'에 의한 것이고, 또 다른 하나는 '근본 원리를 전제로 한 체계'(Principled System Based on fundamental presupposition)[35] 즉 전제주의적 학문 방법이라고 요약했다.

전자가 국공립대학의 학문 방법이라면, 그가 주장한 것은 근본적 전제에 기초한 원리를 중심으로 체계화시킨 학문 방법론을 옹호했다. 이런 입장에 설 때만이 진리란 유일한 진리이며 확신에 이르게 된다는 것이다.

카이퍼 수상의 연설을 좀 더 요약 하면 다음과 같다. 그는 전제주의적 사유체계 안에서 그의 기독교 학문관을 잘 요약했다. 학문은 삼라

만상에 대한 체계적 배움이다. 그런데 기독교적 학문은 성경이 근거하는 창조주 하나님께 대한 믿음과 우주의 유기적 통일성에 대한 믿음을 고백한다. 그는 하나님은 원 사유자이시고 인간은 학문을 통하여 하나님의 사유를 반영하지 않으면 안 된다고 주장했다. 또한 기독교적 학문은 신앙의 본질적인 성격과 세상 속에 있는 죄의 실제성 그리고 그리스도 안에 이루어지는 구원에 대한 성경적 계시를 다 인정한다는 것이다. 특히 그는 신앙과 불신앙의 사이의 근본적 대립(Antithesis)으로 말미암아 기독교적 학문과 비기독교적 학문 사이에 공통 영역이 있을 수 없다고 했다. 카이퍼는 세속주의자들이 자기들의 학문을 '정통주의'로 자처하고 기독교적 학문을 '분파주의적' 학문으로 매도하려는 것을 비판했다. 그는 완전한 학문적 다원주의 즉 학문의 자유를 쟁취하려고 했다. 그리고 카이퍼는 기독교 신앙과 학문을 통합시키는 것에 최우선을 두었다. 다시 말하면 그는 그리스도를 믿는 신앙이 절대적 진리의 기초가 되어야 한다는 그 자신의 확신은 우파와 공통된 의견이라고 힘주어 말했다. 그는 진화론적 세계관이 국립대학의 학문적 방법이 되었기 때문에 대학교육의 자유가 반드시 필요함을 역설했다. 그는 세속주의 교육과 기독교 세계관을 가진 교육 사이의 근본적 차이를 설명했다. 1904년 3월 11일 카이퍼 수상은 토의의 마지막 진술에서 다음과 같이 말했다.

> "의회의 좌파들이 주장하는 근대 세계관과 그 학문의 이념은, 하나님의 계시를 판단하는 판사 노릇을 하고 있다. 그러나 의회의 우파는 이에 대한 반대 입장을 강력하게 주장하고 있다. 새로운 근대주의적 세계관에 대해서 하나님의 계시에 기초한 기독교 세계관을 제창한다." [36]

카이퍼 수상의 우렁차고 논리 정연한 주장은 드디어 3월24일 하원을 통과했다. 그러나 반대파들이 장악하고 있는 상원이 이를 부결시켜 버렸다. 그러나 그는 빌레미나 여왕에게 상원을 해산하고 선거를 할 수 있도록 요청했다. 이에 여왕은 9월 20일 상원을 해산했다. 상원이 다시 구성된 후 카이퍼 수상의 고등교육법안은 드디어 통과되었고 여왕이 그 법안을 인준했다. 카이퍼 수상의 이러한 고등교육법안 확정은 그의 정치적 리더십의 빛나는 업적인 동시에 칼빈주의적 세계관 특히 칼빈주의적 학문 수립에 새로운 이정표를 만들었다고 할 수 있다.

도전과 응전(III)-금주법과 사회보장법

실로 카이퍼는 수상으로서 많은 일을 했다. 좌파 야당들 중에는 논리적으로나 사상적으로나 정치철학적으로나 연설로나 카이퍼를 당할 사람이 아무도 없었다. 그래서 진보 좌파들은 모든 수단과 방법을 동원해서 카이퍼 내각을 무너뜨리려고 했고 그들이 할 수 있는 욕설과 비난의 화살을 최대한 쏟아냈다. 카이퍼는 좌파들의 저주의 대상이 되었다. 하지만 그들은 카이퍼를 이겨낼 방법이 없었고 논리도 없었다. 그는 오직 하나님의 말씀인 성경적 원리가 승리할 것을 확신했기에 국민의 편에 서서 그들의 복리와 복지를 위해서 힘있게 싸웠다. 그가 집권하는 동안, 비공립학교 즉 사립학교에 재정지원을 했을 뿐 아니라, 사립학교 교사들에게 국립학교 교사들이 받고 있는 연금제도의 특혜도 부여했다. 그리고 노동자의 보상법의 범위를 확대하고 노동부 계약과 노동부 창설을 위한 규정, 산업에서 여성과 청소년을 보호하고, 사회적 약자 즉 고아와 과부, 장애자에 대한 보험제를 실시하는 안을 내었다. 카이퍼는 사회 정의를 위해서 보험제도는 모든 화란 사람들에게 다 해당된다고 주장했다. 그는 노동조직은 바람직할 뿐 아니라 필수적이라고 생각했다. 하지만 노동조직이 모든 정치적 색채를 배제할 수 있는 풍부한 자기 통제력과 자기 억제력을 가져야 한다고 했다. 왜냐하면 노동조합에다 자신의 정치적 색깔을 주입시키고 노동조합을 오염시키는 사회주의자와 무정부주의 좌파 세력이 존재하기 때문이었다. 그들은 노조에게 유익을 끼치는 것이 아니라 도리어 노조를 이용하고 노조의 성공과 진전을 방해했다.

카이퍼가 수상 재임시 행한 또 하나의 성과는 음주에 대항한 입법 투쟁이었다. 왜 그가 그토록 주류법 개정을 강하게 밀어 붙였는지 이해하려면 그 당시의 국내외의 배경을 알아보는 것이 좋을 듯하다. 19세기에서 20세기로 접어들면서 미국과 유럽에는 퇴폐적인 사회 현상이 많이 일어났다. 곳곳마다 바아, 선술집이 생겨서 빈부 귀천을 막론하고 그곳을 드나들었다. 그리고 나이트클럽이나 카바레 등에서 쾌락을 탐닉하는 사람들이 늘어났다. 아마도 그와 같은 현상은 19세기 인본주의, 쾌락주의, 세속주의 사상에 연유된 것이라고 할 수 있다. 그래서인가 사람들은 술과 여자 그리고 노래를 좋아하고 도덕적인 해이가 날로 더해갔다. 특히 대도시 뉴욕, 런던, 빠리, 그리고 암스텔담 등은 많은 환락가들이 생겨나고 노름, 폭력, 도둑질, 음주가 유행했고, 알콜 중독과 성적 타락이 도를 넘었다.[37] 따라서 밤의 환락과 음주 문제는 빈곤, 불신앙, 가정불화, 노동착취, 사회적 혼란이 따랐다. 가치관의 세속화는 구체적으로 삶의 전 영역에 일어났다. 특히 화란 사람들은 음주 문제에 관한한 타의 추종을 불허했다. 알콜 중독자 일수록 도박에 탐닉하게 되고 성경의 원리와는 반대로 살아가는 세속적인 삶에만 몰입하게 되었다.

카이퍼 수상은 이런 사회적 병폐를 해결하기 위해서 새로운 주류법을 만들기로 결심했다. 그는 알콜 중독을 육체적, 정신적, 윤리적, 감정적으로 심각한 결과를 초래하는 사회적 해악으로 보았다. 왜냐하면 그로 말미암아 빈곤이 개선되지 않고 질병과 불법이 성하게 되었기 때문이다. 그래서 그는 음주의 해악으로부터 국민들의 정신적 삶을 바로 잡아야 겠다고 생각하고 법안을 제정하고 싸웠다. 그는 바아를 "술 주정뱅이 성전(Drunkards temple)"이라고 했을 뿐 아니라 "사회를 타락시키는 암흑의 터널(Dark Tunnel to Social Corruption)"이라고 비판했다. 그는 이 법안을 의회에 제출하고 통과시킴으로써 화란 국민의 도덕적이고 청교도적 삶의 회복을 촉구했다. 카이퍼는 수상으로 재임하면서 역대의 어느 정부, 어느 내각도 해낼 수 없었던 새로운 법안들과 정책을 만들어 백성들로 하여금 예수 그리스도의 왕권에 순종하게 하고 성경의 원리를 따라 살도록 힘썼다. 그리고 당시의 계몽주의와 자유주의 사상가들과의 논쟁을 멈추지 않고 싸워 항상 승리했다. 반대당으로부터 노골적인 비난과 비판 그리고 도전이 있었지만, 그럴 때마다 그는 명석한 논리와 불같은 열정의 대중연설을 통해서 사람들의 마음을 사로잡았다. 그는 지칠 줄 모르는 열정과 연설로 좌파 세력들의 도전에 대해서 명쾌한 응전을 했고 그리고 승리 했다. 실로 카이퍼는 위대한 기독교 정치가이자 전략가였다.

은퇴 없는 반세기의 정치가 카이퍼

카이퍼는 1920년 11월 8일, 83세를 일기로 주의 부르심을 받을 때까지 현역 정치가로서 성실하게 자신의 임무를 수행했다. 무엇보다 그는 4년의 수상직을 화려하게 일하고 영광스럽게 임무를 마쳤다. 좌파들이 선동한 철도노조 파업을 잠재우고, 국민의 주된 관심사였던 교육법을 개정하고, 주류법을 고치고, 사회 안전망을 구축하고 가난한 자 병든 자 등 소외 계층을 위한 알뜰한 보살핌을 베풀었다. 그가 정책을 수행할 때 엄청난 도전과 저항이 있었지만 특유의 뚝심과 리더십을 발휘하여 반대파를 잠재웠다. 그는 화란 국민들에게 새로운 꿈과 비전을 심어주었다. 하지만 사회주의자들과 진보주의자들로 구성된 야당들은 카이퍼에게 학문적으로나 논리적으로나 정책적으로나 적수가 못되었기 때문에 그를 향해서 개인적으로 또는 조직적으로 입에 담을 수 없는 욕설과 비난을 퍼부으면서 그들의 마음을 달랬다. 그 당시에는 카이퍼에 대한 풍자 만화가 많았고, 이 풍자만화들 때문에 신문의 부수가 엄청나게 많이 나가게 되었다.

한번은 출판업자가 카이퍼의 풍자 만화를 모아 비판 만화를 단권으로 출판하려고 카이퍼에게 문의하자 기꺼이 허락을 했다. 어쨌든 당시 그를 추종하는 세력들도 많았지만 동시에 그에게 패한 사람들은 그를 향해 숱한 비난의 화살을 쏟아부었다. 이는 16세기 요한 칼빈의 경우와 흡사했다. 칼빈의 논리적 글과 그의 논리적 언변을 아무도 당할 수 없었음으로 적대감을 지닌 로마 가톨릭이나 리버틴파나 야당 지도자들이 그에 관하여 엄청난 비난을 한 것과 같다.

카이퍼가 수상직에 물러난 후 일 년 동안 여행을 하고 돌아왔다. 그는 여행을 좋아했기에 많은 견문을 넓히고 귀국했다. 그가 여행을 가는 곳마다 환영을 받았고 명연설을 했다. 1908년 8월 31일 빌레미나 여왕 생일에 카이퍼 박사는 헤임스켈크 내각이 참석한 가운데 국가 평의회 장관으로 임명된다. 당시 국가 평의회라 함은 국왕에게 법안이 국회에 제출되기 전에 그것을 심사하고 건의하는 기관이었다. 그 기관에 종사하는 장관이란 일종의 국가 원로회의 장관과 같았다. 하지만 좌파 언론들은 그들의 독자에게, 카이퍼가 정치 일선에서 물러날 때가 됐다고 암시를 주었다. 사실상 오랫동안 자유당과 사회주의당은 카이퍼에게 늘 패배했기 때문에 내심 카이퍼가 속히 사라졌으면 하는 분위기였다. 그렇지만 1908년 10월 옴멘지역 보궐선거에서 카이퍼는 다시 하원의원이 된다.

그는 다시 정치 일선으로 복귀했다. 카이퍼는 언제나 뉴스를 몰고 다니는 정치인이었지만 또 다시 언론에 집중 조명을 받았다. 그해 12월 그는 다시 반혁명당의 총재로 복귀 하게 된다. 물론 카이퍼가 당 총재 자리를 비웠을 때, 그와 일생동안 학문의 동지자였고 개혁주의 신학의 보루였던 헬만 바빙크(Herman Bavinck)가 당수로 일을 했다.[38] 그렇지만 바빙크 박사는 그 자리가 자기 자리가 아님을 알고 카이퍼가 복귀를 할 경우 언제라도 자리를 내어줄 참이었다.

카이퍼가 당수직에 다시 복귀한 그 해 1909년은 요한 칼빈탄생 400주년 되는 해였다. 카이퍼는 '우리 칼빈주의자들'(Wij Calvinisten, 1909)이란 제목으로 연설을 하면서 반혁명당 전당대회를 열었다. 그리고 그해 선거에서 승리하게 되었다. 그것은 사실 그의 승리이자 그의 걸출한 리더십 때문이다. 그때 카이퍼는 재선에 성공했지만 이미 71세가 되었다. 그의 영향력은 예전만 못했고 도전자들의 세력도 만만치 않았다. 그런 때에 카이퍼는 그의 정치적 후계자를 만들었다. 그리고 그것은 성공적이었다. 그는 실로 성공적인 노정치가였다. 카이퍼가 키운 정치적 후계자는 바로 헨드릭 꼴라인(Hendrick Colijn)이었다.[39] 그 당시 꼴라인은 40세였고 캄펜사관학교 출신인데다 화란 동인도령의 일을 맡아본 경험이 많은 사람이었다. 그는 총독의 주 군사행정 보좌관 부관을 지냈고 철저히 카이퍼의 칼빈주의 세계관을 따랐다. 카이퍼가 수상직에 있을 때 콜라인과 많은 대화를 나누었다. 그때 카이퍼는 장차 그가 반혁명당을 이끌어 갈수 있는 인물로 판단하여 하원의원으로 내정했다. 그 후 콜라인은 당수가 되었고 나중에 수상의 자리에까지 오르게 된다. 이것은 카이퍼의 정치적 승리를 의미한다.

카이퍼는 야당들의 권모술수, 비난과 협박이 많았지만 그는 흔들림이 없이 사명에 충실했다. 그는 노인이 되었음에도 불구하고 그의 정치적인 영향력은 시들지 않았다. 그런 까닭에 그는 노년에도 후계자를 세워 그의 사상을 계승하게 했을 뿐 아니라, 결정적인 난제에 부딪칠 때마다 우렁찬 감동적 연설로 상대방을 잠재웠고 평정해 버렸다.

그는 과거의 역사적 사건에 철저히 기초했지만 과거의 족쇄에 매여 있지 않고 항상 미래 지향적인 새로운 대안을 제시했고, 삶의 모든 영역에 하나님의 영광을 위한 일감을 개발해 나갔다. 그는 거룩한 이상주의자이자 미래를 내다볼 줄 아는 정치가였다. 1913년 4월 24일 한 기조 연설에서 그는 "유럽 하늘에 엄청난 파괴력을 지닌 폭풍이 몰려오고 있습니다."(Over Europe There is Gathering a Storm Whose destruction will be Terrific)[40] 라고 했다. 과연 카이퍼가 예견한대로 세계대전으로 말미암아 유럽은 불바다로 변했다. 유럽의 정치가 중에 카이퍼만이 인본주의 세속주의 사상이 가져올 엄청난 전쟁의 피해를 미리 내다본 것이다.

제1차 세계대전이 일어나자 화란 같이 작은 나라가 살아남을 수 있는 유일한 대안은 중립국 정책을 쓰는 길밖에 없었다. 정부는 이를 위에서 군사, 경제, 재정적인 자원 확보를 서둘렀다. 아무리 중립국의 입장을 지킬지라도 전쟁의 상처는 화란이라고 그냥 지나쳐가지 못했다. 의회는 해산되었고, 좌우 정당 모두가 중립을 지키며 안보에만 급급했다. 그때 카이퍼는 여전히 신문의 편집장이자 주필로서 필봉을 휘둘렀다. 그는 젊은 시절에는 영국 찬미자였으나 보어전쟁 이후에 영국에 대한 연민은 사라지게 되었다. 영국의 국제 정치란 바로 경제적 이해 득실에 따른 것이었기에 신뢰할 수 없다고 비판했다. 또 카이퍼는 독일을 맹렬히 비판하고 나섰다. 그는 독일의 국가 절대주의와 제국주의를 신랄하게 비판했다. 국내 정치적 활동은 잠시 중단되었으나 카이퍼의 붓은 아직도 꺾이지 아니했다. 그는 이런 절박한 상황에도 그가 운영하고 있는 스텐다드지에 53개의 논설을 썼다. 그리고 반혁명당 당원들과 지지자들을 위로하고 독려하면서 희망과 꿈을 심어주었다. 당시 그는 노정객으로서 죽지 않고 살아서 개혁주의 사상을 지휘하는 선봉장이 되었다. 실제로 카이퍼는 그가 죽는 순간까지 붓을 놓지 않았다. 그결과 신문의 논설이나 명상록 등은 다시 크고 작은 책으로 출판되었다. 그는 출판을 통해 잠자는 국민을 일깨우고 젊은이들에게 큰 꿈을 심어주었다. 그리고 그는 결국 종신 상원의원이 되었다. 카이퍼는 철저한 칼빈주의자이며 칼빈 이후 최대의 칼빈주의자로 불리면서 삶의 전 영역에 하나님의 주권을 부르짖었다.

그는 성경은 하나님을 알게 하고 구주이신 예수 그리스도를 믿음으로 의롭게 되는 것을 깨우치고 영원에 이르는 확실한 빛을 비추어줄 뿐 아니라, 인간의 삶의 모든 영역에 빛이 되고 길이 된다고 힘있게 증거했다. 그런 까닭에 구속함을 받은 그리스도인들의 삶은 모든 영역에 하나님의 주권을 인정하고 그 말씀 앞에 순종해야 한다고 했다. 그래서 그는 정치인으로서 이 땅에 하나님의 영광과 주권을 드러내며 거룩한 삶을 살았다. 그리할 때 하나님의 영광을 들어낼 수 있기 때문이다.

카이퍼의 정치적 열매

카이퍼의 일생은 신학자로서 또는 설교자로서의 삶을 살기도 했지만 정치가의 삶이었다. 사람을 평가할 때는 그 기준도 다르거니와 서로의 입장도 다르다. 카이퍼는 언제나 절대 추종자들이 있었는가 하면 절대 반대자들도 있었다. 그것은 아마도 그의 평생 주장했던 대로 중생자와 비중생자와의 대결, 인본주의자와 칼빈주의자와의 대결에서 보듯이 두 사이는 어쩔수 없는 대립(Antithesis)관계에 놓여 있다. 그러므로 그의 정치적 열매에 대한 평가도 결국 서로 다를 수밖에 없다. 어찌됐던 그는 19세기 말 인본주의와 계몽주의 사상과 대결해서 하나님 중심의 사상 곧 칼빈주의적 세계관으로 인생과 우주와 세계를 보게 하는 눈을 뜨게 해준 인물임에는 틀림없다.

그는 실로 정치가로서 화란의 반세기의 역사의 중심에 섰고 기독교적 정치가 무엇이며, 칼빈주의적 세계관이 무엇인지를 논리적으로 증명하고 몸으로 실천했다. 다행스럽게도 아브라함 카이퍼의 칼빈주의 사상과 정치적 이념은 그의 후계자인 콜라인 박사를 통해서 고스란히 전수 되었다. 그러므로 콜라인의 정치적 이념은 바로 카이퍼의 정치 사상의 요약이며 열매라고 할 수 있다.

그는 칼빈주의자로서 칼빈과 흐룬 반 프린스터와 카이퍼의 노선을 그대로 계승했다. 콜라인 박사의 정치 원리를 요약하면 다음과 같다.

첫째, 그는 하나님이 인간의 삶의 중심에 있어야 하고, 인간도 언제나 하나님의 면전(Coram Deo)에서 행함같이 거룩하게 살아야 한다는 칼빈주의적 관점을, 기독교 정치의 표준으로 삼았다. 이런 분명한 사상적 기반을 지니고 있었기 때문에 그는 불란서의 인본주의적인 사상과 하나님 없이 지상 왕국을 건설하려는 공산주의를 철저히 반대했다. 아울러 그는 이런 사상을 국가 경영에 도입했다. 국가를 움직이는 지배자와 국민 모두는 하나님을 주인으로 인정해야 하며, 통치자는 국가 운영의 공정성을 통해서 하나님께 영광을 돌려야 한다고 했다. 그가 말하는 공정성이란 투표에서 남녀의 차별이나 직업의 귀천이 없어야 한다는 것이다. 이러한 콜라인의 입장은 카이퍼의 사상을 그대로 옮겨 놓은 것이다.[41]

둘째, 그는 권력행사 방식에 있어서 민주주의 체제와 독재 체제 모두를 비판했다. 그는 민주주의가 좋지만 자유를 빌미삼아 통치자와 피통치자 사이의 역할을 혼동시킬 수 있다는 것이다. 주권재민(主權在民)이라는 구호로 민중들이 세력을 모아서 자기들의 이권을 위해서 불법 단체를 만들어 정부를 곤혹스럽게 만들고 정부 전복을 꾀하는 태도가 문제라는 것이다. 뿐만 아니라 그는 독재자의 파시즘과 같은 권력 집중체제도 반대했다. 왜냐하면 모든 사람은 각자 자신의 기능과 소명(召命)을 하나님께로부터 받았기 때문이다. 이와 같은 주장을 하게 된 이유는 권력의 본질적인 문제가 정치 형태에 놓여있는 것이 아니라 권력을 가진 정부와 하나님과의 관계에 놓여있기 때문이다. 그는 카이퍼와 동일하게 하나님 중심의 시각에서 정치 원리를 보고 있다.

셋째, 그는 권력의 집중보다는 권력의 분산을 주장했다. 즉 작은 공동체들과 지방자치 행정 구역으로 권력이 분산되어야 할 것을 주장했다. 뿐만 아니라 콜라인은 권력을 사용할 때 국가는 개인의 자유를 구속하지 않는 정도에서 제한되어야 한다고 했다. 반면 그는 복지 정책을 너무 잘하는 경우에는 국민들의 자생력을 약화시키는 오류를 범할 수도 있다고 주장했다. 바로 이러한 입장도 카이퍼가 집권할 때부터 반혁명당이 견지해온 일관된 사상이었다.

넷째, 그는 사회 보험제도를 권장했다. 노동자들을 위협하는 문제가 있다면 의무적으로 사회 보험제도를 만들어야 한다고 했다. 하지만 정부의 지원은 찬성하지만 증가보다는 점차 감소해야 한다고 했다. 왜냐하면 정부는 개인의 창의성을 약화시켜서는 안 된다고 생각했기 때문이다. 그러나 보험은 이런 창의성을 약화시키거나 파괴하지 않기 때문에 찬성한다고 했다.

다섯째, 그는 자유무역을 지지했다. 그것은 하나님의 섭리 가운데 각 지역마다 각기 다른 특별한 상품을 생산할 수 있다고 보았기 때문이다. 아울러 자유 무역을 통해서 나라간의 경제적 이익을 창출할 수 있다고 보았다. 반면에 보호 무역은 이런 목표를 방해하는 걸림돌이 될 수 있다고 했다. 그리고 자유 무역에 통용되는 일반적인 화폐 단위는 금 본위제를 도입하고자 했다. 하지만 금이 그 자체로 숭배의 대상이 되어서는 안 된다고 생각했다. 또한 그는 각 민족 간의 역사와 문화의 차이점을 인정했기에 세계 정부를 만드는 것보다 민족주의를 지지했다. 그러나 각 민족은 우호적인 성격을 지녀야 한다고 주장했다. 왜냐하면 각 민족마다 하나님으로부터 받은바 사명이 있고 도덕적 의무를 지니고 있기 때문이다. 그러므로 콜라인 박사는 국제 연맹을 지지하였다.

카이퍼의 정치적 후계자인 콜라인 수상의 정책기조와 정당정책의 목표와 방향은 바로 카이퍼의 칼빈주의적 정치관에 기초한 것이며 그의 열매라고 할 수 있다. 카이퍼를 따라서 칼빈주의 정치가가 된 그는 광대한 조직체인 국가나 그것을 운영하는 정치체제도 결국 하나님의 주권이 미치는 영역임을 주장하였다. 그리고 하나님이 주(主) 되심을 선언하고 그분의 통치에 순응하고자 한다면 그리스도인은 이러한 국가 경영과 국가의 정치 활동에 적극 참여해야 한다고 했다. 이는 두 말 할 필요 없이 스승인 카이퍼의 사상을 그대로 수용한 결과라고 할 수 있다.

기독교 정치가 카이퍼의 평가

1988년 10월 17-28일에 한국 칼빈주의 연구원이 주최해서 세계 최초로 '아브라함 카이퍼 박사 자료 전시회'가 한국 100주년 기념관에서 열렸다. 그리고 그로부터 10년 후인 1997년 10월 31일에 종교 개혁 480주년을 맞이해서, 화란 암스텔담 쁘라야 대학교 정치학 교수인 얀 더 브라인(J, De Bruijn)박사를[42] 초청하여 '기독교와 정치개혁 아브라함 카이퍼(A.Kuyper)의 칼빈주의적 정치 모델을 중심으로' 라는 특별 강연을 가졌다. 이런 일련(一連)의의 이벤트들이 기독교 정치 또는 카이퍼의 칼빈주의 정치에 대한 관심을 일으키는데 일조를 했다. 카이퍼는 1세기 전에 활동했던 화란의 신학자이자 교회의 지도자 그리고 기독교 정치가였다. 그의 사상과 삶 그리고 정치적 활동을 앞에서 언급했지만, 이제 그가 남긴 것은 무엇이며 그의 영향은 어떠했으며, 과연 21세기도 그의 사상은 시대의 적실성을 제공해 주는지 잠시 생각해 보고자 한다.

카이퍼는 천재적인 학자요 열 개의 머리와 백 개의 손을 가졌다는 별명을 들을 정도로 유능한 지도자였다. 뿐만 아니라 일 중독자라고 할 만큼 일생동안 의욕적으로 넘치는 에너지로 일했던 일꾼이었다. 우리 모두는 그의 흉내를 낼수는 없을지라도 그가 일구어 놓은 칼빈주의적 정치 유산을 취사선택해서 활용한다면 한국 교회와 사회 그리고 나라의 발전에 큰 기여를 할 수 있을 것이다.

기독교 정치가로서 활동한 카이퍼의 업적에 대하여는 서로 상반된 평가가 있다. 한편으로는 요한 칼빈 이후 하나님의 영광과 주권을 삶의 전 영역에 접목시킨 기독교 정치가요 실천적 정치가로 위대하게 평가한다. 카이퍼는 천재적인 학자요 설교가요 연설가로서 대중을 움직이는 탁월한 카리스마와 해박한 신학적 성경적 논리를 전개함으로써 대중들을 사로잡았다. 또 저널리스트로서의 그의 삶이 상승 작용을 해서 기독교 정치의 승리적 모델을 보였다고 평가한다. 사실 그는 당시 인본주의, 계몽주의 사상으로 말미암아 국가 권력 지상주의로 인권이 실종되고 민주화가 이루어지지 않는 때에 혜성처럼 나타나 하나님 중심의 세계관으로 정치와 세상을 보게 하는 눈을 뜨게 했다. 그러나 카이퍼의 정치에 대해서 좌파들이나 사회주의자들은 그의 이러한 활동에 대하여 악평하며 상당한 거부감을 갖고 있었다. 또 카이퍼의 정치노선을 지지하는 사람 중에도, 그의 정치를 낙관주의니 혹은 낭만주의자니 하면서 평가절하기도 했다.

어찌됐던 지난 1세기 동안 카이퍼는 화란은 말할 것도 없고 미국 등에서도 엄청난 영향을 끼친 것은 사실이다. 그는 기독교 정치의 이론과 실제를 몸으로 체득하면서 하나님의 뜻을 실천한 탁월한 정치가였다. 그리고 그는 많은 열매를 맺었다. 국가를 안정시키고 새로운 가치관을 만들어내고 나라의 주권을 세웠다. 카이퍼는 옛날 칼빈의 신학과 신앙에 기초하면서도 그는 항상 미래 지향적이며, 적극적이며, 창조적이었다. 카이퍼의 정치적 영성(Political Spirituality)은 하나님의 말씀과 성령 그리고 예수 그리스도의 주(主)되신 왕권과 하나님이 만유와 만사의 창조주와 구속주와 심판주가 되신다는 확고한 터 위에 서 있었다.

카이퍼가 이와 같이 기독교적 정치에 소명을 가지고 사활을 걸고 의정 단상에서 활동하고 반혁명당의 당수와 수상으로, 활약한 것은 그만한 이유가 있었다. 과거를 돌이켜보면 화란은 처음부터 칼빈주의 신학과 신앙을 가진 나라였다. 16세기와 17세기 동안 화란의 칼빈주의적 사상은 정치, 경제, 사회, 과학, 예술 분야에까지 크게 발전해 나갔다. 그러나 18세기와 19세기로 들어오면서 계몽주의 합리주의 사상이 불란서와 독일 등지에서 밀려오면서 서서히 빛이 바래기 시작했다. 그러한 환경에서 빌더다익(W. Bilderdijk)과 다코스타(Issac da Costa)같은 이들이 칼빈주의 사상의 회복을 생각했고, 그것이 흐룬 반 프린스터(Groen Van Prinsterer)를 통하여 아브라함 카이퍼에게 접목된다. 카이퍼는 잠자는 교회와 민중을 깨우고 교회와 국가에 희망의 메시지를 던졌다. 여기에 바로 카이퍼의 공로가 있다. 그는 칼빈주의적 국가 발전에 강력한 동력을 부여했을 뿐 아니라, 이원론자들이 포기했던 정치와 사회 전분야가 하나님의 주권 아래 있다는 사실을 일깨워 주었다. 그러므로 우리는 삶의 전 영역이 하나님이 통치하시는 거룩한 나라가 되도록 노력해야 한다. 이것이 우리의 소명이라고 할 수 있다. 카이퍼는 칼빈과 라스코(John a Lasco) 그리고 후기 종교 개혁자 부티우스(Voetius)와 기타 종교 개혁자들의 사상을 섭렵한 후 잃어버렸던 개혁 신앙의 전통을 복원하고 미래를 바라보며 그것을 독창적으로 발전시켰다. 그는 삶의 목표는 하나님의 말씀을 통해서 교회만 개혁하는 것이 아니라 국가와 사회 전체를 개혁하는 것이었다. 그래서 당대의 불신 풍조와 혁명사상을 정복해 나갔다.

그는 혁명 대신에 복음을, 사람을 섬기는 것보다 하나님을 섬기는 것을 강조하고, 휴머니즘의 신조 대신에 하나님의 말씀의 신조를 모든 것 위에 두었다. 그는 그 옛날 칼빈이 행했던 것같이 하나님의 종으로서의 권한을 활용하고 모든 행정관의 정의와 의무에 이러한 말씀의 기초를 두었다. 하나님의 말씀에 근거하여 모든 인간의 자유를 허용했다. 카이퍼는 진실한 믿음이 중요하기 때문에 무력으로 국민을 강요하는 따위의 행정관을 신임하지 않았다. 그는 삶의 전분야에 하나님의 뜻이 실현되도록 해야 한다고 주장했다. 이것이 그의 사상의 출발점이다. 그는 국가 뿐 아니라 가족, 산업, 학교, 과학과 예술에도 하나님 중심의 세계관이 필요하다고 역설했다. 카이퍼의 정치적 삶을 평가한다면, 그를 칼빈주의적 실천적 정치가로 보는 것이 옳을 것이다.

또한 정치가로서의 카이퍼는 자유의 대변자였다. 카이퍼에게 있어서 자유란 각 시민, 가정의 모든 가장, 연구회와 공장의 책임자, 과학적 노력에 관해서는 행정관의 소명에 따라 자유롭게 하도록 허용해야 한다고 했다. 말씀과 신앙고백 위에서 일하는 사람들에게 정부도 교회도 자유를 제한해서는 안 된다는 것이다. 그는 과학적 연구와 대학의 현장 교육 분야에서도 자유를 허용하고 옹호했다. 국가가 독점적으로 학문의 자유를 간섭할 수 없다는 것이 그의 지론이었다. 카이퍼는 또한 노동과 산업분야에서도 자유의 대변자였다. 노동을 단순히 상품으로 보는 것은 참된 자유가 아니며, 이것은 노예제도보다 더 열등하고 진부한 것이라고 했다. 또한 카이퍼의 정치적 핵심은 양심의 자유를 허용하는 것이었다. 이것은 1898년 프린스턴의 스톤강의에서 그가 칼빈주의와 정치에 대해서 말한 것과 일치한다. 그는 "불란서 혁명에서, 소수의 크리스챤들에게 허용한 시민의 자유는 그 자신의 죄의 자각과 그 자신의 마음으로 모든 사람이 하나님을 섬길 수 있도록 한 것이 칼빈주의적 양심의 자유이다."[43] 라고 했다.

카이퍼의 정치적 이상은 궁극적으로는 '오직 하나님께 영광'(Soli Deo Gloria)을 돌려드리는 것이었다. 이것은 카이퍼의 삶의 목표이자 꿈이었다. 이런 꿈이 있었기에 그는 뛰어난 지성과 인격을 가지고 한평생 주의 나라와 그의 영광을 위해서 일할 수 있었다. 앞서 언급했듯이 이런 카이퍼의 정치적 목표는 화란뿐 아니라 미국에도 커다란 영향을 끼쳤다. 미국은 '교회와 국가와의 분리' 라는 기초적 원리를 가지고 있었다. 그리고 장로교는 때때로 '정치와 종교의 혼합'을 반대해 왔다. 또한 '교회가 정치에 손을 대는 것'도 반대했다. 교회와 국가의 분리 원리가 미국 장로교회의 바른 선택으로 좋게 보이는 것이 사실일지라도, 칼빈주의는 첫 장에서부터 하나님이 삶의 모든 영역에 주권을 가지신 분이라는 것과 인간이 최고 통치권을 갖고 있지 않다는 것이 전제되어야 한다.

칼빈이 '민주주의의 아버지' 라 불리웠고 그가 활동했던 스위스는 '민주주의의 요람' 이라고 불리었다. 또 칼빈이 살았던 제네바는 동맹 국가들의 중심부였고 세계 도처에서 민주주의로 대표되어 주목받기도 하였다. 물론 민주주의란 용어는 정치적인 것을 나타낸다. 그러나 기본적으로는 정부의 형태보다 도덕적인 법과 예수 그리스도가 인간 삶의 유일한 신성한 통치자라 믿을 때, 그리고 하나님의 주권이 인간의 주권보다 앞설 때 참된 민주주의가 이루어진다. 이렇게 볼 때 민주주의를 보존하고 발전시키는데 강력한 영향력을 행사한 이들은 칼빈주의자였다. 그래서 카이퍼의 기독교 정치의 원리 또는 반혁명당이 내세운 정당정책은 오늘날 우리들에게도 큰 귀감이 된다고 할 수 있다.[44]

결론적으로 정치가로서 그를 평가하면 칼빈의 신학을 보다 구체적 삶의 현장으로 끌고 와서 대중화하고 실제화함으로써 하나님께 영광을 돌린 위대한 정치가였다. 그러므로 랑글레이(M.R.Langley)의 지적처럼 "카이퍼 자신의 정치적 성향은 모든 유형의 인본주의 즉 보수주의, 자유주의, 중도주의, 맑스주의, 전체주의 사이에서 제 삼의 길을 도출하기 위해서 노력한 프로테스탄트적 기독교 민주주의자였다."[45] 고 평가한 말은 부분적으로 옳다고 본다. 그러나 필자는 이 장을 마치면서 카이퍼는 일생동안 하나님의 영광과 주권을 세우고 그리스도의 왕권을 세우기 위하여 삶의 전 영역에 불꽃처럼 타오르며 일한 위대한 칼빈주의자였을 뿐 아니라 성경중심의 복음주의자였으며, 탁월한 칼빈주의적 정치가였다고 평가한다.

하원의원 당시의 카이퍼 박사

다양한 저술가 카이퍼

　카이퍼 박사는 위대한 저술가였다. 그는 50여 년 동안 한 번도 붓을 놓지 않고 끊임없이 책을 쏟아냈다. 그가 쓴 크고 작은 책들을 합하면 233권이다. 이는 작은 도서관이 될 정도로 많은 책을 썼다. 카이퍼의 책 중에는 신학적이고 학문적인 책도 있지만 정치, 사상, 성경연구, 명상록, 설교, 연설집, 역사 전기 등 실로 다양하다.
　뿐만 아니라 이런 책들은 그때그때마다 역사의 현장에서 꼭 필요한 메시지를 줄기차게 쏟아낸 결과물이었다. 특히 'De Heraut' 지에 쓴 성구 명상록, 에세이 그리고 'De Standaard' 지에 실린 무게 있는 논설 등이 많았다. 이런 글들은 소책자로 출판되었다가 다시 큰 책자로 편집되어 나오곤 했다. 그는 위대한 설교가요 청중들을 움직이는 명연설가였지만 동시에 끊임없이 글을 써서 민중을 교육하면서, 잠자는 교회를 깨우고 자유주의 신학을 비판했다. 그의 책들은 한번 출판됨으로 끝나는 것이 아니었고 오랫동안 판을 거듭해 출간되었다. 심지어 어떤 책들은 출판되기도 전에 예약 주문으로 다 팔린 경우도 있었다. 이 시간 필자는 카이퍼의 책 233권을 모두 다 소개할 수는 없고 그 중에 중요한 몇 권을 소개하고자 한다.
　우선 저술가로서 카이퍼와 그의 저술에 관한 것을 말할 때, 룰만

(J.C.Rullmann)을 빼놓을 수 없다.¹ 그는 카이퍼의 모든 책들을 수집 정리하고 그 배경과 의미를 부여한 학자로서 화란어를 읽을 수 있는 사람에게 카이퍼 박사의 저술에 대해서 길잡이 역할을 하는 중요한 사람이다. 그는 카이퍼 박사의 서책을 정리하고 당대인들의 평가와 인용, 논평을 다룬 3권의 방대한 책을 출간했다. 이것은 카이퍼의 전집에 관한 서평(Book Review)이라고 볼 수 있다. 우리는 카이퍼의 책이 영구판으로 출판된 것 신문 파일에 숨겨진 작은 논설까지도 이 책에서 볼 수 있기에 카이퍼 연구에 귀중한 자료로 활용할 수 있다.

카이퍼 박사는 주로 화란어로만 글을 썼다. 그 책 중에 불과 몇 권만이 영어로 번역되었음으로 영역된 책들의 가치는 대단하다.² 그리고 미국의 여러 잡지들에서도 카이퍼의 글들이 영문으로 번역되기도 했다.

카이퍼의 박사 학위논문집

카이퍼는 그의 나이 23세 때 흐로닝헌 대학이 주최하는 학생논문 모집에 응해서 금상을 수상한 바 있다. 그때 그는 폴란드의 종교 개혁자 존 라스코를 연구해서 학계에 커다란 주목을 받았다. 이는 일찍이 칼빈이 23세 때 "세네카의 관용론"이란 논문을 써서 학계에 크게 주목을 받은 것과 비교할 만하다. 그로부터 2년 후인 1862년 카이퍼는 라이덴 대학으로부터 『요한 칼빈과 요한 라스코의 교회관에 대한 역사적 신학적 연구』(Disguisitio historico-theologica, exhibens Johannis Calvini et Johannis a Lasco de Ecclesia Sententiarum inter Se Compositionem…)로 신학 박사 (Dr.Theol) 학위를 받았다. 논문은 즉각 책으로 출판되었는데, 이는 2년전 흐로닝헌 대학에서 쓴 논문을 확대하고 새로 고쳐 쓴 것이다. 이 논문 때문에 그는 칼빈과 종교 개혁자들의 사상에 심취했고 종교 개혁사 특히 교회사와 교의 신학을 주로 많이 공부하였다. 그러나 카이퍼는 이런 칼빈의 사상을 더욱 확대하여 재생산함으로써 칼빈주의적 세계관을 널리 증거하였다. 그 결과 그는 참된 개혁교회의 모습으로 돌아가기 위해 투쟁한 선각자가 되었다. 물론 그의 박사 학위 지도는 스콜텐(Schoten) 교수였다. 하지만 그는 칼빈 연구를 통해서 16세기의 칼빈을 멘토로 삼게 되었다. 특히 그의 책 중에 강조한 것은 하나님은 영이시고, 그는 거룩함으로, 하나님은 거룩한 영 곧 성령이라 했다. 그리고 성령은 한 인격이라고 (De Heilige Geest is een Person)이라고 힘주어 말했다. 그로부터 4년 후인 1866년에 라스코의 전집이 출판되었을 때, 29세의 젊은 학자인 카이퍼는 『라스코의 생애와 사상』이라는 논제로 121페이지의 라틴어 서문을 썼다. 그래서 그는 당대에 칼빈과 라스코에 관한 한 최고, 최대의 학자라는 평을 얻었다.

카이퍼의 신학 저서들

카이퍼는 개혁주의 신학자이다. 그는 칼빈을 모델로 해서 학문의 발전을 추구했다. 하지만 그는 칼빈의 신학에만 안주하지 않고 신학의 대중화를 꾀하였다. 그는 신학은 목회자들이나 신학생들만 전유하는 것으로 끝나기를 원치 않았다. 그래서 평신도도 이해할 수 있도록 쉽게 썼다. 개혁주의에 대한 카이퍼의 신학 작품 가운데 책을 쓰기 위한 것도 있지만 강연을 위해서 또는 'De Heraut' 지에서 연속 시리즈로 게제되었던 것을 모아서 책으로 낸 경우가 많다.

① **영영주권사상**(Souvereiniteit in eigen Kring). 이 책은 1880년 뿌라야 대학교 설립 겸 총장 취임예배 때 행한 강연을 책으로 만든 것이다. 카이퍼는 이 책에서 하나님의 주권은 삶의 전 영역에 미치지 아니한 곳이 없다고 선언했다. 이 소책자는 카이퍼의 신학 특히 칼빈주의 사상을 이해하는데 유용한 도구이다. 1880년 10월 20일 카이퍼가 시무하는

암스텔담 새 교회(실은 중앙교회란 말이 더 좋을 듯하다)에서 내외 귀빈, 교육학자 정치가들 앞에서 행한 강연은 특별했다. 그는 이 강연에서 학문에는 두 가지가 있는데 하나는 하나님을 중심한 학문 곧 중생자의 학문이 있고, 다른 하나는 중생하지 못한 자가 하는 학문이 있다고 했다. 그러므로 국가나 교회가 학문을 간섭해서는 안 되고 참된 학문은 늘 하나님과 성경 말씀에 따라서 자유롭게 연구해야 할 것을 천명했다.

② **성령의 사역**(Het Werk van den Heiligen Geest 1888). 이 책은 성령의 신학자 칼빈의 성령론 이후에 나온 가장 큰 대작이다. 물론 17세기에 영국의 존 오웬(John Owen)이 성령론을 쓰기는 했지만 19세기 자유주의자들이 신학을 좌지우지하고 있을 때 카이퍼는 창조, 구속, 성화의 전 과정에서 성령의 사역이 얼마나 중요한가를 이책을 통해서 밝혀주고 있다. 그는 성령의 사역이 없이는 아무것도 할 수 없음을 밝혔다. 이 책은 900여 페이지에 달하는 대작이다. 물론 1883년 9월 2일부터 1886년 7월 4일까지 De Herart지에 논설로 연재되었던 것을 취합해서 출판하기는 했지만 성경 구절을 해설 또는 명상하는 형식으로 쉽게 글을 써가고 있다.

카이퍼의 가장 값진 이 저서는 개혁교회에서 이루어진 성령의 사역을 다루었다. 프린스톤 신학교의 워필드(B.B.Warfield) 박사는 이 책을 평가하기를 16세기 칼빈이 성령론을 쓴 이후 화란 신학자로서 성령의 사역을 통일되고 채계적으로 설명해서 제시한 최초의 역작으로서 독자들에게 전체 주제에 대한 포괄적인 관점을 제공한다고 했다.

이 책은 영어로도 번역되었고 수십 년 전에 한국어로도 번역된 바 있다. 카이퍼는 칼빈의 입장을 따르면서 개혁주의 성령론을 세웠다. 카이퍼는 '일반은총의 신학자' 라고 할수 있지만 차라리 '성령의 신학자' 라고 평가하는 것이 더 좋을 듯하다.

③ **칼빈의 기독교 강요에 대한 해설 서문.** 이 책은 1650년에 화란어로 번역된 칼빈의 기독교 강요를 1889년에 다시 재번역한 책이다. 카이퍼 박사는 이 책을 통해서 칼빈의 기독교 강요에 대한 해설을 길게 썼다. 이는 카이퍼 자신의 책은 아니지만 당대에 화란 최고의 칼빈 학자가 카이퍼라는 것을 의미한다. 이 서문에는 칼빈의 기독교 강요의 의미와 기독교 강요 출판을 역사적으로 잘 정리되어 있다.

④ **신학백과 사전학**(Encyclopaedie der Heilige Godgeleerdheid, 1894). 이 책은 카이퍼의 저작 가운데 가장 학문적인 책이다. 이 책은 1893-1894 사이에 전 III권으로 출판되었다. 카이퍼는 이 책을 통해 신학서설과 신학원리(De principium Theologiae)를 제시하고 신학 각 과목의 연계와 조화를 다루고 있다. 그는 개혁주의 신학의 근거가 바로 하나님의 말씀을 밝혔다. 신학백과 사전학 즉 신학의 조직, 범위, 분석을 통해서 그는 학문으로서의 신학의 의미를 정확히 알도록 했다. 이러한 접근은 아브라함 카이퍼의 아주 독특한 신학전개라고 할 수 있다. 신학백과는 신학의 본질을 규명하고, 전체 학문의 체계 속에서 그 학문의 위치를 설정한다. 여러 분야로 구성된 신학을 유기적인 전체를 설명하려고 했다. 카이퍼는 신학을 학문적으로 평가한 후에 재구성했다. 1권은 서론이고, 2권은 원론이며, 3권은 각론이다.

⑤ **칼빈주의**(Calvinisme, 1899). 이 책은 화란어와 영어로 동시에 출판되었다. 1898년 프린스톤 신학교의 워필드(B.B. Warfield) 박사의 초청으로 스톤강좌를 했다. 이 강연에서 칼빈주의란 무엇이며, 칼빈주의와 종교, 정치, 과학, 예술 등을 논하고 세계관으로서의 칼빈주의를 힘 있게 외쳤다. 이는 카이퍼의 이른바 신칼빈주의(Neo-Calvinis m)를 제창한 책으로서 높이 평가할 수 있다. 그는 일찍이 칼빈이 말했던 일반은총

론을 보다 자세하게 확대해서 삶의 모든 영역에 적용하려고 했다. 이 책은 전 세계에 가장 잘 알려진 카이퍼의 대표작이다.

⑥ **일반은총론**(De Gemeene Gratie, I -Ⅲ,1902-1904). 이 책은 신학계에서 가장 주목받은 책이다. 그의 일반은총론은 'De Heraut' 지에 연속 기획으로 기고했던 것인데, 전 Ⅲ권으로 된 방대한 저서이다. 여기서 특이한점은 카이퍼 자신이 화란어의 은혜(Genade) 대신에 일반 은혜를 Gratie로 사용한 점이다. 이 두 말의 구분은 어렵지 않다. 그에 의하면 예수 그리스도의 피공로로 믿음으로 구원하는 것이 특별은총(Paticular Genade)이라면 일반은총은 이 세상의 피조물 속에 보여주시는 하나님의 일반적인 은총 곧 호의(Favour)라는 것이다. 카이퍼는 특별은총을 강조했으나, 다른 방면으로 일반은총도 강조했다. 즉 정치, 경제, 사회, 문화, 영역에도 하나님의 주권은 미친다고 했다. 그러나 이 책으로 인한 논쟁도 적지 않았다. 카이퍼는 일반은총은 그리스도의 구원의 은총과는 분명히 구분되기에 본질상 서로 다르다고 했다. 그것은 인간을 죄에서 구원하며 영생에 이르게 할 수가 없다. 하나님은 모든 개인, 인류와 우주에 창조주로서 일반은총을 주신다. 특히 그는 일반은총을 통해 하나님께서는 타락한 인간의 죄악을 억제하신다고 했다.

⑦ **교의학 강의 모음**(Dictaten Dogmatiek, Collegedictaten door Studenten Saamgesteld 1910). 이 책은 카이퍼의 미완성 교의학 책이다. 그는 교의학을 완성하지는 못했다. 그러나 그의 교의학 강의를 필기한 학생들의 원고와 카이퍼 자신의 강의록을 모아서 전 Ⅴ권의 방대한 책을 출판했다. 그는 교의학을 역사적이고 해석학적으로 다루어 개혁주의적인 교의학을 전개했다. 그의 교의학의 완성품이 되지 못하고 미완성품이 되었지만, 그의 동역자 헬만 바빙크 박사에 의해서 개혁주의 교의학

(Gereformeerde Dogmatiek)은 결국 완성되었다.

⑧ **그리스도의 왕권을 위해서**(Pro Rege of het Konirgschap van Christus, 1911-1912). 이 책은 전 Ⅲ권으로 된 카이퍼의 대표적 저서이다. 일반은총과 더불어 카이퍼의 신칼빈주의 사상을 극명하게 보여주는 책이다.

이 책도 'De Heraut' 지에 1907년 1월 6일부터 1911년 1월 8일까지 연재 되었던 글을 모은 것이다. 주된 논점은 그리스도의 왕권이 온 우주, 온 세상에 미치지 않은 곳이 없다는 것이다. 그런 까닭에 삶의 전 영역에 그리스드의 왕권을 높이고 그에게 순종하는 삶이 나타나야 한다. 그리스도의 왕권은 교회만 역사하는 것이 아니라 정치, 경제, 사회, 문화, 교육, 예술 등 모든 영역을 주장한다. 그의 모든 책들은 신문의 글을 통해서 일반 대중들이 충분히 이해할 수 있도록 한 후에 다시 책으로 출간되었다. 그러므로 카이퍼는 대중적 신학자라고 해도 좋을 듯하다. 그는 이 책에서 세속주의가 예수의 왕권을 말살해 버렸다고 비판했다. 이에 반작용으로 어떤 그리스도인들은 신비주의적으로 가거나 고립주의를 택하게 된다. 그러나 그리스도의 왕권은 영적인 영역은 말할 것도 없고 인간의 삶의 전 영역에 미치기 때문에 그리스도인들은 세상을 등지고 도피하여 사는 삶을 거부해야 한다. 오히려 세상의 빛과 소금이 되어야 한다.

⑨ **우리들의 예배**(Onze Eeredienst, 1911). 이 책은 'De Heraut' 지에 1897년부터 1901년 사이에 썼던 글들을 모은 것이다. 카이퍼는 목사로서 또는 설교자로서 판단할 때 교회의 개혁은 예배의 개혁에 있다고 보았다. 그래서 그는 개혁주의적인 관점에서 예배 전반에 걸친 이론과 실제를 제시하고 있다. 오늘로 말하면 실천신학 원강이라고 해도 좋을 것이다. 특히 설교, 예배, 목회 전반에 대해서 개혁주의적인 대안

을 제시하고 있다. 그는 뿌라야 대학에서 여러 과목을 가르쳤지만 설교학 및 실천신학도 가르쳤다.

⑩ **돌트신경, 하이델베르크 교리문답 해설**(E. Voto Dordraceno, Toelichting op Den Heidelbergschen Catechismus 4 Deels, 1892-1895). 이 책은 카이퍼가 쓴 또 다른 대작 가운데 하나이다. 1886년 9월 26일부터 'De Heraut' 지에 "우리들의 교리문답"이란 주제로 연재한 것을 책으로 출간한 것이다. 화란 개혁교회는 벨직 신앙고백서(1561)와 하이델베르크 교리문답(1563) 그리고 돌트 신경(1619)을 채용하고 그것을 교회에서 철저히 교육하는 것을 원칙으로 하는 귀중한 전통을 가지고 있었다. 그는 개혁주의 신학을 수립함에 있어서 이런 신앙고백과 교리문답을 다시 해설하는 것은 큰 의미가 있다고 보았다. 이 책은 우리말로 직역하면, 『돌트총회의 소원을 따라』이다. 그 스스로는 이 책을 가리켜 하이델베르크 신조의 해설서라고 했으나 실제로 이 책은 카이퍼의 탁월한 걸작이어서 개혁교회 목사가 신조 설교를 할 때는 반드시 이 책을 사용했다. 결국 카이퍼 신학의 핵심은 돌트의 정신으로 돌아가는 것이다.

기독교 정치에 관한 저서들

카이퍼는 평생을 기독교 정치가로 살았다. 그러므로 그는 일간지 'De Standaard' 지를 통해서 매일 같이 논설을 쏟아내면서 반혁당의 진로를 제시하고, 지지자들을 독려하고 힘을 모았다. 많은 논설과 소책자들이 있지만 두드러진 기독교 정치 교과서로는 두 권을 말할 수 있다.

① **우리들의 계획**(Ons Program Met Bijlagan 1878). 이 책은 반혁명당의 총재로서 국가 경영과 당의 원리를 제시한 책이다. 인류 역사에 카이

퍼처럼 확실하게 정당의 꿈과 비전을 방대한 책으로 낸 일은 없다. 여기서 카이퍼는 ARP정당의 기초원리는 하나님의 말씀인 성경이라고 확고히 밝혔다. 성경의 원리에 따라서, 그리스도의 왕권을 수립하고 순종하는 것이 정당의 목표라는 것이다. ARP 정당의 당수인 그는 일반적인 정당의 당수와는 달리 철저히 하나님 중심, 성경 중심으로 살아가는 국민이 되도록 만드는 것이 그의 임무라고 생각했다. 카이퍼는 37세에 최연소 하원의원이 된 후 83세를 일기로 임종하기까지 기독교 정치의 최전방에 서 있으면서 논리적인 대안을 제시하고 정책을 개발했다.

② **반혁명 정치학**(Antirevolution Staatkunde, met Nadere Toelichting op Ons Program, Eerste deel; De Beginsel, Tweede deel, De Toepassing, 1916,1917). 이 책은 그의 생애의 황혼기에 집필한 책으로서 ARP정당의 정책을 자세히 해석한 것이다. 1권은 반혁명 정치학 원리를 다루고 있고, 제2권은 그 원리를 어떻게 적용할 것인가를 다루고 있다. 이 책을 통해 그는 예수 그리스도는 우리의 모든 삶의 영역에 주인이 되심으로 그 주님의 주권에 순종하고 하나님의 말씀의 원리를 따라서 정치할 것을 강조한다. 그는 이미 15년 전에 수상의 일을 했고, 이제는 후학들에게 반혁명의 정치학의 원리를 계승해야 하겠다는 취지하에 이 책을 썼다. 또한 1904년에 출판된 기독교 정치학(Christelijk Politiek)도 작은 책이지만 카이퍼의 정치사상을 이해하는데 많은 도움을 준다.

성경 명상(묵상)을 위한 저서들

카이퍼는 신학자이자 목사였음으로 그는 매 주일 'De Heraut' 지에 성경명상 자료를 쏟아 놓았다. 이 자료들은 설교가 되고 논설이 되고 그리고 책이 되어 나왔다. 어떤 이는 카이퍼가 일반은총을 전개함에 있어서 성경적인 증거가 약하다고 한다. 그러나 그는 성경을 구체적인 삶의 현장에 적용하려고 부단히 노력한 사람이다. 그가 성경 명상 자료를 바탕으로 쓴 것만 2000편이 넘는다. 그러므로 카이퍼는 말씀의 사람이라고 할 수 있다. 그의 명상 자료는 많은 책으로 나왔지만 **『말씀으로부터』**(Uit het woord)의 시리즈 성경연구가 1872년부터 1886년까지 10년 동안 6권으로 출판되었다. 그리고 **『복음과 함께 하루를』** (Dagen van Goede boodschap)이란 연재물이 4권으로 출간되었다. 본래 이 시리즈의 제목을 카이퍼가 열왕기하 7:9 "오늘은 아름다운 소식이 있는 날"에 근거하여 지었다. 이런 주제 아래 고난절, 부활절, 송구영신, 성탄절, 감사절 등에 맞추어서 'De Heraut' 지에 부지런히 썼던 원고를 책으로 만들었다. 또 이런 명상자료들이 모아져서 **『성경의 부인열전』**(Vrouwen uit de Heilige Schrift, 1897)등이 출판되었다. 후에는 『신약의 부인열전』, 『구약의 부인열전』으로 나누어서 출판되기도 했다. 그의 저술 범위는 실로 다양했지만, 주로 목회자들의 설교에 유익한 자료를 제공하고 성도를 깨우는데 목적을 두었다.

특히 카이퍼의 성경 명상 자료 가운데 가장 유명한 책은 **『하나님께 가까이』**(Nabij God te Zijn, 1908)이다. 시편 73:28 "하나님께 가까이 함이 내게 복이라"라는 말씀을 주제로 해서 쓴 이 성경명상 자료는 영어와 한국어로도 번역되었다. 이 책에서 우리는 그의 하나님 중심의 세계관을 볼 수 있다. 그리고 이 책은 인생과 세계에 대한 눈을 뜨게 할 뿐 아니라 오늘날 우리가 경험하는 문제에 대한 성경적인 해답을 제공해 준다. 아마 이것은 카이퍼의 성경 명상 자료 중에 가장 대표적인 저서라고 할 수 있을 것이다. 이 책은 토마스 아 캠피스의 『그리스도를 본받아』라는 작품과 맞먹는 경건서적이다.

교회 개혁을 위한 저서들

아브라함 카이퍼의 생애동안 가장 큰 관심사는 교회의 개혁이었다. 왜냐하면 화란 국가교회인 갱신교회(Hervormed Kerk)가 계몽주의 인본주의 사상을 받아들이고 국립대학의 신학부에 자유주의 신학을 허용함으로써 교회를 무너뜨리고 세속화 하려고 했기 때문이다. 과거 돌트 총회에서 채용했던 돌트 신경을 무력화시키고 있을 때 그는 다시 한 번 16세기 칼빈의 신학을 회복하여 교회를 지키고자 했다. 뿐만 아니라 다원화된 세상에서 교회가 세상을 향한 의무와 책임을 어떻게 수행할 것인지를 가르치면서 몸소 실천했다. 교회 개혁에 대한 카이퍼의 저서들은 그때그때의 상황에 반응하면서 내어놓은 소책자들이 대부분이다. 예를 들면 『하나님의 성육신, 교회의 삶의 원리』(De Menschwording Gods Het Levenbeginsel Der Kerk, 1867)는 카이퍼의 목회 초년에 발표한 소책자이다. 이 소책자를 전후해서 『우트레흐트 교회 시찰』(Kerkvisitatie te Utrecht 1868), 『갱신교회의 예배, 예배의 구조』(De Eeredienst Der Hervormde Kerk en De Samenstelling Van Haar Kerkboek, 1869)가 출간되었고, 그가 우트레흐트를 떠나 암스텔담 교회로 가면서 강연한 『보수주의와 정통주의』(Conservatisme en Orthodoxie, 1870)가 소책자로 발행되었다. 이때 보수주의란 말은 오늘날 한국에서 쓰는 좋은 말이 아니었다. 화란 갱신교회가 자유주의 신앙 노선을 받아들이면서 전혀 자기 변화를 할줄 모르고 기득권을 사수하려는 것을 보수주의라 칭했다. 이에 반해서 16세기 요한 칼빈의 신학과 신앙을 지키고 돌트 규정을 지켜 나가려는 사람들을 정통주의로 분류했다. 그 외에도 『교회 개혁을 위한 소책자』(Tractaat van de Reformatie der Kerk, 1886)는 루터의 종교 개혁의 뜻을 설명하고 오늘날 교회가 걸어가야 할 이정표를 제시했다. 또한 그는 화란 개혁교회(Gereformeerde Kerk van Nedesland)를 창설한 후 그동안 겪었던 고통과 슬픔을 1890년에 『Separatie en Doleantie』 즉 『분열과 슬픔』이란 제목으로 책을 출판했다. 그리고 카이퍼의 소책자 중에는 **『확신컨대』** (Confidentie, 1873)라는 책이 있다. 이 책에서 카이퍼는 교회개혁의문제에 관하여 확고한 의지를 표명했다. 그는 목회 생활과 신문의 편집장의 경험을 살려 세 부분으로 나누어 확신의 메시지를 전했다.

첫째, 카이퍼는 자서전을 쓰지 않았지만, 그가 교회 문제에 관심을 갖게 된 것은 종교 개혁자 라스코를 연구하고, 『레드클립가의 상속인』 (the Her of Redclyffe)을 읽고, 베이스트 교회에서 개혁주의 성도들과 만남을 통해서 생기게 되었다고 했다. 둘째, 이 책에서 개인, 가족, 교회 중 교회가 먼저 변화되어야 할 것을 요구했다. 셋째, 카이퍼는 자신이 생각하는 이상적인 교회상을 제시했다. 국가교회는 개혁주의적, 민주주의적, 자율적, 그리고 자립적이어야 한다고 했다. 특히 교회를 위해서는 반드시 세 가지 균형 잡힌 목회가 있어야 한다고 주장했다. 즉 말씀의 목회, 예배의 목회, 선교와 박애의 목회가 그 예이다.

카이퍼는 다양한 분야에 수많은 책을 저술했기 때문에 여기서 모두 논할 수는 없다. 다만 여기서 중요한 몇 가지를 간추려서 저술가로서의 그의 탁월한 면모만을 소개했을 뿐이다.[3]

그 외에도 카이퍼는 그의 정치적 스승인 흐룬 반 프린스터와 수많은 편지를 교환했는데, 그것은 그의 사후에 방대한 책으로 출판되었다.

카이퍼가 저술한 책, 소책자와 함께 모두 합하면 223권이다.

천재적 저널리스트 카이퍼

　카이퍼는 저널리스트였다. 특히 그는 주간지와 일간지의 편집주간과 주필로서 50년을 필봉을 휘두른 위대한 언론인이다. 아마 인류 역사상 반세기를 두 신문사에서 매일같이 논설을 쓰고 성경 명상록을 쓰며 각종 에세이를 쉼없이 써낸 사람은 이 세상에 카이퍼 밖에는 없을 것이다. 그는 타고난 문필가에다 신학, 정치, 역사, 문학, 교육, 예술 등에 방대한 지식을 갖고 있었기 때문에 그의 글은 다함이 없는 샘처럼 끝없이 솟아났다. 뿐만 아니라 탁월한 논리적 필봉을 발휘하여 대중들의 무지를 깨우쳤다. 카이퍼는 언론의 힘이 얼마나 큰가를 너무나 잘 아는 언론인이었다. 그는 아마추어가 아니라 프로였다. 그는 글을 통해 그가 가진 위대한 꿈 즉 삶의 전 영역에 미치는 하나님의 주권을 인정하고 하나님께 영광을 돌리고자 하는 뜻을 펼쳐나갔다. 실로 영역주권사상과 일반은총을 구체화시키는데 있어서 그의 필봉의 힘은 대단했다. 그는 불을 튀기는 설교자였고, 청중을 휘어잡는 명연설가였으나 그의 사상은 주간지와 일간지에 여러 형태의 글로 써서 반혁명당의 지지자들을 확보했다. 그리고 개혁주의 신앙을 가진 서민 대중들 속에 깊이 들어갔다.

　또한 그는 신문의 사설을 통해서 기독교 정치의 원리를 제시하고 정책 대안을 내놓았다. 그리고 신문의 논설과 각종의 글들을 통해서 계몽주의, 합리주의, 사회주의자들의 논리의 허구를 통쾌하게 비판하였다. 그리고 카이퍼의 사설, 성경명상, 연설문 등은 거의 모두가 'De Heraut' 지나 'De Standaard' 지에 일단 실렸던 글이 모아져서 소책자 또는 방대한 대작으로 출판되었다. 그는 당시 일어났던 자유주의 신학을 비판하고 16세기 요한 칼빈이 세웠던 개혁주의 신학을 다시 세우려면 목회자들과 성도들을 글로써 깨워야 했다. 당시 국가는 국 공립대학의 교수 임명권을 갖고 자유주의, 계몽주의, 진화론적 세계관을 노골적으로 가르쳤다. 이런 상황에서 개혁교회는 자신의 후손들에게 개혁주의 신앙을 전수해야 했기 때문에 자유롭게 개혁주의 신앙을 가진 교수들에게 교육 받도록 하기 위하여 사립대학, 사립 중고등학교를 세워야 했다. 특히 그는 정치가 인본주의자의 손에 넘어가면 모든 체제가 바뀌어 인본주의적인 사회가 됨으로, 칼빈주의자들이 적극적으로 정치에 참여해야 한다고 했다. 카이퍼는 주간지와 일간지의 글을 통해서 당대의 모든 잘못된 제도와 사상을 비판하고 그 대안을 제시했다.

카이퍼는 타고난 언론인

카이퍼는 다방면에 타고난 천재였다. 특히 그는 화란 문학의 귀재였다. 라이덴 대학 시절에 그는 문학과 신학을 함께 공부하여 두 가지 학위를 얻었다. 그래서인가 그는 수사학(Rhetoric)을 깊이있게 연구했다. 수사학은 말과 글을 가장 논리적이고 합리적으로 사용함으로써 상대방을 설득시키는 학문이다. 16세기 요한 칼빈도 수사학의 명수로서 매일같이 글을 쏟아낸 것처럼, 카이퍼도 하루도 빠짐없이 글을 썼다. 카이퍼는 거기다 독서광이었다. 성경을 비롯해서 교부들의 책, 종교 개혁자들의 책, 교회사에 대한 책, 정치와 문학에 대한 책들을 닥치는 대로 읽었다. 독서를 너무해서 건강을 해칠 정도가 되었다. 뿐만 아니라 카이퍼는 칼빈과 마찬가지로 어학의 천재였다. 김나지움에서는 영어, 독일어, 불어를 배웠다. 화란 문학은 경지에 이르렀고, 자유대학에서는 미학(美學)을 강의할 정도였다. 또한 히브리어, 헬라어, 라틴어도 수준급이었다. 그는 히브리어를 직접 가르치기도 했을 뿐 아니라 성경 고전어를 통해서 수많은 성경해석과 명상 자료, 그리고 교의신학 자료를 썼다. 더구나 라틴어는 모국어인 화란어보다 더 잘해서 25세에 라이덴 대학에서 박사 학위를 받을 때 『요한 칼빈과 요한 라스코의 교회관에 대한 신학적 역사적 연구』를 라틴어로 쓸 정도였다.

그러므로 카이퍼는 언론인으로 이미 준비된 지도자라고 할 수 있다. 그는 탁월한 문학적 자질을 갖고 있을 뿐 아니라 정통 개혁주의 신학을 깊이 공부한 신학자였기에 반세기동안 쉬지 않고 글을 썼다. 카이퍼의 당대나 오늘에 이르기까지 그 누구도 그가 했던 발자취를 쉽게 따라갈 수 없을 것이다. 그는 설교자와 연설자, 신학 교수, 정치인, 언론인 등 여러 직함을 갖고 있었지만 서로 서로 별개가 아니라 그 모두가 서로 통합되어 한 목적을 향해서 움직였다. 그의 정치적 입장에 관해서는 신문의 논설을 통해서 끊임없이 국민들을 계몽시켰고, 반혁명의 지지 세력들을 규합시키는데 결정적인 역할을 했다. 뿐만 아니라 이슈가 있을 때마다 분명한 칼빈주의적인 입장에서 이를 논평하고 정리하여 나라의 갈 길을 제시했다. 그는 언론인으로서 국민을 계도하고 장차 될 일에 대해서 예언자적인 역할을 감당했다. 카이퍼의 칼빈주의적 정당도 그리고 일평생 기독교 정치가로서의 투쟁과 승리도, 칼빈주의적 신학의 수립도, 결국 그의 언론인으로서의 역할이 없었더라면 불가능했을 것이다. 당대에 아무도 카이퍼와 필적할 만한 논객이 없었기 때문에 저널리스트로서의 그의 삶은 성공적이었다. 특히 그의 문체는 매우 독특했기 때문에 사람들이 그의 글을 읽고 매혹되지 않을 수 없었다. 그는 말과 글에 있어서 사람의 마음을 설득시키는 천재였

다. 그래서 사람들은 그의 문체를 '카이퍼식'(Kuyperesgue)이라고 말할 수밖에 없었다고 한다.1

카이퍼는 모든 방면에 열정적이었지만 특히 학문하는 것과 글 쓰는 것을 즐기면서 황홀해 하기도 했다. 그는 화란 문학의 긴 산문시(時)나 성경의 시편을 큰 소리로 암송하곤 했는데 그 소리가 얼마나 우렁찼던지 지하실에서 천정까지 쩌렁쩌렁 울려퍼질 정도였다. 사실 당시 그는 어학과 문학에 뛰어난 재능을 가지고 있었기 때문에 주변 사람들은 미래에 어학과 문학 방면으로 진출하지 않겠나 생각할 정도였다. 그는 공부를 하되 효율적으로 그리고 집중적으로 할 줄 알았다. 그는 모든 것을 스스로 통제하고 규칙에 따라 일했고 걸음걸이는 활기찼다. 카이퍼는 보통 새벽 2시까지 책을 읽고 글을 쓰는 공부 벌레였다. 그렇기 때문에 그는 신문 편집인 발행인과 사설을 쓰는 주필로서 가장 적절하고 활기차게 일할 수 있었다. 그는 탁월한 저널리스트였다.

De Heraut지의 발행인 겸 편집주간

'De Heraut'는 영어로 The Herald란 말이다. 즉 보도자, 사자(使者)라는 뜻이다. 이 신문은 기독교 주간지로서, 신앙과 정치를 절반씩 다루는 신문이었다. 그리고 성도들에게 신학적, 교회적, 사회적, 정치적인 문제를 집중적으로 다루는 신문이었다.2

1869년에 카이퍼는 언론계에 투신했다. 당시 헤라우트지의 편집장이던 슈바르트(C.Schwartz) 박사가 그를 협동 편집인으로 임명했다. 이것이 계기가 되어 그는 50년간 저널리스트 곧 언론인으로 살아가게 되었다. 그는 정치와, 종교 양방면에 기사를 써 내려갔다. 그는 거의 모든 분야에 걸쳐서 글을 쓰고 활동했다. 카이퍼의 첫 번 기사는 그해 10월 8일자에 실렸는데 그것이 카이퍼가 언론계에 첫발을 내딛는 순간이 되었고 그 후 죽는 날까지 펜을 놓지 않았다. 카이퍼가 언론에 투신

하자 그의 정치적, 사상적 스승인 흐룬 반 프린스터와 그를 추종하는 개혁교회 지도자들과 성도들은 대환영을 했다. 그는 충직한 언론의 옹호자이면서 언론의 힘이 얼마나 큰 것임을 잘 알았다. 그래서 카이퍼는 언론의 힘을 빌려 국민 계도와 칼빈주의적 세계관 건설에 앞장섰다.

그런데 1870년 8월 25일 편집장인 슈바르쯔가 갑자기 세상을 떠났다. 그 후 발행인의 부탁으로 인해 그해 말까지 편집장으로 봉사하겠다고 했다. 그리고 마지막 신문에 그는 슈바르츠 박사의 생애와 사역을 기념하고 감사하는 논설을 실었다. 카이퍼는 신문의 기능과 역할을 잘 알았기 때문에 그해 말 '헤라우트' 협회를 조직했다. 그 협회 회원의 자격은 하나님의 말씀이 교회와 민족을 살리는 생명의 기초가 된다는 것을 인정하는 자들로 제한했다. 헤라우트 협회는 1871년 1월1일에 헤라우트 신문을 매입하고 카이퍼 박사를 대표와 편집장으로 임명하여 주간지로 계속 발행할 것을 결의했다. 신문사의 목적에는 "자유로운 땅에서 자유로운 교회와 자유로운 학교를 위해서"라는 슬로건을 걸었다. 이는 카이퍼가 지향하는 사상과 일치하는 내용이었다. 1871년 1월 6일에 새롭게 시작하는 헤라우트지가 카이퍼 박사 주도하에 확장되고 그의 연설과 논설이 매 주일 실리게 되자 화란의 국가와 교회 그리고 사회에 엄청난 파장을 일으켰다. 그는 파숫군의 사명을 충실히 감당했다. 그의 첫 번째 논설은 슬픔과 탄식이 지배했다.

> "아주 오래 전부터 '나는 성부와 성자와 성령의 이름으로 세례를 배풉니다.' 란 말은 세례 집전 때 쓰는 말로 인식하고 있다. 하지만 1870년 국가교회 총회는 모더니스트와 흐로닝헌 신학파의 몇 사람에게 넘어가게 되었는데, 그들은 향후 목사들이 '믿음, 소망, 사랑'으로 세례를 주고 자신들이 적합하다고 생각되는 말로 세례를 줄 수 있다고 공포했다. 한때 찬란했던 화란 개신교에 이 얼마나 슬픈 일인가"[3]

그는 화란 국가교회가 자유주의 신학으로 넘어간 것에 대해서 슬퍼하고 개탄하면서 즉각적인 비판과 아울러 정통 신앙의 옹호를 위해서 최전방에 섰다. 이런 신학적 영적 투쟁을 위해서 헤라우트지는 가장 적절한 무기였다. 카이퍼의 논설은 곧 바로 그의 연설문이 되었고 그의 연설문은 모아져서 단행본이 되었다. 어느 것이 먼저라고 할 수 없을만큼 그는 모든 것을 통합적으로 잘 감당했다. 카이퍼는 자유주의자들과의 투쟁과 논쟁에서 논리적으로 결코 밀리지 않았고, 문제의 핵심과 정곡을 찌르면서 반박해 갔다. 그는 현대주의를 기독교의 신기루(The Realm of Christianity)라고 반박했다.[4] 신기루는 아름답고 매혹적인 환상적이지만 실체가 없는 허구이다. 자유주의는 교회를 병들게 하고, 사회와 문화 등 각 영역에 엄청난 인본주의 사상으로 물들게 했다는 것이 그의 논지였다. 카이퍼는 신학자요 교수와 정치가로서 항상 책을 읽고 연구하고 사색하며 새벽 2시가 넘도록 연설 원고와 신문사 원고를 썼다. 이러한 카이퍼의 뜨거운 열정은 아무도 말릴 수 없었지만 자신을 혹사시켰다.

1880년대 그는 십 수년 동안 방대한 종교와 신학저술을 펴냈다. 이 책들은 모두 헤라우트지에 실렸던 논설과 성경 명상자료에서 비롯되었다. 그는 이 주간지의 대표와 편집장을 역임하면서 화란에 다시 16세기 칼빈의 신학이 꽃필 수 있도록 노력했다. 헤라우트지의 편집장으로서 그는 논설과 성경 명상 자료, 화란교회의 개혁란은 자신의 고정 코너로 선정했다. 사실은 카이퍼의 명성과 그의 사상이 전국적으로 알려진 것은 헤라우트지를 통해 매 주일 쏟아내는 그의 글 때문이었다. 오늘날 입장에서 보면 그는 매스컴에 가장 조명을 받는 신학자요 정치가로 자리매김 한 것이다. 또한 헤라우트지도 카이퍼라는 걸출한 대인이 있었기에 계속 명성을 얻었고 발전해 갔다. 그의 메시지는 항상 창조적인데다 역동적인 힘이 분출되는 독특한 문학적 서술이었다. 그의 신학 체계나 정치적 이상과 교회 개혁도 결국 대중들에게 이해되고 흡수할 수 있는 쉬운 메시지로 다가갔다. 카이퍼의 논설은 신문 한 페이지를 매웠다. 오늘 우리 시각에 보면 사진도 삽화도 없는 그 논설을 누가 읽겠는가 생각할 수 있지만 그의 독자들은 그것을 즐겁게 읽었다고 한다.

왜냐하면 카이퍼는 당시 개혁교회 성도들에게 고차원적이면서 본질적인 가치에 대한 대안을 제시했기 때문이다. 그는 개혁주의적 신앙고백을 사수하면서도 개혁교회가 오늘의 배교적 상황 가운데 어떻게 대응할 것인지를 끊임없이 대안의 글을 썼다. 헤라우트지의 독자들은 카이퍼의 생생하고도 수정 같은 맑은 화란어 문체에 빠져들었다. 실로 그는 자신의 글을 통해서 동시대 사람들과 호흡을 같이했다.

카이퍼 박사는 헤라우트지에 매 판마다 '명상록' 이란 코너에 칼럼을 썼다. 이 명상록은 작은 설교라고 할 수도 있지만 대중들이 성경을 가까이 할 수 있도록 인도하고 생각하게 하는 글이었다. 이 글들은 하도 독특하고 정의하기 곤란한 형식의 작문이므로 어떤 이는 이를 '거룩한 신비주의의 노래'(Melodies of Holy Mysticism)라고 말할 정도였다.[5] 그는 문학가이자 뛰어난 문장가이므로 자신의 글을 통해서 독자들과 영적으로 교통했다. 카이퍼는 이 작업을 그의 생애 가운데 커다란 즐거움으로 여겼고, 개혁교회 성도들과 이런 메시지를 통해서 끈끈한 유대 관계를 지속적으로 맺었다. 그가 헤라우트지에 명상록을 쓸 때는 주일 아침이었다. 그는 경건한 마음으로 성경을 명상하고 자신의 독특한 스타일로 감칠맛나게 글을 썼다. 그는 화란의 어느 곳에 있든지 해외의 어느곳에 있든지 심지어 호텔이나 산장에서나 어디에 있든지 주일 아침에는 어김없이 한 두 편의 말씀 명상 자료를 썼다. 이런 작업은 그의 생애가 끝날 때까지 계속되었고, 이런 명상 자료는 계속 단행본으로 출판되었다. 그는 설교, 연설, 강연을 위해 태어난 사람이기도

하지만 글을 쓰기 위해서 태어난 사람이라고 할 수 있다.

카이퍼가 헤라우트지에 투고한 논설들 중에는 화란 교회 개혁을 위한 방향 제시가 있다. 그는 교회 개혁을 위해서 화란 국가교회의 문제점을 깊이 있게 인식하고 개혁의 이유를 논리적으로 정리하여 그 대안을 제시했다. 1880년대 교회를 휩쓸고 간 여러 가지 사건에 대한 해설을 썼고 이것은 다시 소책자로 발간되었다. 교회 개혁의 당위성을 제공했다. 화란계 미국인 저자 반덴 벅(Vanden Berg)은 헤라우트지에 게제된 카이퍼의 글을 다음과 같이 평가했다.

> "영적인 깊이, 지성적인 넓이, 단순, 명료함, 힘 그리고 하나님의 말씀에 대한 불타는 헌신이 나타났다고 할 수 있을 것이다."[6]

그는 기독교 분야의 언론 활동을 통해서 성경과 신앙 고백으로 개혁주의적이고 정통주의적인 사람들을 고무, 위로, 격려하고 교육해 나갔다. 실로 그는 개혁교회 성도들을 교회 개혁과 교회 건설 그리고 개혁주의 신학 사수를 위해서 헌신하도록 훈련시켜 갔다. 카이퍼의 글들은 화란은 말할 것도 없고 미국과 남아공화국 등에 널리 알려져 화란어를 이해하는 신학생들은 열정을 가지고 그의 글들을 탐독했다.

카이퍼의 다방면에 걸친 글들은 각계 각층 사람들에게 깊은 영향을 끼쳤다. 화란 자유 대학교를 세울 때도, 교회 개혁의 중지를 모을 때도 한결같이 헤라우트지를 도구로 사용하여 사람들을 설득하였다. 뿐만 아니라 그는 그것을 통해서 인본주의를 공격하고 자유주의 사상을 가진 자를 호되게 비판하면서 계몽주의 사상에 빠져 있는 정치가들에게 도전했다. 이때 사회주의적 공산주의 사상을 가진 좌파들은 카이퍼를 제거하기 위해 혈안이 되어 있었다. 그러나 그는 자신의 목숨을 노리는 사람들에게 전혀 요동함이 없이 끊임없이 글을 썼다. 그는 가히 초인적인 사람이었다. 카이퍼는 하나님 앞에서(Coram Deo)의 신앙을 가졌음으로 그 누구도 두려하지 않고 소신을 굽히지 않았다. 그에게 유일한 위로가 있다면 독자들이 기쁜 마음으로 헤라우트지를 읽고, 그에게 한없는 존경과 관심을 가져주는 것이었다. 독자들은 신문을 자기 자신만 읽는 것이 아니라 친구나 이웃에게 돌려보면서 의견을 교환했으므로 실제 독자들은 신문부수의 세 배 이상이었다고 할 수 있다. 그는 탁월한 문장가로서의 재능에다, 화란어의 우수한 구사력, 환상적 어휘력 그리고 뛰어난 문구사용 능력을 가진 최고의 문필가였다. 그의 문체는 너무 다양해서, 상황과 역사, 그리고 주제와 독자의 형편에 따라 변화무쌍하게 글을 썼다. 그는 평론, 명상록, 논설, 연설문, 강연문, 설교 등을 아주 적절하게 발표했다. 무엇보다 일생동안 타이피스트의 도움 없이 그것을 직접 써냈다. 심지어 그는 그 바쁜 수상직을 수행하면서도 헤라우트지에 논설과 평론, 명상록을 끊임없이 쏟아내었다. 그에게는 언론이 정치였고, 정치가 곧 언론이었다. 카이퍼는 이것을 통해서 교회, 교육, 사회를 그의 꿈과 비전대로 개혁해 나갔다.

De Standaard지의 편집인과 주필

1872년 스텐다드지는 일간지로 출발했다. 카이퍼는 이 신문사의 편집인 및 주필로 책임을 맡았다. 스텐다드지는 반혁명당의 기관지이기도 했다. 카이퍼는 이 신문의 사설을 통해서 반혁명당(Anti-Revolutionare Partij) 곧 기독교 정치의 대안을 제시하고 국민을 계몽했다. 그는 당 총재로 있을 때에도 일간지 편집주간을 계속했다. 더구나 그는 주간지 헤라우트지의 편집과 논설을 같이 쓰면서 두 언론의 일을 동시에 수행했다. 이것은 천재적인 신학자요 문학가요 칼빈주의 사상가인 카이퍼나 할 수 있는 일이었다. 스텐다드지는 카이퍼의 입이었고 손이었으며, 그가 정치 지도자로서 기독교 정치에 이론과 실제를 쌓고 당권과 정권 창출을 하게 된 동기가 되었다.7 저널리스트로서의 카이퍼는 신문과 글을 통해서, 개혁주의 신앙의 유산을 방어하고 교회와 사회 그리고 삶의 전 영역에 성경적 기독교의 부흥을 꽤했다. 더구나 세속화된 사회에서 경건한 기독교만이 세상을 변화시킬 수 있다고 끊임없이 외쳤다. 일간지 발행은 카이퍼의 오랜 숙원이었다. 국민들에게 좀 더 빠르게 그의 사상과 삶을 전달하고 백성들을 깨우기 위해서는 주간지 헤라우트지로는 한계가 있었다. 그래서 카이퍼 주도하에 일간지 스텐다드지를 만든 것이다. 특히 주간지와 일간지 발행을 동시에 맡아서 수행한다는 것은 쉬운 일이 아니었다. 하지만 그는 양쪽 신문의 편집장을 겸임하겠다고 했다. 카이퍼의 그런 결정은 주변의 우려와는 달리 대성공이었고 교회와 정치와 신앙생활과 삶의 전 영역에 하나님 중심의 세계관을 심는 일에 혼신의 힘을 쏟았다.

카이퍼는 1872년 4월 1일 스텐다드지에 첫 번 논설을 발표했다. 첫 번 사설에서 그는 이 일간지 신문의 목적과 방향을 제시했다. 사실 신문 발행일을 그날로 잡은 이유가 있었다. 그렇게 한 것은 전략적인 측면이 많다. 왜냐하면 1872년 4월 1일은 300년 전 스페인과 80년동안 전쟁하는 가운데 화란이 대국 스페인을 물리치고 승리한 날이었기 때문이다. 이 위대한 승리의 날 온 국민이 그 위대한 승리를 자축하고 전 국민의 애국적인 열정이 최고조에 달한 그날을 택해서 스텐다드지를 발행했다. 이는 매우 상징적이면서 개혁주의 성도들과 반혁명당 지지자들에게는 엄청난 시너지 효과를 가져왔다. 하지만 혼자 카이퍼가 일간지와 주간지의 편집과 주필로서 그 많은 것을 어떻게 감당할 것인지 염려하는 이도 많았다. 하지만 그것은 기우에 불과했다. 그는 이 작업을 50여 년 동안 하루도 빠지지 않고 거뜬히 해냈다. 더구나 당의 총재로서 하원의원으로서 수상으로서 각종 설교와 강연의 그 바쁜 틈에서도 그는 흔들림이 없이 그 사역을 잘 감당했다. 그의 초인적인 저널리스트로서의 활약은 하늘이 준 영감이 아니고서는 불가능한 것이었다. 본래 스텐다드지는 그보다 2년 전인 1869년에 일간지였던 '기독교적 국가'(Christelijk Nationaal)라는 타이틀로 발행되고 있었으나 재정문제로 문을 닫을 지경이 되자 그가 인수해서 반혁당의 기관지와 일간지로 발전시켰다. 그리고 기존의 헤라우트 주간지는 일간지 사이에 발행하는 것으로 했다.

스텐다드지가 카이퍼의 손에 들어오자 일간지는 활력이 살아나고 부수가 늘어나고 재정문제가 해결되었다. 그리고 칼빈주의적 세계관 건설은 물론이고 반혁명주의 사상을 전파하는데 가장 유용한 도구로 사용되었다.[8] 스텐다드지를 통해서 카이퍼는 반혁명의 원리와 정책 입안을 끊임없이 발표하고 대안을 제시하고 국민을 깨웠다. 또한 그는 스텐다드지의 논설란을 통해서, 하나님의 말씀이 표준이 되어야만 국민적 실천을 불러일으킬 수 있음을 웅변적으로 주장했다. 성경은 하나님의 존재를 깨닫게 하는 안경과 같은 역할을 하고 허물과 죄로 타락한 인간과 이 세상을 어떻게 이해할 것인가를 보여주는 안내자라고 했다. 1873년 10월29일자 스텐다드지 논설을 통해서, 기독교 정치가로서의 카이퍼는 계시된 하나님의 말씀인 성경만이 시대의 문제를 해결하고 그 시대의 문제에 영향력을 행사할 수 있다고 논설하면서 체계화된 원리를 제시했다. 기독교인의 양심도, 기독교적 정치적 영성과 감각도 결국 성경의 원리에 충실히 따라야 한다. 카이퍼에게 있어서 신문의 글 즉 대일 쏟아내는 사설은 바로 반혁명당의 사상과 삶 그리고 진로를 가르쳐주는 도구였다. 1879년 4월 3일 사설에 쓴 반혁명주의 계획서는 21개조의 원리들로 구성되어 있었다. 그 전반부 5개 조항은 근본 원리인데, 카이퍼는 여기서 개혁에 대한 분명하고 단호한 입장을 천명했다.

카이퍼는 스텐다드지를 통해서, 반혁명 운동은 정부의 통치권이 하나님의 은총으로부터 말미암았다는 통치 원리를 따른다고 고백한다. 그는 기독교 정치의 원리를 제창한 개혁주의 원리를 분명히 했다. 특히 흐룬과 카이퍼는 요한 칼빈의 전통을 따랐는데, 성경만이 삶의 모든 영역에 빛이 되고 등이 되며 기준이 된다고 주장했다.⁹

칼빈주의적 저널리스트

저널리스트의 기본 자세는 보도의 중립이다. 언론인은 어떤 사건에 대해서든지 공명 정대하고 좌로나 우로나 치우치지 않고 중립을 지킨다는 것이 모든 신문과 방송이 대내외에 내세우는 신문사의 목표라고 한다. 그러나 정말 그럴까? 이 세상에 일어난 모든 사건과 역사를 볼 때 중립이라는 것이 과연 있을 수 있을까? 기자나 편집인 또는 발행인이 어떤 세계관과 인생관을 갖는가에 따라서 사건과 역사를 보는 시각은 완전히 다르다는 것이다. 기자나 편집인이 인본주의적 세계관을 가졌다면 논설이나 사건 기사를 취급함에 있어서도 인본주의적 세계관의 틀과 안경으로만 볼 수밖에 없다. 또 그러한 결론에 이르게 된다. 아무리 사실 보도를 중립적인 입장에서 본다고 해도 정치적 입장이 다르면 서로 다르게 되어 있다. 그는 일간지와 주간지의 편집인이요 논설 주간으로 거의 50년을 일했다. 그러나 그는 분명한 철학과 분명한 세계관을 가지고 19세기 말의 시대적 상황을 예리하게 분석, 비판하고 칼빈주의적 세계관으로 대안을 제시했다. 그러므로 질스트라(A. Zilstra) 같은 분은 『저널리스트로서의 카이퍼 박사』라는 논문에서 그를 가리켜 '칼빈주의적 저널리스트'(De Calvinstische Journalistiek)라고 평가했다.¹⁰ 실제로 카이퍼가 언론인으로서 사역한다는 것은 쉬운 일이 아니며 중노동처럼 보였지만, 그러나 저널리즘은 그에게 있어서 예술이고 소명이며 정치였다. 그리고 언론을 통해 그의 가슴에 있는 칼빈주의 사상을 교회, 정치, 경제, 사회, 문화, 예술, 교육, 종교 등 삶의 전 영역에 전파하고 실제적으로 적용할 수 있었다. 그는 삶의 모든 영역에서 하나님의 명령에 순종할 뿐 아니라 성령님의 도구로서(Als Instrument des Heiligen Geestes) 살아야 한다고 했다.

카이퍼는 저널리스트가 하는 일을 예언자적인 작업(Dege Profetische Taak)으로 보았다.[11] 저널리스트는 바로 예언자라는 것이다. 그러므로 저널리스트는 예언자적인 직무를 충실히 감당해야 된다고 했다. 일간지 저널리스트는 예술가인 동시에 영적인 전사이며 소명자라고 할 수 있다. 참된 기독교 언론인은 하나님의 말씀에 전적으로 순종하면서 그 자신이 하나님 앞에서 부끄럼이 없어야 한다고 했다. 그리고 모든 문제를 말씀의 빛 가운데서 볼 줄 아는 시각이 열려 있어야 한다고 했다. 카이퍼는 그의 정치적 스승인 흐룬과 같이 칼빈주의적인 세계관으로 역사와 인생과 세계를 보았다. 반혁명당의 지지자 곧 카이퍼의 지지자들은 평범한 보통 사람들(Kleine Luyden)이었다. 그들은 옛날부터 개혁주의 신앙을 그대로 갖고 있던 사람들이었다. 그들은 농업의 위기와 산업화에 의해서 경제적으로 희생양이 되면서 또 지배 계급이었던 자유주의적 부르주아 계급들로 말미암아 억울하게 교회와 국가로부터 따돌림을 당하던 서민 대중들이었다. 그들은 모두가 정치적 경제적 약자이므로 종교, 정치, 교육의 자유를 쟁취하려고 했다. 이에 편성하여 카이퍼는 이들에게 하나님의 말씀의 빛으로 길을 안내하고 칼빈주의 사상을 무장시키기 위해서 스텐다드지를 그 도구로 사용했다. 이들을 정치 세력화 하고 하나의 조직으로 묶어 성경과 복음으로 돌아가려는 부흥운동(Reveil Movement)은 이미 19세기 말부터 있었다. 이는 스위스, 독일, 화란, 불란서, 스코틀랜드의 작은 무리들의 영적 갱생운동이요 부흥운동이었다. 이를 카이퍼는 말씀과 성령의 능력을 힘입어 칼빈주의 세계관으로 이끌고 갔는데 거기에 바로 저널리스트로서의 역할이 돋보이게 되었다. 화란의 경우는 빌더다익(Wilhem Bilderdijk)과

다코스타(Issac Da Costa)를 거쳐 흐룬 반 프린스터에게 전달되었고 카이퍼에게 와서 뿌리가 내리고 열매를 맺었다. 그가 매일 쏟아낸 스텐다드지의 논설은 그의 신학, 정치학, 칼빈주의적 세계관의 표현인 셈이다. 그는 저널리스트로서 철저히 칼빈주의적 세계관을 갖고 교회와 국가와 민족을 바꾸어 가려는 열정의 사람이었다. 그의 사후에 스텐다드지에 실린 논설집을 하나로 묶어 300여 페이지의 책이 출판되었다.

카이퍼가 편집인으로서 발간한 일간지 스텐다드지

사회의 개혁자 카이퍼

카이퍼는 칼빈주의적 신학자이고 정치가였다. 동시에 그는 조국 화란의 사회를 개혁한 사회 개혁자였다. 그가 사회 개혁자가 된 이유는 삶의 전 영역에 하나님의 주권이 미치지 아니한 곳이 없다고 생각했기 때문이다. 하나님의 주권은 교회당 울타리에만 작용하는 것이 아니라 국민들의 구체적인 삶의 현장까지 미친다. 카이퍼가 신학자, 목사에서 기독교 정치가로서 입문한 것 그 자체가 삶의 전부(The Totality of life)를 하나님께 드려야 한다는 확신에서 비롯되었다.

카이퍼 시대의 사회적 이슈

카이퍼 시대는 불란서 혁명으로 인한 정치적 영향이 유럽 각 나라 엄청난 파장을 일으키던 때였다. 또 18세기 영국을 비롯한 여러 나라의 산업혁명이 전 유럽을 들끓게 했다. 화란도 예외가 아니어서 나라 전체에 구조적으로 커다란 변화를 가져왔다. 특히 화란에서 산업혁명에 적응하지 못하고 숙련되지 못한 노동자들이 늘어나서 심각한 사회 문제가 되었다. 또 많은 사람들이 고향을 버리고 공장지역으로 몰려가게 되니 삶의 정황이 바뀌고, 위험한 노동조건에 적응하기가 더욱 어려웠다. 거기다가 노동시간은 업주들이 마음대로 늘리고 임금은 형편없이 낮았다. 그런 와중에 공장지역에는 신흥 부자들도 생겨나게 되었다. 그래서 사람들은 농촌을 떠나서 도시와 공장으로 벌떼처럼 몰려 다녔다. 노동자의 수입은 늘어갔지만 육체적인 피로가 누적되고, 노동자를 보호할 수 있는 법적 제도적 장치가 미흡해서 여러 가지 인권 문제가 발생했다.[1] 특히 1880년대 화란은 경제적으로 심히 어려운 환경 때문에 고통을 받고 있었다. 또한 1870년부터 시작된 실업자 문제는 커다란 사회적 문제였다. 더욱이 당시는 보험이 되지 않아서 직업을 잃으면 비참한 나락으로 떨어질 수밖에 없었다. 그리고 노동현장에는 노동자들의 폭력사태가 심심치 않게 일어나서 지방 정부를 어렵게 만들었다.[2]

이런 환경 가운데서도 사회주의 정당, 노동당들은 노동자들을 부추기어 시위를 하도록 뒤에서 조종하고 있었다. 불란서 혁명과 맑스주의 사상이 사회 전반에 퍼지면서 불법파업이 일상화되었다. 또 노동자들의 입장에서 본다면, 그들의 입장을 대변해 주고 억울한 일들을 해결해 주는 것처럼 보이는 사회주의 정당이나 노동당 정치인들에게 기대려고 할 수밖에 없었다. 대표적인 인물이 바로 아브라함 카이퍼와 일생동안 정적이 되었던 하원의원 뜨룰스뜨라(P.J. Troelstra)였다. 그는 이른바 사회주의 신념을 가진 진보파 국회의원이었다. 그는 1860년에 태어나서 1930까지 일한 이른바 사회 민주당(Sociaal-Democratisch Partij) 국회의원이었다. 그는 흐로닝헌 대학에서 법학을 전공하고 류베르덴에서 변호사로 일하다가 사회 민주당원이 되었다. 그는 사회주의 사상을 확산시키고 노동자 농민을 선동시키는 사명을 띠고 있었다. 그래서 의회 민주주의자요 철저한 칼빈주의적 신학과 신앙을 가진 카이퍼와는 정치적 노선이 처음부터 다를 수밖에 없었다.[3] 뜨룰스뜨라는 맑스주의 이론을 전파하고 혁명적인 방법으로 모든 문제를 해결하려는 사회주의적인 진보파였다. 그래서 그는 불란서의 혁명주의 사상과 맑스주의적 혁명 사상을 결합해서 국가와 사회를 개혁하려고 했다. 카이퍼와 뜨룰스뜨라 이 두 사람은 자신들의 생애가 끝나는 순간까지 서로의 사상적 견해차로 인해 투쟁했다. 카이퍼는 칼빈주의 신학과 신앙을 가지고 뜨룰스뜨라의 사회주의, 공산주의, 그리고 현대자유주의 사상과 맞서 싸워 이겼다. 만에 하나 카이퍼 같은 위대한 지도자가 없었다면, 유럽 특히 화란 같은 나라는 사회주의 국가로 전락할 뻔했다.

1870년대의 또 다른 문제는 사회 경제적인 것인데, 이로 말미암아 정부를 아주 곤혹스럽게 할 뿐 아니라 입법부마저도 난처하게 만들었다. 산업혁명이 점점 확산되어 가던 유럽에서는, 사회, 경제적인 문제로 인해 노동자들은 힘겨운 삶을 살았다. 그들은 희망과 꿈을 상실하고 눈물과 한숨짓는 세월을 보냈다. 당시는 자유방임의 시대였음으로 정부는 사회 경제 행위를 간섭하지 않으려고 했다. 산업의 무한 경쟁이 거의 모든 나라에 일상이 되었다. 그런 중에 고용주들은 임금을 작게 주면서 노동시간을 늘리는 등 노동착취를 해도 국가가 통제할 방법이 없었다. 이런 환경에서는 노동계약이 제대로 이루어질 수도 없었다. 노동자들이 재해를 입거나 퇴직으로 어려움을 당해도 보험이나 근속수당을 주는 일도 없었다. 그럼에도 불구하고 정치가들은 손을 놓고 아무런 대안도 세우지 않는 이른바 정치부재의 시대였다. 자유주의자들이나 보수당은 이런 당면한 문제 해결을 위해서 아무것도 하지 아니하고, 오직 정치적 기득권 수호에만 관심이 있었다. 이런 난국에서는 카이퍼와 같이 바른 신학과 신앙을 가진 열린 정치 지도자가 필요했다. 그는 이런 사회적 문제점을 분명하게 간파하고, 사회적 빈곤과 불평등의 문제를 하나씩 해결해 나갔다.

카이퍼의 사회 개혁의 관심

카이퍼 연구가 룰만(J. C. Rullmann)은 그의 아브라함 카이퍼 전기에서, 그를 '사회 개혁자'(Sociale Hervorminger)라그 불렀다. 사실 카이퍼가 기독교 정치가로 나설 때 그의 지지자들은 처음부터 가난한 보통 사람인 'Kleine Luyden'이었다. 또 자신이 쓴 『사회 개혁자』, 『그리스도와 사회적 필요』, 『기독교와 사회문제』, 『육체노동』 등의 저서를 보면 그가 노동자들의 문제 해결을 위해 얼마나 투쟁했는지 알 수 있다. 그는 정치에 입문 하자마자 칼빈주의적 시각에서 정치와 사회 전반에 걸친 개혁을 단행하기 위하여 힘썼다. 그 첫 번째 투쟁이 바로 기독교 교육(Christelijk Onderwijs)이다. 그는 교육을 바로 세우기 위한 대투쟁에 돌입했다. 그러면서 사회적(Maatschappelijk), 정치적 개혁에도 더 깊이 관여하게 되었다. 그는 노동자의 권익문제, 임금문제 등 실제적인 것을 근원적으로 해결하기 위하여 몰두했다. 그러기 위해서 가장 먼저 해야 할 일은 노동법을 고치는 것이었고, 그런 후 그가 당수로 있는 반혁명당의 정당정책을 확실히 만드는 일이 필요했다. 그래서 그는 『우리들의 계획』(Ons Program)이란 커다란 책을 출판했다.

이 책에는 반혁명당의 정치원리와 실행방법 등이 자세히 쓰여져 있다. 카이퍼는 그의 만년에 이 책을 더욱 확장시켜 『반혁명 정치학』(Antirevolutionaire Staatkunde)이란 제목을 정하여 전에 발표했던 정당 정책에 주해를 더했다. 이 책의 1권은 원리를 다루고 있고, 2권은 실천을 다루고 있다. 특히 그는 이 책을 통해 사회개혁 및 사회정책을 어떻게 할 것인지를 구체적으로 설명하고 있다.[4]

그가 1880년에 자유대학교 개교식과 총장 취임식 때 발표했던 영역주권(Souvereiniteit in Eigen Kring) 사상은 하나님의 주권이 교회 뿐 아니라 정치, 경제, 사회, 문화, 예술, 교육 등 삶의 전 영역에 두루 미친다는 것이었다. 카이퍼는 신학의 개혁자, 교육의 개혁자이지만 또한 사회 전반에 걸친 모든 문제들이 성경의 원리 가운데서 변화되고 새롭게 되어야 한다고 주장했다.

그는 이 작업을 위해서 첫째는 의회에서 투쟁을 했고 그리고 지지자들을 규합했다. 또한 자신의 뜻을 이루기 위해서 '헤라우트지'와 '스텐다드지'를 그의 입처럼 사용했다. 스텐다드 즉 하나님의 말씀이 표준이란 말인데 카이퍼는 스텐다드지에서 50년 동안 사설을 쓰면서 사회 전반에 걸친 모든 문제들을 하나씩 해결해 나갔다. 그는 무조건 노동자를 옹호하거나 노동자들에 혜택을 주려고 하지 않았다. 무엇보다 정치 중심의 원리를 하나님의 공의의 실현에 두었다. 그렇기 때문에 법과 원칙하에서 사회적 약자를 보호하고, 땀 흘려 일하는 자들에게 경제적 이익이 돌아가도록 했다. 그는 언제나 칼빈주의적 원리를 따라서 (Om de Beginselen van het Calvinism) 정치를 했으며[5] 또 그와 같은 칼빈주의 원리를 가지고 노동법을 만들고 사회 프로그램을 만들어 나갔다.

카이퍼의 사회 개혁의 실제

카이퍼는 하나님의 말씀이 모든 삶의 표준과 원칙이 되는 정치를 희망했다. 그래서 그는 정치를 통해 삶의 모든 영역에 하나님의 주권을 세우고자 했다. 국민의 생사가 걸린 경제 문제나 노동 문제도, 제도적 법적 장치를 통해서 개선하고 새롭게 해야 한다고 했다. 무엇보다 그는 자유 방임주의적 사상이나 신흥 기업가들의 탐욕으로 억울하게 피해를 입는 노동자들이 없어야 한다고 생각했다. 카이퍼는 그 시대의 선구자라고 할 수 있다. 심지어 그는 자신이 속한 반혁명당의 동지로부터도 반대를 극복해야 하는 과제를 떠안았다. 카이퍼가 원하는 사회개혁은 좀 더 깊이 보면 당시 정치가들의 이해관계와 서로 얽혀 있었다. 그런 까닭에 사회적인 문제의식을 갖고 있다고 해도, 법률을 고치거나 제도적으로 새롭게 개선해 나가는 것에 대해서는 굉장히 미온적인 사람들이 대부분이었다.

그는 국회에서 정치를 하기 훨씬 전에도, 목사로서 항상 복음이 지니는 사회적 의무를 역설했다. 그는 설교를 통해서 또는 헤라우트지나 스텐다드지의 논설을 통해서 사회적 약자를 보호해야 할 것과 가난한 사람들이 억울하게 고난 받아서는 안 된다는 것을 주장했다. 카이퍼는 이론가나 공상가가 아니라 그는 실천가였기에 자신이 정한 뜻은 기어이 이루는 사람이었다. 그는 사회복음(Social Gospel) 주의자가 아니였지만 본래 복음이 지니는 사회적 의미를 기독교인의 양심에 호소했다. 카이퍼는 1871년에 이렇게 말했다.

> "누구나 내 말에 동의할 것이다. 필요한 곳을 돕는 것, 하나의 격리된 사회악과 싸우는 것, 그리고 개인을 구제하는 것은 탁월하지만, 참된 신앙의 열정을 가지고 사회 경제적 문제와 씨름하는 것과는 조금 다른 것이다."**6**

카이퍼는 사회적인 문제도 동정이나 구제 차원이 아니라, 신앙의 안목으로 고뇌해야 할 것을 주장했다. 그는 국회에 등원하자마자 사회개혁을 위한 행동에 옮겼다. 국가의 간섭을 옹호했지만 결코 국가 보호주의는 아니었다. 동시에 노동의 조직화는 찬동했지만, 중세의 길드식의 부활은 아니었다. 또 국가의 이익이 우선이지만 특정 계급의 이익에는 동조할 수가 없었다.

카이퍼는 조국 화란의 사회적인 문제를 정밀하게 분석하면서 당시의 반기독교적 자유주의 사상가들과 개인주의를 비판하기 시작했다. 그는 사회적인 문제의 구석구석을 관찰하고 관심을 가졌지만 여러 모양의 사회주의 운동은 거부했다. 특히 그는 맑스의 사회주의나 공산주의 이론은 무신론적이라고 공격했고, 사회적 혼란기를 틈타 일어난 그들의 침투를 경계했다. 한편 카이퍼는 사회적인 문제를 해결하기 위해서는 먼저 하나님만이 홀로 절대주권을 가진 분이라는 사실을 인정해야 한다고 했다. 사회정의와 질서를 위해서는 성경적인 세계관을 가져야 한다고 했다.7 그는 하나님 중심의 칼빈주의 세계관과 유물주의 세계관을 가진 사회주의자와는 공존할 수 없다는 것을 천명했다. 그러므로 카이퍼의 정적이자 사회민주 노동당(The Social Democratic Workers Party)의 당수인 뜨룰스뜨라(P.J.Troelstra 1860-1930)는 천적이었다.

동일하게 사회 문제를 제기하지만 두 사람의 견해는 동이 서와 먼것처럼 너무나 멀었고 출발점이 서로 달랐다. 카이퍼는 그의 지지 기반인 서민대중 즉 보통사람 (Kleine Luyden)을 주축으로 해서 성경의 원리를 따라서 사회를 개혁하려고 했다.

1872년 카이퍼가 일간지 '스텐다드지'의 주필이 되자마자 매 사설마다 자유주의 현대주의 사상을 비판하고 화란 사회에 전염병처럼 퍼져나가는 사회주의적 진보세력의 폐해를 신랄하게 비판했다. 그는 먼저 모든 인간은 하나님 앞에서 죄인이라는 사실을 말했다. 인간의 문제는 자신 스스로 해결할 수 없다고 보았다. 그런 까닭에 성경의 빛으로 인간과 인간의 문제를 봐야 분명한 해결책을 얻을 수 있다고 했다. 그러므로 우리는 인간의 삶의 모든 영역에 역사하시는 하나님의 주권을 인정해야 하며, 하나님의 공의가 삶의 전 영역에 실현될 수 있도록 노력해야 한다고 했다. 사회문제, 노동문제를 보는 카이퍼의 시각도 개혁주의적인 안목에서 보고 있다. 인간은 모두가 완전할 수 없고 도덕적으로 개선의 여지가 없지만 그리스도 안에서 새로워지고 성경을 삶의 표준으로 하는 믿음을 가질때에만 변화된 삶을 살 수가 있다고 역설했다.

1879년에 카이퍼는 화란 정치사에 위대한 책 한권을 썼다. 그것은 반혁명 정치 원리의 선언인 『우리들의 계획』(Ons Program)이다. 아마 정당 정치사에서 카이퍼만큼 가장 확실한 계획과 비전을 문건과 책으로 만든 사람은 없을 것이다. 그 당시에는 반혁명당 이름으로 의회에 진출한 의원은 몇 사람 되지 않았다. 소수 정당의 당 총재로서 카이퍼는 가장 명쾌한 계획을 방대한 책으로 만들어 냈다. 물론 이 책은 이미 일간지 스텐다드지를 통해서 끊임없이 쏟아낸 글들이었다. 이 책을 읽어보면 기독교 정치의 원리가 고스란히 들어 있다. 카이퍼는 당당하게 '하나님', '예수 그리스도', '성령', '성경', '언약', '하나님의 영광', '하나님의 주권', '영역주권'이란 단어를 무수히 자주 사용하고 있는 것을 확인할 수 있다. 이 책은 그의 정치학을 드러낸 동시에 칼빈주의 세계관의 발현이요 그의 실천신학이라고 말해도 좋을 듯싶다. 특히 그는 이『우리들의 계획』에서 사회보장제도, 노동자들의 권익 보호를 위한 조직 등을 자세히 기록했다. 이런 노동자들을 보호하고 권익을 증진시키기 위해서, 정부는 그들의 영역주권을 존중해야 한다고 했다. 카이퍼가 영역주권을 소리 높여 외친 것도 사실 그 당시에는 국가 절대주의, 국가 지상주의로 말미암아 국가가 하고자 하는 것은 무엇이던지 할 수 있어서 독재국가로 갔기 때문이다. 그 결과 자연히 노동자나 약자들은 더 큰 고통을 당할 수밖에 없었다. 그래서 교육은 교육, 학문은 학문, 예술은 예술 등 삶의 모든 영역에 하나님의 주권이 미치고 있기에 그분의 주권적인 통치에 모든 사람은 순응해야 한다고 주장했다. 골로새서 2:10의 말씀대로 "그는 모든 정사와 권세의 머리시라"고 했음으로 예수 그리스도는 교회 뿐만 아니라 우리 모든 공동체의 머리가 된다는 것이다. 그리고 모든 영역이 그리스도를 머리로 할 때 참된 민주주의도 이루어진다고 했다.

그는 사회적 문제의 접근에서도 기독교적인 방법이 우선되어야 한다고 역설했다. 그래서 카이퍼는 1891년에 행한 그의 명연설 "사회적 문제와 기독교"(Het Sociale Vraagstuk en Christelijk Religie)란 메시지를 작은 책으로 출간했다. 그는 여기서 그리스도인은 예수 그리스도를 생명의 구주로 고백하는 자이기에 마땅히 우리 시대의 사회적 요구를 외면하지 말아야 하며, 솔선수범해서 실제적으로 문제 해결을 해주어야 한다고 했다. 그러기 위해서 교회는 거룩하고, 세상은 세속적이라는 이원론적인 세계관을 버리고 사회의 한가운데도 우리의 일감이 있고 소명(召命)이 있음을 알아야 한다고 했다. 그는 삶의 모든 영역이 다 거룩하다고 보았다. 그러므로 영역주권(Souvereiniteit in Eigen Kring)은 실제로 교회, 가족, 학교, 국가, 노동 현장 등 어디에서든지 서로 동시에 관련되어 있다는 사실을 잊어서는 안 된다. 그는 사회, 정치, 경제(Socio-Politico-Ecomico)는 구분할 수 없는 하나의 일이라고 생각했다. 그러므로 이런 기독교의 원리들은 정치와 사회개혁의 열쇠가 된다고 했다. 교회는 마땅히 사회개혁의 선봉자로 나서야 하며 병든 곳을 치유하는 도구로 쓰임 받아야 한다고 했다.

한편 혁명적 이데올로기를 가진 사회주의자들은 과격하게 돈의 분배를 위하여 투쟁을 통해서 문제 해결을 하려고 했다. 그러나 이런 시도는 모두 불란서 혁명, 맑스주의자들의 무신론적 세계관에서 나온 것이라고 비판했다.

카이퍼는 국가의 책임은 가난한 자를 돕는데 있다고 했다. 이런 원리들도 실상은 십계명에서 찾을 수가 있는데, 살인하지 말라는 개념은 반드시 사람을 죽이는 것만이 아니고, 사회적 약자인 노동자와 약자를 죽이는 것도 포함된다. 그러므로 그리스도인은 기독교 사회 사업에 소명을 가지고 있어야 하며 항구적인 복지 체계(Permanent Welfare System)를 갖추도록 노력해야 한다. 노동자들에게 일시적인 연민의 정으로 동정을 하거나 사랑을 베풀기 보다는 제도적 장치로서 그들이 법적인 보호를 받도록 해야 한다고 했다.[8]

노동법 제정을 위한 카이퍼의 투쟁

노동자와 사회적 약자에 대한 관심과 활동은 당시 기성 정치인들에게는 눈에 가시였다. 그들의 관심은 전통적으로 지켜온 체제를 유지하고 기득권을 사수하고 개인적인 유익만 있으면 그만이었다. 그런데 어느 날 갑자기 30대의 목사요 교수 출신인 카이퍼가 나타나 날마다 일간지와 주간지에 논설과 평론을 쓰고, 대중들에게 카리스마가 넘치는 설교와 연설을 행함으로써 떠오르는 태양이 된 그를 누구도 좋아하지 않았다. 그러나 대중들은 그의 모습에 희망과 꿈을 보았다. 그래서 그에게 기대를 걸었다. 세속화된 화란 교회에 16세기 요한 칼빈의 신학과 신앙을 부흥시켜, 또 다시 하나님의 영광과 주권을 높이고 성경으로 돌아가자는 그의 불같은 외침은 대중들에게 힘있게 다가갔다.

1874년 11월 28일에도 카이퍼 박사는 국회에서 사회 경제적 문제에 대해 기념비적인 연설을 했다. 카이퍼는 그날 연설을 통해서 노동법(Wetboek van den Arbeid)의 제정을 요청했다. 이 법안은 무역과 상업과 함께 다루어 질 수 있는 실제적인 법안이라고 할 수 있다.

카이퍼의 법안은 처음부터 강력한 반대에 부딪쳤다. 그의 노동법 법률안 제안에 왕립협회는 반대하고 나섰다. 그들은 카이퍼의 뜻에 반대하는 교수와 법률가로 위원회를 만들고 비밀회의를 소집해서 전략을 짜고 반대의견을 내어 놓았다. 그들은 노동의 의무와 권리를 규정하는 입법안은 넌센스로 규정했다. 그들은 노동법 제정 자체가 기득권층의 위협으로 보고 항명으로 간주했다. 그 당시의 내각이나 국회의원들도 카이퍼의 의견에 동조하는 자가 없었다. 사람들은 노동법 제정 자체를 의심의 눈초리로 바라보았다. 언론은 더욱 심하게 카이퍼에게 비우호적이었다. 신문들은 그 생각을 발표했던 신사가 스스로 같은 법안을 제출할 수 있느냐며 비아냥 거렸다. 그뿐 아니라 자유주의적 신문은 그를 '불장난 하는자'로 매도했고, 또 다른 신문은 노동자에게 이념을 주입시키는 암스텔담의 선동적 설교자라고 욕했다.

하지만 그는 정치권과 언론의 집중 포화를 맞고서도 그냥 물러나지 않았다. 1874년 11월 28일 국회 본회의가 열렸다. 167센티의 작은 체구를 가진 카이퍼는 우렁찬 음성으로 명연설을 하였다. 카이퍼는 포켓용 성경을 펴들고 그가 평소에 혼자서 성경을 낭독하는 식으로 야고보서에 나오는 강력한 고소 부분의 성경을 읽었다. "들으라 부한 자들아 너희에게 임할 고생을 인하여 울고 통곡하라 너희 재물은 썩었고 너희의 옷은 좀먹었으며 너희 금과 은은 녹이 슬었으니, 이 녹이 너희에게 증거가 되며 불같이 너희 살을 먹으리라 너희가 말세에 재물을 쌓았도다 보라 너희 밭에 추수한 품군에게 주지 아니한 삯이 소리 지르며 추수한 자의 우는 소리가 만군의 주의 귀에 들렸느니라, 너희가 땅에서 사치하고 연락하여 도살의 날에 너희 마음을 살찌게 하였도다"(약 5:1-5)를 읽었다. 그의 굴직한 그리고 카리스마가 넘치는 운율적인 성경낭독은 국회의사당 내부를 압도했다. 카이퍼는 야고보서의 메시지가 오늘날 귀담아 들어야 할 하늘에서 주신 말씀이라고 확신했다. 그리고 그러한 메시지는 노동자의 임금을 떼어 먹고 호의 호식하는 사람들에게 경고의 메시지였다. 그가 성경봉독을 다하고 난 후 국회 본회의장은 카이퍼의 반대자들에 의해서 일대 혼란이 일어났다. 여기저기서 고함소리, 신음소리, 양심에 찔려 어쩔줄 모르는 의원들, 그리고 온갖 욕설이 난무했다.

 그 당시의 환경은 사회적 경제적 사상적으로 너무나 황폐했던 때였기에, 나라를 살리고 사회 정의를 실현시키고 경제를 살리겠다는 카이퍼의 목소리는 모든 사람들에게 공감을 일으켰다. 그는 하나님의 말씀을 표준으로 해서 사회적 책임감을 강조하였다. 그리고 노동계급에 대한 동정심, 보통 사람들에 대한 애정과 관심을 보이자, 이에 보통 사람들은 화란 국가의 새로운 꿈과 희망을 안겨다 줄 수 있는 위대한 지도자가 일어났다고 생각했다. 그는 인기보다는 삶의 모든 영역에서 하나님의 주권 곧 그리스도의 왕권이 이루어지기만을 소망했다. 사실 당대의 어떤 사람도 불꽃처럼 타오르는 카이퍼의 웅장한 연설과 칼끝처럼 예리한 논리적 싸움, 그리고 일간지와 주간지에 쏟아 내놓는 그의 필력을 감당할 사람이 없었다. 그래서였는지, 카이퍼의 연설에 동의를 표하는 의원도 있었다. 그가 바로 후일 수상의 자리에 오른 헴스켈크(Heemskerk) 의원이다. 그러나 대부분의 정치 지도자들은 카이퍼를 위험한 인물로 경계하고 중상모략을 일삼았다. 만약 카이퍼가 목사로서 목회에만 전념했다면 그는 존경을 한몸에 받는 탁월한 영적 지도자가 되었을 것이지만, 역시 정치 현장은 냉혹했고 반대당의 집요한 공격은 끊임없었다. 그럼에도 불구하고 그는 조금도 주눅들지 않고 삶의 모든 영역에 그리스도의 왕권이 행사 되어야함을 촉구했다. 그리고 하나님의 말씀이 삶의 모든 표준이 되어야 할 것을 확신했기에 흔들림이 없이 일관되게 자신의 주장을 밀고 나갔다. 그러면서 카이퍼는 상대 정당의 의원들에게 개인 사생활 문제나 성경 또는 그가 가진 종교에 대해서 비난하지 않고 철저히 잘못된 기본 원리, 목적, 정책, 방법에 대해서는 맹공을 퍼부었다.

 당시 카이퍼의 사회개혁의 이론은 단순히 제도적 개선에만 있는 것이 아니었다. 사회적 변화 이전에 영적인 변화가 있어야 했다. 인간이 새로워지기 전에는 교회도 나라도 사회도 새로워질 수 없다고 주장했다. 그 좋은 예가 1875년에 있었는데, 선거의 해임에도 불구하고 그는 영국으로 갔다. 그 이유는 영국 브링톤에서 그 당시 미국의 최고의 부흥사인 디.엘.무디(Dwight, L. Moody)의 대형 전도집회가 열렸기 때문이다. 무디는 당시 복음성가의 탁월한 찬양자인 셍키(Ira D. Sankey)와 대전도운동의 기획자인 스미스(R.P.Smith)를 대동했다. 카이퍼는 이 집회에 초청을 받고 만사를 제쳐놓고 많은 친구들을 대리고 참석해서 많은 영적인 체험을 했다. 그는 목사나 교수나 국회의원 같은 직책을 접어 두고 오직 은혜를 받는 일에 열심이었다. 왜냐하면 그는 유럽 특히 당시 화란의 합리주의 사상, 현대주의 사상이 판을 치고 있을 때 진실로 영적인 변화없이는 사람들의 변화와 사회 제도의 개혁은 불가능하다고 인식했기 때문이다. 사회의 변화가 먼저냐 인간의 영적인 것이 먼저냐라고 할 때 카이퍼는 영적인 것이 우선되어야 한다고 생각했다. 카이퍼는 이 집회에 참석하고 난 다음 '내 잔이 넘치나이다' 라고 고백했다. 그 후 그는 여러 번 헤라우트지에 무디 부흥회에 참석하고 받은 바 은혜를 글로 썼다. 그의 노동법 재정을 위한 투쟁은 계속되었지만 그것을 이루기 위해서는 많은 시간이 필요했다.

수상 재임시의 카이퍼 박사(1901-1905)

Abraham Kuyper,
His Life and Theology

제2부
아브라함 카이퍼의 사상

프린스톤 대학으로부터 명예박사 학위를 받고(1898)

카이퍼의 설교론
- 불꽃같은 설교자

    카이퍼는 대설교가로서 대중을 사로잡는 강력한 메시지를 선포했다. 우선 카이퍼의 설교를 들어보면1 하나님의 영광과 주권을 최우선으로 하며, 칼빈주의적 세계관을 기어이 관철시키려고 노력한 점을 확인할 수 있다. 그는 활화산 같은 설교자였다. 167cm 의 작은 키에서 뿜어나오는 그의 뜨거운 확신의 메시지는 가히 작은 거인의 모습 그대로였다. 19세기 자유주의 신학운동 때문에 철저히 망가진 화란 교회와 사회 전체에 전염병처럼 퍼진 무신론적이고 세속적인 사상이 지배하는 세상에서 카이퍼는 광야의 외치는 소리가 되었다. 세상을 바꾸려면 사람을 바꾸어야 하고, 사람을 바꾸려면 사람의 사상을 바꿔야 하는데 그것은 말과 글로서만 가능하다고 보았다. 그래서 그는 50년 동안 일간지와 주간지의 편집장으로 일하면서 끊임없이 자기의 메시지를 썼고, 결정적인 순간마다 설교를 통해서 대중들을 사로잡고 역사의 물줄기를 되돌려 놓았다. 물론 우리는 카이퍼를 신학자, 정치가, 교회 개혁가, 사회 개혁가, 언론인 등등으로 평가할 수 있지만, 그중에서 가장 두드러진 것은 그가 목회자요 설교자였다는 사실이다. 우리가 흔히 칼빈을 오직 조직신학자, 성경주석가, 종교 개혁자로 너무 강조한 나머지 설교자로서 또는 목회자로서의 칼빈을 잘 모르듯이, 카이퍼의 경우도 아주 흡사하다. 카이퍼의 연구가들도 설교자로서의 카이퍼 연구에는 무관심했다. 다만 화란의 전 캄펜신학대학의 실천신학 교수였던 베인호프(C.Veenhof) 교수만 『아브라함 카이퍼의 설교 개념과 사상』이란 책을 출간했다.² 필자도 베인호프 교수의 글을 많이 참고했음을 밝혀둔다. 카이퍼는 평생을 설교했지만, 그의 설교집은 1867년부터 1873년까지 했던 여러 설교를 모은 '카이퍼의 설교들'(Predicatien)이다. 그중에 목회 설교가 12편이 있고, 베이스트 교회, 우트레흐트 교회, 암스텔담 교회 등에서 행한 취임설교, 고별설교 등 특별행사 설교가 10편이 있다. 오히려 그의 설교는 말씀을 통한 명상집 형태로 많이 출간되었다. 그도 그럴것이 카이퍼는 강단에서 행했던 설교문을 거의 매일, 매 주일, 'De Heraut' 지나 'De Standaard' 지에 명상록 형식으로 연재하여 신자이던, 불신자이던 간에 읽도록 하여 하나님의 말씀이 구체적인 삶의 현장과 직접 연결되도록 했다. 그러므로 카이퍼의 명상록 형태의 글과 책들이 그의 설교라고 보아도 무방할 것이다. 명상록이라고는 했지만 언제나 성경분문을 중심으로 그것을 깊이 명상하고 구체적인 삶에 적용하였다. 카이퍼의 설교관 또는 그의 사상은 일찍이 매일 수없이 쏟아낸 'De Heraut' 지에서 발견할 수 있다. 그는 자신의 설교를 통해서 칼빈주의 신앙 노선이 삶의 전 영역에 구체화 되도록 했을 뿐만 아니라 그것을 대중화하는데 이바지했다.

카이퍼에게 있어서 성경과 설교

카이퍼는 말하기를 설교란 말씀을 섬기는 것이라고 했다.³ 그리고 그는 하나님의 말씀을 말할 때마다 설교와 관련해서 기술했다.⁴ 그래서 그는 성경과 하나님의 말씀은 하나(Gods Woord in de Schrift is een) 라고 했다. 하나님의 말씀은 하나님 안에서 하나이며, 하나님의 말씀은 통일성(eenheid)을 가진다. 동시에 하나님의 말씀은 인간 언어의 다양성(Veelheid)을 만나면서 설교화된다고 했다. 하나님의 영원하신 말씀은 설교자 각자의 다양한 언어를 통하여 전달되어지는 것인 만큼 설교자가 말씀을 섬기는 것은 곧 하나님을 섬기는 것과 같다고 했다. 또 카이퍼의 성경에 대한 이해를 보면 하나님의 말씀은 오직 하나이면서 그것은 전부다(God Woord alleen en geheel)라고 했다.5 이 말은 설교자가 설교를 준비할 때 성경의 유일성과 전체 통일성을 살펴야 한다는 것이다.6 더욱이 그는 설교자가 성경의 유일성과 통일성을 믿는다고 해도 그런 것만으로 성경을 바로 해석하고 전할 수 없기에 결국 성령의 사역이 동반되어야 한다고 했다.7 카이퍼는 성경을 말할 때 그것은 살아있는 말씀(Levend Woord)이라고 확신했다.

그러므로 말씀을 증거하는 설교자는 왕의 대사(Als ambassadeur Van Zijn Koning)로서 왕의 지혜와 왕의 권세로 증거해야 한다고8 했다. 그리고 설교자는 하나님의 말씀인 성경이 구속계시의 역사(Geschiedenis der heilsopenbaring 救贖啓示史)를 그려내고 있다는 것을 꼭 알아야 한다고 했다. 카이퍼는 설교할 때 성경의 상징적인 것이나 교훈적인 것에만 매달려서는 안 되며, 성경 전체에 흐르는 하나님의 위대한 구속사의 흐름을 관찰해야 한다고 주장했다.9 이것이 바로 하나님의 교육방법(God Paedagogie)이라고 했다. 하나님의 언약과 이스라엘을 위한 구속의 사역은 결국은 예수 그리스도를 향해 있다. 하나님은 그의 능력의 손길로 역사를 주관하시며 섭리하신다. 그러므로 하나님의 말씀을 섬기며 설교한다는 것은 하나님의 위대한 구속사를 분명하게 드러내는 사역이다.

성경과 설교와의 관계를 말할때, 그는 예수 그리스도가 성경 계시의 핵심이므로, 항상 성경을 그리스도 중심으로 살펴야 한다고 역설했다.

왜냐하면 예수 그리스도는 우리의 중보자로서 자신을 계시하였기 때문이다. 그러므로 설교자는 당연히 그리스도 중심으로 성경을 보는 안목을 가져야 한다. 신구약 전체의 흐름이 예수 그리스도를 중심하여 움직이고 그리스도 중심의 축이 곧 하나님의 구속의 역사의 핵(core)이라고 할 수 있다. 그러므로 설교자는 성경계시의 중심(Het middelpunt der Schriptopenbaring)으로서 그리스도를 볼 줄 아는 눈이 열려야 한다.[10] 뿐만 아니라 카이퍼는 성경과 설교를 논하면서 성경은 곧 신앙의 책이므로 믿음이 없이는 성경을 깨우칠 수 없다고 말했다. 믿음으로 성경을 볼줄 아는 자만이 복음을 설교할 수 있다. 성경은 살아계신 하나님의 말씀이기 때문에 성령의 도우심과 믿음으로만 깨달을 수 있다. 이점에 있어서 카이퍼와 칼빈은 일치하고 있다. 왜냐하면 그들은 성경을 하나님의 구속사적 틀속에서 이해할 뿐 아니라 구원은 오직 하나님의 은혜로 되며 말씀과 성령이 더불어 역사해야 가능함을 강조했기 때문이다. 특히 카이퍼는 로마서 10:8의 말씀 "그러면 무엇을 말하느냐 말씀이 네게 가까워 네 입에 있으며 네 마음에 있다 하였으니 곧 우리가 전파하는 믿음의 말씀이라" 함을 인용하면서 설교자도 청중도 항상 믿음으로 말씀 앞에 서야 할 것이라고 했다.

카이퍼의 설교자 이해 – 말씀을 섬기는 종

카이퍼는 개혁주의 설교자가 반드시 유념해야 할 것이 있는데, 그것은 성령의 도움 없이는 설교가 안 된다고 했다. 그렇다고 해서 설교자가 충분한 준비없이 자기 멋대로 주관주의적으로 빠지는 것도 경계했다. 무엇보다 그는 말씀을 섬기는 종으로서 설교자는 철저한 자기 훈련이 필요하다고 했다. 설교는 이론적 지식이나 열정만으로 되는 것이 아니기에 청중들에게 실제로 메시지가 잘 전달되도록 하기 위해서는 끊임없이 자기 훈련이 필요하다고 역설했다. 특히 카이퍼의 설교 스타일은 논쟁적인 방법(argumenteer methode)을 많이 사용했다.[11] 아마 그가 이렇게 한 이유는 확실한 칼빈주의 운동 확산과 칼빈주의적 정치적 이념을 실천하고 그와 생각이 다른 사람, 신앙의 내용이 다른 사람에게 변증적이고 호소력 있는 설교를 해야 사람들의 영혼을 깨울 수 있다고 생각했기 때문일 것이다. 그래서 그는 논쟁적이고 설득력 있는 설교방법을 택했을 것이다. 또 그는 설교자는 항상 믿는 자들의 회중 가운데서 설교해야 한다는 사실을 잊지 말라고 했다. 그리고 설교는 하나님과 그의 백성을 만나게 해주는 역할을 한다고 했다(Prediking is Ontmoeting met God en zijn Volk). 물론 인간은 자기 침대에서 겸손히 무릎을 꿇을때 하나님을 만나기도 하고, 가족들과 함께 기도할 때 하나님을 만나기도 한다. 하지만 그보다는 설교자가 회중들에게 하나님의 말씀을 증거할 때 하나님과 그의 백성이 함께 만나게 된다. 그러므로 설교자는 하나님과 그의 백성을 만나게 해주는 '중매'의 역할을 한다고 했다. 무엇보다 설교자는 설교를 통해서 하나님과 청중이 서로 만나도록 해야 한다고 했다.

카이퍼의 이런 사상은 칼빈과 일치하고 있다. 칼빈도 설교를 통해 하나님과 그의 백성이 서로 만난다고 했다. 또한 카이퍼는 말하기를 왕의 명령을 전하는 신하의 말이 결정적이듯이 말씀의 종으로서 설교자는 결정적인 직분이라고 했다. 설교자는 하나님의 말씀의 사역자(Minister Verdi Divini)로서 왕이신 그리스도의 이름으로 증거하기에 결정적인 직분이라는 것이다.[12] 카이퍼에게 있어서 말씀의 봉사자인 설교자의 첫째 자격은 소명(Roeping)이라고 했다. 소명 없이는 설교자의 직분을 충실히 감당할 수 없다고 했다. 살아 있는 진리를 영적으로 죽은 설교자가 감당할 수 없다고 했다. 소명이란 것도 자의적이고 주관적인 것이 아니라 예수 그리스도의 복음을 증거하지 않으면 안 된다는 분명한 자각을 전제하는 것이다. 즉 왕이신 그리스도를 통해 그의 몸 되신 교회를 위해 쓰임 받는 도구로서 개인적인 부름을 받은 자가 곧 설교자인 것이다.[13]

성령으로 말미암지 않는 설교자는 그냥 인간의 종이 될 수밖에 없다. 물론 개인의 재능이나 내면적인 부르심과 그리고 설교적 소명이 있다고 할지라도 결국 성령께서 함께 할때만 온전한 설교자가 된다. 특히 카이퍼는 아모스, 이사야, 예레미야, 에스겔의 부르심을 소개하면서 설교자의 소명도 하나님의 특별하신 간섭으로 되어짐을 분명히 말했다. 설교자란 교회의 머리시며 왕이신 예수 그리스도의 부르심에 순종하는 자라고 할 수 있다.

또한 설교자를 성령의 인도함을 받는 말씀의 종(Dienaar van Woord God) 이라고 할 수 있다.

특히 카이퍼는 설교자가 되려는 사람은 히브리어와 헬라어에 정통해야 할 뿐 아니라 하나님의 말씀을 체계적으로 알고 있고 성령의 사역에 민감하게 순종해야 한다고 했다. 특히 스펄전이나 요한 칼빈이 그러했던 것처럼 영안이 열려 있어야 한다고 강조했다.[14]

또한 그는 설교자를 가리켜 "왕의 대사(Ambasadeur de Koning)"라고 했다. 달리 말하자면 설교자는 왕이신 예수 그리스도의 대사인 것이다. 이는 이미 수세기 동안 모든 개혁교회가 지켜온 입장이었다.[15]

교회의 왕이신 예수 그리스도께서 그의 백성인 성도들에게 말씀하실 때 왕의 대사인 설교자를 통해서 말씀하신다는 것이다. 뿐만 아니라 카이퍼는 설교자는 '목자' 이기 때문에 양들이 필요한 것이 무엇인지를 항상 알아야 한다고 했다. 그러므로 목사란 바로 목자적 사역을 수행하는 자인 것이다.[16] 특히 카이퍼는 설교자가 비록 연약할지라도 그의 설교사역은 놀라운것이라고 했다. 왜냐하면 하나님의 말씀은 권세 있고 능력 있는 말씀일뿐 아니라 설교자가 증거하는 말씀은 신적인 복음 (de Goddelijke boodschap)이기 때문이다.[17]

카이퍼의 설교관, 말씀 봉사의 의미

아브라함 카이퍼는 'De Heraut' 지를 통해서 수년동안 설교의 개혁을 부르짖었다. 특히 그는 1881년부터 1895년까지 자신의 메시지를 통해 교회의 개혁은 설교의 개혁과 맞물려 있음을 역설했다.[18] 그가 말한 설교의 개혁은 간단한 전도 중심의 설교를 넘어서 철저히 성경 중심적이고, 신앙 중심적이고, 그리스도 중심의 설교로 새롭게 되어야 한다는 것이다. 카이퍼에 의하면 설교란 결국 증거라는 말과 같이 쓸 수 있는데, 증거란 헬라어로 순교자와 같은 어근을 가지고 있다. 따라서 설교자는 생명을 걸고 설교해야 한다고 주장했다.[19]

또한 카이퍼는 설교의 능력은 설교자 자신 속에 있는 열정이나 지식의 힘에 있지 않고 성령의 사역을 통해서 이루어진다고 했다. 그리고 성령은 곧 하나님이시므로 (De Heilige Geest is God) 하나님의 말씀을 전하는데 있어 하나님 자신 곧 성령의 역사가 있어야 한다고 했다.[20]

뿐만 아니라 설교란 인간의 학문이나 과학적 접근을 통해 할 수 있는 것이 아니라 하나님의 말씀과 성령의 사역이란 것을 잊어서는 안된다고 했다.[21]

그리고 설교는 인간의 말과는 반대되는 하나님의 말씀을 증거하고 봉사하는것이라고 했다. 또한 설교란 복음 그 자체를 증명하는 것인 동시에 복음의 핵심인 하나님의 나라와 구원을 선포하는 것이라고 했다. 그리고 설교란 하나님의 말씀의 핵심을 설명하는 것이라고 할 수 있다. 다시 말하자면 말씀에 봉사하는 설교는 계시된 말씀을 해석하는 것이다(de citeenzetting der"Warheid" in het Woord geopenbaard).[22] 카이퍼는 설교자는 그냥 성경 진리를 전하는 것 뿐 아니라 그 말씀을 삶에 적용할 수 있어야 한다고 했다.

또한 설교의 본질적 요소는 하나님의 계시의 말씀인 성경을 해석하는데서 출발해야 한다고 했다. 그리고 설교를 마감할 때도 성경으로

마감해야 한다고 했다.²³ 또 설교의 본문을 택할 경우에도 성경의 흐름 속에서 예수 그리스도가 중보자이심을 증거하는 본문을 선택해야 한다고 했다. 설교자는 항상 하나님의 계시의 핵심을 정확히 파악해야 한다. 특히 그는 성경의 진리를 증거할 때 하나님과 맺은 언약 관계를 신중히 살펴야 한다고 했다.²⁴ 뿐만 아니라 카이퍼는 설교자가 성경 본문을 택하는 과정에서도 성령의 특별한 간섭을 받아야 한다고 했다. 단순히 청중들의 욕구나 필요만을 위해서 본문을 선택하기보다는 이 본문을 통해서 하나님의 진리가 선포될 수 있는지 깊이 생각하면서 성령의 조명과 간섭이 필요하다고 했다.

카이퍼의 설교의 특징은 교리적 설교(Catechismuspredking)였다.²⁵ 교리적 설교란 화란 개혁교회에서는 하이델베르크 신앙고백이나 벨직 신경(Belgic Confession)을 주일오후 시간에 강론하는 것을 말한다. 많은 목회자들이 지금도 이렇게 교리적 설교를 함으로써 철저한 개혁주의 성도들을 만들어 내고 있다. 이것은 아마도 울시누스(Ulsinus)나, 하이델베르크 교리문답을 초안한 올레비아누스(Olevianus)처럼 돌트총회(Dordsche Synode)의 전통을 따르고 있다고 볼 수 있다. 또한 그는 설교의 도입 부분 전개 곧 인사말(toespraak)의 기술과 여러 가지 사례들을 제시했다. 카이퍼는 대중연설과 대중설교의 천재였다. 특히 도입과 결론부분에서 강조되고 있는 호소력이 있는 설교는 탁월하여 뭇 심령들을 변화시켰다. 그는 자신의 설교를 통해 그가 깨달은 진리의 말씀을 가지고 청중들을 반드시 굴복시키는 활화산 같은 설교자였다.²⁶

카이퍼의 목회와 설교

카이퍼는 자유대학교에서 교수로서 여러 과목을 가르쳤다. 우선 처음에는 그는 교의학과 신학백과사전학을 가르쳤지만, 얼마동안은 히브리어도 가르쳤다. 그리고 그는 몇 년 동안은 설교학(Homiletiek) 즉 설교 방법론과 설교신학도 가르쳤다. 불꽃처럼 타오르는 위대한 설교자인 카이퍼가 학생들에게 친히 설교법을 가르쳤기 때문에, 그의 문하생들은 그로부터 엄청난 영향을 받게 되었다. 학생들은 카이퍼의 음성과 제스쳐까지 닮아가려고 했다. 그는 설교를 통해 성도들에게 생명의 말씀, 곧 하나님의 순수한 말씀을 갖다 놓는다는 인상을 깊이 심어주었다. 카이퍼가 학생들에게 수준 높은 설교를 요구한 이유는 설교란 차가운 논리가 아니라, 살아 있는 말씀의 사역, 복음의 전달자로서 믿는자에게 구원을 주시는 하나님의 능력이 되기를 바랐기 때문이다. 카이퍼 박사의 설교 연습시간은 학생들에게 엄격해서 그의 수업시간은 '설교의 고문실' 또는 '아브라함을 위한 설교시간' 이라고 했다.[27]

카이퍼는 이론과 실천, 학문과 경건의 조화를 늘 강조했다. 이점에 있어서 칼빈과 카이퍼는 다르지 않다. 특히 그는 자신의 명저『하나님께 가까이』(Nabij God te Zijn) 가 영문판으로 번역될 때 그는 다음과 같은 서문을 써 보냈다.

"이 생수를 마시지 않고 교리적 고백만 하면 삭막한 정통주의에서 영혼은 고갈하고 만다. 마찬가지로 교리적 규범을 명백히 알지 못한 채 영적인 감정만 내세우면 병폐적인 신비주의의 늪에 빠지게 되는 것이다"[28] 라고 했다.

그는 25세에 신학박사가 되고 26세에 목사가 된 후 약 60여년 동안 말씀을 외쳤지만, 실제로 카이퍼가 목회자와 설교자로서 전적으로 헌신한 삶은 그리 길지는 않았다. 하지만 교회사역을 그만두고 정치가로서, 또는 수상으로, 또는 저술가로 살 때도 그의 말씀 사역은 지속되었다. 그는 목회자로서 세 곳에서 사역했다. 첫 목회지인 베이스트 교회, 우트레흐트 교회, 암스텔담 교회가 바로 그가 전임 사역자로 목회한 곳이다. 베이스트 교회는 시골교회였지만 거기서는 목회 초년생으로 훈련받는 기간이자 영적으로 사상적으로 큰 영향을 받아 개혁주의 설교자로 돌아선 곳이다. 그리고 우트레흐트 교회와 암스텔담 교회는 교인들의 수에서나 건물의 크기로 보나 당대에 가장 큰 교회였기에 수많은 청중들을 대상으로 마음껏 설교를 할 수 있었다. 어린 나이에 베이스트 교회에 부임한 카이퍼는 자유주의도 정통주의도 아닌 어정쩡한 목사였다. 왜냐하면 그가 공부한 라이덴 대학은 자유주의의 소굴이었기 때문이다. 비록 그는 목사의 아들이였기에 개혁주의 신앙을 벗어나지는 못했지만 그는 온전한 개혁주의자는 못되었다. 그런데 그 교회는 비록 작았지만 18세기와 19세기의 자유주의 신학과 신앙 운동이 판을 치는 가운데서도 아직도 그 교회에는 칼빈의 신학과 신앙 그리고 돌트총회의 결정을 원리 원칙대로 믿고 있는 순수한 칼빈주의자들이 있었다. 그 교회의 성도들은 풋내기이며 젖내나는 젊은 카이퍼 목사에게 눈길을 주지 않았다. 그들의 칼빈주의 신앙에 비한다면 카이퍼는 자유주의 사상가였기 때문이다. 하지만 하나님의 은혜로 그는 그 교회의 30대 초반의 발투수(Pietronella Baltus)란 여성도의 영향을 크게 받게 된다. 그 여인은 카이퍼 목사를 향해 역사적 칼빈주의 신학과 신앙에 맞는 설교를 하라고 뼈아픈 충고를 한다. 이에 그는 순응하여 개혁주의 신앙 곧 칼빈주의 신앙으로 돌아서게 된다. 그 작은 교회의 성도들이 19세기 위대한 대 칼빈주의 부흥운동가를 만든 셈이다.

우트레흐트 교회에서 목회와 설교는 전과 다르기는 해도, 카이퍼는 국가교회가 반드시 개혁되어야 할 것을 설교를 통해서 주장했고, 언제나 교회당을 꽉 매운 청중들에게 웅장한 설교를 했다. 우트레흐트 중앙 교회를 담임 할 때가 그의 나이 30세였다. 우트레흐트 교회를 목회하는중에 암스텔담 교회가 카이퍼 목사를 청빙했다. 그러자 3년도 채 되지 않았지만 카이퍼는 그 제의를 수락했다. 카이퍼에게는 하나님의 나라와 주님의 몸된 교회를 위해 일할 수 있는 더 큰 사역이 그를 기다리고 있었다. 그의 마지막 설교는 계시록 3:11을 읽고 '정통주의와 보수주의' 란 제목의 설교였다. 이때 그는 "우리의 찬란한 정통주의를 거짓된 보수주의의 음험한 도랑에 처박지 말자"고 설파했다.[29] 그것은 거짓된 자유주의 사상을 기득권으로 지키려는 자들에게 일격을 날린 것이다. 암스텔담 교회에서 카이퍼의 설교는 놀라운 것이었고 농익고 뜨겁고 확신에 차 있었다. 정통주의 곧 개혁주의 신앙을 가진 암스텔담 중앙교회 성도들에게는 카이퍼 목사는 하나님께서 보내신 가장 이상적인 설교자였다. 그가 말씀을 가지고 강단에 서는 것이 그들에게 가장 영광스런 일이었다. 그의 설교는 항상 성경 본문의 뜻을 밝히 드러내어 알아듣기 쉽게 감동적으로 설교했다. 카이퍼 박사가 설교학 강의를 할 때는 영적으로 균형이 잘 잡힌 설교를 하였다.[30]

그는 선천적이고 천부적 설교가요 명연설가였다. 그는 언어를 훌륭하게 구사할 줄 아는 사람이었다. 카이퍼는 레토릭(Rhetoriek, 수사학) 의 천재였다. 그가 설교할 때면, 간결한 단어, 절을 사용하고 성경본문을 아주 상세하게 설명했기 때문에 영적인 생명의 말씀이 샘솟듯 했다. 그의 어휘력은 탁월했고, 그의 설교는 대가다운 문체였고, 그의 발음은 우아하고 고전적이며 박진감에 넘쳤다. 무엇보다 영적 카리스마는 청중을 사로잡았다. 뿐만 아니라 그의 설교는 모두 예술작품처럼 훌륭했다. 사람들은 카이퍼의 설교를 듣고 영적인 큰 유익은 물론이고 미적인 즐거움까지 함께 누렸다. 그의 웅장한 목소리, 능숙한 강연, 또한 카리스마적이고 생기가 넘치는 설교 태도와 더불어 영원한 하나님의 말씀인 진리를 시의 적절하게 설교함으로써 청중들을 완전히 사로 잡았다.[31]

카이퍼의 설교 내용

카이퍼는 설교자이지만 명연설가요, 명칼럼니스트였다. 그래서 때로는 어느 것이 설교이고, 어느 것이 연설인지 구별이 잘 되지 않았고 또 어느 것이 설교이고, 어느 것이 명상록인지도 구별하기가 어려웠다. 그러나 한 가지 확실한 것은 그 형식이 어떠하던지 상관없이 언제나 영혼의 깊은 문제를 다루었고 하나님의 영광과 주권, 그리고 교회 개혁과 삶의 전 영역에 하나님의 나라를 건설해야 한다는 것이 주제였다.

어떤 이는 카이퍼의 삶을 모두 정치가로서, 또한 일반은총을 주장하는 문화신학자로만 이해하는 분들이 적지 않다. 그러나 실제로 카이퍼의 메시지는 '하나님께 가까이' 라는 대주제 아래 예수 그리스도 안에 있는 구속의 은혜와 하나님 앞에서의 영적인 삶, 이 세상을 향한 그리스도인의 소명에 관하여 활화산처럼 외쳤다. 기록으로 남겨진 그의 설교가 몇 편 있지만 그보다는 먼저 그의 명저『하나님께 가까이』(Nabij God te zijn) 라는 명상록에서 그의 설교 사상을 살펴보는 것이 좋겠다. 왜냐하면 이 책은 카이퍼가 강단에서 설교하거나, 모든 기독교 공동체의 모임, 정치 또는 사회단체 앞에서 강연했을 때, 그의 사상을 명상록 형태로 모든 대중들에게 이해하기 쉽게 쓰여진 명저이기 때문이다.[32] 그러므로 우리는 이 책에 나타난 그의 설교의 중요한 메시지를 찾아보고자 한다.

우선 그의 설교에서 두드러진 메시지의 내용은 칼빈과 같이 하나님 중심 사상을 닮고 있다. 즉 시편 73:28의 말씀처럼 "하나님께 가까이 하는 것이 복"이라는 것이다. 카이퍼는 하나님께서는 구체적으로 우리의 창조주요 속죄주가 되시고 우리의 언약의 주로서 진실로 약속을 지키시는 분이시기에 그를 영접해야 하나님을 사랑하고 그를 신뢰하며 하나님께 더 가까이 갈수 있다고 했다. 즉 "가까이란 단어는 하나님과 여러분 사이를 떼어놓는 경우가 너무 많다는 것을 암시해 준다"고 했다. 아래의 글을 통해 이 말의 의미를 더 고찰할 수 있다.

"이 땅에서 하나님께 가까이 하는 것은 인생의 광야에서 오아시스를 만나는 것과 같기 때문에 죄많은 세상에서, 끊임없이 하나님을 추구할 때만이 가장 값진 축복을 누릴 수 있다." 33

특히 카이퍼는 기도에 대해서 많이 설교했다. 그의 설교 내용을 인용해보면 다음과 같다.

"하늘에 계신 우리 아버지 역시 우리의 심령 속에 기도의 씨앗을 뿌리셨다. 그 기도의 생명이 우리 속에 자라나야 되며, 우리의 영혼 속에서 기도가 성숙해야만 한다. … 미련한 기도를 통해서 우리는 정화된 기도에 도달하게 된다. 세속적인 기도를 하지만 하늘에서 이슬로 떨어지며 보다 높은 차원의 햇빛을 비추는 좀 더 고상한 기도에 이르게 된다.… 단지 입술에서 나오는 소리가 아니라 마음 속 깊은 곳에서 솟구치는 기도, 각 사람 자신의 감각과 기질이 일치하는 기도, 단지 무의식적인 생각뿐 아니라, 우리의 전 인격을 표현하는기도, 거룩하신 하나님 앞에 진실하게 영혼을 쏟아서 드리는 기도가 중요하다.… 만일 우리의 기도에 대한 하나님의 응답이 즉각적으로 되어진다면, 우리 안에서는 기도의 생활이 발전하지 않게 될 것이며 기도가 우리 안에서 정화되지 않을 것이다. 우리의 기도들 사이에 생겨난 잡초들(Onkruid)을 제거해야 한다. 그리고 그 사이에 기어 다니는 전염 병균들은 제거 되어야 한다. 그리하여 기도가 정화되고 성화되어 거룩한 의미에서 그것이 믿음에 의해서 성숙해져야만 하는 것이다. 그리하여 마침내 여러분의 기도는 하나님을 믿는 성도로서 도달해야 할 완전한 수준에 도달하게 되어 하나님의 보좌에 상달되게 된다." 34

칼빈과 같이 카이퍼도 성도의 기도 생활에 대해서 이처럼 섬세하게 다루면서 설교하고 있다. 그는 이사야 54:4과 예레미야 18:19를 해설하면서 기도를 크게 강조했다.

> "예레미야 선지자의 말처럼 하나님은 가까이 계심과 동시에 먼곳에 계신다는(렘 23:23) 말의 뜻은 이렇다. 하나님 앞에서는 우리가 겸손하게 무릎을 꿇어 기도하지만, 하나님께서는 우리에게 말씀하실 수 있고 우리의 간구하는 목소리를 들을 수 있다. … 우리가 그분께 간구하는 소리가 아무리 작을지라도 그 방법이나 시간에 구애되지 않고 하나님께서는 우리의 기도를 들을 수 있는 것이다. … 전화로 비유하면 하나님께서 우리에게 전화를 거시고, 또 그분께서 우리의 소리를 들으시게 하기 위해서 우리가 하나님께 전화로 응답해야 한다. 그러면 끊겨진 관계가 다시 회복된다. 하나님과의 의사소통(Gemeenschap met God), 즉 교제는 우리의 삶을 성화시켜주고 보호해 주시는 능력이 된다."[35]

카이퍼는 기도의 능력, 기도의 은혜, 기도의 축복, 기도의 방법을 절묘하게 표현하고 있다.

카이퍼를 평가하는 사람들 중에는 그는 19세기 낭만주의적 요소를 지니고 있다고 평가하는 사람도 있다. 하지만 그의 진지한 설교를 들어보면 그의 메시지에는 거룩한 이상주의가 내포되어 있다고 할 수 있다. 오늘날 우리식으로 하면 꿈과 비전의 사람이라고 할 수 있다. 그 자신의 말대로 표현하면 이상주의자라고 할 수 있다. 그러나 그의 이상주의는 하나님을 중심한 것이며, 하나님의 나라 건설을 위한 위대한 비전이라고 해도 좋을 것이다. 그의 메시지는 다음과 같다.

> "개인들이나 집단들이 이상주의를 지향할 때 그것의 고상한 목표는 진리를 추구함에 있어서 가장 확실하고 강력한 동기중의 하나이다. 그러

나 이상주의를 전혀 인정하지 않는 사람은 단조로운 물질주의 지식을 갈망할지 모르나, 인간의 삶에 있어서 보다 더 귀한 것들에 대한 지식은 무시해 버리고 만다. 그러나 거기에 침잠되어 물질의 노예가 되어 버린 사람들이 과연 인생에 있어서 참 가치 있는 것들에 관한 고귀한 지식을 좋아하겠는가?… 한 민족이 이 이상주의 관념을 갖지 못하면 그들은 물질주의와 감각주의로 떨어지게 되고 모든 고상한 삶으로부터 단절되고 만다. … 그러한 이상주의가 어느 민족에게 가장 강하고 고무적으로 작용하는가 그렇지 못한가 하는 것은 하나님께 달려 있다. 하나님께서 민족에게 그 고귀한 목적의 입김을 불어넣어 주시면 그 사람들은 더 고상한 목적들을 위해서 생활하게 되고, 더 순수한 인간 존재에 대한 지식으로 풍성한 삶을 살아가게 된다. 그러나 하나님께서 그 입김을 거두어 가시면 그의 이해력은 둔화 되어지고 모든 고귀한 지식은 사라져 버린다."[36]

카이퍼는 성도가 이 세상에서 보다 영적이고 도덕적이며 고상한 인격을 갈망해야 하는데, 그러한 이상주의를 갖게 하신 분도 하나님이란 것이다. 이것이 개인에게 있으면 위대한 하나님 중심의 세계관을 갖고 역사를 변화시킬 수 있을 것이며, 한 민족이 그러한 이상주의를 갖는다면 그 민족의 변화를 일으킬 수 있을 것이다. 이렇게 되려면 말씀을 통해서 끊임없이 거룩한 이상을 불어넣어야 하는데 그것은 설교자의 몫이다. 지난 한 세기 동안 한국의 강단에서 복음을 증거한 설교자의 주된 메시지도 거룩한 하나님의 건설에 대한 꿈이었다. 또한 카이퍼는 그의 메시지에서 특별히 현대인의 우상에 대해서 예리하게 비판하고 있다. 카이퍼가 약 백년 전에 했던 메시지임에도 불구하고 그것은 오늘 우리들에게 직접 전하는 메시지와 다름없다.

"현대의 우상숭배 운동은 거의 비인격적 대상에 관한 것으로써, 우상들의 신상을 세우지는 않는다. 오히려 인도, 중국 그리고 일본에 널리 퍼져 있는 우상숭배를 경멸한다. 이 새로운 우상주의 운동은 다음의 양면으로 추진된다. 소극적인 면에서 그것은 인격적이고 살아계신 하나님을 부정하는데서 출발한다. 적극적으로는 막연한 이상들이나 감각적인 쾌락과 돈에 정신없이 빠져드는 것이다. 그러므로 우리는 선지자들과 사도들이 우상숭배적 이교주의를 경계했던 것보다 훨씬 더 고통스럽고 힘들게 이 새로운 형태의 우상숭배와 맞서 싸워야 한다. … 현대의 이교도는 휴머니즘을 표방하고, 예술에 열성을 보이며, 고상한 삶의 형식에 대한 사랑과 충동을 느끼거나, 감각적인 쾌락과 부를 추구하거나 정열적인 자극을 쫓는다. … 우상숭배가 사라져 환상에서 실제로, 이념에서 본질로, 막연한 종교에서 유일하신 하나님을 경배하고, 추상적인데서 벗어나서 예수 그리스도 안에서 자신을 계시하시고 인격적으로 역사하시는 하나님께로만 향하는 신앙으로 되돌아가야만 한다.[37]

우상숭배 운동은 바로 이교도의 특징이며, 현대의 우상은 교묘히 우리의 삶의 전 영역에 파고 들고 있다고 했다. 오늘날 우상 숭배사상은 바로 인본주의를 표방하고 있다고 일관되게 말한 것은 한 세기를 앞서 보면서 외친 선지자적 메세지이다. 이는 일찍이 칼빈이 주장했던 바와 유사하다.

칼빈도 "인간의 영이 얼마나 크게 우상 숭배로 기울어져 있는가." 또는 "모든 사람들이 똑같은 우상을 섬기지 않는다 할지라도 그들은 모두 우상숭배에 속박되어 있다."[38]고 했다. 이와 같이 카이퍼는 그의 메시지를 통해 현대인의 우상숭배를 통렬히 경고하면서 비판했다. 이는 오늘 우리 시대의 메시지와 다름없다.

카이퍼의 메시지를 읽다가 문득 눈에 들어오는 것은 상징주의에 대한 경고이다. 그는 시편 91:1을 해설하는 중에 상징주의를 비판하고 있다.

"상상력이 풍부한 상징은 우리에게 영이신 전능하신 주의 그늘 아래에서 안식을 구하며 그분의 날개 속에 숨을 것을 보여준다.… 그러나 이 상징주의가 너무 극단으로 흘러서는 안 된다. 우리는 항상 하나님의 거룩한 일을 물질적인 방법으로 해석하려는 병폐적 신비주의(innige mystiek)의 위험에 대해 경계해야만 한다. 하나님은 영이시다(God is een Geest). 그러므로 순전히 영적인 방법 이외에 그분과 만나고 교제하고 사귀려는 모든 노력은 수포로 돌아가게 된다. 이 과장된 상징주의는 사람으로 하여금 돌이나 귀금속으로 물질적인 하나님의 형상을 만들게 함으로써, 또는 사람을 범신론적 구덩이 (Pantheistische modder) 빠뜨려 영과 물체를 혼합시켜 마침내 지나친 정욕에 빠져, 성령으로 시작했다가 하나님의 신성을 모독하여 그 영혼을 질식 상태로 몰아넣음으로서 우상숭배로 인도하게 된다. … 하나님과 순전히 영적으로 교제하는 것이 아무리 필요하다고 해도 영적인 것과 상징적인 것을 혼돈해서는 안 된다." [39]

카이퍼의 성경에 대한 분석은 이토록 예민하다. 혹자는 카이퍼의 신학이론과 성경적인 분석이 약하다고 비판하는 사람들이 있으나, 이는 분명 그의 성경해석의 명료함과 수많은 성경명상 자료를 읽지 않고 하는 이야기일 것이다. 카이퍼는 성경에 대해서 다음과 같이 말했다.

"성경 곧 하나님의 말씀은 우리의 발걸음을 인도하는 등불이요 우리의 길을 비추는 빛이다. 왜냐하면 성경만이 우리에게 다음과 같은 두 가지 사실을 분명히 깨닫게 해주기 때문이다. 즉 하나님은 영이시라는 것과 하늘에 계신 우리 아버지되시는 하나님께서 우리 곁에 오셔서 얼굴을 맞대고 우리와 만나시며 사람이 자기 이웃을 대하듯 우리와 교제를 나누신다는 것이다."⁴⁰

그 외에도 그는 성경은 하나님의 말씀이며 하나님이 우리의 창조주이신 동시에 구속주요 심판주이심을 거듭 말하고 있다. 또한 그는 마 22:37,38을 가지고 "목숨을 다하여 (Met Heel uw Ziel)"란 제목으로 설교를 했는데, 이 설교를 통해 인간의 전적 타락과 하나님의 거저 주시는 은총을 강조하고 있다.

"타락한 인간 중에 어느 한 사람이라도 본능적으로 하나님께 나아가며 모든 장애물과 저항력을 타도 할만한 힘을 발휘할 수 있는가 질문하지 않을 수 없다. 이에 대한 답변은 아니라는 것이다. 다시 한 번 물어본다고 해도 아니라고 할 수밖에 없다. 죄로 말미암아 손상되고 쓸모 없게 되어 더 이상 하나님의 형상을 지니지 못한 인간의 마음에 그러한 경향은 전혀 없는 것이다. … 심지어 교회나 다른 장소에서 예배드리는 가운데서도 하나님 앞에서 멀리 떨어져 있거나 상관없이 평소처럼 하나님의 존재를 부정해 버리는 것이 인간이다. … 분명한 사실은 자석이 쇠를 끌어 당기듯이 하나님께서는 그가 택하신 영혼을 끌어 당기실수 있다. 그리고 하나님께서 이렇게 하실 때에 그의 능력은 불가항력적(Onweerstaanbaar)이다. 그러므로 하나님께서 그 영혼을 끌어다니실 때 아무도 반항할 수 없다."⁴¹

카이퍼가 택한 자를 구원함에 있어서 하나님의 능력은 강력한 자석의 힘(magnetische Kracht)과 같다고 표현한 것은 매우 재미있다. 인간의 전전 타락과 무능 때문에 하나님의 능력과 은혜가 아니고서는 인간은 자기 힘으로 하나님께 나아올 수 없다고 했다.

카이퍼는 "사람이 하나님의 뜻대로 행하면"(Zoo Imand wil Zijn Wil)이란 주제의 설교에서 교리와 행위 곧 이성과 신앙에 대한 조화를 강조하면서 하나님의 뜻을 따라야 할 것을 힘주어 말했다. 특히 그는 이 메시지에서 교회사적인 예를 들어서 진지하게 설명하고 있다.

"종교 개혁 이후 처음 17세기는 삭막한 교리중심의 시대였다. 그 후 18세기는 감성 중심의 신앙시기라고 할 수 있다. 그런데 이것들은 둘다 만족할만한 것이 못되었음으로 기독교는 위험한 지경에 이르게 되었다. 따라서 교회는 교리 설명을 경시하며, 감정주의에 반대하는 다른 극단파가 일어나게 되었다. 즉 사람들은 기독교 신앙을 단지 의지의 활동 측면에서만 이해하게 되었다.⋯ 17서기의 빈틈없는 교리중심의 신앙 시대는 프랑스 그리고 네델란드가 주축이 되었다. 하지만 18세기의 감성주의 신앙 시대는 독일과 프랑스의 감정주의자들에 의해서 주도 되었다. 그러나 19세기에는 주로 영국이 두각을 나타내었다. 이들은 상업주의 정신, 실용주의 그리고 불굴의 의지력을 주장했다. 이러한 열정은 영국에서 유럽 대륙으로 전해졌으며, 이 의지 중심의 경향이 자선사업, 선교활동에 이루어 놓은 업적은 매우 크다. ⋯⋯ 동시에 그것은 지성적 교리주의의 삭막하고 무미건조한 결과들과 감정적 신비주의(gevoelmystiek)의 연약하고 병적인 열개를 부끄럽게 만들었다. 그 특징으로는 남에게 선을 베풀 마음가짐, 헌신, 열정적 신앙 등을 들수 있는데, 이것들은 종교 개혁 이후 그때까지 사라졌던 현상들이었다.⋯ 하지만 이렇게 편파적 열심은 그만 유감스런 결과를 자아내고 말았다. 즉 의지에 치우친 신앙은 처음부터 믿음으로 의롭게 된다는 교리를 저버리고 선행으로 구원을 얻는다는 오류를 범할 위험을 내포하고 있었던 것이다. 무게 중심이 하나님에게서 너무 멀리 옮겨져 인간 안으로 들어와 버렸다. 그들이 불신앙적 단체에서 많은 희생적 자선활동을 벌이자 '선한 사랑의 복음'이 불신자들에게 더 가깝게 느끼게 되었다."[42]

카이퍼는 선한 행위가 아무리 중요하다고 할지라도 기독교가 행동만을 위주로 하고, 영생의 복음과 성경의 진리를 등한시 한 것은 잘못이라고 비판했다. 흔히 카이퍼를 일반은총의 신학자로만 이해하고 있는 이들이 많다. 하지만 카이퍼는 이성과 신앙, 경건과 학문, 그리고 생명의 복음과 그리스도의 삶을 조화롭게 보려고 했다.

또 카이퍼는 기독교 신앙과 학문에 대한 메시지에서 다음과 같이 말했다.

"인간의 학문 역시 하나님께로 향하게 하는 것이 기독교 신자의 의무라고 생각한다. 학문의 한 분야 즉 신학이 하나님에 대한 지식을 목적으로 하여 그 역할을 잘 개척해 나갈 뿐 아니라 모든 분야의 학문이 총체적으로 하나님의 영광을 드러내도록 해야 한다. 학문이 아무리 완전하고 박식하다고 해도 그것이 하나님을 따로 떼어놓고 그분의 존재에 대해서 의심을 품게 하거나 하나님을 부인하게 된다면 그것은 더 이상 학문이 아니라 죄악인 것이다. 왜냐하면 그것은 인간이 온 마음과 뜻을 다하여 우선 하나님을 사랑해야 하는 큰 계명을 거슬렀기 때문이다."[43]

카이퍼는 이 메시지에서도 하나님 중심의 학문을 부르짖고 있다. 그는 삶의 모든 영역에 하나님의 영광과 주권을 인정하는 학문이 되지 못하면 그것은 죄라고 했다. 또한 그의 모든 설교를 분석해보면 칼빈주의적 세계관과 성경의 원리를 제시하고 있음을 확인할 수 있다. 카이퍼는 여기에 덧붙여서 모든 인간은 자기의 분야 자기의 일터에서 분명한 소명의식을 가져야 함을 힘주어 말했다. 이 또한 카이퍼가 제창한 칼빈주의자들의 소명(Roeping)을 말한다. 세상은 버려진 땅이 아니라 우리가 가꾸어야 할 소명의 일터라는 것이다. 그는 소명에 관하여 다음과 같이 말했다.

> "하나님의 위대하심과 전능하심은 영혼구원의 좁은 영역에서만 한정된 것이 아니고 인간의 삶의 모든 영역에 적용되는 것이다. 하나님에 대한 사랑은 우리 모든 사람을 위해, 각자의 재능과 소명에 따라 인생의 전 활동 영역에서 동등한 열심과 능력을 다해 표현되어야만 한다. 화가나 조각가도 선교사나 자선가처럼 하나님께 대한 사랑을 품고 하나님께 진실한 영광을 돌려드리도록 해야 한다.… 가정주부는 가정의 훈련된 보모의 역할을 감당하지만, 외지에서 활동하고 있는 여선교사는 힘을 다해서 하나님을 사랑할 성스런 소명을 받은 것이다. …… 잘못된 이원론(Valsche dualisme)은 하나님께 대한 사랑을 소중히 여기는 것이 아니고 그것을 타락시키는 것이다." [44]

여기서 카이퍼는 그의 메시지를 통해서 칼빈주의 소명의식과 영영주권사상에 대해서 대중들에게 명쾌히 설파했다.

끝으로, 카이퍼의 설교의 개혁에 대한 그의 뜨거운 열정과 이론적 체계는 주로 1878년 5월 12일부터 1901년 6월 30일까지 'De Heraut' 지를 통해서 주장되었다. 실제로 그는 역사의 결정적인 순간마다 설교를 통해서 화란교회 성도들에게 칼빈주의적 성경관과 칼빈주의적 세계관 그리고 삶의 전 영역에 역사하시는 하나님의 영광과 주권을 소리 높이 외쳤다.

예를 들면 1880년 화란 뿌라야 대학을 설립하고 개혁교회의 분리를 선언할 때마다 역사의 결정적인 순간마다 설교를 통해서 역사와 교회를 바꾸고 세상을 바꾸어 나갔다.

실제로 카이퍼는 칼빈 이후 3백년 만에 나타난 위대한 개혁자이다. 그의 재개혁(Gereformeerd)은 결국 강단에서 말씀을 통한 개혁에서 시작되었다. 마치 16세기의 종교 개혁이 강단의 회복에서 시작된 것처럼 19세기 교회가 철저히 자유주의 사상으로 세속화 되었을 때, 그는 강단에서 불꽃처럼 타오르며, 하나님의 영광과 주권을 힘있게 외쳤다. 그리고 그의 메시지는 단순히 예수 믿고 구원 얻는 것만을 전한 것이 아니라 구원받은 그리스도인은 마땅히 세상을 변화시키고 궁극적으로 하나님의 나라 건설에 이바지 해야 한다고 했다.

아브라함 카이퍼가 신학자로서, 정치가로서, 언론인으로서, 칼빈주의 부흥가로서, 교수로서 잘 알려진 반면에 목회자와 설교자로서의 카이퍼는 별로 알려지지 못했다. 그런 까닭에 '설교자로서 카이퍼'라는 이 연구는 새로운 시도라고 보아도 좋을 것이다.

카이퍼가 목회하던 우트레흐트 중앙교회

카이퍼의 교회론

카이퍼는 교회의 개혁자이다. 그의 관심은 화란 갱신교회(Hervormd KerK)를 개혁해서 종교 개혁자들이 그토록 갈망하던 성경 중심의 바른 기독교회를 세우는 것이 그의 꿈이었다. 또한 카이퍼는 25세에 이미 『요한 칼빈과 요한 라스코의 교회론 비교연구』(Joannis Calvini et Joannis a Lasco de ecclesia Ser.tentiarum inter se Compositio)를 통해서 신학 박사 학위를 받았다.[1] 그는 일생동안 교회를 교회되게 하는 일에 최전선에 서 있었다. 교회의 개혁자로서 카이퍼의 역할과 투쟁은 다른 장에서 다루기로 하고 여기서는 그의 신학이론 중에서 교회론 만을 주로 언급하고자 한다(이를 위해서 앞서 인용한바 있는 멕골드릭(McGoldrick)의 책을 특별히 참고했다).

카이퍼는 당시 국가교회에 대해서 매우 실망했다. 그는 현대 기독교 국가에 잠재되어 있는 신앙적인 요소가 10%라면 90%는 철학으로 혼합되어 옛날 이방인의 속성을 그대로 갖고 있는데, 그 속성이 그리스도의 이름으로 그리스도의 교회에 잠입해 들어와서 그 교회를 파괴하고 있다고 개탄했다.[2] 그가 실망한 대로 화란 국가교회인 갱신교회는 정통신앙에서 멀리 벗어나서 현대주의적인 불신앙 풍조의 온상이 되어 있었다. 즉 인본주의적인 세계관이 교회를 지배하고 있었다. 이에 반해서 카이퍼는 참된 교회란 성령님께서 하나님의 택한 백성을 가입시키는 그리스도의 몸이라고 했다.³ 그는 하나님의 선택을 교회의 근본으로 보았다. 사람은 그 영혼이 본질이기 때문에, 택함 받은 사람들이 참된 교회를 구성하며, 그 안에서 교회라고 알려진 가시적인 종교 조직체가 만들어진다. 하지만 실제로 교회가 존재하는 것은 거기 택함 받은 자들이 있기에 교회라고 한다. 교회는 조직적이고 기구로서의 교회도 중요하지만 참된 교회는 하나님의 말씀이 바로 선포되고 성례가 바로 집행 되어야 한다고 했다. 그는 교인들을 훈련시키는 것은 교회의 중요한 기능이지만 필요 불가결한 특징으로 보지 않았다.

교회 관리

카이퍼는 교회의 규례와 관리에 대해서 남다른 관심을 가졌다. 그 당시 화란에서는, 모든 국민은 국가교회의 일원이 되어야 하기 때문에 자동적으로 하나님의 나라에 있다는 신념을 갖고 있었다. 이에 대해 그는 이런 류의 낙관주의 사상을 강력히 반대했다. 동시에 그는 교회를 예수 그리스도를 믿는다고 선언한 사람들의 사회로 만든다는 견해도 수용하지 않았다. 그에 의하면 하나님의 구원의 은혜를 받은 자들은 누구나 회원이 되는 것이지 기구적인 교회가 모든 것을 결정할 수 없다고 했다.

또한 카이퍼는 교회가 지역사회의 중심이 되는 것을 장려했으며, 그 지역의 회중을 섬기고 봉사해야 한다고 했다. 그는 지역교회가 하나님의 말씀과 성례 집행을 통해서 하나님의 사역을 성취하는 1차 도구로 생각했다. 하지만 민주국가를 지향하는 주권재민설(主權在民說, Popular Sovereignty)이 교회에 적용되는 것을 반대했다. 왜냐하면 교회는 신자들의 뜻보다 하나님의 뜻을 따라야 하며, 교회의 근원을 통제하는 구속력은 인간의 선택이 아니라 하나님의 말씀이어야 하기 때문이다.⁴ 카이퍼는 교인들이 교회의 일을 주관하는 절대 권력을 가지고 있다는 신념은 불란서 혁명 사상과 주권재민의 사상에서 나온 것이라고 했다.[5] 또 그는 "교회는 그리스도의 절대적 지배를 받는 엄격한 영적 군주국이다"[6]라고 했다. 비록 카이퍼가 교회를 영적 군주국이라고 생각했지만, 그는 그리스도께서 그 목적을 위해서 세우신 직분자를 통해서 그분의 교회를 다스린다고 했다. 하지만 그 직분자들은 교회의 관리자가 아니고 그리스도의 종이다. 성도들은 장로 중심의 조직체 안에서 하나가 되어야 하며 거기서 선택된 장로들이 권위를 행사하며 교인들을 훈련시켜야 한다. 목사는 교육시키는 장로이며, 지도력을 은사로 받은 평신도들이 장로들을 견제한다.

그러나 거기에는 등급 매기기가 있어서는 안 된다. 모두가 그리스도 안에서 동등하고 예수 그리스도만이 교회의 머리시다.[7] 집사들은 성도들의 물질적인 필요를 해결해주는 책임이 있다. 그러나 집사들이 장로보다 지위가 낮은 것은 아니라고 했다. 그들은 그리스도를 본받아 사랑의 봉사를 실천한다. 교회는 성직자들이 영향력을 행사하지만 목사들이 서열을 주장해서는 안 된다. 성도들은 목사의 가르침을 아무 생각 없이 받아서는 안 된다. 왜냐하면 모든 그리스도인은 하나님 앞에서 성직자이며 영적인 분별력을 행사해야 하기 때문이다. 그런까닭에 평신도들은 태만하거나 교리적으로 잘못 가르치는 목사를 항거할 수 있다고 했다.[8] 카이퍼의 교회 관리 지침은 화란의 국가교회인 갱신교회를 비판하고 참된 개혁교회를 만들기 위한 충정에서 나온 것이라고 본다. 특히 모든 그리스도인이 성직자란 말은 종교 개혁의 만인제사장 사상에서 나온 것이다. 카이퍼의 이 말은 후일 화란의 선교신학자 헨드릭 크레머(Hendrik Kraemer)의 '평신도 신학'의 이론적 뒷받침이 되었다.[9]

참된 교회는 하나님의 말씀이 선포된다

카이퍼는 참된 교회의 특징은 하나님의 말씀을 바르게 선포하는 것이라고 했다. 그는 개혁신학자 콤리(A. Comrie)의 말을 빌려 참된 교회는 무엇을 찾아내려고 노력하는 교회가 아니라 이미 알려진 계시의 진리를 고백하고 증거하는 것이라고 했다.[10] 이는 일찍이 16세기 요한 칼빈의 입장과 일치한다. 칼빈도 "하나님의 말씀이 순수하게 전파되고 또 들리며 성례가 그리스도께서 제정하신대로 집행되는 곳, 거기에 하나님의 교회가 있다"고 했다.[11] 따라서 교회는 진리를 찾는 수준에 머물러 있어서는 안 되고 진리를 이해하고 명백히 선포해야 한다고 했다. 참된 교회는 오직 하나님의 말씀인 성경을 확고히 지키고, 인본주의적인 종교단체로서의 교회와는 확연히 구별되어야 한다고 했다.[12] 또한 그는 사람들을 높이 올려 세워 신(神)으로 만들고자 하는 현대주의를 비판했다. 현대주의자들은 하나님도 인간의 한계를 벗어나지 못한다고 했다.

교회는 관리만 잘하면 교회의 순결이 자동으로 이루어지는 것이 아니라는 것을 카이퍼는 잘 알고 있었다. 또한 그는 교회의 영적 부패를 막으려면 교회의 행정 관리나 통치로 할 수 없다는 것도 잘 알고 있었다. 바른 신앙을 갖지 못한 자들이 순수한 신앙의 사람들을 협박한다고 교회다워지는 것이 아니다. 그는 이런 현상들을 독일에 있는 루터교와 영국교회에서 찾았는데, 거기서는 행정관리가 교회일을 주관했으며, 그들은 도리어 교회를 개혁하고 정화하는데 걸림돌이 되었다.[13] 교회의 퇴폐는 모호한 교리에서 시작하여 교인들의 악한 행실로 발전되기 때문에 교회를 신앙고백적인 상태로 유지하는 것이 긴요하다고 믿었다. 그러므로 교회는 그 교회의 교의(敎義)에서 벗어난 직원을 묵인해서는 안 된다고 했다. 왜냐하면 그것은 틀림없이 성례를 더럽힐 뿐 아니라 하나님의 말씀 전하는 것을 가로막기 때문이다. 그렇게 되면 교회는 그리스도의 왕권을 찬탈하는 것이 되고 만다.

비록 카이퍼가 개혁교회의 교리를 철저히 고집했지만 그는 편협하고 근시안적인 교회관을 갖지는 않았다. 참된 교회는 파벌적이어서는 안 되고 같은 신앙고백을 한 다른 단체들의 진실한 믿음도 소중히 생각하고 인정한다. 카이퍼는 종종 자기 자신의 죄와 동료들과 성도들의 죄를 가슴 아파했다. 왜냐하면 인간의 죄와 부패가 교회를 병들게 하고 교회를 어지럽게 하기 때문이다. 그는 때때로 그의 지지자들 마저도 매우 당황하게 할 정도로 다음과 같은 편지를 썼다. "당신은 모범적 교인이라고 할 권리나 자격이 없소이다. 당신은 당신의 부족 때문에 교회를 부패하게 만드는데 일조를 한 죄인이라는 사실을 인정하시오"였다.[14] 그는 언제나 교회의 주인 되시는 예수 그리스도의 왕권을 수립하는데 철저했다. 교회가 거룩한 이유는 교회의 머리되신 예수 그리스도께서 온전하시며 거룩하시기 때문이다.

참된 교회는 성례가 바로 집행된다

정통적인 개혁신학을 따라서, 카이퍼는 성례가 적절하게 집례되어야 한다고 했다. 16세기 개신교의 중요한 교회들은 모두가 세례와 성만찬을 성례(聖禮)로 인정했다. 그러나 성례의 의미와 관련해서 이들 교회들 간에는 중요한 차이점도 있다. 본래 성례(Sacrament)란 말은 라틴어의 Sacramentum에서 나왔으며 그 말의 뜻은 어떤 것이 성스럽기 때문에 그것을 따로 떼어놓는다는 의미다. 로마 군인이 입대를 하게 되면, 그는 황제와 그가 속한 군대의 상관에게 순종의 서약을 했다. Sacrament는 군복무를 위해서 떨어졌던 사람에게 받는 서약이며 약속이었다. 초대 교회에서는 이 말을 세례와 성찬식(Eucharist)을 의미하는 용어로 사용했다. Eucharist는 신비(Mystery)란 말의 헬라어 Mysterion을 라틴어로 번역한 것이다. 또 복음(The Gospel, Kerygma)를 전하는 것은 죄인들에게 죄사함의 은혜를 전하는 기본적 방법이다. 복음을 전하는 것은 회개하고 그리스도께로 돌아오는 자를 용서하신다는 하나님의 약속과 서약을 입으로 선포하는 것을 의미한다.

성례란 죄사함의 복음을 외적인 표시와 가시적인 방법을 나타내는 것을 말한다. 세례식에는 물로, 성찬식에는 떡과 포도주로 선포한다. 그래서 어거스틴은 성례는 "눈에 보이는 말씀"(Visible Word) 또는 "내적인 영적 은혜를 나타내는 외적이고 가시적인 표시"라고 했다.[15]

어거스틴의 정의는 후일 마틴 루터에게 그대로 전달되어, 하나님의 말씀과 성례는 분리할 수 없다고 확언했다. 물론 요한 칼빈과 종교 개혁자들도 같은 주장을 했다. 이는 중세 로마 가톨릭이 성례란 은혜를 주는 첫 번째 방법으로 여긴 것과는 달리, 개혁교회는 하나님의 말씀의 우선권을 주장했다. 칼빈 이후로 개혁주의 신학자들은 하나님의 구원 사역을 성례에 한정하지 않았다. 그렇지만 개혁주의자들은 성례가 기독교인들이 등한히 해도 그들의 영적인 생활에 전혀 유익을 주지 못하는 상징으로 여기는 견해를 반대했다.[16]

여기서 우리는 세례문제에 대한 카이퍼의 입장을 간단히 살펴보자. 물론 그는 개혁교회의 사역자로서 성례에 대한 전통적인 교리에 동의했다. 하지만 그는 유아세례에 대해서는 한 가지 의견을 첨가했다. 이것 때문에 이른바 벨직신경, 하이델베르크 교리문답, 돌트신경을 믿는 다른 동료들과 논쟁이 있었다. 그는 유아세례는 구약의 할례를 계승했기 때문에 유아 세례가 타당하다는 전통적인 신념을 강력히 지지했다. 히브리인들의 자녀들이 할례를 받을 때, 자기들이 하나님의 백성들의 언약의 공동체에 소속되어 있다는 외적인 증표로 삼았던 것처럼, 신약시대의 성도들의 자녀도 유아세례를 받음으로 그들이 신약시대의 공동체 안에 있다는 것을 보여 주어야 한다고 했다. 하이델베르크 교리문답 69-74번에는 세례의 의미를 이렇게 설명하고 있다. 거기서

'세례는 중생을 위한 씻음이며, 죄를 씻어 내는 것' 이라고 말했다. 그러나 이 말의 뜻은 세례식 때 쓰이는 물이 무슨 기적을 일으키는 능력을 준다는 것은 아니다. 왜냐하면 예수 그리스도의 피와 성령님만이 우리를 모든 죄에서 깨끗하게 하기 때문이다. 세례는 '하나님의 보증이며 속죄하는 독생자의 희생을 통해서 하나님께서 당신의 백성들을 위해서 무엇을 하셨는지를 보여주시는 표시' 라고 할 수 있다.[17]

그런데 카이퍼는 세례란 하나님의 은혜에 대한 보증이라는 것과 세례시의 물이 죄인들을 중생시키지 않는다는 것에 동의했지만, 그는 대부분의 성도들의 자녀들이 유아세례를 받을 때 이미 영적인 생명을 소유했다고 주장했다.[18] 중생에 관하여 하나님께서는 방법에 연연하지 않으시고 즉시 역사하시기 때문에 유아의 경우는 말씀이 없이도 은혜롭게 중생할 수 있다고 믿었다. 중생은 유아들이 행사할 수 없는 믿음을 심어주며 그 믿음은 그들의 인생의 후반에 활발하게 활동할 것이라고 했다. 카이퍼는 이를 추정된 중생(Presumed Regeneration)이라고 주장함으로써 논쟁을 일으켰다. 카이퍼는 1891년 미국의 장로교회 성도들을 향해서 '유아세례는 중생이 먼저 일어났다는 가정하에 베풀어져야 한다' 고 했다. 그는 유아의 경우에는 중생이 이미 일어났으며, 세례란 그것을 입증하는 약속의 표시라고 주장했다. 하나님만이 자신의 택자를 알고 계시니, 교회가 유아에게는 영적인 생명이 없다는 '독단적 선언' 을 해서는 안 된다고 했다.[19] 그는 중생과 회심을 동일하게 생각지 않았다. 실례로 구약에서도 할례 받은 사람들 가운데도 믿음이 없이 멸망한 사람들이 있듯이 지금 교회에서 세례 받고도 구원에 이르지 못할 수 있다고 했다.

카이퍼의 견해를 좀 더 살펴보자. 그가 유아세례 받은 자가 중생했다고 추정하는 이유는 어려서 죽은 아이들이 구원을 받았다고 믿게 하는 근거가 되며, 그것은 그 부모들에게 자녀의 회개를 요구할 권리를 준다.[20] 고 생각했기 때문이다. 또 성령님께서는 믿음을 창출하시기 때문에 어려서 죽은 아이가 비록 하나님의 말씀을 이해하지 못할지라도 구원은 받을 수 있다고 했다.[21] 이것은 돌트신경(Canon of Dordt)에서 선언한 것처럼 아이들에게만 적용된다. 이른바 추정된 중생의 원리를 가르친다고 해서 전도에 방해되는 것은 아니라고 생각했다. 그 자신이 목회할 때는 무서울 정도로 죄를 책망하고 회개를 촉구했다. 유아세례를 받은 자녀들에게 교회와 부모들은 하나님의 언약으로 주어진 그들의 자녀들을 영적으로 잘 돌보는 책임을 져야 한다고 강조했다. 부모들은 자녀가 주 예수 그리스도를 믿고 고백하도록 해야할 책임이 있다. 그것은 하나님의 독생자를 향한 뜨거운 충성을 수반하는 개인적인 결단이다. 부모들은 이미 유아세례를 받은 자녀에게 영적으로 성숙하고 진실한 신앙고백을 할 수 있도록 양육해야 한다. 카이퍼는 부모들에게 "여러분은 여러분의 자녀에게 무관심한 버릇이 들게 하거나 수동적으로 성장하게 해서는 안 된다. 여러분은 여러분의 자녀로 하여금 그의 구세주를 찬양하고 여호와 하나님을 높이도록 가르쳐야 한다"[22] 고 했다. 카이퍼의 이른바 추정된 중생의 개념은 칼빈과는 다소 차이가 있다. 칼빈에 의하면 중생은 하나님의 말씀에 의해서만 가능하다고 했다. 그러나 카이퍼는 유아세례를 받은 아이는 성령님께서 즉시 역사하심으로 중생한다고 믿었다. 카이퍼에 의하면 택한 백성의 자녀들과 하나님의 백성들과 맺은 하나님의 언약을 쉽게 포기하지 않는 한 교회는 그들을 중생했다고 여겨야 한다. 하지만 그를 따르는 사람들도 카이퍼의 이런 논리에 동의하지 않았다. 왜냐하면 전통적으로 중생은 하나님의 말씀과 연합해서 역사하시는 성령을 통해서 일어난다고 믿었기 때문이다. 그래서 많은 사람들이 카이퍼의 유아세례 이론은 회심의 필요성을 경감시킨다고 비판했다. 이에 그는 유아의 구원도 하나님의 주권적인 은혜에 기인한다고 주장하면서 자신의 입장을 굽히지 않았다.

성만찬과 공개적 신앙고백

세례는 죄가 사함 받았다는 것과 예수 그리스도의 피의 공로로 깨끗이 씻음 받았다는 것을 선포하기 위해서 하나님께서 제정하신 방법이라고 했다.

카이퍼는 벨직고백서(Belgic Confession) 30조를 받아들이면서 성만찬을 '양육의 성례'(Sacrament of Nourishment)로 보았다.[23] 그리스도께서 우리로 하여금 하늘 양식을 우리 마음에 그리게 하시려고, 눈에 보이는 떡을 그의 몸처럼, 포도주를 그의 피처럼 여기게 하신다. 무엇보다 그것을 믿음으로 받아서 영적 양식으로 삼아 영적 생활의 버팀목이 되게 하는 것이다. 사실 성만찬에 대한 논의는 종교 개혁자들 가운데서도 의견 일치가 어려웠다. 루터와 칼빈, 쯔윙글리의 입장이 달랐다. 루터는 그리스도께서 떡과 포도주의 형상을 하고 실재로 임재 한다고 믿었다. 그는 화체설(化體說)을 주장했다. 그래서 그는 성찬식에 참석한 모든 사람들은 그리스도의 몸과 피를 받는다고 했다.[24] 그러나 쯔윙글리(Ulrich Zwingli)는 루터의 가르침을 거절하고 떡과 포도주는 단지 그리스도의 몸과 피의 상징에 불과하다고 했다. 요한 칼빈은 성만찬식 때 그리스도께서 영적으로 임재하신다고 믿었다. 모든 개혁교회는 칼빈의 가르침을 그대로 따른다.

아브라함 카이퍼는 벨직고백서에 동의하듯이 요한 칼빈의 입장을 그대로 따르고 있다. 세례는 성찬식에 참여하는 길과 우리 여호와 하나님과 '초자연적인 영적 교감'을 할 수 있는 길을 열어준다고 믿었다. 카이퍼는 세례를 받은 후에 성찬식에 참여하도록 했다. 또 유아세례를 받은 입교인은 그리스도를 믿는다는 공개적인 신앙고백이 있은 후 성찬식에 참여하도록 했다. 더욱이 그는 교회의 회중 앞에서 예수 그리스도를 나의 생명의 구주로 믿는다고 고백한 세례자의 신앙고백은 끝이 아니고 시작이 되어야 한다고 했다.[25] 그리고 성도들은 악의 세력과 그리스도의 구원의 진리에 반대하는 사람들 앞에서 정규적으로 그리스도의 주되심을 고백해야 한다고 했다. 카이퍼는 그리스도인들에게 에스라가 이스라엘 백성들에게 선언한 즉 "이제 너희 조상들의 하나님 앞에서 죄를 자백하고 그의 뜻대로 행하여 그 지방 사람을 끊어 버리라"(스10:11)고 한 선언을 기억하라고 권고했다. 카이퍼는 성만찬을 받기위한 준비를 위해서 교회의 회중 앞에서 행하는 신앙고백을 구원 얻는 믿음의 실체를 보여주는 완전한 계기로 여겼다. 그는 그리스도를 믿는 참된 신앙고백은 단지 건전한 교리에 충실하게 따르는 행위만 드러내면 안 되고 실제로 죄를 고백하고, 그리스도를 지적으로 정서적으로 온전히 받아들여야 한다고 했다.

교회에 대한 그리스도인의 책임

16세기의 요한 칼빈은 다음과 같이 교회에 대한 여러 가지 정의를 내렸다.

"교회는 하나님의 영광이 펼쳐지는 특별한 극장이다."[26]
"교회는 하나님의 은혜와 공의를 비추는 거울이다."[27]
"교회란 무엇인가? 하나님께서 영생을 주시기로 예정하신 신자들의 몸이요 집단이다."[28] "교회가 이 세상에서 순례자인 이상 십자가를 지고 겸손해지며 교회의 머리를 따를 수 있어야 한다. 교회 최고의 장식과 영광은 겸손이다."[29] 라고 했다.

아브라함 카이퍼는 교회의 영광은 크지만 반면에 그리스도인의 책임은 막중하다고 지적했다. 카이퍼는 하나님께서 택한 백성들에게 언약을 세우셨다고 믿었기 때문에 그리스도인의 생활과 교회의 역할에 관하여 매우 중요하게 다루고 있다. 교회는 말씀의 사역과 성례를 성실히 수행해야 한다. 따라서 모든 성도들은 교회를 충성스럽게 지지하고 교회가 사용하는 은혜스런 방법을 따라야 한다. 하나님의 모든 자녀들은 그들의 신앙고백에 따라 교회에 등록해야 하고, 교회의 일에 적극적으로 참여해야 한다. 그는 교회의 일에 태만한 자는 비록 교인의 명부에 들어 있을지라도 그 교회의 진정한 성도는 아니라고[30] 했다. 카이퍼는 일생동안 자기 자신을 하나님의 교회 종으로 여겼으며 다른 이들도 그렇게 되기를 소원했다. 신앙은 내적인 자기 만족이나 즐거움을 추구하는 것이 아니다. 그리스도의 몸의 지체로서 성도는 교회에 주어진 의무와 책임과 소명을 충실히 감당해야 한다.

(상) 카이퍼의 첫 목회지 베이스트 교회
(하) 목사관

카이퍼의 성령론

칼빈을 성령의 신학자로 부르듯이[1] 카이퍼도 역시 성령의 신학자라고 할 수 있다. 아브라함 카이퍼를 연구하는 사람 가운데 그의 일반은총론을 너무나 강조하거나, 정치가로서의 그의 활동을 지나치게 강조하기 때문에 성령의 신학자로서의 카이퍼를 소홀히 취급하는 경향이 있다. 하지만 아브라함 카이퍼는 칼빈 이후 300년 만에 나타난 위대한 성령의 신학자라고 평가할 수 있다. 물론 그 중간에 존 오웬(John Owen)의 방대한 책『성령에 대한 강론』(Discorse Concerning the Holy Spirit)이 있었으나 이 책은 전형적인 교리신학 체계로 구성되어 있다. 반면에 카이퍼는 성령론에 대해서 대중이 가장 쉽게 이해 할 수 있도록 해설했다. 그러므로 필자는 여기서 카이퍼의 명저『성령의 사역』(Het Werk van den Heiligen Geest)을 중심으로 그의 책의 내용을 핵심적으로 요약해 보려고 한다.[2] 900여 페이지에 달하는 방대한 이 책은 카이퍼의 어느 책보다 신학적이면서도 대중적이고 개혁주의 신학수립의 결정적인 책이라고 할 수 있다. 또한 이 책은 100여년전 영어로 번역됨으로써, 아브라함 카이퍼의 신학 특히 성령론의 결정적 저서가 되어 영미 신학계에 엄청난 영향을 끼쳤다고 생각한다.

칼빈과 카이퍼의 성령론

카이퍼는 칼빈주의 사상과 칼빈 사상의 부흥가이다. 그런 까닭에 카이퍼의 성령론을 말하기 전에 칼빈의 성령을 먼저 생각해 봐야 할 것이다. 중세 시대의 로마 가톨릭 교회가 철저히 성경의 진리를 왜곡하고 은총의 종교가 의식적 형식적 종교로 전락했을 때, 칼빈은 성경만이 신앙과 생활의 유일한 법칙으로 깨닫고 하나님의 거져 주시는 은총의 진리를 세우고 하나님의 영광과 주권을 최우선으로 생각했다. 특히 칼빈의『기독교 강요』의 흐름은 언제나 말씀과 성령의 두 기둥으로 조직되었다. 워필드는 칼빈을 가리켜 '성령의 신학자'(de theoloog van den Heiligen Geest)라고 했다.[3]

성령에 대한 칼빈의 견해를 간단히 설명하면 이렇다. 우선 칼빈은 성령을 말할 때 그것은 반드시 하나님의 말씀과 더불어 이해되어야 한다고 했다. 즉 "하나님의 성령으로부터 유익과 만족을 얻고자 하면 반드시 성경을 부지런히 읽고 경청해야 한다."[4] 그리고 "성령은 말씀과 결합된다. 왜냐하면 성령의 효력이 없이는 복음 전파가 아무 쓸모가 없기 때문이다."[5] 라고 했다. 칼빈의 핵심은 구원을 얻으려면 말씀과 성령은 더불어 역사해야 한다는 것이다. 뿐만 아니라 성령과 그리스도와의 관계에 대해서 언급할 때도 예수 그리스도와 우리를 효과적으로 연결시키는 분은 성령이시라고 했다.[6] 칼빈의 말을 인용하면 이렇다. "성령의 은사는 그리스도의 부활의 열매이다"[7], "그리스도는 우리에게 만복의 근원이시다. 그러나 그의 모든 축복과 더불어 그리스도 자신은 성령에 의하여 우리에게 전달된다. … 믿음을 일으키시는 분은 성령이시다."[8] 라고 했다. 그리고 칼빈은 성령의 사역에 대해서 해아릴수 없을 만큼 여러 곳에서 언급하고 있다. 몇 구절을 더 인용해 보면 "믿음에는 성령의 두 가지 작용이 있다. 먼저는 마음을 조명하는 것이고, 그 다음은 마음에 확신을 주는 것이다."[9] 그리고 "성령은 우리를 결코 지치지 않게 하는 끊임없이 솟아나는 샘이다"**10** 라고 했다. 또 성령의 은사에 대해서 "성령은 신자들 안에서 계속 흘러나오는 생명의 샘과 같다. 모든 사람은 자기의 믿음의 분량대로 성령의 은사와 은혜에 참여한다."**11** 고 했다. 뿐만 아니라 칼빈은 성령 하나님은 창조주이신 성부 하나님과 구속주이신 성자 하나님과 함께 천지를 창조하였다고 했다. 삼위 하나님은 천지를 창조하시고 구원하시고 섭리하신다. 워필드는 말하기를 "성령의 사역 교리는 요한 칼빈으로부터 그리스도의 교회로 전수되었다. 이런 교리는 칼빈 자신이 발명한 것은 아니다. 성령의 사역 교리는 성경 각권에 널리퍼져 있으며, 명백하고 충분한 언급이 되어 있기에 이를 읽는 자들에게 안심을 갖게 한다. … 이 교리를 적절히 표현하고 조직화한 최초의 사람이 바로 칼빈이다. 그런 교리는 칼빈을 통해서 그리스도 교회의 확실한 소유가 되었다."**12** 고 했다. 따라서 워필드는 칼빈의 성령론을 카이퍼가 계승했다는 의미로 …"개혁파의 유산을 위해 투쟁하는 화란의 영적 후계자들에게 그것이 계승되었다"**13**고 했다.

16세기 칼빈의 성령론이 아브라함 카이퍼에게 와서 재건되고 부활된 것은 실로 놀라운 일이 아닐 수 없다. 카이퍼의 성령의 사역이란 책은 화란 개혁교회에서 일어난 위대한 신앙 운동의 본보기라고 할 수 있을 것이다. 카이퍼의 『성령의 사역』은 학문적 성격이 부족하다는 지적도 있지만, 월필드는 "확실히 학문적 정확성을 지녔으며, 다른 어떤 기독교 서적에 학문적인 형태를 지닌 것보다 확실히 가치가 있다"**14**고 했다. 이 책은 경건한 마음을 갖게 하며, 또 이 책은 새롭고 신성한 언어로 기록되어 있었기에 성령의 사역에 대해서 분명한 지식을 가르쳐 준다. 뿐만 아니라 카이퍼의 이 책은 성령 하나님 안에서 영속적이고 행복스런 안정감을 준다. 칼빈 이후 300년 만에 19세기 현대주의, 자유주의 사상으로 교회가 세속화되고 황폐했을 때 하나님은 다시 카이퍼를 일으켜 세우셔서 교회를 보존하여 주셨다. 칼빈 이후 존 오웬이 성령론을 펴내기는 했지만, 카이퍼의 성령의 사역은 유기적이고 통일적이고 풍부하고 실제적으로 쓰여진 책으로 평가할 수 있다. 더욱이 그는 대중적이며 시사적인 것까지 곁들임으로써 칼빈과 존 오웬 이후 이 그의 저서는 성령론에 관한 유일한 저서가 되었다. 워필드는 칼빈 이후 위대한 개혁주의자 카이퍼의 저서를 축복하면서 다음과 같이 기도했다.

" 내게 오소서, 창조주 성령님이시여!
위로자 성령님이시여!
당신은 신이시며, 하늘의 진노자시도다!
당신은 선물이요 당신은 수여자시로다!"
("Veni Creator Spiritus Spiritus recreator Tu Deus,
tu datus Coelitus Tu donum, tu donator")

성령의 사역범위

카이퍼는 성령의 사역의 범위가 전 우주적이며, 전 교회적이며, 모든 구원운동에 미친다는 것을 말하고 있다. 카이퍼의 『성령의 사역』이란 책을 읽으면, 우리가 일반적으로 알고 있는 성령의 사역 곧 개인의 영적 감화 정도가 아니라, 성령 하나님은 창조, 구속, 보존, 성화에 이르기까지 실로 광활한 사역에 역사하신다는 사실을 알 수 있다. 특히 존 오웬의 저서를 높이 평가하면서 종교 개혁 시대부터 그때까지 나온 80여권의 책을 탐독하고 이 책을 집필했다고 했다. 카이퍼가 자신의 책 총론 부분에서 언급한 내용을 요약하면 이렇다. 우리는 성령의 사역을 하나님의 형상을 따라 지어진 선택한 자들을 새롭게 하는 정도로 이해해서는 안 된다. 성령의 사역은 말씀의 성육신과 메시아의 사역을 포괄한다. 따라서 성령의 사역은 하늘과 땅의 모든 만물과 상관되지 않을 수 없다(het werk der Heiligen Geester moet ook raken aan heel heir oles hemels en der aarde).**15** 카이퍼의 주장은 성령의 사역이 교회의 성화에 충분한 영향을 미치기까지는 제한해서는 안 된다는 것이다. 성령의 사역이 너무나 방대하다. 성령은 예수 그리스도의 성육신에 관여하고, 성경의 기록, 교회의 탄생, 천지창조에 관여하셨다. 그리고 미래에는 예수의 재림과 최후 심판까지 관여하실 것이다. 또 성령의 사역으로 말미암아 구원은 하나님의 영원한 주권적 은혜로(eeuwiglijk Vrijmachtege genade)**16** 얻어졌으며, 얻어지는 것이요, 언제나 얻을 수 있을 것이라고 했다. 성령의 사역은 성도가 구원 받은 후 성화(聖化)의 사역은 말할 것도 없고, 천지 창조에서 영원까지 계속된다. 그러므로 카이퍼는 성령의 사역교리를 개혁주의 신앙의 기본원리(het Gereformeerd Grondbeginsel) 라고 주장했다.**17** 일반적으로 삼위 하나님의 사역에 관하여 창조 사역은 성부의 것으로, 구속 사역은 성자의 것으로, 성화의 사역은 성령의 사역으로 구분한다. 하지만 카이퍼에게 있어서 성령의 사역은 보다 넓고 포괄적이다.

1898년 카이퍼가 프린스톤 대학의 스톤강좌에서 칼빈주의 강연 (Lectures on Calvinism)을 할 때 그가 한 마지막 말은 매우 인상적이다. 곧 살아 있는 하나님의 성령을 받지 아니하면 칼빈주의도 무력하다는 요지의 메시지는 카이퍼가 성령의 사역에 관하여 얼마나 폭넓은 시각을 가지고 있는 가를 보여주는 대표적 사례다.**18**

성령과 창조 그리고 재창조

성령의 사역은 피조물 그 자체의 뜻에 합당하도록 인도한다. 피조물의 최종 목표는 하나님의 영광이다. 그런데 성령으로 거듭나지 않으면 하나님의 자녀가 될 수 없다. 성령은 천지창조와 인간 창조에도 관여

하셨다. 성령 하나님은 인간에게 은사와 능력과 재능을 부여 하신다. 성령의 사역은 인간의 삶에 역사하되, 평상적인 기술, 노동뿐 아니라 인간의 보다 높은 영역의 지식과 정신적 활동에서도 나타난다. 그러므로 예술은 사람의 발명이 아니라 하나님의 창조이다(kunstraardigheid is geen gedichtsel van menschen, maar een schepping Gods).[19] 카이퍼는 예술이란 사람의 사상과 목표의 산물이 아니라 하나님이 어떤 기량의 가능성을 부여하신 것으로 보았다. 은사가 하나님의 주권에 의하여 임의로 수여됨과 마찬가지로 인간에게 재능의 수여도 역시 하나님의 주권에 의해서 임의로 수여된다는 것이다. 카이퍼는 성령은 재창조에도 관여하신다고 했다. 성령의 사역에 대한 참으로 표준점이 될 요소는 재창조에 있다. 성령은 창조에서부터 재창조까지 똑같은 성격으로 행하신다. 성령의 사역은 사람을 중생케 하여 하나님의 자녀들이 되게 하시는 것 외에도 모든 피조물에게도 역사하신다. 성령의 사역의 또 다른 활동은 은혜의 영역에 있다. 성격상 하나님의 성령은 창조에 나타나고, 은혜에 있어서는 재창조에 나타난다. 성령은 치료자로서 타락자를 회개시키려고 은혜의 전달자로 오신다. 성령은 청춘을 새롭게 하신다.[20] 만약 성령강림이 오순절에만 있었다면, 구약에서 어떻게 성령의 구원작용이 있었을까? 그 해답은 성령의 신비한 역사를 통해 알 수 있다. 성령은 우리 인류의 역사 속에 오셔서 구원을 이루시고, 많은 시대를 통해 성취하였으며, 계시와 구원을 구체적으로 이루어 주신다. 성령은 이방의 우상 숭배자들 중에 한 사람 아브라함을 부르시고, 한 백성을 준비하시고 보존하시어, 장차 예수 그리스도께서 구속의 주로 오시도록 준비하시고, 그리스도의 사역의 토대를 마련한 것이다. 그러므로 성령은 믿는 자에게 구원을 주시고 깨닫게 하시며, 은혜를 주실 뿐 아니라 창조 때부터 성령은 하나님의 구속사의 대드라마의 한 가운데 역사 속에 개입하시며, 은혜를 주시는 분이다. 이것이 카이퍼가 본 성령의 사역이다.

성령과 성경

앞서 언급했듯이 칼빈의 개혁신학의 핵심은 말씀과 성령이 더불어 역사한다는 것이다. 카이퍼도 역시 성령의 사역에서 하나님의 말씀을 표준으로 하였고, 성경의 영감과 완전성, 충족성을 확고히 했다. 그는 성경의 저자는 성령이며, 성령의 조명이 아니고서는 성경을 바르게 깨달을 수 없음을 확실히 밝혔다. 현대주의 신학 곧 자유주의 신학이 성경의 영감과 무오성을 부정하고 성경의 모든 초자연을 부정하던 시기에 카이퍼는 개혁주의 신학을 변증하였다. 그는 "성령에 의해서 생산된 신적 사역의 예술품 가운데 성경은 그 첫째가 되는 것이다." (Onder de machtige, majestueuse Kunstwerken, die Heilige Geest tot stand heeft gelracht, staat de Wondere Heilige Schriftuur vooraan)[21] 라고 했다. 성경과 성령의 관계에 대해서 언급하면서 성경은 금강석(Diamond)과 같다고 했다. 어두움 속에서 금강석은 유리의 한 조각같이 빛이 닿자마자 빛나기 시작하여 신선한 섬광을 내어 우리로 즐겁게 하듯이 성경도 그렇다고 했다.[22] 성경은 인간의 심령에 역사하는 성령의 도구가 된다. 성경은 사람으로 하여금 모든 선한 일을 완전하고 적합하도록 인도한다. 결국 성경의 작용은 신앙을 일으킬 뿐 아니라 신앙을 훈련하는 것도 포함한다. 그는 성경은 죽은 문자(doode letter)나 비영적이고 기계적 존재가 아니라 영적 생명이 있어, 생수의 원천이요, 영생의 열린샘 이라고 했다. 카이퍼가 가장 힘주어 강조한 것은 성경은 성령의 사역 곧 성령의 영감으로 기록되었다는 것이다. 그러므로 성경 없는 성령의 사역이나, 성령의 사역 없는 말씀운동은 옳지 않다. 이는 칼빈의 사상과 일치하고 있다. 어떤 이는 카이퍼가 칼빈의 작품을 많이 인용하지 않았기 때문에 과연 칼빈의 사상을 그대로 전수한 것인가에 대해서

의심하기도 한다. 그러나 카이퍼의 박사 학위논문이 바로『칼빈과 라스코의 교회론 비교 연구』이며, 카이퍼의『성령의 사역』에서 말씀과 성령은 더불어 역사한다는 논리는 칼빈과 완전히 일치하고 있다. 카이퍼는 말했다.

> "성경은 성령님의 주요 예술품이라는 것과 성령께서 성경을 교회에 주셨고, 교회는 성경을 도구로 사용한다.… 이제는 성경이 하나님의 모든 섭리를 계시하고 있기에 그것에 아무것도 추가할 수 없다. 누가 감히 이런 생명의 책을 감하고, 보태며, 신적 세계의 사상을 밝힐 수 있겠는가?…" **23**

하나님의 말씀은 헛되이 돌아가지 않는다. 하나님의 말씀은 소리가 아니라 능력이다. 하나님의 말씀은 영혼을 쪼개어 새롭게 하는 능력이다. 그는 말씀의 배후에는 성령의 역사가 뒤따른다고 했다. 카이퍼는 성령의 사역이 에덴 동산부터 밧모섬까지, 그리고 초자연적으로 주의 교회와 성도들에게 역사한다고 했다. 그는 성령의 영감으로 기록된 성경에 대해서 매우 중요한 진리를 말했다. 하지만 당시 윤리학자들은 성경이 성령의 영감으로 기록된 것이 아니라 선지자나 사도들이 성령에 의해서 인격적으로 영향 받은 것을 기록한 인간의 산물정도로 보았다. 이에 대해서 카이퍼는 성령의 영감에 대하여 다음과 같이 명백히 말하고 있다.

> "이런 사상은 조명과 계시(Openbaring)를 혼돈한 것이요, 계시와 영감을 분별하지 못한 것이다. 조명은 성령께서 그 자신의 시대에 하나님의 모든 자녀들에게 얼마간의 영적인 지각을 명석하게 하여 주는 것을 말한다. 그러나 계시는 하나님의 뜻을 선지자들이나 사도들에게 기적

적인 특수한 방법으로 전달하여 준 것이다. 영감은 이런 것들과 달리 성령님의 특수하고 독특한 작용인데, 성령께서 성경 저자들의 심중에 기록할 내용을 정확히 지시하셨다. …
그러므로 영감은 완전하고 무오한 성경(Volledige, Onfeilare Schriftuur)을 교회에 주시려는 전적인 성령의 포괄적인 사역이다.[24"]

우리는 위에서 카이퍼의 성경과 성령의 사역, 또는 성령의 사역과 하나님의 말씀과의 관계를 잘 설명하고 있음을 확인할 수 있다. 이는 앞서 언급했듯이 칼빈의 사상과 일치하고 있다.

성령의 부으심과 오순절

카이퍼는 성령의 부으심에 대해서 약 40여페이지를 할애하면서 오순절의 성령사역에 대해 자세히 설명하고 있다. 카이퍼는 성령론을 전개하면서 이 부분을 매우 신중하게 접근한다. 카이퍼는 오순절 사건을 역사적 사건으로 볼 뿐 아니라, 하나님의 구속사적인 시각에서 접근하고 있다. 그래서 단순히 오순절 축제나 오순절날에 일어난 여러 가지 기적적인 사건만 볼 것이 아니라, 신 구약 성경 전체에 역사하신 성령의 사역과, 오순절 성령 강림 사건을 하나의 전망(Perpective)으로 보려고 했다. 즉 카이퍼는 오순절에 비로소 성령께서 강림하셨다고 말하는 동시에, 구약의 교회의 여러 세기 동안에도 벌써 똑같은 성령님이 오셨다고 전제한다. 카이퍼는 구약에 구체적으로 역사하신 성령의 사역에 대해서 학2:4-5, 사63:11, 시51:10, 미3:8, 시104:30 등을 열거했다. 성령님의 편재와 영원성, 무소부재를 명쾌히 제시했다. 그런데 오순절 성령 강림은 어찌 되었는가? 그것은 예수그리스도의 승천이후 초대교회를 세우기 위한 특별한 조치로 볼 것이다. 그것은 또한 하나님의 구속사의 커다란 봉우리로 볼 수 있을 것이다. 카이퍼는 오순절 성령은 단회적 사건이 명백하다고 했다. 성령께서 최종적으로 이스라엘 민족 중에 활약했지만 이제는 모든 민족 모든 족속으로 향한다고 했다. 카이퍼의 신학을 따라 모든 개혁교회의 교리들은 오순절 성령강림이 단회적인 것임을 받아드린다. 이는 카이퍼의 표현대로 보면 물탱크의 물이 파이프를 타고 각 가정에 보급되는 것으로 비유된다. 오순절 성령 강림 이후에 개인과 교회에 성령의 역사가 일어난다는 것이다. 성령께서는 오순절에 우리의 머리이신 그리스도로부터 그의 몸의 지체로 우리에게 부어진 것이라고 했다. 이에 대해서 어떤 분들이 카이퍼를 비판하기를 성령 부으심이 오순절에 제한되고, 인위적으로 하나님의 주권을 제한하는 것이 아니냐고 한다. 그러한 사람들은 카이퍼의 성령론을 제대로 읽지 않고 말하는 듯이 보인다. 카이퍼는 하나님의 능력이 오늘날 나타날 수 있다고 보았다.

> "성령의 강림이 예루살렘에서 일어났던 오순절에 국한 되는 것이 아니고, 오순절과 같은 성령의 강림이 아직도 특수하게 존재하며, 그러나 대부분은 약하고 약간 수직적인 형태로 오순절 이후에도 반복되었다는 것은 명백하다. 또한 누가 오늘의 교회에 성령부어 주심을 부인 할 것인가? 성령의 부어주심이 없이는 중생도 구원도 있을 수 없다. … 그러므로 지금의 정상적인 성령의 부으심과, 특수하게 고린도 가이사랴와 사마리아와 예루살렘에 성령의 부어주심과는 구별해야 한다.[25] "

오순절 성령 강림은 단회적이다. 그러나 하나님께서 권능으로 역사하시면 성령의 부으심은 계속될 수 있다. 그렇다고 해서 그것이 오순절 성령강림과 같은 것은 아니다. 오순절에 방언, 진동, 불의 혀 같이 갈라진 것은 성령강림의 초자연적 현상이므로 오히려 자연스런 것이다. 카이퍼의 말대로 , 오순절의 기적적 사건은 위대하고 고요히 기다리는 사건의 싹이며 시작인 것이다.

성령과 초대교회 그리고 신약성경

앞서 우리는 카이퍼의 성령과 성경과의 관계를 다루었다. 그런데 카이퍼는 오순절 성령 강림 이후 어떻게 초대교회가 이루어지고, 신약성경이 기록되기까지 성령의 구체적인 사역이 어떠했는지를 잘 설명하고 있다. 성령님은 구약의 기록자들에게 역사하였듯이 신약의 저자들을 성령의 감동으로 기록하게 했다는 것이다. 그러면 성령께서 어떻게 바울이나 요한에게 말씀하실 수 있었던가? "앉아서 기록하라"고 말씀하셨는가? 복음과 서신들은 그러한 인상은 주지 않고 있다. 그러한 문제는 오직 요한계시록에만 적용되지 다른 신약 성경에는 적용되지 않는다는 것이다. 신약성경은 모든 시대의 교회들을 위해 의도된 책으로서 추호도 틀림이 없이 기록되었음을 알 수 있다. 카이퍼는 신약성경의 저자들이 말로서 진리를 나타내기를 기뻐한 것과 같이 기록함에 있어서 성령님의 조력을 진실되게 인식했던 것이다.[26] 특히 신약성경 기록에 있어서 성령의 사역에 대해서 다음과 같이 말했다.

"성령님은 바울과 요한과 베드로를 그들의 사역에 적합한 준비를 하셨던 것이다. 성령님은 그들의 생활을 지지하였으며, 환경과 상태까지도 마련하신 것이었다. 성령님은 그런 사상의 원인자이시며, 명상을 하게 했으며, 성령께서는 그들의 심령에 신약 성경에 필요한 말들까지도 생각나게 하신 것이다. 그리고 그들이 성경의 일부를 기록하고 있었던 기간에도, 성령님에 의해서 자신들은 몰랐어도, 모든 시대의 보편적인 교회들을 향한 조화되게 하는 시기였다. 성령님은 그들의 사상을 틀리지 않도록 지키셨고 모든 진리로 인도하셨다.

성령님은 완전한 신약성경이 있어야만 한다는 것을 미리 아셨던 것이요, 이에 따르는 것들을 실행하신 것이다. 마치 어떤 건축가가 그의 건축학에 따라서 각종의 부분을 준비하여 둘 자리에 적절히 배치함과 같이, 성령님도 각기 다른 저술가들을 신약성경의 다른 부분들을 쓰도록 준비하신 것이다. 그런 이후에 전체로 연합된 것이다. 성령님으로 하여금 이들 각 부분을 준비하신 분은 교회의 왕이신 예수 그리스도이다." [27]

카이퍼는 성경이 성령의 사역으로 쓰여졌다고 믿었다. 성령의 사역은 단순히 기록자의 마음을 감화시키는 정도가 아니라, 기록자의 삶은 말할 것도 없고, 그들의 환경도 사상도 그리고 신약성경이 이루어지는 과정까지 친히 성령께서 간섭하시고 역사했다는 것이다. 카이퍼는 주장하기를 어느 성경은 더 가치있고 더 권위 있으며, 어느 성경은 그보다 못하다는 식으로 평가할 수 없다는 것이다. 그 이유는 모든 성경은 동일한 성령에 의해서 저술 되었기에 모든 성경은 같은 권위를 지니기 때문이다.[28] 또 신약의 저자들은 그냥 사도라기보다는 성령님에 의해서 영감된 자들이라고 하는 것이 더욱 정확한 표현이라고 했다. 그러므로 하나님의 계시인 성경은 거룩한 성령의 사역이다. 그러므로 성경은 수학적, 법적인 잣대로 접근 한다든지, 또는 의심하면서 성경을 보는 자는 하나님의 놀라운 계시인 말씀을 깨우칠 수 없다는 것이다. 카이퍼는 신약성경에 있는 신앙과 관련된 성령님의 삼중사역(三重事役)을 다음과 같이 구별했다.

"그 첫째는 사도들에게 준 계시(Openbaring)라는 신적(紳的)작용이며, 둘째는 영감(Ingeving)이란 작용이며, 셋째는 능동적으로 불신의 심령에 성경을 신앙케(Het Geloof in die Soigt)하는 사역이다." [29]

또 카이퍼는 거의 같은 뜻이지만 성령의 세 가지 작용을 말하면서 확인, 해석, 적용 모두에 관여 하신다는 것이다. 말씀의 확인은 신앙을 진작시키고 해석작용은 바른 이해를 심어주며, 말씀의 작용은 성경에 따라 생활하도록 한다고 했다.[30] 그러므로 카이퍼는 성경의 권위에 대해서 인간의 증거가 필요하지 않는다고 했고 오직 성령의 증거만이 참되다고 말했다.

> "성령님은 성경을 통해서 우리들의 죄인된 자화상을 보여준다. 또한 우리의 구원이 하나님의 자비하심에 있음을 보여주며, 또한 성령님은 우리로 하여금 그의 입술의 찬양의 노래를 듣게 하시는 것이다. 그런데, 우리가 이런 것들을 객관적으로 본 뒤에 즉 이해의 눈을 가진 그때에, 성령께서는 우리의 감정에 역사하여, 우리 자신이 죄인인 것을 보도록 하시며, 성경의 진리가 직접으로 우리에게 관계된 것임을 느끼게 된다. 끝으로 성령님은 의지를 사로 잡으시사 우리로 하여금 성경을 바로 보게 하시는 능력의 원천이시다."[31]

우리는 카이퍼의 성령론을 보면서 우리의 가슴이 뛰는 것을 느낄 정도이다. 카이퍼는 자유주의자들이 유럽 천지, 아니 온 세상을 덮고 있을 때 성경의 참되심과 그 모든 성경 배후에 하나님의 성령이 어떻게 사역하고, 그 성령의 사역이 교회와 성도들에게 구체적으로 어떻게 사역하는지를 보여주고 있다.

성령의 사역과 구속운동

카이퍼에 의하면 구원운동은 그 모든 과정에서 성령의 간섭과 위로가 있어야 한다고 했다. 즉 예정, 선택, 부르심, 회개, 중생, 성화 등 모든 과정에서 말씀과 성령이 더불어 역사하신다는 것이다. 특히 성령께서는 성경을 깨닫게 하신 분이요, 그리스도를 생명의 주로 영접하게 된 것도 성령의 역사이며, 그리스도인으로 성장하며 성화되어 가는 것도 성령의 역사이다. 이 과정에서도 카이퍼는 성경이 그 중심에 있음을 다음과 같이 역설했다.

> "성경이 멈추라는 곳에서 멈추어야 할 것이며, 즉 어려운 것은 설명되지 않은채로 남겨두고, 인간의 어리석은 결과로써 덧붙이지 말아야 한다. 그러나 성경이 명백히 은총의 사역(het werk der genade)에 있어서 여호와의 주권적 능력을 주장하는 곳에서는 어떤 비평도 하지 말아야 하며, 인간이 하나님의 영광을 방해하거나, 하나님의 주권(Gods heerlijke Souvereiniteit)에 대한 절대 순종을 방해해서는 안 된다." [32]

카이퍼는 성령론을 전개하는 중에도 언제나 성경의 영감과 절대성을 빼놓지 않고 있다. 카이퍼는 성경의 저자인 성령의 사역의 탁월한 위치를 보여주는데, 이것은 성부와 성자를 배제하려는 것이 아니라, 이러한 인격적인 사역이 항상 성령님에 의해서 영향을 준다는 것을 의미한다고 했다. 그러므로 성령님의 특별한 사역은 인간의 마음 속에 들어와서 그 속에서 하나님을 믿을 때까지 하나님의 은총을 선포하는 것이라고 했다. 또 성령님은 삼위일체의 모든 사역을 성취시키려고 한다. 그러므로 그는 영혼을 구원하고, 하나님의 궁극적인 목적을 이해시키는 객관적 은총의 사역을 완수한다. 뿐만 아니라 성령님은 생명을 소생시키신다. 죄인은 성령님의 소생시킴이 없이는 도저히 살 수가 없다. 그래서 교회는 항상 호소하기를 '창조주 성령 하나님이시며'(Veni Creator Spiritor)라고 한다. [33]

또한 성령께서는 그리스도의 일을 취하여 그를 영광스럽게 한다. 그러므로 아무도 성령님에 의하지 않고는 인자에게 갈 수 없으며, 성령님이 그에게 인자를 증거하지 않는다면 인자를 알 사람이 없다는 것이다. 카이퍼는 인간의 전적 타락을 전제하면서 인간의 구원은 삼위하나님께서 함께 역사한다고 했다.

> "이런 구속사역(Verlossingswerk)은 엄밀한 의미에서 볼 때, 성령론만을 취급하는 것이아니라 탁월한 영광으로써 구속사역 안에 삼위일체 하나님(Driee" enigen God)의 왕적위엄이 비취고 번쩍이는 것이다. 구속사역은 성령의 사역뿐 아니라, 성부와 성자의 사역이 더욱더 포함된다. 그래서 이런 세 가지 사실에서 삼위일체 하나님의 자비한 사역을 본다"[34]

특히 카이퍼는 구원이 우리가 회개함으로 이루어진다는 교훈 자체를 거부한다. 왜냐하면 그런식으로 생각하다 보면 구원이 인간 스스로의 결정에 의해 되기 때문이다. 그러므로 하나님의 은혜 곧 성령님의 사역이 있을 때만 회개가 되어진다는 것이다. 카이퍼는 구속사역에 있어서 성령의 역할을 논할 때는 주로 돌트신경(Dordt Canon)과 하이델베르크 요리문답을 따르고 있다.

"하이델베르크 신조는 8조에서 이렇게 말한다. '우리는 하나님의 성령에 의해서만 중생되어진다.' 역시 22조항에서 '우리가 이 위대한 참 지식에 도달됨은 성령이 우리의 마음 속에 올바른 믿음을 갖고 하나님의 온유로 주 예수 그리스도를 맞이 하는 것이다.' 이 신비스런 배경에 대하여 우리의 조상, 도르트는 '사람의 가슴속에 가득찬 하나님의 속성은 중생케 하시는 성령의 효력 때문이며', 분명히 우리가 부르는 '신적 작용하심은 새 생명의 주입(注入)으로 우리의 마음을 감동케 하시는' 것과 동일한 것이다."[35]라고 했다.

카이퍼는 주장하기를 영원토록 성령님은 중생의 사역자요, 회개와

칭의와 성화의 모든 단계 또는 영화와 구속을 받은 자들의 모든 축복의 사역자로 보았다.³⁶

성령과 설교사역

카이퍼는 성령의 사역이 설교자들과 함께 하신다고 했다. 성령께서 설교자를 통해서 일하실 때, 하나님의 말씀 선포를 통해서 진행된다. 성령께서 사역하실 때 자격을 갖추고, 기름 부음 받은 설교자들에게 함께해서 그 설교가 능력있도록 하신다. 카이퍼는 주장하기를 택자들의 부름이 목사가 아니라 하나님이시라는 것이다. 중생자가 하나님의 말씀을 들음으로 스스로 돌아올 수 있다는 것이 아니라, 성령의 권고와 확신에 의한 내적 소명이 있어야 한다고 했다. 증거된 말씀에 의해서 외부로부터 소명이 있고, 그 다음 성령의 사역이 있어야 한다. 다시 말하면 목사의 설교에 성령의 사역이 함께할 때 그 설교는 진정으로 역사가 일어난다고 할 것이다. 설교자가 아무리 멋진 설교를 준비했다고 해도 성령의 사역이 없으면 무의미하다는 것이다. 성령께서는 설교자에게 역사할 뿐 아니라 청중의 마음 속에 꼭 같이 역사하신다. 카이퍼는 다음과 같이 말했다.

> "성령님이 성경 말씀과 함께 임하는 것이니, 그 말씀은 영감되고 (Geinspieerd) 준비된 말씀이며 성령자신 즉 하나님이 준비하시고, 기록하게 하신 말씀이다. 그리고 성령은 자신이 자격을 주시고, 생기와 영적 식견을 가진 설교자들에 의하여 죄인들에게 말씀을 주시는 것이다. 그리고 성령님은 역사적 신앙고백의 발전과 목사들을 통해 얼마나 놀랍게 역사하며, 성령님은 형태로나 성격에서 설교자에게 찾아오시고 그에게 감동하시고 그를 사로잡는 것이다."³⁷

설교자도 주님의 도구인 만큼, 설교자가 모든 것을 다 할 수 없다. 설교자가 청중들의 영적 상태를 잘 알지 못해도 성령님의 역사에 의해서 말씀의 안내와 준비를 하게 하신다. 설교자는 성령님의 내적 증거에 의해서 말씀을 바르게 깨달을 수 있게 된다. 카이퍼에 의하면, 청중 가운데 설교자의 설교를 들은 뒤 "그 설교는 직접 내게 하는 설교다"라고 말하는 경우가 있는데, 이는 설교자가 어느 특정인에게 말한 것이 아니라, 성령께서 그 사람에게 역사해서 그 자신에게 주시는 메시지로 받게 하시는 것이다.[38] 설교자에게 일하신 성령께서는 청중에게도 같은 방법으로 역사한다. 그러므로 우리는 유능한 설교자만이 구령운동에 큰 일을 한다는 선입관념을 버려야 한다. 왜냐하면 말씀을 깨닫게 하시는 분은 성령님이시기 때문이다. 카이퍼는 이 문제에 대하여 다음과 같이 말했다.

> "성경적으로 볼 때 설교자가 유능하다고 말하는 것은 위반된다. 두 사람의 목사가 있다고 하자. 예를 들면 한 사람은 교리연구를 잘한 목사요, 다른 한 사람은 가볍게 신학 공부를 마친 목사가 있다고 가정하자. 전자는 교회에서 개종자가 별로 없는데 반해서 후자는 회개하는 사람이 많을 수도 있다. 그 이유는 하나님의 주권적인 은혜가 임하기 때문이다. 다윗은 사울의 많은 군대의 장수가 가졌던 창과 칼은 없었지만 물맷돌로 대적하다 거인 골리앗을 죽였다. 설교자가 행하는 모든 것은 주님께 순종하는 것일 뿐, 그가 말씀 사역을 한다고 해도 그것 역시 주님이 함께 하신 결과이다."[39]

그러므로 설교자가 늘 조심해야 할 것은 '탁월한 설교자', '유능한 설교자', '은혜가 풍성한 설교자'란 칭찬을 조심해야 한다. 왜냐하면 성령께서 하신 일을 마치 설교자 한 것처럼 칭찬과 영광을 받는 것은 합당치 않기 때문이다. 성령은 성도가 중생자가 되도록 하는 단순한 사역뿐 아니라, 전파된 말씀에 의하여 각자의 심령과 생활 깊숙히 들어가서 역사한다. 따라서 성령님은 설교자들의 능력과 상상을 강하게 하고 영적인 상황을 이해하도록 조명을 하신다. 카이퍼 박사는 시종일관 성령의 사역의 중요성을 강조하되 성령께서 설교자와 청중에게 함께 하심으로 하나님의 구속사역을 완수해 가신다고 했다. 카이퍼는 설교자가 독단적으로 무엇을 할수 있다고 덤비는 것은 하나님의 주권을 무시하는 것이라고 했다. 또 설교시에 청중 자신의 결단에 의해서 구원이 좌우되는 듯한 발언도 하나님의 주권을 무시하는 것이다. 카이퍼는 다음과 같이 말했다.

" '당신은 스스로 회개하지 않으면 안 된다' 라는 선언은 하나님의 주권을 무시하는 것이요, 죽은 죄인이 아직도 구엇을 스스로 할 수 있다는 뜻이다. 이런 이유 때문에 설교자는 하나님의 주권을 포기해서는 안 된다" [39]

하나님의 주권적 은혜가 아니면 죄인이 회개할 수도 없고 성령의 역사가 없으면 죄를 깨달을 수도 없다. 성령께서 우리 안에 함께 하셔서 죄를 생각나게도 하시고 하나님의 은혜의 보좌 앞에 나아가게도 하신다. 카이퍼는 설교에 있어서도 인본주의 사상을 배격하고 하나님 중심 신앙으로 바로 이해해야 한다고 주장했다.

성령의 사역과 기도

아브라함 카이퍼 박사는 그의 책 『성령의 사역』 제3권 마지막장에 기도론을 쓰고 있다. 이는 마치 요한 칼빈디 그의 기독교 강요 제3권 20장 전장에서 기도를 다룬 것과 비교해 볼 수 있다. 칼빈의 기도론은 기도의 필요성, 기도의 원칙, 그리스도와 중보 등의 큰 밑그림을 그렸다. 그러나 카이퍼의 경우는 기도의 요소, 기도와 의식, 회개치 않는 자의 기도, 중생자의 기도, 서로를 위한 기도가 있다. 그런데 카이퍼는 성령의 사역과 기도와 연관성을 다루고 있다. 카이퍼가 '성령의 사역'에서 각종 이론을 펼칠 때 조직신학적인 체계를 세운 것이 아니라 큰 주제에 대해서 말씀을 명상하면서 성령의 사역을 설명해 나갔다.

카이퍼는 기도에 대해서 성령의 사역이 매우 중요하고 절대적이라는 사실을 매 페이지마다 힘주어 말하고 있다. 우리의 기도에서 성령의 사역을 인식하고 예우해야 한다. 기도는 간구, 감사, 찬양이 있는데, 기도와 찬양은 실제에 있어서 하나라는 것이다. 큰 소리로 기도하기 위하여 교회는 항상 찬양하지 않을 수 없으니, 기도는 찬양보다 간구에 가까운 것 뿐이라고 했다. 카이퍼는 기도와 의식(意識)에 대하여 다음과 같이 말했다.

"기도의 형식이 기도의 성격에 영향을 주는 것은 아니다. 기도는 단순히 사상적 신음이나, 눌린 영혼이 구원을 찾는 탄식일 수 있다. 기도는 심지어 말이나 노래에 포함될 수 있다. 그러나 하나님이 살아계셔서 기도소리를 들으신다는 의식이 있는 한 사람들은 하나님에게 직접 그 뜻을 개진하는 것이며, 하나님의 임재를 의식할 때, 기도의 특성은 나타난다. 그러나 기도의 근저에 역사하시는 성령으로 말미암아 각종 기도의 형태를 식별할 수 있는 것이다." [40]

카이퍼는 기도의 형식보다 더욱 중요한 것은 사실상 성령께서 우리를 위해서, 우리가 번민하여 위안을 갖지 못할 때 기도해 주신다는 것이다. 그리고 기도의 근거는 우리의 인격 속에 있는 의식에 자리잡고 있으며, 또한 우리의 영적 존재 속에 자리잡고 있다는 것이다. 또 기도는 우리 인간 존재가 하나님의 형상을 쫓아 지음을 받았다는 사실에서 근거를 발견한다고 했다. 그러므로 카이퍼는 기도에 있어서 성령의 사역을 다음과 같이 기술했다.

> "기도에 있어서의 성령의 사역은 인간의 창조 사역 속에 성령님의 사역이 있음을 살펴보지 않을 수 없다. 이런 문제에 대해서는 우리가 앞에서 인간의 창조사역 속에서의 성령께서 인간으로 하여금 하나님 앞에 있다는 인간의 자아 의식을 소생시키고, 유지시키는 사역을 발견해야 한다. 인간은 그렇게 영적 존재이니 만큼 인간의 기도 생활에 대해서도, 인간의 창조사역에 나타났던 성령의 사역이 있어야 한다." [41]

그러므로 기도하는 능력도 후대의 산물이 아니라 우리 존재의 근원 속에서 나온 고유한 것이며, 인간의 본성으로부터 나눌 수 없다. 하나님은 인간을 기도할 수 있도록 창조하였다. 만약 이것이 사실이 아니라면 기도할 수 있는 능력이 인간에게 없을 것이라고 했다. 인간의 창조 때 성령님이 함께 했음으로 기도에도 성령께서 함께 해주셔야 바른 기도를 할 수 있다고 했다.

> "기도는 기도하려는 의지에서부터 나오는 것은 아니다. 기도를 하게 하는 것은 우리 자신이 아니라, 우리를 이끄시는 분이 마음에서 기도를 할 수 있게 하는 것이다. 즉 삼위일체 하나님이 기도하도록 하는 것이다. … 우리는 성령을 통하지 않고 성자와 친분을 가질 수 없으며, 아무도 성령께서 우리에게 소개해 주신 성자를 통하지 않고서는 성부와 친분을 가질 수 없는것이다." [42]

그러므로 저급한 기도, 연약한 기도도 성령께서 함께 하신다면 하늘의 보좌를 움직일 수 있다고 본다. 성령께서는 성도의 기도가 불완전하며, 성숙되지 않았고, 불충분하기 때문에 탄식하시며 기도하신다. 만에 하나 성령님이 스스로 우리를 떠나신다면, 신앙과 사랑, 기도의 활동이 모두 절름발이가 될 것이다. 그러나 복되신 하나님께서는 우리의 연약과 부족을 아셔서 우리를 보살펴 주신다. 성령님은 보혜사이시기에 그분의 사역은 결코 중단되지 않는다고 했다.[43]

그 외에도 카이퍼의 『성령의 사역』은 성령과 성화에 관한 전반적인 내용이 많이 소개되어 있다. 그러나 그 성화론의 중심은 모든 개혁교회의 공유한 것이므로 여기서는 생략하도록 한다.

카이퍼의 영역주권

영역주권(領域主權)(Souvereiniteit in eigen kring)이란 말은 아브라함 카이퍼 사상의 핵심이다. 그런데 이 용어는 한국 사람이 이해하기가 그리 쉽지 않다. 또 이 용어를 해설하는 것도 힘들다. 하지만 카이퍼가 주장한 영역주권은 칼빈주의 사상을 이해하는데 지름길이기도 하며, 카이퍼 사상을 이해하는 핵심용어이기도 하다. 우선 영역주권을 선포한 배경을 살펴보는 것이 좋을 듯싶다.

영역주권 선포 배경

카이퍼는 오래 전부터 고등교육 즉 대학을 세우려는 꿈을 가지고 있었다. 그래서 획일적인 국가가 주도하는 인본주의 세계관을 가르치는 대학교에 반기를 들고 순수한 복음적인 학교, 칼빈주의적 세계관을 가진 대학을 세우는 것이 그의 꿈이었다. 왜냐하면 예수 믿고 구원얻는 사람이 아무리 많아도 국가나 사회나 학문, 예술, 교육의 모든 분야가 구조적으로 무신론적이고 인본주의 사상체계를 갖고 있다면 개혁주의자들이 자기의 정체성을 지키고 사는 것은 어렵기 때문이다. 그래서 카이퍼는 정부로부터 자유롭고, 교권으로부터 자유로운 순수하게 하나님의 영광과 주권을 최우선으로 생각하는 대학, 그러한 하나님 중심의 사상이 학문의 전 분야에 중심이 되는 대학을 세우는 것이 그의 꿈이었다. 드디어 카이퍼의 꿈이 이루어져 1880년 10월 20일에 쁘라야 (자유)대학교를 개교했다. 그날 카이퍼는 총장 취임 연설에서 영영주권사상을 선포했다. 카이퍼의 총장 취임 연설은 가히 화란과 유럽에 폭탄선언이라고 해도 좋을 듯싶다. 당시는 국가 지상주의 또는 국가 우상주의가 국가가 교회나 개인의 신앙, 교육 등을 모두 장악해서 개인의 자율권을 박탈하고 있었다. 더구나 개혁주의 입장에서 볼 때 국가가 철저한 인본주의와 현대주의 사상을 지원하고, 또한 그것이 정치, 경제, 사회, 교육, 문화, 예술, 종교 등 생활 전반에 걸쳐서 영향을 주었다. 카이퍼는 하나님이 주권자이고 국가도 교회도 하나님의 도구이며 모든 삶의 영역에는 하나님이 주권을 가진다고 주장하였다.

그런데 이런 사상은 아브라함 카이퍼가 만들어낸 것은 아니고, 이미 그의 정신적 스승인 흐룬 반 프린스터(G.Groen Van Prinsterer)가 주장했고, 그전에는 독일의 루터교 철학자 스타알(Stahl)이 주장했던 사상이다.[1] 그런데 카이퍼는 이날의 연설에서 흐룬의 영영주권사상을 발전시키고 구체화하고 그것을 실제화했다. 영영주권사상이 체계적으로 삶의 현장에서 원리로 제시되었다. 카이퍼 박사 앞에서 영역주권을 주장했던 스타알이나 흐룬 반 프린스터는 19세기 말엽 스위스의 대부흥운동(Swiss Reveil)에 큰 영향을 받았다고 볼 수 있다. 특히 스타알(F.J, Stahl,1802-1855)[2]은 그의 글들을 통해서 영역주권에 대한 성경적 개념을 발견했다. 그는 하나님의 말씀을 중심으로 사회의 여러 영역에 대한 하나님의 주권을 인정하는 것에 일조를 했다. 그가 말한 영역은 교회뿐 아니라 국가나 가족같은 영역을 포함하고 있었다. 그러나 스타알의 논리는 그저 학문적인 시도에 불과했다.

한편 영영주권사상은 흐룬 반 프린스터부터 더욱 발전되었다. 인간 생활은 하나님의 말씀은 영적인 문제 뿐 아니라 인간 생활의 구체적

생활까지도 직접 영향을 끼친다고 생각했다. 다시 말하면 하나님의 말씀은 영혼의 구원은 말할 것도 없고 문화 전반에 기여한다고 생각했다. 그런데 이런 영역주권이란 말이 개혁교회 성도들에게 보편적으로 사용되고 논의되기 시작한 것은 바로 아브라함 카이퍼 박사가 1880년 뿌라야 대학교 개교시 총장 수락 연설할 때부터 시작되었다. 카이퍼는 영영주권사상을 구체화하고 세분화하고 학문적 체계를 세워 대중들에게 도전했다. 영역주권이란 영어로는 Sphere sovereignty 라고 하는데 실제로 카이퍼가 채용한 이 말은 화란어로는 끄링(Kring)이라고 했다. 끄링이란 말은 싸이클 곧 원(圓)을 의미한다. 원이란 반드시 중심이 있다. 원이 두 개란 말은 중심이 둘이란 말이고, 원이 셋이란 말은 중심이 셋이란 말과 같다. 모든 원에 중심이 없다면 원이 될 수 없다는 것이다. 그와 같이 인간의 삶의 모든 영역에는 그 중심이 하나님이시고, 모든 영역에는 하나님의 법칙이 있다. 하나님께서 모든 영역을 그의 주권으로 다스리신다. 그리고 각 영역은 고유의 주권이 있고, 그 주권은 다른 주권을 침범할 수 없다. 그리고 그 영역에 주권을 주신 분은 하나님이시고, 하나님께서 주권을 가지시고 천지와 그 가운데 있는 만물을 다스리신다.

영역주권의 원리자 칼빈

카이퍼가 1880년에 주장했던 영영주권사상에 대해서는 다음에 자세하게 생각하기로 하자. 이제 검토할 부분은 카이퍼가 그의 멘토로 삼고 있는 칼빈도 영역주권에 대해서 말했는가 함이다. 칼빈과 칼빈주의를 제창한 카이퍼 사이에 어떤 연속성이 있는지를 살펴보고자 한다. 칼빈에게 있어서, 하나님의 주권은 모든 인간 모든 만물에 영향을 끼치지 않는것이 없다. 하나님은 모든 피조물에 대해서 주권자이시며 통치자이시다. 하나님은 죄로 말미암아 타락한 인생조차 통치하시며,

하나님은 그의 구속사(救贖史)를 통치하시며, 역사의 종말론적 문제도 관여하시고, 다가 올 하나님의 나라도 통치하신다. 그러기 때문에 하나님도 우리와 관련된 모든 것에 관심과 사랑을 갖고 있다. 하나님은 인간의 삶의 영역에 간섭하시고 통치하시고 주관하신다는 것이다. 칼빈이 주장한 하나님의 주권에 대한 사상을 인용하면 다음과 같다.

"하나님께서는 그의 은밀한 고삐로 사건을 억제하시고, 그의 하늘의 작정이 없이는 아무일도 일어나게 하지 않으신다"(다니엘 주석 2권 P.314)

"모든 국가와 민족의 흥망은 하나님의 손과 뜻에 달렸다"(예레미아 주석 3권 P.356)

"사람들의 마음은 전적으로 하나님의 통제 아래 있다. 그의 주권적 기쁨에 따라서 강곽하게도 하시고 부드럽게도 하신다"(시편 주석 4권 P.243)

"사탄은 하나님의 뜻과 동의 없이는 아무것도 할 수 없다"(기독교 강요 I.14.17)

"하나님께서 세상을 다스리지 않으면 신자들을 위한 구원은 없다"(하바국, 학개 주석 P.86)

칼빈에게 있어서 하나님의 주권이란 말은 만물에 대한 하나님의 절대적 지배를 일컫는 말이다. 그러므로 개인의 신앙, 공적인 삶 등 삶의 모든 부분에 하나님의 주권이 역사한다. 그리고 하나님께서는 국가와 교회에 권한을 따로 주셨다. 시민 정부라고 할 수 있는 세속권세로부터 사회를 평안하게 끌어갈 수 있도록 하기 위해서 하나님께서 권세를 주셨다. 정부는 세속적 정의와 도덕과 질서를 세우기 위해서 하나님이 세워 주신 기관이다. 그리고 교회는 인간 영혼의 구원과 영원한 생명을 위해서 세워주신 기관이라고 할 수 있다.

이렇게 볼 때 카이퍼의 영역주권의 뿌리도 결국은 칼빈에게서 출발했다고 볼 수 있다. 단지 카이퍼는 칼빈의 주권사상을 더 세분하게 발전시키고 구체화시켰을 뿐이다. 그러므로 카이퍼가 주장한 영영주권사상이 성경적 근거가 빈약하다든가 또는 그의 사상이 낙관주의적이 아닌가라고 평가하는 사람도 몇 사람 있지만, 확실히 카이퍼의 영영주권사상은 결국은 칼빈의 하나님의 절대주권 사상에 기인했다고 볼 수 있다. 그런 까닭에 칼빈주의와 신칼빈주의 사이에는 연속성을 가진다. 칼빈의 사상이 기본이라면 카이퍼는 보다 폭 넓게 적용하고 구체화시켰다. 그러면 1880년 10월 20일 카이퍼 연설문 '영역주권'에서 그의 뜻을 살펴보기로 하자. 물론 영영주권사상은 그 전후해서 그의 여러 저작들과 팜플렛(pamphlet)에 끊임없이 나타나고 있다.

먼저 카이퍼가 영역주권을 외친 배경을 아는 것은 중요하다. 카이퍼가 영역주권을 소리높이 증거하는 곳은 지금 새로운 칼빈주의 대학을 개교하는 자리에서이다. 카이퍼에게는 고등교육과 수준 높은 연구가 대단히 필요했다. 또 신앙적으로는 하나님의 창조의 위대성을 들어내어 교회가 교회다워져야 한다고 생각했다. 뿐만 아니라 전략적으로 사회와 문화를 재구성하고, 보통 사람들의 자존심과 생존권을 신장하고 그들에게 희망을 주고 싶었다.

영역주권의 선포 환경

자유대학교 개교 예배장소는 일찍이 카이퍼가 목회하던 암스텔담 중앙교회(화란식으로 Nieuw Kerk)다. 왕궁과 어깨를 나란히 한 이 대형 교회에서 당대의 정치, 종교, 교육, 문화 등 최고의 지도자들이 함께 모였다. 이 자리에서 카이퍼는 우렁차게 당당하게 취임연설을 했다. 그 핵심은 영역주권의 선포였다. 카이퍼는 쾌활하고 역동적인 말로 서론과 인사를 한 후에 영역주권의 세 가지 목표를 제시했다.

> "나로 하여금 이 세 가지 질문에 대해서 '영역주권'이란 한 개의 개념을 결합해서 그 대답을 하게 해주시오. 나는 '영역주권'을 우리 대학의 국가적 의미와 우리 대학의 교육목표와 우리 대학의 개혁교회의 성격을 나타내는 특징으로 지적하려고 한다."**3**

카이퍼의 연설문에서 첫째는 '우리 학교의 국가적 의미', 둘째는 '학구적 갈망', 셋째는 '개혁교회의 교리를 따름' 등 세 부분으로 나누어서 말했다.

우선 카이퍼는 메시야이신 예수 그리스도의 주권을 언급하고 있다. 예수 그리스도는 절대주권을 가지셨는데 눈에 보이는 것과 보이지 않는 것, 영적인 것과 물질적인 모두를 다스리신다. 예수 그리스도는 왕이 되기 위해서 세상에 오셨는데, 요 18:37에 "빌라도가 이르되 그러면 네가 왕이 아니냐 예수께서 대답하시되 가라사대 네 말과 같이 내가 왕이니라 내가 이를 위하여 태어났으며 이를 위하여 세상에 왔나니…"라고 했다. 또 마 28:18에 "하늘과 땅의 권세를 내게 주셨으니…". 롬 14:11에는 "모든 무릎이 내게 꿇을것이요…" 등은 메시야이신 예수의 주권을 드러내고 있다. 동시에 메시야의 주권을 하나님께서 위임하신 것이고, 하나님은 만왕의 왕이시고 만유의 주가 되시고 그가 모든 것을 통치하신다는 것이다. 카이퍼는 이러한 주권 곧 통치권이 이 땅 위에 행사될 때 분산되어 각 영역에 주권을 나누어 주었다고 했다. 카이퍼는 이것을 '톱니바퀴'나 '별자리'처럼 일정한 원칙과 궤도가 있다는 것이다. 카이퍼는 영역주권을 다음과 같이 설명했다.

> "우리가 도덕계, 과학계, 사업계, 예술계에 대해서 말할 수 있는 것처

럼, 우리는 각기 나름대로의 영역을 갖고 있는 도덕성과 가정과 사회생활의 영역에 대해서 말하는 것이 더 타당하다. 왜냐하면 그것들은 나름대로의 '주권'을 행사할 수 있기 때문이다. 대자연에도 영역이 있어서 하나님의 주권적 법칙으로 돌아가는데, 개인, 가정, 과학, 사회 및 종교 생활의 영역에 있어서도 그들 모두가 나름대로의 법에 순종하고 각각 그들의 우두머리에 굴복한다.[4]

카이퍼의 메시지의 요점은 모든 영역이 상호작용을 하는데, 한 영역이 다른 영역을 침범할 수 없다는 것이다. 특히 국가도 주권과 권력의 한계를 정해야 하는데, 다른 영역을 과도히 간섭해서는 안 된다고 했다. 특히 카이퍼는 잠언 29:4에 "왕은 정의로 나라를 견고케 하며"란 말씀을 중심으로, 국가의 통치권은 개인을 보호해주고 가시적인 영역에서 상호간의 관계를 분명히 해주는 역할이라고 했다. 국가가 모든 전권을 다 가진 것처럼 명령하고 강제로 통치하는 것은 잘못이라는 것이다. 왜냐하면 모든 주권은 국가와 상관없이 하나님으로부터 온 것이기 때문이다. 국가는 그 톱니바퀴가 하나님이 의도한 대로 잘 굴러가도록 해야지 자유를 속박하거나 생활을 구속해도 안 된다. 왜냐하면 국가는 말할 것도 없고 인간의 삶의 모든 영역에도 그 주권이 하나님께로부터 나오기 때문이다.[5] 카이퍼는 그의 연설 중간에 힘주어 다음과 같이 말했다.

"나는 영역주권에 대한 이와 같은 신조를 한 개의 학설이 아니라, 삶에 대한 확신이라고 부른다…그리스도께서 주권자로 다스리시는 것과 하나님의 막강한 주권을 행사하기 위해서 지금 여러분이 이 교회에 앉아 있는 것보다 더 확실하게 앉아 계신다."[6]

특히 카이퍼는 영역주권이란 창조질서 안에 있으며 인간의 생명의 구조 속에 있으며 국가의 통치권이 생기기 전에 있었다는 것이다. 그런데 한번 일어난 국가의 통치권은 영역주권을 인정하려 하지 않고 다른 영역을 영원한 대적으로 생각했다. 카이퍼 박사는 그의 영역주권에 대한 연설 두 번째로 학문의 분야에서의 영역주권을 말하고 있다. 국가가 권력을 갖고 그 국가 이데올로기를 끌고가려면 순수한 학문에 치명타를 입히게 된다는 것이다. 그래서 바른 교육 특히 칼빈주의적 세계관을 가진 교육을 위해서 획일적인 유물주의 교육관과 투쟁해야 한다고 했다. 그렇지 않으면 양심의 자유, 가족의 자유, 교수법의 자유, 영적인 단체의 자유가 똑같이 위협을 받기 때문이다.**7**

> "여러분도 영역주권이 우리 대학의 연구과제가 되기를 기대해도 좋다. 나도 실질적인 면을 고려해서 이것을 택했다. 그것은 추상적이고 무미건조한 전통적인 교리를 고집하지 않게 하는 반면에, 원칙을 확고하게 해주며 통찰력을 깊게 해주며 판단을 명백하게 해준다. 간단히 말하면 우리의 지적인 능력을 신성하게 해주며, 권력자가 우리 인간 생활의 자유를 제한한다면 이에 반대하는 힘을 길러준다.**8**

그리고 카이퍼는 모든 국가 권력은 모든 자유를 의심스런 눈으로 바라보고 있다는 사실을 잊지 말라고 했다. 우리의 다양한 생활 영역이 국가의 영향을 받지 않을 수 없다. 국가는 영역중에도 영역이며 국가는 인간의 생활의 전 범위를 둘러싸고 있다고 했다. 국가는 자기 자신을 위한 것이 아니라, 다른 영역을 위해서 존재한다. 그러므로 국가가 학문의 영역에 대해서 이래라 저래라 간섭해서는 안 된다. 학문은 진리가 다스리는 그 나름대로의 생존영역을 창조한다. 그러므로 기독교 대학을 위해서 자발적인 헌금과 후원이 필요하다고 역설했다. 카이퍼의 이 연설은 국가 권력의 상징인 왕궁과 불과 10m도 떨어지지 않는 곳에서 행했음으로 이는 국가, 교회, 교육, 문화 전 분야에 대한 위대한 도전이자 새로운 지평으로서 제시되었다.

영역주권의 원리

카이퍼의 영역주권 연설의 세 번째 단락은 개혁주의 원리에 관한 것이다. 영역주권은 개혁교회의 원리가 될 뿐 아니라 모든 다른 프로테스탄트 교회의 원리로 채용되기를 원했다.

> "우리는 영역주권이 우리 대학을 탄생시킨 자극제가 된 것을 보았으며, 우리에게는 영역주권이 또한 모든 학문을 번창케 할 것이라는 국왕의 약속이기도 하다는 것을 분명하게 말씀드린다. 나는 영영주권사상을 우리의 신조로, 개혁교회의 신조로 허락 받는 일이 남아 있다고 본다.…나는 이 연설에서 그것을 강력하게 주장한다. 따라서 나는 성경의 요구와 요한 칼빈(J.Calvin)이 보여준 전통을 따라서 나는 하나님의 주권을 전면에 내세웠다. 왜냐하면 그것만이 우리를 자극해서 기본적으로 인간의 모든 두려움과 심지어는 사탄이 주는 모든 두려움까지 극복하기 때문이다. 만약 어떤 사람이 나에게 정말로 '영역주권' 이란 개념이 성경의 핵심인 동시에 그것이 개혁교회 성도들에게 생활의 중심이냐고 묻는다면, 나는 그에게 제일 먼저 성경에 나타난 믿음의 기본원리를 생각하라고 할 것이다."[9]

카이퍼는 그 실례로, 다윗을 왕위에 앉힌 헤브론 부족의 법, 아합의 폭정에 대한 엘리야의 항거, 또 예수님께서 '하나님의 것은 하나님께 가이사의 것은 가이사에게' 란 말씀의 원리를 생각하라고 했다. 카이퍼는 영영주권사상이 성경에서 온 것이며 종교 개혁자 요한 칼빈의 사상에서 나온 것임을 거듭 강조했다. 그리고 카이퍼는 영역주권을 모델로 삼는 나라들이 모두가 민주화되었고, 모두가 평화로운 나라가 되었는데, 그것은 곧 칼빈의 가르침을 받은 것이라고 했다.

"종교 개혁을 한 나라 가운데서 거의 모두가 연방 형태의 정부를 가지고 있는 경향이 있지 않은가? 시민의 자유가 종교 개혁을 한 땅에서 가장 무성하게 개발되지 않았는가? 국내적인 평화와 권력의 분산과 도시의 자치제도가 오늘날에도 칼빈의 가르침을 이어 받은 나라에서 보장을 가장 잘 받았다는 사실을 부인할 수 있는가?
따라서 우리의 교육 분야에도 우리의 원칙이 지켜지게 해달라고 요청할 수 있는 것은 오로지 우리가 종교 개혁의 정신 안에 있기 때문이다. 우리는 다른 원리에서 나온 학문과 학문의 중립을 지키겠다고 약속하거나 그런 교리를 지키는 대학과 교회 한 자리에 앉아서도 안 된다. 나는 그리스도를 믿지 않는 당국자들에게도 하나님과 하나님의 공의를 두려워하는 마음이 있다는 것을 부인하지는 않는다. 칼빈도 하나님의 공의를 두려워하는 마음이 심지어 폭악한 이단자들에게도 있다고 했다." [10]

카이퍼는 하나님 없는 세속 학문과 하나님 중심적 학문을 구분하고 있다. 세속 학문과 세속 정부는 설사 그들 중에 하나님을 두려워하는 마음이 있다고 해도 그것은 건물로 치면 바람벽만 있고 지붕도 창도 없는 꼴이라고 했다. 카이퍼는 '영역주권' 의 사상은 자신의 고안한 작품이 아니고 성경의 원리이며 종교 개혁자 칼빈의 원리라고 주장했다. 하나님의 절대 주권을 믿을 때 국가는 절대 권력을 가질 수 없으며, 하나님이 각 영역에 그 주권을 분산하여 그들의 있는 처지에서 하나님께 영광을 돌리게 하는 것이라고 했다. 카이퍼는 그의 연설의 말미에 '영역주권' 의 사상 아래서 각 학문 영역을 어떻게 하나님의 부르심의 소명을 감당해야 할 것인지를 구체화 하고 있다.

> "우리의 교육제도는 '자유로울 것' 이다. 따라서 어떤 의미에서 '학교의 기본원칙에 벗어나지' 않을 것이다."[11]

칼빈주의 사상의 원리는 비록 신학에만 적용하는 것이 아니라 정치, 경제, 사회, 문화, 교육, 예술, 과학, 가정 등에 미쳐야 한다. 특히 카이퍼는 의학 또는 의료기술에서도 칼빈주의적 세계관이 필요하며 의사에게는 독특한 영역주권이 있음을 다음과 같이 말했다.

> "사람들은 의료기관이 무엇을 하는 곳이라고 생각하는가? 의료 기술이 도와 주려고 하는 것은 병든 포유동물이 아니고 하나님의 형상대로 지음 받은 사람이다."[12]

뿐만 아니라 카이퍼는 법학도 어떤 세계관을 갖는가에 따라서 그 접근법이 다르다는 것을 보여준다. 법이란 인간 자신이 개발한 자연의 산물이 아니라고 하나님께서 우리에게 주신 보물이라는 것이다. 카이퍼는 또한 자연과학에 대한 입장도 분명히 밝혔다. 모든 자연과학도 사실은 가설을 세운다. 그런데 모든 사람들은 사물을 주관적인 판단의 눈으로 보며 보이지 않는 부분을 주관적인 판단에 따라서 채워진다는 것이다. 그러므로 자연과학 마져도 중립이 아니며 어떤 세계관을 갖는가에 따라서 달라지는데, 자연과학에도 하나님의 주권을 인정하는 시각이 있어야 한다. 카이퍼는 문학, 철학, 역사등 모든 학문의 영역에서도 하나님의 주권을 인정할 것을 말했다. 카이퍼의 영역주권사상이 다음 문장에서 가장 극명하게 나타난다.

"우리 인간이 살고 있는 이 세상에는 모든 것을 주관하시는 그리스도께서 '내것이다' 라고 주장 하실 수 없는 땅은 단 한 평도 없다."[13]

이 메시지는 카이퍼의 강연에 클라이막스이자 영역주권의 정의를 내리는 순간이었다. 이 말은 칼빈주의 세계관에 대한 결정적인 말이었고, 그날 자유대학이 왜 설립되어야 하는지를 만방에 선포한 것이다. 카이퍼가 자유대학을 세우려고 할 때 심지어 가까운 사람들도 반대를 했다. 하지만 카이퍼의 가슴 속에 있는 꿈을 꺾을 수는 없었다. 카이퍼는 이 연설의 말미에 다음과 같이 말했다.

"우리가 이 학교를 설립한다는 것은 위대하다고 불리우는 자 모두를 거스리는 것이며, 학계(學界)를 거스리는 것이며 과거와, 엄청난 매력이 있는 현재를 거스리는 일이다. 따라서 여러분께서 여러분의 마음이 허락하는 대로 우리의 사람됨과 우리의 능력과 우리의 지적인 특성을 자유롭게 평가하시오. '칼빈주의자들의 신앙고백과 같이 모든 것을 다 드려 하나님만을 높이고 인간은 아무 것도 아닌 것으로 여기라' 는 것은 우리에게 주신 말씀이라고 본다.…사용하지 않는 화살이 한 개 남아있는 한, 주 예수 그리스도로 말미암아 세움을 받은 파수꾼이 아무리 미약해도 한 명만 남아 있다면 우리는 우리가 골고다에서 가지고 올 것 발이 원수의 손에 들어 가는 것을 허락할 수 있는가?…「결코 할 수 없다」는 그 말에 이 학교가 태어났다."[14]

실로 감동적인 메시지이며, 개혁교회가 가져야 할 세계관의 이정표를 제시한 연설이었다. 카이퍼의 영역주권사상은 다른 저서에도 나타났는데 예를 들면 '학문과 예술에 있어서의 일반은총' (De Gemeene Gratie in Wetenschaap en Kunst), '왕을 위해 또는 그리스도의 왕권' (Pro

Rege of het Koningschap van Christus), '칼빈주의'(Calvinsme) 등에서도 언급하고 있다. 필자는 다른 자료들을 참고해서 카이퍼의 영영주권사상을 다시 요약하려고 한다. 후일 칼빈주의 철학을 수립한 헬만 도예베르트(Herman Dooyeweerd)박사에 와서 영역주권사상은 좀 더 구체적으로 발전되었다.

  카이퍼가 주장한 영역주권을 정리하면 다음과 같다. 카이퍼는 하나님을 절대주권자로 보고 하나님은 인간이 살고 있는 모든 영역에서 주인이 되는 것을 선포한 것이다. 결국 영역주권사상은 국가, 교회, 정치, 경제, 문화, 예술, 교육, 학문 등의 모든 영역을 예수 그리스도를 머리로 하여서만 존재하고 그에게 소속되어 있음으로, 각 영역은 다른 영역의 권리나 자유를 간섭 또는 침해하지 아니하고 자주적으로 존재해야 한다. 이는 사도 바울이 골로새서 2:10에 말한 대로 "그는 모든 정사와 권세의 머리"이기 때문이다. 카이퍼는 주장하기를 절대적 주권자이신 하나님께서 사회내의 각각의 영역에서 제각기 법을 주었으며, 각각의 영역들은 하나님으로 부터 주어진 제각기의 법에 의해서 존속 되도록 하신 것이다. 이러한 각 영역주권의 근원은 실상 국가가 아니라 하나님 자신이다. 그러므로 각각의 영역은 국가에 대해서 책임을 지는 것이 아니라, 그들의 내적인 성격과 특성적인 자체내의 법체계에 따라 자신의 정체성과 주권을 가진다. 만약 영역주권이 없다면 국가는 무한한 절대 권력을 갖게 된다. 따라서 국민의 생활방식, 그들의 권리, 그들의 양심, 심지어 그들의 신상까지도 국가가 결정하게 된다.[15] 카이퍼의 주장은 국가가 자기의 권력을 행사함에 있어서 하나님께서 국가에 위임하신 권력의 한계를 초과해서는 안 된다고 했다. 따라서 각 영역들도 다른 영역을 지배하기 위해서 자기에게 위임된 자격을 초과해서는 안 된다.

  또한 하나님의 말씀으로 무장된 학자의 지도가 없으면, 불신자들이 내린 결론이나 국가의 일방적인 정책에 의해서 그대로 끌려갈 수밖에 없을 것이다. 그리고 정치, 경제, 사회, 문화, 예술, 교육 등도 무신론적 세계관을 가진 사람이 내린 결론을 따라 갈 수밖에 없다. 우리 칼빈주의 자들은 각각의 영역이 하나님께서 주신 소명의 자리요 사명의 자리인줄 알아 어떤 영역에서든 하나님의 영광을 위해서 일해야 한다. 특히 대학교는 영향력 있는 사람들의 세계관을 만들어 낸다. 대학교육은 정치계, 법조계, 의사, 교사, 작가, 언론, 교육 등 사회 전체에 영향을 미친다. 만약 고등교육이 불신자들의 손에 점령당하고, 무신론적, 유물론적 세계관에 점령된다면 종교적인 것도 그런 방향으로 달려갈 것이다. 그러므로 새로운 세상을 만들려면 대학교를 세워서 생각하는 방법을 바꾸고 하나님 중심의 세계관을 갖도록 하는 것이 중요하다.[16]

우리는 위에서 1880년 10월 20일 화란 자유대학교 설립과 카이퍼 박사 총장 취임식 강연에 나타난 영영주권사상을 살펴보았다. 하나님만이 절대주권자로 본 것은 칼빈과 카이퍼가 동일하다. 그러나 카이퍼는 하나님의 주권이 구체적으로 세상에 나타날 때는 각 영역마다 고유의 주권을 가지고 행사된다고 했다. 국가는 물론 큰 주권을 갖기는 해도 그것은 하나님이 주신 것이요, 교회와 국민들의 생활의 틀을 보호하는 것이어야 하지 국가가 제멋대로 하는 것은 하나님의 뜻을 거스리는 행위이다. 그리고 삶의 모든 분야에서 주권을 가지고 하나님의 영광을 위하도록 하는 것이 카이퍼의 사상이다. 이는 칼빈의 사상을 기초로 해서 보다 구체화되고 발전된 모습이라 할 수 있다.

카이퍼가 영역주권을 선포하던 암스텔담 중앙교회

카이퍼의 칼빈주의적 기독교 세계관

　최근 한국 교회에서는 세계관이란 말이 보편적으로 쓰여지고 있다. 세계관이란 한마디로 말하면, 사람이 세상을 바라보는 시각이라고 할 수 있다. 즉 어떤 입장, 어떤 시각을 갖고 역사와 세계와 인간의 모든 삶을 보는가에 따라서 크게 달라진다. 유물주의 사상을 가진 사람은 자연스럽게 삶의 모든 영역의 일들을 유물주의 세계관으로 볼 것이다. 그리고 인본주의 세계관을 가진 사람의 사고방식은 말할 것도 없고 삶의 전 분야에 인본주의적인 전제를 가지고 판단한다. 그런데 또 다른 세계관이 있는데, 성경을 기초로 하고 하나님의 영광과 주권을 높이기 위한 하나님 중심의 세계관이다. 이런 성경적 세계관은 모든 진화론적 유물주의적, 인본주의적 세계관을 잠재우고 역사와 인생을 하나님께로 바로 이끌 수 있다. 바로 이러한 기독교 세계관의 틀을 놓고 그것을 진두지휘하고 사상적 체계를 놓은 분이 바로 위대한 칼빈주의자 아브라함 카이퍼 박사다. 그러므로 기독교 세계관은 달리 말해서 칼빈주의라고 말할 수 있을 것이다. 그렇다면 카이퍼가 말하는 세계관으로서의 칼빈주의는 어떤 것인가? 카이퍼는 그의 모든 글에서 칼빈의 진실한 후계자로서 또는 칼빈사상의 부흥가로서 자처했다. 하지만 화란의 신학자 힐케마(C.E.Hylkema) 같은 이는 카이퍼를 신칼빈주의자(Nieuw Calvinisme)로 칭했다.¹ 그러면 카이퍼의 칼빈주의를 신칼빈주의(Neo-Calvinism)로 부르게 된 이유가 무엇일까? 그 이유는 카이퍼는 칼빈을 그의 멘토로서 철저히 따르며 그의 교리체계를 따르기 때문이다. 하지만 카이퍼는 단순히 칼빈의 복사판(A Copyist of Calvin)이 아니고 칼빈의 사상체계 전부를 받으면서도 그것을 더욱 발전시키고 구체화시켰다.² 그러므로 종교 개혁 시대의 칼빈의 사상 체계를 칼빈주의라고 하고 카이퍼의 사상을 신칼빈주의라고 하나 그 둘 사이에 있어서 근본적인 차이는 전혀 없다. 다만 칼빈이 일반은총에 대한 원리적인 것만 언급한데 비해서 카이퍼는 그것을 더욱 확장시키고 세심하게 다듬어서 기독교 세계관이 정치, 경제, 사회, 문화, 교육, 학문, 예술 등 삶의 전 영역에 적용한 것이다. 그러므로 카이퍼의 사상은 자신이 쓴 그대로 '칼빈주의'라고 보는 것이 옳다.

카이퍼의 칼빈주의적 세계관의 유래

카이퍼는 칼빈주의를 기독교 세계관과 나란히 함께 사용하고 있다. 카이퍼는 세계관에는 두 가지가 전제되어야 한다고 했다. 첫째, 세계관은 전 포괄적으로 모든 실제(Inclusive of all-embracing view of realities)를 보는 눈이다. 다시 말하면 세계관은 하나님, 인간, 세계를 포괄적으로 보는 눈이다. 마치 남산 꼭대기에서 서울의 강북과 강남을 하나의 안목으로 보는 것과 같다.

하나님 중심의 시각을 갖고 영적인 것은 말할 것도 없고, 지적인 것에서 세상의 전 구조까지 구체적으로 한꺼번에 볼 수 있는 시각이 있어야 한다고 했다. 둘째, 세계관은 그 판단 기준과 잣대가 처음과 나중이 꼭 같아야 된다. 즉 어떤 사물을 판단하거나 설명할 때 통일된 시각을 가져야 한다. 어떤 것은 이런 잣대로, 저런 것은 저런 원리로 적용한다면 그것은 세계관일 수가 없을 것이다. 칼빈주의적 세계관이란 한 마디로 하나님을 만유와 만사의 근원으로, 그는 창조주이시고 구속주이시며 심판주란 확고한 하나님중심 사상으로 인생과 역사와 우주와 사회를 보는 시각이다. 그런데 이런 칼빈주의 세계관은 유물주의 세계관과 인본주의 세계관과는 충돌이 일어날 수밖에 없다. 그것을 카이퍼는 대립(Antithesis)의 원리라고 했다. 즉 중생자가 가지는 세계관과 비중생자가 가지고 있는 세계관 사이는 어쩔수 없는 대립과 충돌이 일어나게 된다.

중생자와 비중생자는 근본적으로 서로 다른 마음을 갖고 있기 때문에 그 둘은 사물을 인식하고 판단하는데도 서로 반대되는 입장을 갖고 있다. 카이퍼는 그의 명저 신학백과 사전학(Encyclopaedie der Heilige Godgeleerdheid)에서 두 종류의 인간과 두 종류의 학문(Tweeerlei Wetenschap)이 있다고 했다.3 이런 주장은 카이퍼의 '칼빈주의 강연' 4장 칼빈주의와 과학에서도 잘 나타났다.

카이퍼의 주장을 요약하면 이렇다. 중생자와 비중생자는 마음 또는 의식의 내용이 원리적으로 서로 다르다는 것이다. 즉 중생자와 비중생자의 대립(Antithesis)은 신앙과 이성의 대립이 아니고, 중생자와 비중생자의 자기의식의 대립이며, 세계관의 대립이라는 것이다. 성령으로 거듭난자의 자기의식의 내용은 '죄의식', '신앙의 확신', '성령의 증거' 임에 반해서, 하나님의 형상을 잃어버린 비중생자의 마음은 '어두워진 미련한 마음' (롬 1:21), '굳어진 마음' (엡 4:8)이다. 결국 인간의 문제는 세계관으로 나누어지게 되고 어떤 세계관을 갖는가에 따라서 삶의 모든 영역에 미치게 되어 있다. 앞서 언급했듯이 카이퍼는 두 종류의 인간, 두 종류의 자기 인식으로부터 일어나는 두 종류의 과학론을 주장했다. 그렇기 때문에 꼭 같은 교육, 꼭 같은 연구 테마를 갖고 연구하는 두 과학자가 있다 해도, 한 사람은 창조주와 구속주로서의 하나님을 믿고 다른 사람은 우상을 섬긴다면, 그 두 사람의 연구 방향과 목적이 달라질 것이다. 또 그런 판단에서 나온 논리적 결론도 그가 가진 세계관에 따라 달라질 수밖에 없다. 카이퍼는 독자적으로 개혁주의 원리(Gereformeerde Beginsel)에 입각한 학문을 수립하려고 했다. 그는 기독교를 단순히 학문으로 보거나 과학으로는 생각지 않았다. 그렇지만 이 세상의 모든 피조물과 실제가 오직 하나님께 영광과 찬양을 돌려 드려야 한다. 그는 하나님이 계획하신 본래 창조의 목적을 위해 봉사해야 한다고 역설했다. 종교 개혁이 모든 영역에서 하나님의 주권을 주장하는 것이라면, 결국 학문적 사색도 당연히 하나님의 주권과 하나님의 말씀의 권위 아래 놓여지지 않으면 안 된다는 것이다.

카이퍼가 자유대학을 세운 이유는 삶의 모든 영역 곧 특히 학문의 영역에 칼빈주의적 세계관을 갖고 역사를 바꾸고, 시스템(System)을 바꾸어 하나님 나라 건설을 하기 위함이다.

카이퍼의 기독교 세계관 정립

1898년 10월 10일 장장 6주간의 긴 항해 끝에 뉴욕에 도착한 카이퍼는 프린스톤 신학교에서 역사적인 스톤강좌(Stone Lecture)에서 '칼빈주의'란 강의를 했다. 고든 콘웰 신학교의 리챠드 로브레이스의 평가처럼, 이 강연으로 인해 그는 청교도의 사상을 이어 받은 조나단 에드워드 이후 가장 중요한 사상가로서의 명성을 얻게 되었다고 했다.[4] 카이퍼의 칼빈주의 강의는 그 자신도 인생의 최고 전성기에 했던 강의였기에, 미국 개혁교회와 장로교회에서 엄청난 충격을 주었다. 특히 카이퍼 박사를 초대하고 모든 것을 주선했던 당시 프린스톤 신학교의 대학자인 워필드(Benjamin B Warfield 1851-1921) 교수는 이 일로 말미암아 그는 '미국의 카이퍼'(American Kuyper)란 별명을 얻었다고 했다.[5] 카이퍼와 워필드는 바빙크와 함께 세계 3대 칼빈주의 신학자가 된다. 그는 프린스톤의 강좌에서 유럽과 미국의 기독교가 직면한 난제들 즉 교회와 사회의 세속화 문제를 명쾌하게 지적했다. 그에 대한 대안은 성경의 권위를 회복하고 그 성경적 원리를 중심으로 역사와 인생과 우주와 삶의 전 영역을 볼줄 아는 눈을 뜨게 하는 것이었다. 그 당시 미국과 유럽에서 일어나는 자유주의 신학운동에 대결하기 위해서는 성경의 권위와 역사적 개혁신학과 신앙의 정립이 필요할 뿐 아니라, 삶의 모든 영역에 도전하는 불신세력에 대한 성경적인 신앙을 옹호하고, 하나님 중심의 세계관을 삶의 전 영역에 확산시키는 것이었다. 카이퍼는 16세기 칼빈의 신학과 신앙의 전통을 회복하고 전 세계적인 계몽주의 자유주의 사상의 공격을 예민하게 감지하고 그것을 프린스톤에서 외쳤다.**6** 그 후 카이퍼의 영향은 20여 년이 지난 후 그레샴 메이첸에게 불 붙었다. 카이퍼는 성경의 초자연주의를 부르짖으면서 삶의 전 영역에 하나님의 영광과 주권을 높이고자 하는 그의 외침은 복음주의자들의 잠을 깨우고 세속주의자들과 일전을 벌이도록 독려했다. 그러고 보면 유럽이나 미국의 복음주의자들도 카이퍼의 외침에 상당한 혜택을 입었다고 본다.

카이퍼가 주장한 성경적 세계관은 바로 중생(重生)에 대한 깊은 확신, 대중이 이해할 수 있는 문화변증 그리고 이른바 정치적 영성(Political Spirituality)이라고 할 수 있는 정치에서도 기독교적인 세계관을 가져야 한다는 것이다. 이에 대하여 조금 더 부연 설명을 하면 다음과 같다.

카이퍼의 신학의 핵심은 그의 일반은총론이라고 속단한다. 그러나 그보다 그는 인간이 하나님 앞에 중생하며 새롭게 되는 것이 더 우선이었다. 인간이 갈씀과 성령으로 거듭나지 않고서는 역사와 인생에게 맡겨준 위대한 소명을 감당할 수 없다. 단순히 교회에 소속된다거나 세례를 받았다거나 직분을 받았다는 것으로 다 된다는 생각을 해서는 안 된다. 카이퍼는 일찍부터 목사의 아들로 태어나서 명문대학에서 인문학과 신학을 공부하고 25세에 신학박사가 된 천재였다. 그리고

26세에 목사가 되었다. 그러나 그러한 외형적이 조건이 중요한 것이 아니다. 그가 첫 목회지인 베이스트 교회에서 진정으로 살아계신 하나님을 만났고 역사적 개혁주의 신앙으로 돌아와서 위대한 칼빈주의자가 되었다는 것이다. 그는 결국 칼빈이 항상 말했던 것처럼 하나님 앞에서(Coram Deo) 자신을 보았으며, 그리고 참으로 중생의 체험을 갖게 된다. 특히 그는 일반은총 속에 있는 모든 영역에는 중생자와 비중생자간에는 어쩔 수 없는 대립(Antithesis)이 있을 수밖에 없다고 했다. 중생자와 비중생자의 세계관은 말 그대로 하늘과 땅 같은 차이라고 볼 수 있다.

또 카이퍼의 세계관의 근저에는 비중생자가 만들어낸 문화를 중생자가 성경적 문화로 바꾸어야 한다는 것이다. 이를 우리는 카이퍼의 문화변증(Cultural Apologetics)라고 할 수 있다. 카이퍼의 관심은 불신 문화가 교회와 그리스도인들을 끊임없이 공격해올 때 그것을 방어하고 변증해 나가는 것이 필요했다. 그런데 그 문화의 변증을 위해서 카이퍼는 두 분의 멘토에서 배운 틀이 있었다. 즉 한 분은 16세기 요한 칼빈이었다. 또 다른 한 분은 흐룬 반 프린스터였다. 이들에게 배운 것은 철저히 하나님 중심 사상인 칼빈주의만이 복음적 기독교를 옹호하고 삶 전체를 변화시킬수 있다는 것이다. 그러므로 칼빈주의는 인본주의 세계관과는 언제나 대립관계를 가질 수밖에 없다. 즉 하나님 중심의 세계관과 인본주의 세계관 사이는 어쩔수 없는 투쟁이 있을 수밖에 없다. 그래서 카이퍼는 성경만이 우리의 신학과 신앙과 삶의 유일한 나침반이며 그것만이 우리의 사상과 가치의 기준이라고 확신했다. 그리고 창조주 하나님은 구속주의 하나님이시므로, 하나님의 주권은 인간의 삶의 다양한 구조인, 개인, 가정, 국가, 교회, 학교, 예술, 농업, 상업 등에 관여하신다는 사상이다. 예수 그리스도의 왕권이 영혼구원은 말할 것도 없고 인간의 삶의 전 영역에 역사하신다. 예수 그리스도는 모든 정사와 권세의 머리가 되신다(골 2:10). 카이퍼에 의하면 이러한 하나님의 뜻을 구체적으로 이루기 위해서 시스템(System)의 변화가 필요하다는 것이다. 그런데 그 체제는 정치체제이다. 정치는 중립이 아니며 누가 무슨 사상을 가지고 정치하느냐가 중요하다. 무신론적이고 인본주의적이고 진화론적 세계관을 가진 사람이 정치를 한다면 자연스럽게 그런 방향으로 역사가 굴러 갈 것인데 그렇게 되면 그리스도의 교회와 성도들은 치명타를 입게 될 것이 분명하다.

그래서 카이퍼는 이른바 정치적 영성(Political Spirituality)을 주장했다. 정치적 영성이란 바로 신앙의 눈으로 정치 영역을 보는 태도이다. 즉 하나님의 창조, 인간의 타락, 그리고 하나님의 구속의 시각으로 보는 것을 말한다. 혁명의 사상으로 새로운 세상을 만들겠다는 불란서 혁명사상은 결국 실패할 것이다. 역사의 배후에서 활동하시는 하나님의 손길이 있음으로 궁극적으로 진리와 의가 승리할 것이라는 하나님 중심 사상의 세계관을 갖는 것이 중요하다.

그러면 카이퍼의 칼빈주의적 세계관의 기본 틀은 무엇일까? 첫째, 그의 확신은 개혁주의 신학과 신앙이 기독교 진리를 가장 명료하게 나타낸다고 믿었다. 요한 칼빈으로부터 출발된 개혁주의 신학과 그 결과로 얻어진 돌트총회, 벨직 신앙고백, 하이델베르크 교리문답 등에 정리된 신앙 위에 확고히 섰다. 그것은 성경의 무오성에 대한 확고한 신념이 근거이고 이는 또한 특별은총 기구인 교회는 말할 것도 없고 문화라는 일반은총의 영역까지 확대되어야 한다.

둘째, 하나님 중심의 세계관이다. 하나님 주권은 교회는 말할것도 없고 삶의 전 분야에 미친다는 생각이다. 특별히 정치 분야에서도 하나님의 주권을 인정해야 한다. 그때 당시 국가 지상주의자들은 정권을 잡고 국가가 하고자 하는 일은 무엇이던지 할 수 있다는 인본주의 사상가들이었다. 그러나 카이퍼는 국가의 통치와 권위의 궁극적 원천도 사실은 하나님께로부터 온다고 확신했다. 국가는 일반은총의 기관으로서 하나님의 명령에 순복하는 기관일 따름이라고 했다.

셋째, 성경중심의 세계관이다. 성경만이 칼빈주의의 정경(Canon)이라는 사상이다. 성경의 원리는 신앙의 기본이다. 그러나 그것은 단지 영적인 생활에 표준일 뿐 아니라 인생의 전반에 걸쳐서 규범이 되고 표준이 되어야 한다. 카이퍼가 그토록 일반은총과 문화 특히 정치에 관심을 갖게 된것은 정권이 욕심이 아니고, 성경 중심의 삶은 단순히 개인적이고 영적인 것만이 되서는 안 되고 인생의 전 분야에 미치지 않는 것이 없다는 확신 때문이다. 정치 분야에서도 하나님의 말씀인 성경이 양심의 기준이 되어야 할 것이고, 예술가도 하나님의 말씀이 삶의 목표가 되어야 한다. 그리고 어떤 학문을 하던지 그 중심에 성경의 원리가 중심이 되어야 한다는 것이 카이퍼의 입장이다.

넷째, 교회 즉 특별은총은 모든 삶의 분야에 영향을 끼치기도 하지만, 동시에 일반은총인 국가는 그리스도의 복음이 자유롭게 증거될 수 있도록 도와주어야 한다. 카이퍼는 교회의 지도자로서 또는 정치의 지도자로서 이 둘의 조화와 상호협력을 위해서 그의 전 생애를 바쳤다. 바로 이러한 틀에서 카이퍼는 1898년에 프린스톤대학에서 '칼빈주의 강의'를 하게 되었다. 그것은 평소 그의 사상을 명쾌하게 들어내고, 전 세계에 칼빈주의의 선언을 한 셈이다. 그리고 자신의 사상의 진수를 요약한 것이다. 그의 칼빈주의 강의는 카이퍼적 칼빈주의 선언(A Manifesto of Kuyperian Calvinism)[7] 이었다.

칼빈주의에서 마음의 안식을 얻다

카이퍼의 유명한 스톤강의 곧 칼빈주의 강의는 여섯 장(章)으로 되었다. 그중에 첫 장은 세계관으로서의 칼빈주의를 극명하게 표현한다. 대게 첫 장을 역사적으로 본 칼빈주의(Calvinism in History)라고 하는데, 이는 서양 학자들이 글을 쓰거나 강연을 할 때 그 주제에 대한 역사적 접근을 하는 것이 기본이다. 그래서 왜 이 시대에 칼빈주의를 대안으로 제시했는지를 분명하게 했다. 1장에 나타난 논설이 실상은 그의 책의 핵심 부분이라고 해도 좋을 듯싶다. 이것을 요약하면 ① 칼빈주의란 무엇인가 ② 세계관이란 무엇인가 ③ 현대주의의 문제점 ④ 불란서 혁명의 문제점 ⑤ 범신론 사상의 문제점 ⑥ 진화론적 사상의 문제점 등으로 대별할 수 있다. 여기서 필자에게 강한 인상을 남긴 대목이 하나 있는데, 카이퍼의 칼빈주의에 대한 진솔한 고백이다.

"칼빈주의 안에서 내 마음의 안식을 얻었다. 나는 칼빈주의로부터 이 큰 원리들의 격렬한 투쟁에 확고하고 결연하게 임해야겠다는 열정을 고취 받았다."[8]

카이퍼의 이 고백은 마치 다윗이 골리앗 대장을 맞아 싸우러 나갈 때 고백한 내용과 비교할만하다. 그는 자유주의, 유물주의, 인본주의, 국가지상주의와 일전을 위해 전투장에 나가는 야전 사령관과 같았다. 카이퍼는 칼빈주의를 역사적으로 살피면서, 칼빈주의란 이름은 종교개혁이 움직여 나간 통로를 지시해 준다고 했다. 그것은 물론 루터주의나 재세례파나 소시니안쪽으로 기울어지지 않는 한 그렇다는 것이다. 카이퍼는 칼빈주의를 이해하면서, 칼빈의 성숙한 지성의 영향을 받아 인생의 여러 국면에서 주도적인 자리를 얻은 개념의 체제로 이해했다. 어떤 나라에는 정치적 자유를 주고, 인간을 종교적으로 개혁할 뿐 아니라 도덕과 윤리적 기준을 세우는데도 영향을 끼친다고 했다. 카이퍼는 여러 역사학자들과 신학자들의 증언을 들으면서, 칼빈주의는 16세기의 종교적이고 정치적 원리가 최고조에 달했을 때 이를 발전시킨 형태라고 했다. 또 칼빈주의는 스위스, 화란, 영국을 개혁시켰고 미국에 건너간 120명의 청교도를 통해서 미국의 번영에 촉매 역할을 했다고 하였다. 또 어떤 이는 칼빈주의가 유럽을 구했다고 했다. 어떤 이는 "사실 칼빈주의나 칼빈주의의 본질적 원리를 약간 수정한 형태의 운동은 현대 세계에서 인류 가운데 가장 지성적이고 가장 도덕적이고 가장 근면하고 가장 부지런한 자들이 고백한 종교 형태이다."[9] 라고 했다.

사실은 장로교회나 개혁교회 뿐 아니라 침례교나 성공회도 따지고 보면 모두 칼빈주의적인 영향권에 있다. 심지어 메도디스파들이 웨슬리의 지도로 칼빈주의적 해석 방법을 반대했다고는 하나 당대에 생기를 잃은 교회에 생명력을 불어넣은 것도 칼빈주의적인 정신 자체로 이해했다.[10] 칼빈주의는 더 나아가서 정치, 사회, 도덕, 세계 질서의 해석, 자연과 은혜, 기독교와 세상, 교회와 국가, 궁극적으로는 예술과 과학에서 세계관을 형성하게 되었다. 칼빈주의는 국부적이 아니라 인간의 삶의 전 영역에 간여하고 꿈과 소망의 메시지를 던지는 사상체계라고 할 수 있다. 칼빈주의는 이방 종교들과는 달리 대신(對神), 대인(對人), 대세계(對世界)에 대하여 성경적인 대답을 주고 있다고 보았다. 칼빈주의는 하나님은 창조주로서 피조물 위에 뛰어나 높은 위엄을 갖고 계시면서도 성령 하나님으로서 피조물과 직접 교제하신다는 것이다. 우리의 존재는 하나님에게서 나와서 하나님으로 말미암고 하나님에게 돌아간다. 오직 하나님께만 영광(Soli Deo Gloria)은 칼빈주의자의 모토이자 결론이다. 루터는 종교 개혁자로서 그의 구원론은 주관적이고 인간적이었다. 그러나 제네바의 요한 칼빈의 구원론은 우주론적이고 객관적으로 하나님의 주권에 모든 것을 걸었다. 그러므로 칼빈이야말로 칼빈주의의 핵심 인물이다. 그래서 카이퍼는 칼빈의 신학체계와 그의 세계관을 그대로 받았다. 칼빈이 그러했던 것처럼 카이퍼도 사람을 영웅화하는 것을 반대했고 언제나 하나님의 영광과 주권을 최우선으로 여겼다. 이런 관점에서 볼 때 모든 이방종교나 거짓된 현대주의 사상은 칼빈주의를 배격한다.

칼빈주의는 종교다원주의를 용납하지 않는다. 칼빈주의는 하나님 중심 사상, 성경 중심 사상에서 교회와 세상과 역사와 우주를 볼 줄 아는 전 포괄적인 사상체계이다. 칼빈주의자는 바로 하나님께 주신 소명을 가지고 삶의 모든 영역을 변화시켜 나가야 한다. 카이퍼의 프린스톤 신학교의 강의는 당시 자유주의로 물들어가고 있는 미국에서는 영적 폭탄이 되었다.

종교 다원주의는 불가하다

오늘날의 세계는 종교다원주의가 판을 치고 있다. 자유주의자들 주장을 보면 결국 모든 종교는 궁극적으로 같다는 것이다. 특히 에큐메니칼 신학이 지향하는 것은 교회의 교리체계나 신앙고백을 무시하고, 타종교와의 대화를 통해서 화합과 평화를 도모하고자 한다. 그런데 19세기 말 자유주의, 계몽주의 사상은 국가의 정책은 말할 것도 없고 신학과 모든 영역의 사상에 침투하여 사람의 영혼을 파괴했다. 그 시대는 종교다원주의가 판을 치고 있었다. 그래서 카이퍼는 프린스톤의 칼빈주의 강좌 제2장에서 칼빈주의와 종교를 핵심 주제 강연으로 채택했다. 카이퍼는 무엇이 참된 종교인지, 무엇이 거짓된 종교인지를 명쾌하게 구분하고 있다. 그는 로마 가톨릭과 이슬람교, 범신론 사상을 비판했고 참된 종교 곧 칼빈주의적 입장에서 기독교를 옹호했다. 카이퍼는 칼빈주의적 시각에서 참 종교가 무엇임을 밝히는 것이었다. 세상에는 많은 종교와 사상들이 있지만 그 종교들이 모두 구원에 이르는 종교도 아닐뿐더러 미신과 거짓된 것으로 가득 차 있다. 그러면 참된 종교의 기초는 무엇일까? 그것은 하나님의 계시 곧 하나님의 말씀에 기초한 종교여야 한다. 그러므로 칼빈주의는 종교를 보는 시각도 매우 독특하다. 카이퍼가 칼빈주의 강의에서 칼빈주의 역사를 다루고, 처음 칼빈주의 입장에서 종교를 어떻게 볼 것인지를 심각하게 다루고 있다. 일찍이 칼빈이 참된 종교를 설명한 것과 비교될 수 있다.

"하나님의 입 또는 그의 말씀을 의지하는 것이 참된 종교의 기초이며 또 그것은 우리의 구원의 기초이다."[11]

"진리에 기초를 두지 않는 어떤 종교도 하나님을 기쁘시게 하지 못한다."[12]

"그리스도를 떠난 모든 종교는 거짓되고 일시적이다."[13]

"사람들이 만들어낸 것과 혼합된 종교는 하나님을 모독하는 것이요, 하나님께 대한 예배를 부패케 한다."[14]

"순수한 종교를 부패케 하는 (자기 상상에 따라 움직이는 모든 잠든 자들에게 반드시 이런 일이 생긴다)자들은 누구나 한 분 하나님으로부터 떠나는 죄를 범한다."[15]

아마 카이퍼의 칼빈주의적 종교론도 결국 칼빈의 종교관을 더 섬세하게 논했다고 볼 수 있다. 그는 칼빈주의자가 보는 종교관과 비칼빈주의자들이 보는 종교관은 전혀 다르다고 주장한다. 당시 불란서 혁명에 기초한 인본주의적이고 계몽주의적인 무신론적 시각에서의 종교 이해는 칼빈주의적 종교 이해와는 하늘과 땅 같은 차이가 있다. 카이퍼는 칼빈을 회상하면서 다음과 같이 썼다.

"16세기에 한 번의 기묘한 솜씨로, 가장 순정한 성경적 스타일로, 철저하게 종교적인 건물을 세움으로써 세인의 이목을 집중시키며 놀라게 했던 칼빈의 거시적인 정신을 살펴보라…제네바의 그 개혁자는 강한 영적 활력을 통해서 단번에 다섯 나라에 인생의 안내서를 배포하였고 사람들의 마음을 영들의 아버지와 거룩한 평강으로 이끌어 주었다."16

카이퍼는 그 당시의 종교적 부패와 혼합주의를 통탄하면서 참된 종교와 거짓된 종교를 구분하는 네 가지 질문과 네 가지 답을 내어 놓는다. 이런 질문과 답은 칼빈주의적인 종교관을 보여주는데 아주 적절하다.

첫째, 종교는 하나님을 위해 존재하는가 아니면 사람을 위해 존재하는가? 그 답으로서, 사람의 종교는 이기적이 되어서도 안 되고 하나님을 위한 것이어야 한다고 했다. 다시 말하면 하나님 중심한 것이 참된 종교라는 말이다. 종교가 기복주의에 처하는 것은 참된 종교일 수가 없다. 오늘날 한국 교회도 욕구충족을 시켜주는 기독교, 적극적 사고 방식이나 심리치료식의 메시지 방식의 기독교는 진정한 기독교가 아니다. 아마도 카이퍼 시대도 그러한 인본주의적 세계관에 입각한 종교 형태로 말미암아 기독교가 치명타를 입고 있었던 것같다. 참된 기독교는 인간의 만족을 위한 자기 중심적인 기독교가 아니라 하나님의 영광을 제일 우선순위로 하는 종교라는 뜻이다. 카이퍼는 그것이 바로 칼빈주의적 종교라고 힘주어 말하고 있다.

둘째, 종교는 직접적으로 작용해야 하는가 아니면 간접적으로 작용하는 것인가를 묻는다. 여기에 대한 대답은, 종교는 인간의 간섭을 통해서 간접적으로 작용할 것이 아니라 마음을 통해서 직접적으로 작용해야 한다는 것이다. 이는 가톨릭이 마리아 중보사상으로 말미암아 마치 하나님과 우리 사이에 개입하듯이 하는 것은 잘못된 것이다. 그뿐 아니라 하나님과 인간 사이는 그 어떤 영웅적인 인간도 개입할 수 없다. 오직 우리의 중보자이신 예수 그리스도의 피 공로로 값없이 의롭다 함을 얻어서 하나님께 담대히 나갈 수 있다.

셋째, 종교가 그 작용을 나타날 때 부분적인 면만을 관계하는가 아니면 우리의 인격 존재 전체를 포용할 수 있는 가이다. 그 대답으로 카이퍼는, 종교가 삶의 한 부분만 영향을 주는 부분적인 위치에 머물러서는 안 되고 우리의 전체 존재를 장악해야 한다고 했다. 그는 세계관으로서의 칼빈주의를 논하는 중에서도 종교란 믿음으로 구원 얻는 것은 물론이지만, 삶의 전 영역에 하나님의 영광을 위해서 일하는 것이어야 한다고 했다. 그런 종교는 개인의 신앙 뿐 아니고 인격적 전 존재, 윤리적 도덕적 삶, 나누며 섬기는 삶, 이웃을 돌보는 인류애의 실천까지도 이루어야 한다.

넷째, 종교란 구원론적인 입장에서 볼 때 인간은 정상적일 수 있는가 아니면 비정상적인가 하는 것이다. 여기에 대한 대답으로서, 종교의 구원론적 성격은 우리의 타락한 본성에서 나온 것이 아니라, 중생을 통해서 인간의 본래의 표준으로 돌아간 다음으로부터 나와야 한다. 결국 참된 종교는 인간의 전적타락을 받아들이고, 거듭남 곧 중생을 통해서만 참된 그리스도인이 된다는 것이다. 카이퍼의 칼빈주의 사상의 기본적 메시지는 그냥 문화신학을 하자는 것이 아니고 철저하게 중생에 초점을 맞추고 있음을 알아야 한다. 종교란 그냥 윤리적 도덕적인 자기 성취나 교양이 아니고 하나님 앞에서 자기가 죄인임을 깨닫고 회개를 통한 중생의 체험을 가져야만 진정한 그리스도인이 된다는 논지다. 칼빈주의는 단순히 이데올로기나 낙관적인 세계관이 아니라 철저히 죄에 대한 고통과 중생의 기쁨을 가진 사람들에게 펼쳐질 삶 전체에 대한 소명이다. 그 중생은 인간의 자기 힘으로 되어질 일이 아니고 오직 말씀과 성령으로만 가능하게 된다. 그것이 바로 카이퍼의 가슴에 타는 불이었다. 참된 종교는 반드시 구원론적이어야 한다.

좀 더 부연설명을 하자면 카이퍼가 주장하는 칼빈주의적 종교관은 하나님의 영광을 위한 종교가 아니면 그것은 모두 거짓된 종교요 이방 종교란 것이다. 물론 카이퍼는 종교만이 하나님의 영광을 위한 것이라고 했다. 그리고 삶의 전 영역에 하나님의 주권과 영광이 임하고 있다고 했다. 이것이 그의 주된 메시지이다. 왜 인간의 종교는 하나님의 영광을 위한 것이어야 할까? 카이퍼는 이 대목에서 칼빈의 논리를 채용한다. 우선 인간은 하나님의 형상(Imago Dei)으로 지음 받았을 뿐 아니라, 인간의 마음에는 종교의 씨앗(Semen Religionis)이 심겨져 있기 때문이다. 그러므로 종교의 출발 자체가 하나님이고 인간은 도구요 방편이다. 하나님만이 출발이요 목표요 도달점이요 물들이 흘러나오는 샘이시다. 하나님을 중심(Deo-Centric)한 종교가 기독교요 그것이 칼빈주의적 종교관이다. 하나님을 위해 모든 것이 존재한다면 모든 피조물은 당연히 하나님께 영광과 존귀와 찬양을 돌려야 한다. 그러므로 칼빈주의는 감정이나 의지에만 국한된 종교가 아니라 모든 재능과 모든 능력을 다해서 우리의 삶 전부가 신의식(Sensus Divinitis)으로 젖어 있어야 한다고 했다. 참된 종교는 언제나 하나님의 면전(Coram Deo)에 있기를 원한다. 그 하나님의 면전에서만 인간의 죄와 부패를 철저히 깨닫게 되고, 인간의 죄악의 깊이를 깨달을 때 유일하신 중보자 예수 그리스도만을 바라보게 된다. 그러므로 하나님께서는 하나님의 계시로서 말씀을 주셨고, 그 말씀과 성령의 도움으로만 새롭게 되게 하셨다. 그래서 하나님은 교회를 주셔서 구원의 방주 역할을 하게 하시고 성도들을 말씀으로 중생케하며 양육하도록 했다.

그러므로 칼빈주의적 종교관과 세속적인 종교관은 하늘과 땅 만큼 서로 차이가 난다. 인본주의 종교 이해는 종교 현상이요, 행복론이요, 소원 성취적 종교이지만 칼빈주의가 말하는 종교는 하나님 중심, 하나님의 영광을 위한 종교요, 특별 계시인 하나님의 말씀을 중심한 종교라고 한다.

그리고 카이퍼는 참된 종교를 위한 교회는 조직적(Organic)이고, 민주적이어야 하고, 또한 순결한 교회가 되어야 할 것을 요구했다.[17] 카이퍼는 종교 문제를 다루면서 칼빈주의적 세계관이 결정적임을 선포했다. 종교는 상식이나 교양이나 윤리가 아니라 하나님의 창조, 그리스도의 속죄의 죽음과 구원 그리고 하나님의 영광을 위한 종교만이 참된 종교라고 했다. 그러므로 그때나 지금이나 종교다원주의는 수용할 수 없다.

정치도 칼빈주의자의 몫이다

카이퍼는 그의 프린스톤에서 세 번째 강의 주제를 '칼빈주의와 정치'로 정했다. 어째서 카이퍼는 이 강연에서 칼빈주의를 논하면서 종교 다음으로 정치를 말했을까? 그리고 그 자신이 목사요 신학자였으면서도 어떻게 하원의원, 상원의원 그리고 내무장관과 수상으로 평생 정치인으로 살았을까? 정치가로서 아브라함 카이퍼는 다른 장에서 상세히 논했고 또 영역주권이나 일반은총에서도 이미 길게 언급했다. 그러므로서 여기서는 다만 프린스톤에서 미국의 청중들에게 말하고자 했던 메시지가 무엇인지를 간략하게 서술하고자 한다.

사실 카이퍼가 정치에 전 생애를 바친 이유는 칼빈주의 사상 때문이다. 그것은 하나님의 주권은 교회당 울타리에만 작용하는 것이 아니고 삶의 전 영역에 역사한다는 그의 신학과 확신 때문이었다. 또한 그 시대의 환경과도 관련이 있다. 당시는 계몽주의 합리주의 사상이 삶의 전 영역에 침투했고, 특별히 정치계에서도 그 사상이 보편화되었다. 그렇기 때문에 자연스럽게 정통교회, 개혁신학은 발붙일 수가 없게 되었고 대학의 교수 임명권을 가진 정부는 신학대학의 교수들을 임용할 때 철저히 현대주의, 자유주의 신학을 가진 자들을 포진시켰다. 여기서 훈련 받은 목회자들은 성경의 영감을 부정하고 예수 그리스도의 육체 부활이나, 역사적 예수 자체를 부인했다. 이것은 곧 교회의 세속화를 부채질했다. 잘못된 세계관을 가진 자들이 정부의 요소요소에 배치됨으로 사회는 뿌리부터 썩어가고 있었다. 그것은 물론 불란서 혁명 사상을 기점으로 한 계몽주의 사상과 인본주의 사상이 그 중심에 서 있었다. 결국 카이퍼는 정치 분야에서도 칼빈주의자들이 주도권을 잡지 않고서는 교회와 세상을 바로 회복할 수 없다고 확신했다. 그때부터 그는 칼빈주의 선포의 전사로서 정치는 말할 것도 없고 삶의 전 분야에 영적 전투자로서의 삶을 살았다. 그중에서도 참된 칼빈주의 정치를 위해서는 우선 철저한 하나님을 중심한 칼빈주의자들이 대거 정치에 참여해야 한다고 보았다. 더욱이 세상의 변화는 개인적인 신앙고백이나 믿음으로서만 되는 것이 아니고, 구조적 변화 곧 시스템의 변화가 있어야 한다. 카이퍼는 그것을 논리적으로 체계화했을 뿐 아니라 구체적으로 실험에 옮기고 실제적으로 화란 국가를 다시 세웠다.

카이퍼가 정치에 대한 관심을 가진 이유는 하나님의 주권이, 교회, 사회, 국가와 인간의 삶의 모든 영역에 미친다는 설명에서 찾을 수 있다.[18] 정치영역에서의 하나님의 주권(Gods Sovereignty in the Political Sphere)을 인정하는데서부터 칼빈주의적 정치는 시작된다.[19] 특히 칼빈주의는 루터처럼 구원론 쪽으로 기울어져 믿음으로 의롭다함을 얻는 교리를 지배적 원리로 삼지 않았다. 도리어 칼빈주의는 우주론 곧 가장 광범한 의미에서 온 우주, 눈에 보이던지 보이지 않던지 온 우주의 영역과 범주들을 붙들고 계시는 삼위 하나님의 주권을 지배원리로 삼는다.[20] 인간에게 죄만 없었더라면 정부도 필요 없었을 것이다. 인간의 죄와 부패 때문에 죄를 억제하고 다스리기 위해서 정부도 필요하고 정치도 필요했다. 그런데 그런 정부와 정치가 하나님도 모르고 인간의 전적타락과 부패를 모르고 다만 인본주의적인 시각에서만 본다면 국가 절대주의, 국가 지상주의가 되고 독재정권으로 가게 된다. 국가는 모든 권세가 하나님께로부터 온 것임을 깨달아야 할 뿐 아니라, 하나님의 창조, 인간의 타락, 그리스도 안에서 구속을 이해해야 참된 정부 구실을 할 수 있다. 만에 하나 그리스도인들이 정치는 나와 무관하다고 생각하고 손을 놓고 있다면 그것은 또한 하나님의 주권을 무시하는 이원론적 세계관의 소유자인 것이다.

카이퍼의 정치 이론은 우선 정부의 형태를 논하면서, 칼빈의 입장을 거의 그대로 수용하고 있다. 칼빈은 개인적으로 공화제를 좋아했지만, 군주정치를 신적인 정부 형태인 듯이 말한 적이 없다. 칼빈은 인간의 죄 때문에 정부라는 기구적 제도가 필요함으로, 많은 사람들이 서로 통제를 받아가면서 협력하는 공화제가 바람직하다고 생각했다. 칼빈은 민주주의 뿐만 아니라 군주정치나 귀족정치도 가능한데, 그런 것들도 실제로 정부형태라고 했다. 카이퍼는 백성들이 스스로 관원 곧 지도자를 선출하는 것이 민주적 방법이라고 했다. 하나님의 은혜로 다른 사람을 다스릴 권세를 받은 경우를 제외하고는 자기와 동등한 사람들 위에서 다스릴 권세는 없다고 했다. 사람이 다른 사람에게 복종하는 궁극적 의무는 사람에 의해서 부과된 것이라기보다 하나님 자신에 의해서 부과된 것으로 보았다. 그는 정치에서 하나님 중심의 세계관 곧 칼빈주의적 세계관을 보고 있다. 카이퍼는 정치에 있어서도 하나님 주권을 주장했다.

카이퍼가 칼빈주의 정치를 말할 때 꼭 신정정치를 의미하는 것은 아니다. 국가도 결국은 하나님의 주권 아래 있기 때문에 각각 다른 영역의 주권도 인정해주고 협력해야 한다고 했다. 카이퍼의 정치적 신념을 요약하면 다음과 같다. 첫째, 하나님만이 모든 나라들의 운명에 절대적 권리를 갖고 있다는 것이다. 왜냐하면 하나님께서 천지와 그 가운데 있는 만물을 창조하였고 나라들을 만드시고 그의 주권으로 다스리시기 때문이다. 따라서 하나님은 자신이 세우신 일꾼들을 통해서 일하신다. 그 일꾼들은 하나님이 위임하신 권세를 가지고 다스리므로, 다스리는 자의 심중에는 언제나 하나님께 순종하는 삶이 있어야 한다. 둘째, 정치적 결단으로 모든 것을 해결할 수 있다는 것은 옳지 않다. 왜냐하면 아무리 좋은 정책이 있다 해도 인간은 철저히 부패한 죄인이라는 사실을 잊어서는 안 되기 때문이다. 정치적 낙관주의는 금물이다. 그러므로 이것을 극복하기 위해서 더욱 겸손해야 하며, 항상 체계적(System)이고 규칙에 의해서 다스려져야 한다. 셋째, 사실 정치하는 사람, 통치자의 권세와 권위는 자기 자신에게 나온 것이 아니라, 하나님으로부터 모든 권위와 권세가 왔다는 사실을 알아야 한다. 그러므로 정치 분야에서 하나님 중심, 하나님의 영광 중심의 세계관을 가져야 한다.

카이퍼는 무신론적이고 혁명적인 불란서 인본주의에 대한 경고를 늦추지 않았다. 그들이 주장하는 혁명적 구호 즉 하나님도 없고 주인도 없다(Ni Dieu Ni Maitre)는 사상은 전적으로 하나님 없는 무신론적이고 인본주의적 세계관에 근거한 것이다. 이들의 사상은 항상 무차별 혁명을 고취하고 인간 스스로 하나님이 되어 버릴 뿐 아니라, 국가 지상주의로 나아가는 바, 결국 비민주적이 되었다. 그 당시는 민중의 소리(Vox Populi)만 중요했지, 하나님의 소리(Vox Dei)는 들리지 않았다.

그러나 칼빈주의 정치는 민중의 음성을 듣기 전에 먼저 하나님의 음성을 들어야 한다. 그래서 카이퍼의 스승인 흐룬 반 프린스터가 만들고 카이퍼가 발전시킨 반혁명당(Anti- Revolutionary Party)은 사실 기독교 정당이다. 명칭을 그렇게 사용한 것은 불란서 혁명이 준 해악을 바로 지적하고 하나님 중심의 정치 원리로 되돌리고자 그렇게 했다.[21] 후일 카이퍼는 여기에 대한 대안으로 반혁명당의 정당정책 기조인 '우리들의 계획'(Ons Program, 1879)을 발표했는데, 이는 바로 칼빈주의적 정치 원리를 구체화 한 것이다. 삶의 모든 영역에 하나님의 영광과 주권을 높여야 한다면, 정치영역에서도 예외가 될 수 없다. 더구나 정치영역은 다른 영역에 간여하는 곳이므로 더더욱 하나님 중심의 세계관이 중심이 되어야 함은 두말할 필요가 없다. 하나님께서 국가에도 주권을 주셨다면, 동시에 교회에도 주권을 함께 주셨다. 그러므로 교회와 국가는 서로간의 한계가 있을 뿐 아니라 서로 협력해서 결국 하나님께 영광을 돌릴 책임이 있다.

학문도 하나님을 위하여…

카이퍼의 프린스톤에서 네 번째 강의는 '칼빈주의와 학문'이란 주제이다. 왜 이런 주제가 중요할까? 학문 또는 과학은 중립이 아닐까? 학문과 과학에 무슨 칼빈주의란 말이 필요할까? 이런 질문에 대한 대답으로 학문도 과학도 중립이 아니라는데 있다. 결국 모든 학문에는 전제가 있기 마련이고 전 이해가 있다. 어떤 안경을 끼고 학문을 보는가에 따라서 전혀 다른 대답이 나올 수가 있다. 카이퍼 주장은 역시 종교와 정치만 세속화된 것이 아니고 학문에도 세속화가 진행되고 있다는 것이다. 유물론적이고 인본주의 세계관을 가지고 어떤 학문을 한다면 그 결과는 두 말할 필요 없이 인본주의적이고 유물주의적인 것이 될 수밖에 없다. 카이퍼는 학문의 세계에도 중생자와 비중생자가 얻어낸 결과물이 확연히 다르다는 것을 분명히 말했다. 학문에 있어서 세계관은 왜 그리 중요한가? 학문의 세속화와 과학의 세속화는 실제로 인간의 구체적 삶 속에 엄청난 영향을 끼치기 때문이다. 카이퍼의 말을 인용하면 다음과 같다.

"그러나 진화론은 왔노라, 보았노라, 이겼노라(Veni, Vidi, Vici)라는 구호를 외치면서 있는 속력을 다 내어 모든 영역을 침범해 들어가 땅을 장악했고, 하나님의 말씀을 해쳤고 특별히 자연론자들을 통해서 그 진화론은 우리에게 있어서 일관성 있는 관점이 얼마나 많이 필요한가를 명백하게 반증해주고 있다."[22]

그에 의하면 '모든 영역에 진화론'(De Evolutie Theorie in alle Kring)이 침투한 것이 문제다. 학문이란 연구실이나 실험실이나 책 속에 묻혀 있는 것이 아니고, 그 학문의 세계관, 인생관, 우주관은 즉각적으로 삶의 전 영역에 파장을 일으킨다. 그런 점에서도 인문과학, 사회과학, 자연과학, 예술 등 모든 삶의 영역에 어떤 세계관을 갖는가 하는 것은 본질적인 문제로서 매우 중요하다. 1980년대 전후해서 세계는 온통 뉴에이지, 신 맑스주의, 포스트모더니즘 사상이 지배적이었다. 그리고 이런 사상들이 모든 학문에 영향을 미쳤고 세계관으로 자리매김했다. 그와 마찬가지로 19세기말에도 유물주의, 무신론사상, 진화론, 혁명사상 등이 유럽을 강타하면서 모든 학문이 영향을 받아 그리로 기울어졌고, 학문은 그 사상들을 논리적으로 합리적으로 뒷받침하는 시녀 노릇을 하였다. 그래서 카이퍼는 학문에 있어서도 하나님의 영광과 주권을 최우선으로 하는 칼빈주의적 학문관을 주장했다. 이는 세속적 학문에서 하나님 중심의 학문으로 회복시키려는 노력이었다.

카이퍼는 칼빈주의와 학문의 관계를 설명하는데도 그의 일관된 주장이 하나 있었다. 즉 그것은 기독교의 핵심인 구원론이다. 내가 어떻게 하면 구원을 얻을 수 있을까? 는 그리스도인의 기본적인 마음이다. 이런 질문은 모든 기독교인의 본질적인 문제이며, 이는 하나님의 특별 은총으로 되어지는 것이다. 그런데 하나님으로부터 그 큰 구원의 은혜를 받은 후에 세상과 담을 쌓고 받은 바 구원의 은총을 누리기만 한다면 이는 이원론적 세계관으로 떨어지게 된다. 카이퍼는 여기서 그리스도인들은 구원론에만 머물 것이 아니라 우주론적인 세계관을 가져야 한다고 했다. 하나님은 천지와 만물을 말씀으로 창조했을 뿐 아니라 창조하신 만물을 다스리며 섭리하시고, 하나님의 주권은 인간의 삶의 모든 영역에 미치지 않는 곳이 없다. 그것은 또한 학문과 과학의 세계에도 하나님의 주권이 인정되어야 한다는 것이다. 그래서 카이퍼는 칼빈의 예를 들면서 다음과 같이 말했다.

> "복음이 가진 이 광범하고 포괄적이고 우주적인 의미를 칼빈은 다시 이해했다. 그것도 변증법적인 과정의 결과로서가 아니라 칼빈의 개인적인 삶을 형성했던 이른바 하나님의 엄위에 대한 깊은 인상의 결과로 이해한 것이다." [23]

카이퍼는 학문은 일반은총에 속한 것이기에 일반은총을 통해서 죄의 뿌리를 제거하거나 사람의 영혼을 구원해서 영생으로 인도하는 것이 아니라는 것을 알고 있다. 하지만 칼빈주의자들은 학문의 분야에서도 그것을 불신자 즉 비중생자가 자기 멋대로 인본주의 유물주의 세계관으로 끌고가도록 방치해서는 안 된다는 것이다. 오히려 칼빈주의적 세계관만이 그 학문의 목적과 방향을 일깨워서 그 학문을 통해서도 궁극적으로 하나님께 영광을 돌리게 한다. 사실 모든 학문은 어느 정도 믿음으로 출발한다. 또 학문으로 인도하지 않는 믿음은 잘못이다. 미신은 학문을 가져올 수 없다. 카이퍼는 당연히 창조주요 구속주이신 하나님께 대한 믿음이 있어야 바른 학문을 할 수 있다고 보았다. 이는 바울이 말한대로 "새 사람을 입었으니 이는 자기를 창조하신 자의 형상을 쫓아 지식에까지 새롭게 하심을 받은 자니라"(골 3:10) 하신 말씀과 부합된다.

다시 말하거니와 카이퍼는 모든 학문은 중립이 아니라는 것과 그 학문에는 먼저 세계관이 있다고 보았다. 그리고 모든 세계관은 인간에게 유익된 것이 아니라는 것이다. 무신론적이고 인본주의적 자유주의 사상은 필시 인류에게 해악을 끼치고, 하나님과 멀어지게 할 뿐이다. 이에 반해서 학문과 과학 분야에서도 우리 그리스도인이 하나님 중심의 칼빈주의 세계관을 가지고 학문과 과학의 전 분야에 걸쳐서 접근할 수 있어야 한다. 그것이 또한 칼빈주의자들의 학문적 소명이라고 할 수 있을 것이다.

모든 예술은 하나님으로부터 왔다

프린스톤 강좌 네 번째 날, 카이퍼는 '칼빈주의와 예술'에 대한 특강을 했다. 카이퍼는 프린스톤 강의에 앞서 10년 전에 이미 『칼빈주의와 예술』(Het Calvinisme en de Kunst)이란 소책자를 발행했다. 이는 카이퍼가 자유대학교 총장으로 다시 취임할 때 행한 강연의 요점이다. 실상 카이퍼는 신학자로서, 칼빈과 함께 예술에 대한 조예와 관심이 많았다. 그 자신이 미학(美學)을 강의했을 뿐 아니라 실제적으로 예술적 소질이 많았다. 카이퍼의 생각은 예술도 결국 중립은 없다는 것이다. 예술가는 예술 자체만을 위해 사는 줄 아는 것은 착각이다. 결국 예술가도 그가 가진 예술적 기량이나 소질에 앞서 그가 어떤 세계관 어떤 신앙을 갖고 있느냐에 따라 달라진다. 예술이란 그저 그 분야에서 아름다움을 표현한다는 뜻만 있는 것이 아니고 예술 그자체가 일종의 종교적 표현이다. 예술가가 가진 세계관과 신앙은 예술 활동에 그대로 형상화 되거나 글이 된다. 그러므로 예술가에게도 자유주의적으로 제멋대로의 삶 무신론적이고 유물주의적인 세계관을 갖고 있다면 문제가 될 수밖에 없다. 중생한 자의 예술과 비중생자의 예술은 서로 다르다. 하나는 하나님의 영광과 찬양을 중심한 것이고 다른 하나는 오직 인간의 위대함과 가치를 높이는데 있다. 그런 까닭에 칼빈주의적 예술이라는 독특한 입장을 가질 수밖에 없다.

카이퍼는 칼빈주의와 예술을 논함에 있어서 거의 대부분 칼빈의 입장을 따르고 있다. 즉 예술을 합법적으로 이용하는 것을 칼빈은 장려하고 권장했음을 상기시켰다. 특히 칼빈은 출애굽기 주석에서 모든 예술은 하나님께로부터 나오며, 그것을 존중해야 한다는 것을 인용했다. 그러므로 예술의 본래 목적은 하나님의 영광을 나타내는 것이어야 한다. 그는 자신의 정신적 스승인 칼빈이 예술에 대해서 얼마나 진지하고 하나님 중심적으로 예술을 했던가! 라고 감탄하면서 극찬했다. 우리가 지레 짐작으로 칼빈은 교리적으로 면도날처럼 날카롭고 얼음장처럼 차디찬 인상을 갖고 있다고 생각하지만 실은 칼빈은 섬세하게 예술을 이해했다. 특히 마로(Malot)를 시켜서 시편 찬송가를 만들어 부르게 할 정도로 그의 음악적 감각은 뛰어났다. 예술은 신적 아름다움과 완전함의 표현이라고 카이퍼는 정의했다. 실상 이 말도 결국 칼빈이 말한대로 "미신적 빛의 광선이, 하나님의 성도들 가운데서 보다 믿지 아니하는 사람들 속에서 더 눈부시게 비춰었다"고 한 말을 해설 한 듯하다.24 그는 예술을 일반은총의 틀 속에서 이해했다. 일반은총 안에서 예술 활동도 중생자나 비중생자나 모두 할 수가 있다. 그러나 칼빈주의자들 중에 우수하고 훌륭한 예술가들이 많이 나와, 예술 활동을 통해서 하나님께 영광을 돌리고 찬양을 돌려야 한다고 주문했다. 이 말의 뜻은 그리스도인으로서 즉 성도로서, 집사로서, 무조건 예술 활동을 하면 된다는 것이 아니다. 이는 어떤 세계관을 갖고 예술 활동을 하느냐가 중요하다. 기독교 신앙을 가졌다는 예술가 중에서도 철저히 인본주의적인 세계관을 갖고 그것을 추구하는 예술가가 많다. 카이퍼가 말한 칼빈주의적 예술이란 하나님을 중심한 칼빈주의 세계관으로 하는 예술활동이다.

칼빈주의가 대안이다

카이퍼는 프린스톤 강의 마지막 날, 밝아오는 세상의 사상적 혼돈기에 '세계교회와 인류의 살 길'이 무엇인가를 묻는다. 그리고 이런 세속화 속에서 그리스도인으로서의 정체성을 지키고 세상을 변화시키려는 주체가 되려면 칼빈주의 밖에 없다고 확신했다. 그것이 바로 미래에 대한 꿈이자 새로운 삶의 뿌리이며 대안이라는 것이다. 칼빈주의는 교리적으로 가장 고상하고 성경적이다. 그러나 교회를 세우는데만 중요한 것이 아니고, 칼빈주의 원리와 세계관이 각계, 각층, 삶의 모든 영역에 확장되고 꽃피우고 열매 맺어야 한다. 카이퍼는 지난 세기 동안 기독교가 로마 가톨릭과 싸우느라고 힘을 다 소진해 버려서 기독교 진리가 세상의 변화를 이끌지 못했다고 주장한다. 또한 불란서 혁명의 사상으로 기독교인의 사상적 혼란이 있었다. 그러므로 이제 칼빈주의자들은 대열을 정비해서 하나님의 영적 전사로서 하나님의 영광을 위해서 삶의 전 분야에서 빛과 소금이 될 것을 주문했다. 카이퍼가 비록 100년 전에 이러한 메시지를 했지만 실제로 이것은 오늘날 우리들에게 동일하게 던지는 화두이기도 하다.

특히 카이퍼는 칼빈주의의 확산과 발전을 해야 이유 중에는 바로 자유주의 신학에 대한 방어를 위함이다. 자유주의 신학은 성경의 권위를 실제로 파괴하는 신학이다. 그들은 죄를 인간의 부족 정도로 이해할 뿐 아니라 역사적 예수를 믿지도 않는다. 더욱이 예수를 구속주로 보는 것이 아니라 종교적 천재쯤으로 생각하고 있다. 그런데 아브라함 카이퍼는 이원론적 사상을 가지고 신비주의적으로 나가는 자들에게도 경고하고 있다. 당대는 범신론적인 신앙가들도 많았고 로마 가톨릭의 공격 또한 만만치 않았다. 이런 환경 속에서 역사적 칼빈주의 신학의 회복은 물론이려니와 칼빈주의 세계관으로 성경을 하나님의 말씀으로 옳게 믿고 하나님의 영광과 주권을 최우선으로 하는 칼빈주의 만이 시대의 흐름을 바꿀수 있는 유일한 대안이라고 힘주어 말했다. 왜냐하면 결국 칼빈주의는 성경과 종교 개혁자들과 역사적 신앙고백들에 기초한 원리들을 철저히 지키면서 하나님의 손길, 하나님의 주권이 삶의 전 영역에 역사함으로 거기에도 우리가 소명을 가지고 일해야 할 땅임을 선언하고 있기 때문이다. 끝으로 카이퍼가 내린 두 가지 결론을 인용하면 다음과 같다.

"원리는 원리로 맞서야 하며, 세계관은 세계관으로, 정신은 정신으로 맞서야 한다(Beginsel moet Weer Tegenover Beginsel, Wereldbeschouwing Tegenover Wereldbesehouwing, Geest Tegenover Geest Getuigen)" [25]

그러므로 칼빈주의는 이 시대 정신을 바꿀 수 있는 유일한 대안이므로 그 안에서 전투 대형을 정비해야 한다. 그러나 칼빈주의의 이상이 아무리 좋아도 성령의 역사가 함께 하지 않으면 아무것도 할 수 없다고 했다. 칼빈주의도 "살리시는 하나님의 성령의 역사가 없이는 그것은 아무런 힘도 없다"는 그의 말은 옳다. 칼빈주의는 카이퍼의 시대뿐 아니라 우리 시대의 대안이다.

카이퍼가 일간지 스텐다드지의 편집인으로서 사역한 것을 기념하기 위하여 제작한 40주년 기념 포스터

카이퍼의 하나님 중심의 신학

카이퍼는 칼빈주의 신학자이다. 카이퍼는 목회자, 설교가, 연설가, 정치지도자, 교회의 개혁자, 사회의 개혁자, 교육의 개혁자, 언론인 등 수많은 일을 혼자 감당했기 때문에 신학자로서의 삶은 헬만 바빙크보다 뒤떨어진다는 평가를 받고 있다. 더욱이 카이퍼의 신학은 정교하지 못하다는 비판도 있다. 하지만 카이퍼의 방대한 저작들에 나타난 그의 신학체계는 전적으로 그의 정신적 스승인 요한 칼빈(John Calvin)의 신학체계와 돌트신경(Dordt Canon)에 기초한 칼빈주의 신학에 기초를 두고 있다. 자유주의 신학이 화란과 유럽 전체를 휩쓸고, 교회들은 종교 개혁의 정신을 잃어버리고 세속화 되었을 때 카이퍼의 외침은 칼빈 이후 3세기 만에 나타난 개혁주의 신학의 부활이었다. 필자는 본장을 기술함에 있어서 제임스 맥골드릭(James Edward McGoldrick)의 책에서 그 줄거리를 잡았고 내용의 흐름도 그의 책에서 참고 했음을 밝힌다.[1] 왜냐하면 카이퍼의 방대한 저작을 모두 섭렵하기가 어렵기 때문이다. 그는 카이퍼의 신학 사상을 이해하기 쉽게 분석한 것이 특징이다. 그래서 필자는 맥골드릭의 책을 참고하되, 필자가 가지고 있는 카이퍼의 다양한 자료들을 참고하였다.

카이퍼의 신학의 핵심은 언제나 삼위일체 하나님께 초점을 맞추고 있다. 하나님만이 만유와 만사의 근원이시고 하나님이 우리의 창조주이시고 구속주이시고 심판주라는 확고한 하나님 중심사상에 기초한다. 카이퍼는 그의 교의학 1권에서 약 500여 페이지에 달하는 신론(神論)을 다루고 있다.2 이는 칼빈의 신학과 일치하고 있다. 카이퍼의 신학을 분석하면 다음과 같이 말할 수 있을 것이다.

계시와 상징주의에 대한 카이퍼의 입장

카이퍼가 당시의 유럽의 교회 특히 화란교회의 상황을 안타깝게 생각한 것은 교회 안에 들어오는 상징주의(Symbolisme)였다. 그 당시는 교회가 하나님의 말씀위에 기초 하기보다 의식적인 예배 곧 상징주의가 판을 치고 있었다. 어떤 교회는 설교 대신 개인의 성경공부를 예찬하기도 하고, 자기 신앙을 상징적으로 표현하고 싶은 사람들은 목사의 설교가 짧게 되기를 바랬다. 그리고 상징주의자들은 사람의 감성을 자극하는 의식과 음악을 좋아했다. 그러니 그들은 즐거운 종교적인 느낌에서 나오는 신비한 흥취를 만끽하려고 했다.3 여기에 대한 카이퍼의 비판은 이렇다. 성도들의 상징주의적 경향은 성경대로 믿지 않기 때문이다. 이런 현상은 바로 낭만주의적 세계관을 장려하는 독일 철학의 영향 때문이라고 비판했다. 뿐만 아니라 영국 교회가 종교 개혁을 했다고 말하지만 아직도 로마 가톨릭교회의 상징주의적인 예배의식을 그대로 따르고 있는데, 이런 영향이 화란에도 미치고 있음을 경고했다. 특히 영국의 성공회식의 상징주의적인 예배의식이 오직 성경(Sola Scriptura)의 사상과 위배 된다는 것이다. 또한 카이퍼는 프리메이슨(Freemasonry)을 일종의 종교로 보고, 그들은 하나님의 계시를 무시한 종교적 감정을 조장하는 집단으로 보았다. 이런 류의 종교에서는 사람들은 하나님과 인간과의 관계를 믿음을 통해서가 아니라 감정을 통해서 맺는다. 카이퍼는 이런 형태의 신앙을 범신론이라고 비판했다. 상징주의는 정통적인 기독교인들이 말하는 계시종교를 모르는 무지에서 나온 것으로 보았다.

카이퍼는 16세기 종교 개혁은 상징주의적인 것을 배제하고, 의식에 흐르는 종교에 대한 강력한 항의였다고 평가했다. 개혁교회는 로마가톨릭이 상징을 통해서 무한하신 하나님을 유한한 인간들과 연결시키려는 것을 공격했다. 개혁교회는 성경을 자기나라 말로 번역 출판 보급해서 말씀의 계시를 믿음으로 구원에 이르도록 했다. 카이퍼 신학은 상징주의나 범신론적인 감정주의 보다는 하나님의 계시인 성경이 우리 신앙의 전제라는 것이다.[4]

하나님의 자기 계시가 기독교 신학의 원리

카이퍼 박사는 1881년 자유대학교 총장 재선 취임식에서 다음과 같은 연설을 했다. 그 제목은 '살아계신 하나님의 교회에 나타난 위험한 경향, 오늘날의 성서비평'(De Hederdaagsche Schriftcritiek in haar bedenkelijk strekking voor gemeente des levende Gods)이란 연설이었다.[5] 카이퍼는 여기서 '자신을 계시하신 하나님이 기독교신학의 원천이며, 하나님께서 그 방향을 결정하신다'고 단언했다.[6] 카이퍼는 성경이 하나님의 말씀이라는 것을 확신했으며, 성령님께서는 성경 말씀을 통해서 그리스도를 제시하고, 인간의 마음에 그 말씀을 새겨 둔다고 했다. 그리하여 카이퍼는 종교 개혁자들의 기본 틀이 오직 성경(Sola Scriptura)을 통해서만 구원에 이르는 원리를 확실하게 했다. 카이퍼는 성경이 완성된 이후에, 무슨 특별한 계시를 받았다고 주장하는 자들은 성경의 유일성과 그 권위를 부정하는 자들이라고 했다.[7] 당시 화란의 국립 대학교들이 교과과정에서 종교학이 기독교 신학을 대신했기 때문에, 성경을 사랑하는 카이퍼의 마음이 그로 하여금 암스텔담 쁘라야 대학교를 설립하게 만든 동기가 되었다. 카이퍼는 현대주의 곧 자유주의자들이 대학에서 가르치는 것을 반대했을 뿐 아니라, 그들에게는 실제적으로 신학 이론이 없다고 비판했다. 또 그들의 신학이란 인본주의 종교철학이 었으니 만큼, 성경에서 자신을 계시하신 하나님을 연구 대상에서 밀어내고 인본주의적인 종교 현상학만을 가르쳤다.

카이퍼는 현대주의 신학자들이 성경을 오도했기에 그들에게 거세게 항의했다. 카이퍼는 "성경말씀을 해설한다고 하면서, 우리 자녀들의 영혼을 무자비하고 용서 받을 수 없도록 잔인하게 다루는 것을 보면 울화가 치민다"[8] 고 했다. 카이퍼는 성경을 적절하게 대하는 유일한 방법은 성경을 경외하고 "내가 성경을 개인적으로나 온 가족이 함께 읽을 때에 모세나 요한이 아니고 나의 하나님 여호와께서 나에게 말씀하신다고 확실히 믿는 것이다."[9] 라고 했다. 카이퍼는 성경을 항상 구속사적으로 살필 뿐 아니라 그 역사의 배후에 하나님의 능력의 손길이 움직이신다는 것을 확신했다.

성경의 권위와 영감

개혁신학의 핵심은 성경의 영감과 권위를 받아들이는 것이다. 정통 신학과 현대주의의 갈림길은 성경의 권위와 영감을 믿는가의 여부에 달려있다. 일찍이 칼빈은 "사도들은 성령께서는 확실하고 믿을 수 있는 필기자이다. 그러므로 그들의 글은 하나님의 말씀으로 받아져야한다."[10] 라고 했다. 또 칼빈은 "그들의 예언은 그들의 자신의 것이 아니라 그들의 입을 도구로 사용하신 성령의 것이다."라고 했다. [11] 카이퍼도 역시 칼빈과 마찬가지로 성경의 귀중성을 전적으로 믿었다. 카이퍼는 말하기를 "선지자를 통해서 말씀하셨으며 사도들에게 영감을 주셨던 분은 바로 성령님이시며 사도들을 통해서 자신을 구체적으로 나타내신 분이 바로 성경의 원저작자이시다."[12] 라고 강력히 주장했다. 또한 카이퍼는 자유대학교의 한 강의에서 "만약 하나님께서 직접 오셔서 성경을 쓰셨더라도 그것은 지금의 성경과 다르지 않을 것이다"[13]라고 했다.

카이퍼에 의하면 성경 저자들의 영감을 의심한다는 것은 곧 성경의 권위를 부정하는 것이다. 성경은 무오의 거룩한 하나님의 말씀이기 때문에 거기에는 잘못이 있을 수가 없다는 것이다. 성경의 사실성을 부정하는 것은 실제로 하나님을 부정하는 태도라는 것이다.

그런데 성경의 영감을 주장할 때, 성경저자들의 영감과 그들이 쓴 내용이 전혀 오류가 없다는 진실성을 믿으면서도, 그들 모두가 하나님으로부터 말씀을 받아쓰기 방법을 통해서 계시를 받았다고 주장하지는 않았다. 카이퍼는 "물론 성령께서 인간 저자를 지시하는 방법은 받아 쓰게 하는 방법도 있다"고 주장하였다.[14] 즉 카이퍼의 요점은, 저자에게 영감을 주기 위해서는 성령께서는 저자의 개성을 살리시고 저자의 본성도 성령의 사역에 순종하도록 하신 것이다.[15] 따라서 영감은 바로 성령의 역사이며 성령만이 사람들로 하여금 성경의 권위를 인정하도록 설득시킬 수 있다. 비록 카이퍼는 성경의 영감과 권위를 철저히 믿고 주장했지만 성경 말씀의 역사성에 대한 비판적 연구에 반대하지는 않았다. 카이퍼는 그런 연구가 타당하다고 했지만, 그런 성경 연구 논문들은 모두 불신자들의 작품인 것을 보고 슬퍼했다. 카이퍼는 자유대학교 교수들이 이 문제를 기독교적인 시각에서 다루기를 바랬으며 인간이 하나님의 말씀을 심판할 권리가 있다고 생각하는 것은 처음부터 건방진 태도라고 못 박았다.

카이퍼는 현대주의자들과 이른바 '윤리적 신학자들'(Ethical Theologians)이 성경을 영적인 안내자로 추켜 세우면서도 실제로는 성경의 진리를 거부한데 대해서 공격했다. 카이퍼는 성령님께서 성경을 통해서 하시는 말씀을 믿어야 할 것을 권고했다. 그리고 인간의 이성에 호소해서 진리를 입증하려는 태도를 비판했다. 왜냐하면 인간이성을 판단 기준으로 하는 경우에는 성령의 증언을 무시하기 때문이다.

아브라함 카이퍼가 성경의 영감과 절대권위를 말할 때, 그가 생각하는 성경은 선지자들과 사도들에 의해서 최초로 쓰여진 성경을 의미했다. 그럼에도 불구하고 카이퍼는 하나님께서는 최초의 번역서가 당신의 뜻을 정확히 전달되도록 하였다고 믿었다.

하나님 중심의 신학

카이퍼는 성경의 영감과 권위를 인정하고 찬양하였다. 왜냐하면 성경의 저자인 하나님이 성경을 영화롭게 한다고 믿었기 때문이다. 카이퍼의 신학은 신본주의 즉 하나님 중심의 세계관을 구체화한 것이라고 보면 된다.[16] 카이퍼는 하나님 중심의 신학을 아주 당당하게 표현했다. 또한 로마서 11:36의 말씀처럼 "만물이 하나님에게서 나오고 하나님으로 말미암고 하나님에게 돌아가는" 하나님 중심의 사상을 확고히 붙들었다. 그는 하나님이 창조주이시며 구속주이시며 심판주시라는 것을 확실히 믿는 하나님 중심의 신학을 가졌다. 그러므로 카이퍼는 하나님을 하나님으로 받드는 사람만이 참된 신앙인이라고 보았다. 우리는 하나님을 위해 살아야 할 뿐 아니라 '오직 하나님께 영광'(Soli Deo Gloria)을 위해 살아야 한다. 그리고 인간들은 놀라우신 하나님의 위엄 앞에서는 왕도 빈민도 저울 위에 놓인 작은 먼지와 같다. 인간은 하나님의 면전에서 볼 때 한방울의 물처럼 실로 아무 것도 아니라고 카이퍼는 주장했다.[17]

그러므로 카이퍼는 하나님 중심의 신본주의 신학이 모든 개혁교회의 교리의 기초가 되어야 한다고 했다. 카이퍼는 기독교 신학이 이른바 종교학에서 주장하는 것처럼 종교적 느낌과 관련된다는 견해를 반박했다. 그는 기독교 신학 연구의 목적이 종교가 아니라 하나님이라고 주장했다(not Religion but God).[18] 성경을 연구하는 것은 신학자나 평신도들이 당연히 해야 할 의무이다. 그러나 우리가 성경을 연구하는 목적은 그냥 학문적인 연구를 위한 것이 아니라 살아계신 하나님을 열망하고 사랑하는데 있다. 그래서 카이퍼는 그의 명저 『하나님께 가까이』(Nabij God te zijn)에서 "내가 갈망하는 것은 하나님께 대한 인식이나 기억 또는 위엄이 아니고 살아계신 하나님 자신이다"라고 했다.[19] 카이퍼는 학문과 이성적 판단과 논리적으로 이해하는 하나님이 아니고 말씀과 성령으로 인격적으로 만나는 하나님을 제시했다. 그는 시편 73편 28절에 "하나님께 가까이 함이 내게 복이라" 하신 말씀을 구체적 삶에 적용시켰다.

카이퍼의 하나님 중심 사상은 곧 칼빈의 사상과 일치한다. 그것이 곧 개혁신학의 뼈대이기도 하다. 칼빈도 기독교 강요를 비롯한 그의 작품 전체가 하나님 중심의 사상으로 일관하고 있다고 말했다.

> "모든 신학은 하나님과 분리되어 있을 때 허망하고 혼돈스러울 뿐 아니라 광적이고 기만적이고 가짜이다"[20]
> "신학의 첫째 원리는, 하나님께서는 부패한 인간의 성품에서는 아무것도 보실 수 없고, 다만 그의 은총을 보여주고 싶은 마음 뿐 이라는 것이다.[21]
> "하나님께 대한 두려움으로 양심을 교화하는 사람을 진실한 신학자로 보아야 한다."[22]

칼빈의 하나님 중심의 신학은 그의 서거 후 약 300년 만에 나타난 아브라함 카이퍼에 의해서 다시 살아났다고 할 수 있다. 즉 인간은 자기 힘으로 할 수 없고 오직 하나님의 거저 주시는 은총으로만 할 수 있다는 것이다.

범심론과 진화론의 거절

카이퍼의 시대는 범신론과 진화론의 도전이 가장 컸다. 이 두 사상은 현대주의 신학과 맞물리면서 신학과 교회에 해악을 끼쳤다. 카이퍼 박사는 성경에서 삼위일체로 계시된 하나님의 성품을 부인하는 모든 현대주의의 가르침에 도전하고 비판했다. 특히 카이퍼는 전통적으로 지켜온, 기독교의 창조주와 피조물과의 구별을 없애 버리려는 신관을 범신론이라고 규정하고 경멸했다. 그는 범신론을 논박하는 글을 쓰면서 범신론이란 모든 구별, 모든 경계선을 제거해서 하나님과 자연, 하나님과 인간의 완전한 차이를 부인하는 것이라고 주장했다. 범신론은 모든 경계 즉 하나님과 세상 사이의 경계선 영원과 유한한 시간 사이의 경계선, 현재와 미래 사이의 경계선이 제거된 것이라고 했다.[23] 특히 카이퍼는 찰스 다윈의 진화론이 물질적인 세상 연구에 범신론을 적용한 것이라고 했다. 창조주 하나님과 피조물 인간 사이에는 뚜렷한 경계선이 있음에도 불구하고 이 경계선을 무시하고 없애버리는 것은 하나님을 거절하는 것이라고 했다.

카이퍼는, 찰스 다윈이 주장한 것 곧 진화가 우주 안에 생명체가 존재하게 되는 원인이 된다는 이론에 반대했을 뿐 아니라, 진화론을 지지하는 사람들은 반기독교적 세계관을 만들었다고 공격했다. 진화론자들은 그 이론이 모든 생명체와 종교를 포함한 모든 분야의 학문에 활용할 수 있는 절대적이고 포괄적 원리라고 주장했다. 그러나 카이퍼는 진화론자들의 공격이 날마다 집요하게 공격해 오는 것을 알고 1899년 10월에 자유대학교 총장에 다시 취임하면서 '진화론'(Evolutie)이란 주제로 발표했다.[24] 그는 진화론적 세계관이 여러 분야에 해악을 끼치지만 윤리 분야에서도 아주 나쁜 영향을 미쳤다고 했다. 즉 정치 지도자들이 진화론의 적자생존의 개념을 채택해서 강대국이 약소국을 야만적으로 침략하는 것과 영토 확장 주의를 지지했다. 그럼에도 불구하고 진화론은 점점 구체적인 삶의 현장에서 세계관으로 파고들었다. 예를 들면 사람들의 식생활이나 오락에 있어서도 유물주의적인 인생관을 만들었을 뿐 아니라, 결혼서약을 쉽게 파기해 버렸다. 카이퍼의 입장은 성경이 가르치는 진리와 진화론의 주장은 정반대이기 때문에 그것들은 서로 양립할 수 없을 뿐 아니라 상호 배타적인 관계라고 했다. 그는 진화론의 폭력성에 관하여 다음과 같이 말했다.

"만약 진화론이 승리하게 되면 양심의 자유라든지 관용과 인내의 날들은 지나가고 그리스도인이라고 불리워지는 모든 사람들에게 가혹하고 격렬한 박해가 다가올 것이다. 왜냐하면 진화론의 교리는 약한 자를 폭력으로 다스리는 것을 묵인할 뿐 아니라, 그렇게 하는 것이 강한 자의 의무로 만들기 때문이다."[25]

범신론자들의 진화론적인 세계관은 인간의 자율주의를 높이므로 그들 자신의 도덕성을 결정한다. 왜냐하면 범신론적인 진화론은 선과 악의 차이를 제거하기 때문이다. 카이퍼의 입장은, 기독교는 창조의 원리를 창조주 하나님의 초월성을 아는데서 출발해야 한다고 했다. 앞서 언급했듯이 진화론적 세계관을 가진 정치가들의 문제점은 모두 혁명적인 세계관을 갖고 있었다. 이에 반해서 카이퍼는 반혁명당(Anti-Revolutionary Party)의 지도자로서, 혁명적 세계관을 가진 지도자들이 개인의 자유를 희생시키고 국가의 통치권을 행사하려는 것을 막으려고 했다. 왜냐하면 독재자들은 권력을 강화하기 위해서 진화론적 세계관을 이용했기 때문이다. 진화론 세계관을 가진 국가의 통치자들은 하나님을 무시할 뿐 아니라, 자기 스스로 선악을 조정하는 권력자로 군림했다. 그들은 '국가는 지구상에 생존하는 거룩한 표상'(The State is the divine idea as it existo on earth)이란 헤겔(G.W.F.Hegel)의 말을 이용했다.

그래서 국가는 국민을 난폭하게 다루어도 된다고 생각했다. 진화론적 세계관을 가진 재판관들은 절대적 판단 기준이 없다고 보았다. 그래서 그들은 하나님의 율법을 묵살하고 또 그들의 결정에 의해서 사회집단을 마음대로 움직일 수 있다고 생각했다. 카이퍼는 진화론적 세계관, 유물주의적 세계관이 확대되면 그의 조국이 사회주의 체제로 갈 수밖에 없다는 사실을 알고 진화론과의 대결을 벌였다. 그런데 하나님 중심의 신학과 하나님 중심의 세계관을 갖지 못하면, 범신론도 진화론도 이길 수 없었다. 그는 19세기말 신학적, 철학적, 사상적, 혼돈의 시기에 하나님 중심의 신학으로 최전방에서 싸운 장수와 같았다.

그리스도의 사역

예수 그리스도는 하나님의 아들이시며, 우리의 구주시며, 중보자시다. 그리고 그리스도는 바로 하나님이시다. 카이퍼는 개혁신학의 전통을 따라서 엄격한 삼위일체론의 신본주의자였다. 카이퍼는 피조물된 인생은 창조주 하나님을 이해할 수 없지만 하나님의 계시인 성경으로 하나님을 비로소 알 수 있다고 했다. 한편 일반계시는 창조된 세계를 보면서 하나님의 실체를 증명하게 된다. 성경의 특별계시는 하나님은 삼위일체의 하나님 곧 한 하나님 안에 세 위(位)가 계시다는 것을 선포한다. 그러므로 예수 그리스도는 인간의 형상을 입으신 하나님의 완전한 계시 곧 하나님의 최고의 자기계시라는 것이다. 그는 16세기 마틴 루터나 칼빈 그리고 다른 종교 개혁자들과 함께, 성도들은 그리스도 안에서 하나님을 찾아야 하며 전지전능하신 하나님의 보이지 않고 알 수 없는 외모에 대해서 추측해서는 안 된다고 생각했다. 예수 그리스도는 육신을 입으신 하나님이시다. 성육신(成肉身)하신 예수 그리스도를 통해서 우리는 하나님을 알게 된다. 카이퍼는 그의 성탄절 명상록에서[26] 독자들에게 그리스도가 존귀하신 것은 그가 우리에게 무슨 감화를 끼쳤기 때문이 아니고, 죄에서 우리를 구원했기 때문이라고 했다. 베들레헴 말구유는 우리를 높여 주시기 위함도 되지만 동시에 하나님의 아들 그리스도를 욕되게 한 자리라고 할 수 있다. 구약 성경은 하나님께서 예수 그리스도를 통해서 인간의 육체를 입을 것이라고 예언했다. 이미 카이퍼 당시에 현대주의 신학자들이 '역사적 예수'(Historical Jesus)를 찾으려고 노력했지만, 카이퍼는 니케아 신조(The creed of Nicaea; A.D.325)가 고백하는 대로 그리스도께서는 우리를 구속하시기 위해서 속죄주요 중보자로 오셨다는 것을 확실히 믿었다.

성령의 사역

필자는 이미 다른 장에서 카이퍼의 성령론에 대해서 자세히 논했다. 카이퍼는 요한 칼빈 이후에 나타난 성령의 신학자였다. 일찍이 카이퍼는 그가 운영하는 'De Heraut'지에 연속적으로 성령론을 연재했고 후일 그것은 『성령의 사역』(Het Werk Van Heiligen Geest)이라는 방대한 저작을 남겼다.27 카이퍼는 다른 교리를 해설하는 것과 마찬가지로 성령에 대한 지식의 유일한 근원도 성경이라고 역설했다. 그는 성령을 최초의 원 저작자라고 끊임없이 강력히 주장했다. 즉 그는 성령께서 출판하신 작품 중에서 성경이 단연 최고라고 했다.28 카이퍼는 성령 하나님께서 성경 저자들에게 영감을 주셨다는 것과 성령님께서 신약 성경이 완성된 후 그런 영감을 주시기를 중단하셨다는 것을 굳게 믿었다. 또 카이퍼는 "하나님께서는 우리로 성경 말씀을 존귀하게 여기게 하시기 위하여 지금은 아무 말씀도 하지 않으신다."29고 했다. 그러므로 영감을 주셔서 성경을 쓰게 하신 바로 그 성령께서 사람들을 감화시켜 그들로 하여금 하나님의 말씀을 믿게 하고 그 권위에 복종하게 만드신다고 했다. 카이퍼는 성령께서 말씀을 깨닫게 하실 뿐 아니라 천지창조, 구속운동, 성화, 교회 등에 광범위하고 우주적으로 역사하신다는 것을 그의 대작 『성령의 사역』에 섬세하게 쓰고 있다.

성경의 자증(自證)

성경은 그 스스로 성경의 참됨을 증거하고 있다. 카이퍼는 성경은 누가 인정해서 성경이 되는 것이 아니기 때문에 성경의 외적인 증거나 이성적 토론에 호소해서 입증하려는 모든 노력을 찬성하지 않았다. 카이퍼는 사도들에게 주어졌던 성령님의 계시는 다른 사람이 받을 수 없는 성질의 것이라고 했다. 따라서 그것의 진위를 공증인의 증거로 입증하려는 것 자체가 불가능하다. 특히 그는 신약성경의 내용을 외적인 증거로 입증하려고 하는 모든 노력은 성경의 권위를 전적으로 거절하기 때문에 그 자체가 정죄되어야 한다고 했다.[30] 성령으로 말미암아 새롭게 되고 완전히 개혁주의자가 된 아브라함 카이퍼는 성경은 자증적 계시이며 성경 스스로가 성경됨을 확증시켜준다고 믿었다. 왜냐하면 성경은 살아계신 하나님의 말씀이기 때문이다. 성경은 믿을 것이고 성경의 증거를 요구하거나 논리적 증명을 캐 보려는 시도 자체가 어리석기 짝이 없다는 것이다. 그러므로 성경의 진리를 중요하게 여기는 그 자체가 신앙의 열매이며, 믿음 그 자체도 하나님으로부터 받은 은혜이다. 카이퍼는 성령님께서는 하나님의 말씀과 말씀의 하나님을 통해서 믿음을 창출 하신다고 했다.[31]

또 성령의 과제는 사람의 마음 속에 들어가서 그 사람이 믿을 때까지 하나님의 은혜를 부어주시는 것이라고 했다. 카이퍼는 성경이 하나님의 자증적 계시라는 틀 위에서 그의 신학을 전개한다. 그는 그 당시 자유주의자들 곧 현대 주의자들이 그토록 공격했던 성경관을 16세기 종교 개혁자들의 신학과 신앙으로 막아내었다. 카이퍼는 요한 칼빈 이후 신본주의 신학 체계를 일깨우고 성경으로 돌아갈 것을 강력하게 외쳤다.

서재에서 집필하는 카이퍼

카이퍼의 구원론

아브라함 카이퍼의 신학은 신본주의 세계관에 근거한다. 카이퍼의 신본주의 신학은 그의 사상 전반에 걸쳐서 또는 그의 칼빈주의 세계관 정립에 초석이 된다. 그러므로 카이퍼가 인간의 죄와 구원을 보는 시각도 자연스럽게 신본주의 사상에서 출발한다. 카이퍼는 종교 개혁의 선배들처럼 인간은 허물과 죄로 전적 타락했기 때문에 인간은 하나님의 진노의 대상이 되었으며, 하나님께서는 온 인류를 구원의 대책 없이 영원한 죽음을 받도록 정죄하시는 것도 무리가 아니라고 굳게 믿었다. 카이퍼는 이 신념의 기초를 창세기 3장에 기록된 대로 아담과 하와가 타락한 것은 실제적 사건이라는 확신 위에 두었다. 그리고 그는 원죄가 아담의 후손 모두를 오염시켰다는 신약성경의 설명에 동의했다. 인간이 타락한 후 모든 죄는 유일한 출처 즉 원죄에서 나오며 모든 범죄 행위는 최초의 범죄 행위에서 나온다. 이것이 에덴 동산에서 일어난 원죄이다.[1]

타락한 인간은 하나님을 영화롭게 할 수도 없고 그를 기쁘게 할 수도 없다. 그러나 하나님께서는 전적 타락한 인생들을 그대로 방치해 두지 않고 중보자 그리스도를 보내어 그의 죽으심과 부활을 통해서 구속을 완성했다. 카이퍼는 구원의 교리 곧 그리스도의 구원론을 해설하는데 적극적이었다.

구원은 하나님의 단독사역이다

카이퍼는 성경의 진리를 들어서, 하나님께서는 타락한 죄인들을 구원하시기 위해 예수 그리스도를 보내시고 성육신(成肉身)의 방법으로 오셨다고 설명했다. 하나님께서는 인간의 공로가 많고 적음을 중요하게 여기지 않으시고 은혜로 죄인들을 부르셨다. 그런데 카이퍼는 그의 독자들에게 충고하기를, 하나님께서 인생들을 구원하시기 위해서 그리스도를 보내신 가장 중요한 목적은 인생들로 하여금 하나님을 영화롭게 하기 위해서라고 했다. 예수 그리스도의 속죄가 죄인들의 구속을 성취했지만, 참된 목적은 하나님의 공의를 회복시키고 하나님을 영화롭게 해드리는 것이었다. 요 3:16 "하나님이 세상을 이처럼 사랑하사 독생자를 주셨으니"라는 말씀을 읽고, 우리의 가치와 무슨 의가 하나님을 자극해서 하나님으로 하여금 우리에게 긍휼을 베푸시게 한 것처럼 결론 내리지 않도록 하라고 했다. 그 말씀의 요점은 하나님께서 당신의 작품인 인간이 사탄에게 영원히 강탈당하는 것을 바라지 않으셔서, 하나님께서 궁극적인 방법으로 간섭해서 당신의 주권을 회복시키며, 그렇게 함으로써 세상을 영원한 파멸에서 구원하려고 하신다는 것을 의미한다.

아브라함 카이퍼는 개혁주의 신학자로서 구원은 전적으로 하나님의 역사라고 단정했다. 인간은 전적으로 타락하고 무능해졌음으로 하나님께 내어놓을 수 있는 것은 죄밖에 없다는 것이다. 인간은 죄와 허물로 죽었기에 하나님의 진노의 대상이지만 하나님의 긍휼과 자비로 구원의 방법을 여셨다. 그것은 하나님의 강권적인 사역이다. 카이퍼 박사는 당시 찰스 다윈의 자연도태설을 받아들이고 있는 세상을 향해서 '하나님의 선택교리'를 외쳤다. 카이퍼는 하나님이 만드신 모든 피조물을 주관하신다고 확언했으며, 하나님께서는 그의 예정에 의해서 당신의 백성만을 구원하신다고 명백히 선포했다. 그는 이런 입장을 취하면서 루터와 칼빈과 청교도들의 저서와 모든 개혁교회의 신앙고백서에 나타났던 전통적 개혁교회의 가르침에 충실하다는 것을 실증했다.²

카이퍼는 예정론이 개혁교회의 주된 특색으로 삼기보다는 그것을 하나님 중심사상 또는 하나님의 주권사상의 필요 불가결한 표현으로 보았다. 하나님의 모든 은혜는 인간의 의나 공로를 보시지 않고 하나님의 주권적인 뜻으로부터 흘러 나온다고 했다. 그러므로 모든 인생들은 하나님께 복종해야 하고 오직 구원은 하나님께로부터 온다는 것을 전적으로 믿어야 한다.³고 했다.

그는 로마 가톨릭의 동정녀 마리아 숭배에 대해서 다음과 같이 비판했다. 동정녀 마리아는 하나님의 과분한 은혜를 입은 자에 불과하다고 주장했다. 그러므로 카이퍼는 동정녀 마리아를 찬양할 이유가 없으며 하나님의 은혜를 입게 되면 도리어 겸손해야 한다고 했다.⁴ 마리아에 대한 카이퍼의 이런 비판은 이미 300년 전 요한 칼빈에게도 유사한 비판이 있었다.

즉 "마리아의 최고 행복과 영광은 그녀가 그의 아들의 지체가 되는데 있다. 그래서 하늘의 아버지께서는 그녀를 새 피조물의 수에 들게 하셨다."⁵고 했다. 그러므로 칼빈과 카이퍼는 가톨릭의 마리아 숭배사상이나 중보사상은 터무니없는 거짓이라고 단호히 말했다.

오직 은혜(Sola Gratia)로만 구원 얻는다

카이퍼는 역사적 개혁주의 신학의 핵심은 '오직 은혜'(Sola Gratia)로 구원얻는 진리를 확고히 붙잡았다. 그래서 카이퍼는 칼빈의 신학 위에 굳게 서 있으면서 구원이 오직 은혜로 말미암는다는 진리를 성경의 여러 가지 예를 들면서 설명했다. 첫째, 기생 라합이 그 예인데, 그 여인은 여호수아서에서 가나안에 사는 한 이방인 기생으로 나온다. 라합은 이스라엘 백성들이 가나안 땅 정복을 위한 정찰 임무를 띤 이스라엘 정탐꾼들을 보호해 주었다. 그런데 신약성경은 라합을 믿음의 여인으로 인정한다(히 11:31). 문제는 이 여인은 어디서 그런 믿음을 얻었을까! 카이퍼의 대답은 하나님께서 그 여인을 택하셔서 구원해 주셨다는 것이다. 하나님께서는 그 여인이 아직도 이방인이었고 기생이었을 때, 그 여인에게 믿음을 허락하였으며, 그 여인은 하나님의 은혜의 결과로 그녀의 옛 직업까지 버렸다. 하나님이 우리에게 베푸신 은혜는 한이 없다. 하나님은 아무리 죄 많은 인생일지라도 그의 무한하신 은혜로 구원하신다는 사실을 보여주기 위해서 기생 라합을 받아주신 것이다.[6] 그의 성경해석은 예민하고 독특하다. 한국 교회의 설교자들은 대부분 기생 라합의 신앙의 아름다움과 그의 결단력에 초점을 맞추는데 반해서 카이퍼는 항상 하나님의 구속사적(救贖史的) 시각에서 보면서, 이 본문도 하나님의 거저 주시는 은혜에 초점을 맞추고 있다.

카이퍼의 또 다른 성경 해석을 생각해보자. 여호수아가 죽은 후 이스라엘 왕국이 세워질 때까지 사사들이 다스렸다. 사사들이 다스리던 시기는 배교, 전쟁, 내란 등 한 시도 편한 날이 없었다. 하나님께서는 기근을 보내자 나오미와 그 가족은 식량을 구하기 위하여 이방 땅 모압으로 갔다. 하나님은 기근을 통해서 이스라엘 백성을 응징했다. 이 때 하나님을 모르는 이방인 룻은 시어머니의 종교를 받아들이고 나오미가 믿는 하나님을 믿는다고 선언했다(룻기 1:1-22). 바로 이러한 신앙 때문에 룻은 기생 라합과 더불어 예수 그리스도의 계보에 등재되었다(마 1:5). 아브라함 카이퍼 박사는 이처럼 놀라운 일이 생긴 것은 룻을 구원하시기 위한 하나님의 주권적인 은혜의 사역이라고 했다. 카이퍼는 "룻으로 하여금 생명의 양식에 갈급하도록 하기 위해서 사람들로 하여금 베들레헴에서 굶주리게 하셨다"[7] 고 했다. 앞서 언급했듯이 카이퍼가 성경을 보는 관점은 개혁자들의 그것과 동일하다. 신구약 성경 전체에 흐르는 구속사적 맥을 정확히 짚어내고 있다. 그는 항상 하나님 중심의 시각에서 성경을 보기 때문에 하나님의 은총으로만 구원 얻는 진리를 확실히 붙잡았다. 또 카이퍼는 신약성경에 나오는 루디아를 인용했다. 루디아는 사도 바울의 설교에 믿음으로 응답했다(행 16:11-15). 이때도 카이퍼는 바울의 설교가 위대하다거나, 루디아의 열심히 중요하다고 보지 않고, 여호와 하나님께서 루디아의 마음문을 여셨기 때문에 그 여인이 믿음을 갖게 된 것으로 보았다. 또 다른 예로는 바울의 동역자인 디모데의 할머니와 어머니도 구원의 믿음을 은혜로 받은 것은 하나님께서 그들을 택했기 때문이다.[8] 라고 했다. 카이퍼는 위에서 인용한 모든 예에서 보듯이 하나님의 은혜를 받을 만한 아무런 의(義)도 자격도 없을지라도 오직 하나님의 은혜로 구원을 받았다고 했다. 카이퍼는 설교하면서 약한 자에게 능력을 주시고 죽은 자에게 새 생명을 주시는 것은 하나님의 은혜로 말미암아 시작된다고 했다.

특히 카이퍼의 선택교리는 교회의 핵심(Cor ecclesiae)이라는 요한 칼빈의 주장에 전적으로 동의할 뿐 아니라[9] 이를 공식화하고 공개적으로 설교하는 것이 개혁교회 목사의 사명이며 의무라고 했다. 오직 은혜, 이 진리는 종교 개혁 시대에 크게 섬광을 발하다가 카이퍼에 와서 다시 한 번 빛을 발하게 되었다.

하나님의 주권과 인간의 책임

개혁교회의 성도들은 하나님의 거저주시는 은혜를 아는 것으로 만족하고 인간의 책임을 등한시 하는 경우가 적지 않다. 그러나 카이퍼는 오직 은혜의 진리를 강조하면서도 인간 상호간의 책임도 중요함을 다음과 같이 강조했다.

"하나님께서는 사람으로 헤아릴 수 없는 당신의 섭리를 따라서 구원 받아야할 자를 택하신다. 바로 그 전지전능하신 하나님께서는 또한 우리에게 도덕적 요구를 하신다. 그런데 우리 인생이 하나님의 도덕적 요구를 무시하는 이유는 구원을 받지 않으려고 하기 때문이다.[10]

우리는 하나님 주권을 온전히 헤아릴 수 없다. 카이퍼는 억지로 하나님의 주권을 해설 하려고 하지 않았지만, 하나님의 주권과 인간의 책임이 온전하게 유지되어야 한다고 했다. 예정론을 오해하여 하나님을 죄의 창시자로 만들려는 반대자들에게 비판을 가했다. 카이퍼는 예정론과 하나님의 사랑과 은혜에 대한 신약성경의 기술 사이에는 긴장(Tension)이 있다는 것을 간파했다. 그러나 카이퍼는 그의 독자들에게 하나님의 말씀인 성경에 계시된 지식의 분량에 만족해야 한다고 충고했다. 우리는 다만 하나님의 오묘(Magnalia Dei) 앞에 고요히 머리를 숙이고 전지전능하신 하나님을 믿고 경배하며 그분에 말씀에 순종해야 한다.

중생(重生)

인간은 부패했음으로 오직 은혜로만 구원을 얻는 것은 루터교나 개혁교회나 똑같이 중요하다. 성경대로 인간이 허물과 죄로 타락했고 영적으로 죽었고 어두워 졌다면 인간은 자기 힘으로 하나님을 찾아 갈 수도 없고, 또 하나님의 은혜를 받을 만한 아무런 행동도 할 수 없다. 인간 스스로는 절대 절망이고 소망이 없음에도 불구 하나님께서는 당신의 택자들에게 거듭남 곧 중생을 통해서 하나님을 알게 하시고 구원에 이르게 하였다. 카이퍼는 중생의 가르침을 매우 중요하게 여기면서, 그는 하나님만이 당신의 택함 받은 자를 거듭나게 하시며, 그 거듭남을 통해서 그들에게 믿음을 심어주신다고 했다.[11]

카이퍼는 중생을 설명할 때 신인합동설(神人合同說)을 강력히 반대했다. 인간의 속성이 타락했는데 하나님과 인간이 함께 노력해야 한다는 것은 성경적이 아니라는 것이다. 카이퍼는 오직 하나님이 홀로 중생케 하시며 구원에 이르도록 하신다고 했다. 즉 중생이란 인간이 어떤 반응이나 결심을 하기 전에 행하시는 성령 하나님의 강권적 역사로만 가능하다고 보았다. 인간의 중생은 인간 쪽의 어떤 공로나 역할도 있을 수 없다. 그 이유는 죄인이 중생하기 전에는 죽음에 속한 자이다. 그러므로 하나님의 은혜로 구원받는 일에 죄인이 무슨 협력이나 협조를 한다는 그 자체가 복음을 파괴하는 것이요 비성경적이다.[12]

중생에 대한 카이퍼의 이해는, 중생을 통해서 영적인 생활이 시작되고, 중생의 은혜를 받은 자들은 하나님의 부르심에 응답할 것이고, 복음을 깨닫고, 그리스도를 영접하고 죄를 회개하게 된다. 그러므로 불신자가 예수를 믿게 되는 그 자체가 중생의 열매이다. 이런 것들은 모두 중생의 결과로 벗어지게 된다. 구원의 믿음이란 바로 성경을 하나님의 말씀으로 믿고 그것이 자기 자신에 주신 말씀으로 받는다는 것이다. 그래서 주님을 사랑할 뿐 아니라 구원의 확신을 갖게 된다.[13] 참된 성도란 곧 중생한 그리스도인을 말한다. 흔히 아브라함 카이퍼를 평할 때, 그의 일반은총을 너무 강조한 나머지, 특별은총과 그의 구원론에 대해서 무심한 듯이 말하는 것은 카이퍼를 제대로 알지 못하기 때문이다.

신본주의와 인본주의의 대결

카이퍼의 구원관이나 죄에 대한 입장은 하나님 중심의 세계관에 근거한다. 그러나 이런 카이퍼의 입장은 현대주의자들이나 반 기독자에게는 비판의 대상이다. 하나님은 사랑의 하나님이시고 그는 온 인류를 사랑하는데 누구는 사랑하고 누구는 구원하는 식의 교리는 부당하다는 것이다. 그러나 카이퍼는 이에 대해서 반박하기를 하나님만이 당신 자신의 사랑의 한계를 정할 자격이 있는 분이라고 했다. 성경에 계시된 하나님의 사랑이 죄인들에게 이해가 안 되고 비위를 거스른다. 하지만 죄인들이 하나님의 사랑이 이러 이러 해야 한다는 평가는 그냥 그들의 판단일 뿐이다. 이에 관해 그는 다음과 같이 주장했다.

> "하나님은 우리 자신의 마음과 느낌에 따라서 이 문제를 결정하거나, 또는 그것에 대해서 발언하는 권리를 주지 않았다. 다만 우리는 구원문제에 대해서 하나님의 계시에 무조건 승복해야 한다."[14]

카이퍼는 여기서 인본주의자들의 입장을 반박하고 신본주의 사상을 고수했다. 즉 진리의 판단기준은 인간의 이성이 아니고 하나님의 계시인 성경이라고 힘주어 말했다. 카이퍼는 예정론을 설명하면서도 신본주의와 인본주의의 대립이 불가피하다는 것을 보여준다. 세계관이 다르면 예정론, 구원론 등이 서로 달라지는 것은 자연스럽다. 문제는 판단의 기준이 무엇이냐 하는 것인데, 카이퍼는 신본주의 곧 칼빈주의적 세계관을 오직 성경(Sola Scriptura)만이 판단 기준이라고 했다. 이에 반해서 인본주의는 인간의 자율주의(Autonomous)에서 나온 것으로 하나님을 추론하고 자기식으로 평가한다. 이는 한 마디로 인간의 호기심에 불과하고 어리석기 그지없다. 하나님 중심의 세계관과 인본주의 세계관을 처음부터 접근방법이 다르다.

죄는 삶의 전 영역에 영향을 준다

죄는 인간의 마음의 상태나 성품만을 의미하는 것은 아니다. 죄는 모든 학문에도 구체적으로 영향을 준다. 즉 중생한 자들의 학문과 중생하지 못한 자의 학문은 전혀 다르다. 타락한 인간은 항상 하나님의 진리에 거슬리게 생각하기 때문에 그가 자신의 이성과 지성을 옳게 사용할 수 없다. 하나님께서 인간을 창조 했을 때 하나님의 형상(Imago Dei)을 따라 창조했다. 그러나 인간의 죄로 말미암아 하나님의 형상은 심히 훼손되었고 일그러졌다.

카이퍼는 주장하기를 인간의 죄가 모든 분야의 학문과 교육을 손상시켰다고 했다. 특히 카이퍼는 에베소서 4:17-18을 중심으로 그 이론을 확증했다. 불신자들은 '무익한 것을 생각하며', 그들의 '총명을 어둡게 하는 자'라고 했다. 그렇게 된 이유는 하나님과 단절되었기 때문이다. 죄에서 나온 지성은 고의적이 던지 고의적이 아니던지 상관없이 모든 기만과 미혹으로 나타난다. 그 좋은 예로서 어두워진 지성은 실제와 가상을 분별하지 못하는데 그것은 바로 죄 때문이다. 죄가 인간과 자연의 화합을 깨트렸으며 그것은 인간의 타락 전에 누리던 내적 화합을 망가트렸다. 그러므로 타락한 인간은 선악의 구별이 안 된다.[15] 중생하지 못한 사람들은 하나님의 계시를 받아드리지도 못할 뿐 아니라, 하나님의 형상을 지니고 다니기는 해도 죄가 그것을 몹시 일그러지게 했기 때문에 '온갖 종교적 감정조차도 하나님을 증오하는 마음으로 전달된다'(All Kinds of Religious emotions go hand in hand with hatred for God)[16]고 했다.

한 마디로 인간 스스로 또는 자기 힘으로는 진리를 깨우칠 수도 없고 하나님께 나아갈 수 없다. 그 이유는 인간은 처음부터 타락한 존재요 진리를 거스리기 때문이다. 그러므로 진리 되시는 예수 그리스도를 알기 전에는 진리를 깨달을 수가 없다. 카이퍼가 말한 대로「죄가 일으킨 무지가 모든 참된 학문을 얻는데 가장 어려운 장애물이다」(Ignorance wrought by sin is the most difficult obstacle in the way of all true science)[17]라고 했다. 카이퍼를 평하는 사람 중에는 카이퍼가 낭만주의나 이상주의자로 평가하는 사람도 있으나 카이퍼는 실제로 인간의 문제를 칼빈만큼 고뇌하고 깊이 다루었다. 또 인간의 철저한 부패와 타락을 믿는 돌트신경을 최우선으로 받아드렸다. 여기서부터 오직 성경, 오직 은혜, 오직 믿음의 교리를 쌓았다.

중생자만이 바른 학문을 할 수 있다

죄는 인간의 영적인 타락뿐 아니라 지성까지도 어둡게 했다. 그러므로 교육과 학식의 유무와 관계없이 인간은 성령 안에서 중생의 체험이 필요하다. 성령의 능력으로 거듭나야 하나님과의 관계를 회복하고 하나님과 인생과 우주에 대한 영성과 지성이 열리게 된다. 신앙의 학자들이 삼위 하나님을 찬양하고 성경의 세계관을 갖게 되면 그 여파가 다른 학문 분야에도 전파된다. 카이퍼는 하나님 중심의 세계관을 가진 학자와 불신학자들 간의 대립과 반목은 주님 오실 때까지 계속 될 것이라고 했다. 중생한 성도들은 이 세상에서 무엇을 하던지 간에 성경적인 세계관 안에서 활동 해야할 의무와 책임이 있다.

그것이 바로 카이퍼가 세운 암스텔담 자유대학교가 지향하는 목표였다. 모든 학부는 그들의 전공 분야에 확실한 성경적인 세계관으로 연구해야 했다. 그로 말미암아 신학부는 인간의 마음 속에 있는 악과 싸우며, 의학부는 인간의 몸 속에 있는 악과 싸웠다. 법학부는 인간의 사회적 법률적 악과 싸웠다. 그들은 서로가 학문의 영역은 달라도 하나님과 하나님의 말씀이 표준이 되는 것을 의미한다. 그러므로 신학의 교육 내용은 종교의 비교연구가 되어서는 안 되고 하나님의 말씀인 성경진리를 캐내는 교육이 되어야 한다. 또 법학부는 인간 사회의 시류를 따라 문제를 해결하는 사회과학부가 되어서는 안 된다. 법학부는 옳고 그름의 잣대를 영원하신 하나님의 말씀의 기준에 근거해서 판단해야 한다[18] 고 했다.

그래서 카이퍼는 오직 중생한 학자들만이 진리에 대한 충분한 지각을 소유하고 있기 때문에 기독교 대학이 필요하다고 역설했다. 그러나 학자들은 하나님이 계시다는 것을 아는 것으로 족하지 않고 학문의 모든 분야에서 그들의 지적인 분야에서 내리는 하나님의 은혜를 체험해야 할 것이라고 했다. 특히 신학은 하나님의 자기계시에 대해서 연구하는 학문이다. 그러므로 하나님께 온전히 의지하고 하나님께 영광을 돌리는 것이 신학의 연구 목적이 되어야 한다. 이는 다른 학문 분야에서도 연구의 궁극적인 목적이 하나님의 영광이어야 하고 모든 학문의 마지막 결론은 하나님 말씀이어야 한다. 왜냐하면 모든 교과과정에서 성경은 모든 진리의 기준이 되기 때문이다.

오직 믿음(Sola Fide)

카이퍼는 말하기를, 그리스도인은 학자가 되던 다른 일에 종사하던 간에, 하나님으로부터 중생의 은혜를 받은 것이 얼마나 복된 것인지 감사하라고 했다. 그 이유는 중생 없이는 아무도 진리를 바로 깨달을 수도 없고 그리스도에게 나아갈 수 없기 때문이다. 카이퍼는 앞서간 16세기의 종교 개혁자들처럼 중생이 죄인을 의롭게 하는 믿음을 산출하는 것이라고 확신했다. 카이퍼는 하이델베르크 교리문답(Heiderberg Catechismus)이 정의한 대로, 구원의 믿음은 나로 하여금 하나님께서 당신의 말씀을 통해서 나에게 알려주시는 모든 것을 진리로 믿게 만드는 확실한 지식일 뿐 아니라, 성령님께서 복음을 통해서 내안에 역사하시는 마음으로부터 나오는 신뢰이다. 죄사함과 영원한 의 와 구원이 하나님으로 말미암아 다른 사람에게 뿐 아니라 나에게 오직 은혜로, 오직 예수 공로 때문에 주어졌다.

마틴 루터는 믿음으로 의롭게 되는 교리는 교회의 사활이 걸린 것으로 알았다. 또 칼빈은 트랜트회의에 대한 반박문에서, 의롭다 하는 것은 믿음뿐인데 의롭게 하는 믿음도 홀로가 아니라고 했다.[19]

그러나 카이퍼는 믿음이란 단지 성경의 내용을 지적(知的)으로 받아 드리는 것으로 충분치 않다고 보았다. 의롭게 된다는 의미는 죄인 된 인간이 주 예수 그리스도의 공로를 힘입어 하나님께 받아드려졌다는 의미이다. 이 말은 하나님의 은혜를 받을 만한 가치가 전혀 없는 자가 예수 그리스도의 십자가의 공로를 믿음으로 의롭게 된다는 것을 의미한다. 죄인 된 인간이 하나님을 기쁘게 할 수 없다. 다만 하나님께서 자신의 의로움을 나타내시고 그의 자비와 긍휼로 우리를 의롭다고 선포해 주시는 것이다.[20]

성도는 날마다 성화(聖化)의 삶을 산다

성화(聖化)는 그리스도인의 삶의 전 과정에서 일어난다. 이에 대한 카이퍼의 입장을 살펴보면 다음과 같다. 중생함으로 믿음의 씨가 뿌려지고, 은혜가 그 씨를 자라게 하여 자발적으로 회심을 가져오며, 그 후 회심이 성화의 삶을 살도록 한다. 하지만 중생한 자가 무슨 업적이나 공헌을 한다고 성화의 보탬이 되는 것은 아니다. 그것은 다만 믿음의 열매일 뿐이다. 특히 카이퍼는 사람들 중에는 잠시 동안 그리스도를 믿고 그리스도의 말씀을 사랑하는 듯이 보일지라도 지속되지 않은 일시적인 믿음에 대해서 경고했다.[21] 참된 믿음은 성도의 일생동안 거룩한 삶을 살도록 이끈다.

그리고 카이퍼는 성화를 말하면서, 중생은 분명히 성령의 단독사역이며 인간은 거기에 끼어들 수 없다고 했다. 그럼에도 불구하고 카이퍼는 믿음으로 의롭게 된 중생한 사람은 하나님의 은혜를 갈망하면서 끊임없이 거룩해 지기 위해서 노력해야 할 것을 주문했다.

카이퍼는 신학자였지만 항상 목회자의 마음을 갖고 끊임없이 노력하는 성화의 사람이었다. 그래서 그는 대학교의 교수들이나 학생들은 말할 것도 없고 그가 목회하던 교회의 평신도들까지도 섬기려고 애썼다. 카이퍼의 생각은 직분이나 교육수준에 관계없이 모든 그리스도인이 성화의 과정을 걸어가야 한다고 생각했다. 이는 일찍이 그의 정신적 스승인 요한 칼빈이 경건(敬虔)과 학문(學問)을 강조했듯이[22] 카이퍼도 하나님 중심의 학문과 하나님 앞에서 거룩한 삶을 강조했다.

카이퍼는 성화를 논하면서, 성화는 그냥 자기 자신을 거룩하게 만들려는 노력쯤으로 생각하는 사람들을 반대했다. 왜냐하면 카이퍼는 성령께서 중생하게 하시며, 회심하도록 하시고, 하나님의 뜻을 합당하게 살도록 하신다고 주장했기 때문이다. 중생은 영적생활을 즉각 주는 것이라면, 성화는 하나님의 거룩함에 서서히 그리고 점진적으로 이루어 가시는 것이다. 그런데 성화는 인간이 보완한다는 의미는 결코 아니다. 그것은 성령께서 성도들의 심령에 거룩한 기질을 창조하듯이 하나님의 은혜로 되어지는 것이다. 가령 우리가 선한 일을 했다하자, 그것도 성령님의 자비로운 은혜의 열매이다. 또 카이퍼는 중생으로 하나님과 하나님의 말씀을 사랑하게 되고, 회심으로 우리의 죄악된 속성이 억제되고 성화를 통해서 우리의 죄악의 삶이 다듬어져 간다고 했다.[23] 그런데 카이퍼는 성도들이 성화될 때 그것은 수동적인 것은 아니라고 했다. 성령께서는 성도들에게 효과적으로 거룩하게 성장하는 방법을 가르쳐 주신다고 했다. 다시 말하면 성령의 역사는 믿는 자들이 하나님과 하나님의 말씀을 사랑하고 하나님을 영화롭게 하도록 도우시는데, 그것을 위해서 성도들은 기도해야 될 것을 주문했다. 그리고 성도들 끼리도 서로 서로 격려하고 위로하며 선한 삶을 살아가도록 도우미 역할을 해야 한다고 했다.[24]

영적 전쟁

카이퍼는 다음과 같이, 성도가 이 세상에서 온갖 고난과 유혹을 이기기 위해서는 영적 싸움을 해야 할 것을 주문했다. 물론 그리스도께서는 갈보리에서 사탄의 왕국을 패배시켰다. 그러나 극악무도한 마귀의 권세는 예수 그리스도의 재림 때 가서야 비로서 완전히 멸망할 것이다. 그러므로 성도들은 최후 승리를 기다리면서 '우리를 악에서 구해 주시 옵소서'(마 6:13)라고 날마다 기도할 수밖에 없다. 카이퍼의 주장처럼 우리 성도들은 세상에 사는 동안은 여전히 사탄의 공격과 유혹의 대상인 것이다. 사탄은 우리가 늘 기도할지라도 불경한 것을 집어 넣고 있다.[25] 하지만 사탄은 하나님의 통제를 받는다. 사탄은 하나님의 주권 아래 있다. 그러므로 하나님께서 우리들에게 궁극적인 승리를 주실 것을 믿고 영적 전쟁을 치루어야 한다. 특히 카이퍼는 성도들이 자칫 자기 자신을 자포자기하면서 체념해 버리거나, 악이 불가피하다고 여기는 숙명론자가 되어서는 안 된다고 했다. 하나님이 택자들을 부르시어 만물을 다스리도록 하신 것은 죄악의 세력과 싸우도록 하셨기 때문이다. 인간의 타락 때문에 세상이 어두워지고 죄가 전 분야에 녹아 있을지라도 그리스도인들은 여전히 일하라는 하나님의 문화적 명령을 받고 있다. 이 세상은 고통과 아픔과 수고가 있어도 어떤 경우라도 굴복하지 않고 하나님의 뜻을 행하는 것이야 말로, 그리스도인의 임무이다.[26]

주님께서는 우리가 그의 십자가를 지고 그의 뒤를 따르기를 바라신다. 카이퍼는 주님께 충성을 다하는 자들은 고난과 환난을 참아낼 뿐 아니라, 십자가를 지고 끝까지 거룩한 삶을 사는 자만이 궁극적으로 영적 승리자가 된다고 했다. 하나님은 언제 어디서나 택자들과 함께 하신다.

그래서인가 카이퍼는 삶의 모든 영역에서 영적 전사로서 살았다. 물론 우리는 하나님의 도움을 항상 받지만 은혜를 지키기 위해서 최선을 다하는 영적 전사가 되어야 한다.

최후 승리에 대한 확신

카이퍼는 성도들이 완전히 성화되는 것은 악의 세력을 영원히 멸망시킬 그리스도께서 재림할 때나 이루어질 것이라고 확신했다. 십자가에 달리신 그리스도께서는 하나님의 공의를 충족시키고 하나님의 사랑을 나타내기 위해서 죽으시고 다시 부활하셨다. 지금은 하늘 우편에서 택자들을 위해서 간구하신다. 그럼으로 사탄과의 싸움은 이미 그리스도의 승리로 판가름 났다. 그리스도께서 다시 사시므로 우리는 그를 믿음으로 구원에 이르게 된다.[27]

카이퍼의 나이 76세가 되었을 때 그는 'De Heraut' 지에 그리스도의 재림에 대해서 연재했다. 이 글들이 모아져서 『요한의 계시』란 책이 출판되었다. 이 책은 카이퍼가 사망한 수년 후 출판되었고, 1935년에 영어로 번역되었다. 카이퍼는 신약성경의 마지막권인 요한계시록을 주해하면서 이 세상의 종말에 일어날 일련의 사건들과 예수 그리스도의 재림을 다루고 있다. 카이퍼는 이 책에서 그의 생전에 성경적인 예언에 대하여 좀 더 많은 관심을 가지지 못한 것에 대해서 한탄하였다. 그러나 그는 이 책에서 구주이신 예수께서 반드시 재림하신다는 사실을 확실히 깨달음으로 죄를 정복하는 능력을 갖도록 하라고 권면했다. 카이퍼는 실제로 요한계시록 4장에서 22장 전부를 예수 그리스도의 재림(Parousia)을 가리키는 예언의 성경이라고 했다. 그는 종말이 다 가옴을 바라보고 밤낮으로 구세주의 재림을 기대하면서 사는 것이 성도의 삶이라고 했다.[28] 하나님께서 모든 악의 세력을 물리치실 때, 하나님과 사탄 사이의 대립과 그리스도와 적그리스도와 대립, 신본주의와 인본주의 대립이 막을 내릴 것으로 보았다.[29] 우리는 예수 그리스도의 궁극적 구원과 심판을 바라보며 오직 주님만을 따라야 한다.

카이퍼의 명상록 「하나님께 가까이」 육필원고

카이퍼의 특별은총론

혼히 우리가 아브라함 카이퍼를 논할 때마다, 그는 일반은총의 창시자로 알고 있다. 특히 그의 명저 『일반은총론』(De Gemeene Gratie)이 발표된 후[1] 수많은 논쟁이 일어났고 찬반 양론이 갈렸다. 따라서 카이퍼가 일반은총론이란 대작이 나온 이후 카이퍼를 일반은총의 주창자로서, 또는 위대한 칼빈주의자로 각인되었다. 하지만 카이퍼는 일반 사람들에게 알려진 것과는 달리 그는 철저한 특별은총의 옹호자였다. 카이퍼가 일하던 시대는 화란의 국교인 갱신교회와 대학교들이 현대주의로 돌아섰고 이른바 계몽주의와 합리주의 사상을 가진 자들이 교단과 강단을 점령하고 있을 때, 카이퍼 박사는 역사적 개혁주의 신학을 회복하고 벨직신앙고백서, 돌트신경, 하이델베르크 교리문답 등에서 고백된 종교 개혁자들의 정신을 다시 세웠다.

카이퍼는 특별은총론자

카이퍼는 16세기 요한 칼빈의 신학적 전통에 충실하였다. 그래서 카이퍼는 구원에 있어서 하나님의 주권을 옹호하기 위해서 이른바 『특별은총론』(Dat de Genade Particulier is)이란 책을 저술했다.[2] 이 책은 본래 1879년 4월 20일부터 1880년 6월 13일까지 카이퍼가 주필로 있는

'De Heraut'에 연재되었던 것인데 『말씀으로부터』(Uit Het Woord) 시리즈 4권에 『특별은총론』이란 제목으로 발표되었다. 앞서 언급했듯이 카이퍼의 일반은총론이 신학적인 논쟁이 되자 마치 카이퍼의 신학은 일반은총에 매달아 놓은 듯이 되고 말았다. 그러나 실제로는 카이퍼의 신학의 핵심 중에 하나는 인간 구원에 있어서 인간의 전적타락과 예수 그리스도의 십자가를 통한 하나님의 거져 주시는 은총으로 구원을 얻는다는 것이 그의 요지이다. 카이퍼는 그의 『특별은총론』에서 약 40여개의 제목으로 특별은총을 설명하고 있다. 카이퍼는 300여 페이지의 이 책을 통해서 역사적이고 전통적 개혁주의 신학을 복원했다. 그리고 역사적 칼빈주의 신학을 재건했다. 그러므로 필자는 카이퍼의 일반은총론은 다른 장에서 논하기로 하고, 여기서는 『특별은총론』만을 취급하려고 한다. 카이퍼는 역사적 개혁주의 신학에 철저하면서 특별은총에 대해서 40여개의 성경구절을 해설하는 식으로 쓰여졌다. 필자는 카이퍼 박사의 성경해설을 요점적으로 부각시켜 보려고 한다.

카이퍼 당시의 현대주의자들은 예수 그리스도의 고난과 죽음을 "모든 사람들을 위한 그리스도"라고 했다. 이에 대해서 카이퍼는 현대주의자들을 반박하면서 예수 그리스도의 고난과 죽음과 부활을 믿게 된 것이 하나님의 특별한 은총이라는 것이다. 카이퍼는 성경만이 우리의 신학과 신앙의 근거이며 성경은 일점 일획도 잘못됨이 없는 영감된 말씀이라는 것이다.

카이퍼는 이런 기초위에 그의 특별은총을 전개한다. 카이퍼가 1879년 4월 20일 일요판부터 시작해서 1880년 6월 13일 일요판까지 『특별은총』을 일년 2개월 동안 연재했을 때 화란 개혁교회 성도들은 카이퍼의 메시지를 열렬히 환영했을 뿐 아니라, 많은 목회자들과 성도들이 자유주의자들의 보편 구원론에서 벗어나서 성경으로 돌아오게 하였고, 16세기 개혁자들의 신앙으로 회복되어 갔다. 바로 카이퍼의 이 글들이 1886년 화란 개혁교회(Gerefarmeerde KerK)를 탄생하게 하였다. 또 카이퍼의 특별은총에 대한 증언은 미국 개혁교회에 절대적인 영향을 끼쳤다. 특히 훅스마(Herman Hoeksma)는 말하기를 "그 위대한 화란의 지도자는 우리가 진정으로 동의하는 많은 것을 썼다. 우리는 그가 쓴 'Dat De Genade Particulier is'를 읽게 되었고, 우리는 그와 꼭 같은 생각을 갖게 되었다."3고 말했다.

그리스도는 모든 사람을 위한 것이 아니다(Geen Christus Pro Omnibus).
카이퍼 당시에 자유주의 신학자들 즉 현대주의자들은 이른바 '모든 사람을 위한 그리스도'(Christ Pro Omnibus)를 내세우면서 만인 구원론을 제창했다. 이에 대해서 카이퍼는 요한 칼빈에서부터 역사적 개혁주의 신앙고백서와 신학자들의 의견을 정리하면서 자유주의자들이 얼마나 잘못된 것임을 하나씩 증언해 가고 있다. 카이퍼는 칼빈의 말을 그대로 인용하면서, 요한 1서 2:2에 "그는 우리 죄를 위한 화목제물이니 우리만 위할 뿐 아니요 온 세상의 죄를 위함이라"에서 '온'(all)은 유기된 자까지 포함한다는 뜻이 아니고 세상에서 실제로 주님을 생명의 구주로 영접하는 모든 사람을 의미한다고 했다.4 칼빈은 『기독교강요』에서 말하기를 "누구든지 하나님의 은혜를 균등하게 나누어 주기를 요구할 수 없다. 균등하지 않은 것은 은혜가 거저 얻는 것임을 입증한다.5 고 했다. 아브라함 카이퍼는 이러한 칼빈의 입장을 전적으로 지지한다. 뿐만 아니라 칼빈의 신학을 체계적으로 정리한 돌트신경(Canons of Dordt)을 적극적으로 채용했다.

예를 들면 카이퍼는 돌트신경에서 다음과 같은 글을 인용했다.

"그러나 많은 사람들이 그리스도의 죽으심을 통해서 진실하게 믿음으로 죄와 프멸에서 구원받게 된 것은 영원 전부터 그리스도 안에서 그들에게 주신 하나님의 은혜일 뿐이요 결코 그들의 어떠한 공로에 의한 것이 아니다."**6**

카이퍼는 돌트신경과 하이델베르크 교리문답 또는 벨직신경을 그대로 채용했다. 이는 칼빈의 신학과 신앙에 충실하고져 함이었다. 혹자는 카이퍼를 평할 때 칼빈의 저서에서 직접 인용한 것이 적다고 하나 실제로 카이퍼는 칼빈의 충실한 제자이자 칼빈신학을 부흥시켰다. 다만 칼빈의 저서를 직접 인용한 것도 있지만 칼빈 신학에 근거하여 체계적으로 정리된 개혁주의 신앙고백들을 더욱 선호하고 있는 듯했다. 특히 카이퍼는 특별은총에 관한 설명 중에 후기 종교 개혁신학의 대표적인 부티우스(Voetius), 콕세이우스(Coccei us), 쟌케이우스(Zanchius), 고마루스(Gomarus), 튜레틴(Turretinis) 같은 학자들을 인용하면서 하나님의 특별은총 교리를 주장했다.**7** 특히 카이퍼는 요일 2:2과 2:16, 5:4, 5:19 등의 성경구절을 해설하면서 알미니안주의자들의 오해를 불식시키고 특별은총의 내용을 변증했다. 특히 카이퍼는 딤전 4;10, 5:20, 6:14-14, 딤후 1:15, 2:7, 3:12, 4:17, 딛 3:2 등을 자세히 논하면서, 여기에 '모든(all)'이란 말은 모든 사람이 구원을 얻는다는 뜻으로 쓰였다기보다 '모든 세대', '여러 나라 여러 도시에 사는 이방인', '어떤 사안과 관련된 모든 사람들', '특수 환경에 있는 모든 사람들'이란 뜻이지, 이 구절을 예로 들어 만인구원설 주장은 잘못이라고 못 박았다.**8**

또, 베드로후서 3:9에서 "…오래 참으사 아무도 멸망하지 아니하고 다 회개하기에 이르기를 원하시느니라"에서 흔히 이것을 만인구원론과 연결시키는 것을 비판하면서 결국은 성경은 언제나 언약의 언어를 말하고 있다(Om De Schrift Zelve, Die Altijd Vervondstaal Spreekt)고 지적했다.**9**

또 카이퍼는 구원에 있어서 하나님의 특별은총이 필요한 이유가 바로 인간의 철저한 부패(Het Diepe bederf)에 기인함이라고 했다. 특히 그 예로 요한복음 6:44의 말씀 "나를 보내신 아버지께서 이끌지 아니하시면 아무도 내게 올 수 없으니 오는 그를 내가 마지막 날에 다시 살리리라"한 성경구절을 들었다. 인간은 전적으로 부패했음으로 자기 자신으로는 하나님께 나아갈 수 없고 하나님의 능력이 없이는 하나님의 거져 주시는 은혜를 받을 수 없다는 것이다. 카이퍼는 돌트신경을 비롯해서 특별은총의 교리가 하이델베르크 교리문답 등에서 자세히 뒷받침되고 있음을 분명히 제시하고 있다.

그리고 카이퍼는 더욱 적극적으로 하나님의 특별은총이 필요한 것은 인간의 전적인 무능(De Onmacht) 때문이라고 했다. 카이퍼는 로마서 8:7의 말씀 "육신의 생각은 하나님의 원수가 되나니 이는 하나님의 법에 굴복하지 않을 뿐 아니라 할 수도 없음이다"하신 사도 바울의 단정적 메시지를 그 실례로 제시했다. 카이퍼는 여기서도 인간의 자력 구원의 허상을 깨고 오직 하나님의 특별한 부르심과 특별한 은혜가 없다면 인간은 소망이 없음을 말하고 있다. 또 카이퍼는 특별은총이 바로 주 하나님의 본질과 덕성(Het Wezenen De Deugden Van Den Heers Ongen God)때문이라고 했다.[10]

카이퍼는 요한복음 17:3 "영생은 곧 유일하신 참 하나님과 그가 보내신 자 예수 그리스도를 아는 것이라"는 본문을 근거로 다음과 같이 해석했다. 하나님은 본질적으로 의로우신 분이고 죄를 미워하시되 당신의 택한 백성에게 긍휼과 자비를 주셔서 그의 강권적인 은혜로 구원에 이르게 한다.

카이퍼는 특별은총의 이유로써 우리를 구원하신 구속주의 인격(De Persoon Des Verlossers)에서 찾는다. 우리를 구속하신 구주는 어떤 분이신가. 그는 에베소서 1:22-23에 바울이 말한 대로 "또 만물을 그의 발아래 복종하게 하시고 그를 만물 위에 교회의 머리로 삼으셨느니라 교회는 그의 몸이니 만물 안에서 만물을 충만하게 하시는 이의 충만함이니라"라고 했다.

예수 그리스도의 주권적인 은총이 아니고서는 누구든지 예수를 주라고 시인할 수 없다. 그러므로 카이퍼는 그리스도의 구속사역(Het Verlossingswerk)[11] 은 하나님의 은혜에서 출발한다. 그 이유는 인간은 자기 스스로는 아무 것도 할 수 없기 때문이다. 그래서 그는 에베소서 2:1을 제시하면서 "그는 허물과 죄로 죽었던 너희를 살리셨도다" 한 바울의 메시지를 그 근거로 제시했다.

결과로서 증명된다(Getoetst aan De Uitkomsten).

카이퍼는 특별은총의 이유로서 구원의 방법을 들고 있다. 즉 에베소서 2:8의 말씀 대로 "너희는 그 은혜에 의하여 믿음으로 말미암아 구원을 받았으니 이것이 너희에게 난 것이 아니요 하나님의 선물이라"고 하신 말씀을 인용했다. 카이퍼는 출애굽 사건, 가나안 정복을 예로 들면서 인간의 힘으로 불가능한 것을 가능하도록 하신 것이 하나님의 은혜요 축복이라고 했다. 하나님이 구원의 방법을 그의 은혜로 믿음으로 말미암아 구원이 이르도록 하는 그 자체가 오직 하나님의 영광(Soli Deo Gloria)을 위한 조치라고 보았다.[12]

또 카이퍼는 구원에 있어서 특별은총은 우리의 영적경험(Onze Geestelijke Ervaring)으로 봐서도 그러하다는 것이다. 바울이 다메섹 도상에서 예수 그리스도와 만났을 때 그는 변하여 주님의 은총의 포로가 되었다. 그때 주께서 바울에게 이르기를 "대답하되 주여 누구시니이까 이르시되 나는 네가 박해하는 예수라" (행 9:5)고 했다. 인간은 전적 타락 했음으로 죄를 깨달을 수도 없고, 주 예수 그리스도와 인격적인 만남을 통해서 그에게 나아갈 수 있다. 그 뜻을 곧 하나님의 계시인 말씀의 빛 가운데서 자신을 볼 수 있다.

카이퍼는 한걸음 더 나아가서 아담에서 노아까지도 하나님의 구원은 하나님의 특별은혜를 보여준다고 했다. 히 1:1에 "옛적에 선지자를 통하여 여러 부분과 여러 모양으로 우리 조상들에게 말씀하신 하나님이…"라고 했는데 카이퍼는 성경의 흐름을 구속사적으로 살피면서 성경은 실제로 특별은혜를 가르친다(Dat De Heilige Schrift Metlerdaad De Particulire Genade Leert)고 단정했다.[13] 따라서 카이퍼는 아브라함부터 모세까지의 메시지도 결국 하나님의 특별은혜를 가르친다고 했다. 창 12:3에 의하면, "너를 축복하는 자에게는 내가 복을 내리고 너를 저주하는 자에게 내가 저주하리니 땅의 모든 족속이 너로 말미암아 복을 얻을것이라 하신지라"고 했다. 결국 구원운동의 주도권은 하나님 자신이 가진 고유 권한이자 그의 한없는 자비와 긍휼에 기초한다. 뿐만 아니라 선지자들의 메시지 가운데서도 하나님의 특별은총이 수 없이 기록되어 있음을 말했다.

하나님은 민족을 심판하실 뿐 아니라 또한 값없이 그의 권능으로 구원하시는 하나님으로 제시되었음을 카이퍼는 말하고 있다. 특히 카이퍼는 이사야 11:9을 인용하면서 "내 거룩한 산 모든 곳에서 해 됨도 없고 상함도 없을 것이니 이는 물이 바다를 덮음같이 여호와를 아는 지식이 세상에 충만할 것임이라" 했는데, 이것은 하나님만이 역사의 열쇠를 잡으시고 궁극적 구원을 말하려는 것은 물론이고 하나님의 특별구원을 가르치고 있다. 그런데 신약에서도 특히 포도원 품꾼들 비유에서 보는 것처럼 인간의 자기의 노력만큼의 대가(代價)를 받는 것이 아니고 가장 늦게 온 사람도 하루 일당을 주는 것은 주인 되신 하나님의 주권에 속한다그 주장했다.

즉 성경에 기록된 대로, "내 것을 가지고 내 뜻대로 할 것이 아니냐 내가 선하므로 네가 악하게 보느냐 이와 같이 나중된 자로서 먼저되고 먼저된 자로서 나중되리라"(마 20:15-16)고 말씀한 것을 그 근거로 제시했다. 결국 특별한 은총이란 바로 하나님의 주권적 은혜를 말한다. 또 카이퍼는 특별은총의 근거는 영생의 말씀에 기초하기 때문이라고 했다. 예수께서 요한복음 6:44에서 "나를 보내신 아버지께서 이끌지 아니 하시면 아무도 내게 올 수 없으니 오는 그를 내가 마지막 날에 다시 살리라"고 했기 때문이다. 카이퍼는 그 외에도 요한복음 14:17, 15:18-20, 15:19, 17:14-16 등 많은 성경구절을 제시하면서 예수께서 가르치신 메시지의 핵심으로 하나님의 특별구원을 설명했다. 특히 카이퍼는 요한복음 10:27에서 "내 양은 내 음성을 들으며 나는 그들을 알며 그들은 나를 따르느니라" 하신 말씀을 근거로 특별은총을 변호했다.

특별은총은 말로 다할 수 없는 하나님의 자비이다(De Ondoorgron Delijke Barmhartig Heden).

카이퍼는 주장하기를 특별 은혜란 결국 말로 다할 수 없는 하나님의 자비와 긍휼 때문이라고 했다. 그것은 다름 아니라 하나님의 영원한 사랑 때문이다. 따라서 그것은 경건의 비밀(딤전 3:16)이기도 하다. 또 하나님께서 이 큰 은혜와 자비와 사랑을 베푸시는 것도 일차적으로는 하나님의 영광을 위한 것은 두말할 필요가 없다. 그래서 하나님께서 위대한 구원의 계획을 세우셨다. 즉 요한복음 3:16에 의하면 "하나님이 세상을 이처럼 사랑하사 독생자를 주셨으니 이는 그를 믿는 자마다 멸망하지 않고 영생을 얻게 하려 함이라"고 했다. 이는 구원이 하나님의 단독 사역이며 하나님의 방법으로 하나님의 주권으로 이루어짐을 의미한다. 이는 인본주의자들이 우리의 사랑이 마치 구원의 표준인 듯이 말하는 것을 그는 비판했고, 인간은 허물과 죄로 죽었을 뿐 아니라, 모든 사람은 죄를 범했음으로 하나님의 영광에 이르지 못했다. 그러므로 인간적인 장점이나 공로, 사랑 따위는 구원문제에 있어서는 전혀 무관하다. 사실 하나님의 특별은총에 관한한 성경에 무수한 그리고 확실한 증거들로 가득 차 있기에 도리어 굳이 이를 증거하려고 애쓰는 자체가 부끄러울 지경이다. 모든 인간은 죄로 어두워졌기에 하나님이 한 분 중보자 곧 그리스도를 세우시고 그의 고난과 죽음과 부활을 믿음으로 말미암아 구원얻도록 했다. 이것이 하나님의 특별한 은혜이자 사랑이다.

카이퍼는 고린도후서 5:21을 인용하면서 "하나님이 죄를 알지도 못하신 이를 우리를 대신하여 죄로 삼으신 것은 우리로 하여금 그 안에서 하나님의 의가 되게 하려 하심이라"고 했다. 그런 까닭에 그는 모든 사람이 다 구원 얻는다면 그것은 하나님의 구원 운동이 아니라고 한다. 하지만 카이퍼는 구원의 메시지는 누구에게나 증거되어야 한다고 했다. 왜냐하면 우리는 누가 하나님의 택자인지 모르기 때문에 항상 설교자는 회개를 촉구하고 하나님께 가까이 갈 것을 요청해야 한다.

물론 여기에 대한 논쟁이 있겠지만 카이퍼는 에베소서 1:5의 말씀 "그 기쁘신 뜻대로 우리를 예정하사 예수 그리스도로 말미암아 자기의 아들들이 되게 하셨으니…"라는 성경을 그 예로 들었다. 이는 하나님의 언약의 교리와 관련되어 있다. 하나님의 뜻이란 곧 하나님의 영광을 위한 것이다. 카이퍼는 어거스틴과 칼빈이 그렇게 했던 것처럼 하나님의 거저 주시는 은총이 곧 특별은총이라는 사실을 반복해서 주장하고 있다.

우리는 위에서 카이퍼가 전개한 특별은총에 대해서 대략적으로 살펴 보았다. 카이퍼의 『특별은총론』은 300여 페이지에 달하는 책이므로 자세한 논의나 성경적인 근거를 여기서는 모두 기록할 수는 없다. 다만 그가 창조론에 지나친 관심을 둔 나머지 구원론에 대해서 무관심했다고 평가하는 사람들이 많고, 또 카이퍼는 이른바 문화신학에 대한 그의 관심 때문에 성경에의 근거를 충분히 말하지 않는다고 했는데 그것은 큰 오해에서 비롯된 것이다. 사실 카이퍼는 2000여개의 성경 명상 및 해석 자료를 내었기 때문에 그가 말씀의 종이라는 것은 이미 확인되었다. 앞서 언급했듯이 카이퍼 연구가들이 그가 일반은총론을 지나치게 강조한 나머지 특별은총을 소홀히 했다는 평가도 있지만 실제로 그는 하나님의 특별은총을 더 성경적으로 잘 정리하고 있음 볼 수 있다. 카이퍼의 일반은총론에 관해서는 다른 장에서 언급하겠지만, 결국 카이퍼는 특별은총 없이는 일반은총은 아무 소용이 없을 것이라고 말하고 있다.14

카이퍼의 특별은총은 역사적 칼빈주의 신학에 확고히 섰을 뿐 아니라 거져 주시는 은총의 교리를 복원했다고 볼 수 있다.

젊은 날의 카이퍼의 모습에서부터 수상까지

카이퍼의 일반은총론과 문화

카이퍼는 일반은총에 관하여 체계적인 신학을 세웠다. 이것 때문에 개혁교회 안에서도 상당한 논쟁이 일어났다. 그는 일반은총론에 대한 방대한 저작을 남겼다. 카이퍼는 1890년대 후반부터 그가 대표로 있는 'De Heraut' 지에 연재되었던 일반은총론을 1902, 1903, 1904년에 세 권의 책으로 출판했다.[1] 그는 이 책으로 말미암아 세계 개혁신학계에 떠오르는 별이 되었다. 그런데 독자들은 다소 혼란을 일으킬지 모르겠다. 왜냐하면 전장에서 하나님의 특별은총에 대해서 그토록 성경적이고 개혁주의 교회체계에 맞도록 특별은총을 설명하고 난 후에 곧바로 일반은총이란 교리를 제안하기 때문이다. 실제로 카이퍼를 비판적으로 보는 사람 중에는 은총은 하나이지 어떻게 특별은총과 일반은총을 구분할 수 있을까라고 의문을 제기했다.

은총에 대한 용어 차이

카이퍼의 일반은총론을 말하려고 할 때 그가 은총이란 말을 어떻게 정의하는가 하는 것이다. 카이퍼가 이른바 특별은총이란 말을 쓸 때와 일반은총을 말할 때의 단어가 완전히 다르다는 것을 알 필요가 있다. 특별은총을 쓸 때는 화란말로 'Genade'란 말을 썼고 일반은총이란 말을 쓸 때는 'Gratia'라고 썼다. 그런데 이 말이 영어로 번역되면서 두 어휘 모두 'Grace'라고 했기에 혼선이 온 것이다. 또 이것을 한국말로 번역할 때 은혜 또는 은총으로 구분 없이 썼기 때문에 개념이 바로 정립이 되지 못했다. 카이퍼에 있어서 일반은총이란 현세적이고 세속적이고 일시적인 영역에서만 영향을 미친다고 이해했다. 그렇지만 카이퍼의 특별은총은 그 특성과 속성이 일반은총과는 달랐다. 특별은총이란 예수 그리스도를 통한 구원과 영적인 세계와 관련을 가진다. 그러므로 카이퍼가 일반은총에 대해서 'De Heraut'지에 연재하여 집필할 때 독자들의 오해 소지가 있기 때문에 끝까지 읽어줄 것을 권면했다. 어떤 이는 당황할 수도 있고, 또 다른 부류의 사람들은 특별은총에서 쓴 내용에 대해서 반박하는 계기를 줄 수 있다고 했다. 그는 독자들에게 앞으로 써 나갈 일반은총의 내용을 오해하거나 오용하지 말아 달라고 경고했다. 우선 카이퍼가 1902년에 출판한 『일반은총론』(De Gemeene Gratie) 45쪽을 보면 다음과 같다.

"새로 연재되는 이 기사는 제 3부에서 『일반은총』을 다룰 것인데, 이런 방법을 통해서 앞에서 다루었던 『특별은총』과 언약교리에 대한 최초의 두 연재물에 대한 언급도 있을 예정이다. 특별은총, 언약의 은총과 일반은총의 본질과 범위와 결속성이 이해가 될 때 성도는 마음에 안식을 얻을 수 있다. 이 연재물의 제목을 보편적 은혜(General Grace)라는 제목을 붙이기보다 차라리 일반은혜(Gemeene Gratie 즉 Gratia Communis)라고 제목을 정하는 것이 더 타당하다고 생각하여 이렇게 했다. 그럼에도 불구하고 독자의 마음에는 은총은 모든 사람의 소유물이라는 것을 암시하고 싶고, 또 은총이 특별하다는 고정관념을 깨려는 기미가 있을 것이라고 짐작할지도 모른다. 사람들은 일반은총을 마치 구원의 은총을 의미하는 것처럼 아주 쉽게 오해하고 있는데 결코 그렇지 않다. 구원의 은총은 구원론적이면서도 특별하고 개별적인 은총이어서, 이와 같은 존귀한 이름은 언약의 은총에게 매우 신중하게만 붙일 수 있다. 언약의 은총은 구원의 범위가 더할 나위없이 아주 작지만 결코 일반은총이라고 말할 수는 없다. 예를 들면 짐승들까지도 어느 정도 일반은총을 받고 있다고 할 수 있기 때문이다. 창세기 9장 9, 10절의 말씀을 보라. 일반은총이란 모든 사람들의 분량에 따라서 정도의 차이가 있으며, 심지어 양심이 시커멓게 타고, 영원히 버림받은 가장 마음이 삐뚤어진 자들에게도 있다. 일반은총 안에는 구원의 능력이 전혀 없기 때문에 특별은총이나 언약의 은총과는 그 성격과 성질이 완전히 다르다. 그래서 일반은총을 라틴어로 Communis Gratia 인데 이를 화란어로 Gemeene Gratie로 번역하여 둔다.[2]

카이퍼는 그가 말한 일반은총이 특별은총과는 궁극적으로 다르다는 것을 말했다. 독자들은 카이퍼가 주장하는 일반은총이, 우리가 예수 그리스도를 통해서 구원에 이르게 하는 특별은총과 구별하기 위해서 사용되었음을 알게 될 것이다. 즉 에베소서 2:8의 말씀에 의하면 "너희는 그 은혜에 의하여 믿음으로 말미암아 구원을 받았으니 이것은 너희에게서 난 것이 아니요 하나님의 선물이라" 했다. 이 본문에 나오는 '은혜'는 카이퍼가 말하고자 하는 일반은혜와는 같은 의미가 아님을 말하고자 했다. 왜냐하면 화란어에는 하나님의 구속의 은혜 곧 예수 그리스도의 속죄의 죽음을 통한 구원의 은혜를 말할 때는 이를 'Genade'라고 했기 때문이다. 반면에 하나님의 역사, 하나님이 문화 전반에 역사하는데 쓰이는 말은 'Gratia'라고 썼다. 그럼에도 불구하고 두 말이 영어로 번역될 때는 모두 Grace로 번역되었고, 한국어로 재번역될 때도 그냥 '은혜'로 번역되었다. 그러므로 사실 일반은총이란 말을 번역할 때 Gratia를 차라리 '호의'(Favour)로 번역 했으면 더 좋았을 것이다. 하지만 일반은총이란 말이 이디 신학적인 용어로 널리 쓰이고 있기 때문에 그 말을 계속 사용할 수밖에 없다.³

일반은총의 의미

카이퍼의 주장에 의하면 일반은총, Gratia는 이 세상에 사는 악한 자나 선한 자나 할 것 없이 즉 구원 문제와는 상관없이 하나님께서 모든 사람들에게 주어지는 호의(好意, Favour)라고 할 수 있다. 카이퍼의 주장대로 하면, 하나님께서는 불신자들에게까지 호의를 베푸신다는 것이다. 하지만 그것은 구원에 이르게 하지도 못하고 예수 그리스도와 접붙임이 되게 하지도 못한다. 또 하나님께서 불신자들에게 주는 호의 곧 일반은총으로는 믿음이 일어나도록 하지 못하고 복음의 빛 가운데로 오지도 못하게 하기에 구원의 은혜를 받을 수 없다. 불신자들을 향한 하나님의 관심과 호의만으로는 구원의 진리를 깨닫게 할 수도 없을 뿐더러 십자가 앞에 나와서 구속의 은혜와 복음을 받아들이도록 할 수도 없다. 단지 하나님의 호의(일반은총)로 천지와 그 가운데 있는 만물을 다스리고 섭리하실 뿐이다.

그러나 죄인이 자신의 연약과 죄를 깨닫고 회개하여 십자가를 굳게 잡고 하나님의 구속의 은혜를 받는 것은 하나님의 특별은혜(Genade)이다. 하나님께서 신자에게나 불신자에게나 똑같이 비를 내리시고 공기를 주시고 태양의 빛을 비추는 것이 하나님의 호의 곧 일반은총이라면, 하나님께서 그의 외아들 독생자를 십자가에 내어주시고 믿는 자에게 구원의 은혜와 축복 그리고 영화로 덧입히는 것은 특별은혜이다.

즉 하나님의 특별은혜(Genade)가 없이는 아무도 하나님 앞에 나올 수도 없고, 죄를 깨달을 수도 없고, 중생할 수도 없고, 구원의 은총을 받을 수도 없고, 성화(聖化)의 삶을 살 수도 없다. 그래서 카이퍼는 일반은총과 특별은총은 서로 확연히 다르다고 했다. 그는 이것을 Gratie

즉 하나님의 호의 곧 하나님의 선한 뜻이라고 했다.[4]

그러므로 카이퍼가 말하는 일반은총 또는 보편은총은 특별은총에 대한 그의 신념과 이해를 쓸모없게 하거나 위태롭게 하지 않는다. 그는 마치 일반은총만으로 특별은총을 대신할 수 있다고 생각하는 것에 대하여 경고했다. 일반은총으로는 하나님을 알 수 없다. 특별계시인 성경을 깨닫고 하나님께서 주신 중보자 예수 그리스도를 믿어 구원을 받으려면 특별은총이 있어야 한다.

카이퍼는 그의 독자들을 향해서, 그가 주장하는 일반은총론이 마치 특별은총을 보완해주는 도구로 사용해서 자기의 주장을 오용하거나 왜곡하지 말라고 경고했다. 그러나 그 후 카이퍼의 염려대로 교회 안에서는 마치 일반은총론이 특별은총으로 가는 징검다리처럼 생각하는 이들이 많았다. 실제로 카이퍼의 생존 시에는 그의 특별은총론이 교회의 핵심이었다고 할 수 있다. 그러나 오늘날의 개혁교회는 카이퍼가 그토록 힘있게 외쳤던 특별은총보다는 일반은총에 대한 관심이 더 많다.[5] 카이퍼가 일반은총을 주장한 것은 삶의 모든 영역에 하나님의 주권이 미치지 않는 곳이 없다는 것을 알고 있기 때문이다. 또 그래야만 구속함을 받은 자 곧 특별은총을 받은 사람들이 세상을 향한 소명(召命)을 가지고 하나님의 영광을 위해 살 수 있기 때문이다. 그가 이렇게 주장한 이유는 모든 사람들이 이원론적(Dualistic) 세계관을 갖고, 오직 예수 믿고 구원 얻는 것만을 소중히 여기고 세상이야 죽이 되던 밥이 되던 내가 알 것이 없다는 식으로 생각하고 행동했기 때문이다. 이에 반하여 카이퍼는 구속받은 성도와 그리고 특별은총을 받은 사람은 교회의 개혁은 물론이고 사회와 정치와 문화 전반에 걸쳐 변화의 주체가 되어야 한다는 뜻에서 일반은총론을 제창했다고 본다.

카이퍼는 특별은총과 일반은총론 둘 다를 조화롭게 사용했다. 왜냐하면 카이퍼는 그 둘을 두 개의 각기 분리된 실체로 보았기 때문이다.

그는 그것들이 사람들의 실생활에서 두 개의 다른 수준과 차원에서 작동하는 하나님의 능력으로 보았다.

일반은총과 문화

앞서 필자는 은총이란 말의 용어 차이와 일반은총의 의미에 대해서 생각해 보았다. 여기서는 일반은총의 실제적 역할과 문화 전반에 걸친 일반은총과의 관계를 다루고자 한다. 특별은총은 제도적 교회에 일어난 것이며, 하나님의 말씀인 성경에 계시된 대로 예수 그리스도를 생명의 구주로 영접함으로써 구원에 이른다. 그런데 이러한 하나님의 특별한 은총과 구속 운동 외에 또 하나의 거대한 톱니바퀴가 돌고 있다. 그것은 국가, 학교, 학문, 예술 등이다. 이것들은 일반은총에 속한다고 할 수 있다. 예를 들면 국가의 목표는 인간의 죄가 미치는 사회를 통제하는 것이다. 그러므로 국가의 기초는 하나님께서 노아와 세우신 언약의 내용 즉 창세기 9장과 13장에 언급된 사회정의 실현을 위한 일반은총에 있다. 정부는 하나님께서 주신 일반은총의 법을 사람들과의 관계를 중재하는 역할을 해야 한다.[6] 카이퍼는 현대 사회의 정치 체계가 발전하려면 죄를 억제하는 노력이 없이는 불가능하다고 했다. 국가의 본질적 기능은 죄가 몰고올 엄청난 혼란과 무질서를 막아내는 것이라 할 수 있다. 이런 뜻에서 생각해 보면, 국가는 사람을 하나님께 개종시키지는 못할지라도 일시적이나마 인간 사회를 유지시키는 일반적인 구속의 조명을 가질 뿐이다.[7]

죄가 사회 전반으로 확장되는 것을 막기 위해서도 일반은총 기관인 국가가 필요한 것이다. 국가는 또한 제도적 교회로 하여금 예수 그리스도의 생명의 복음을 잘 전달하도록 돕는 역할을 해야 한다. 반면 제도적인 교회는 항상 국가를 후원해야 한다고 했다. 그 이유는 교회가 복음을 힘있게 증거하고 구원운동을 활발히 전개하려면 사회적 정치적 안정과 질서가 필요하기 때문이다. 즉 그는 교회가 세상에서 구속 사역을 잘 수행하려면 평화스런 환경 조성을 하는 정치체계와 지도자가 필요하다고 보았다.[8] 그래서 그는 일반은총의 행위 없이 특별은총은 불가능하며, 특별은총 없이는 일반은총은 그 목적을 이룰 수 없다고 했다.[9] 그는 일반은총과 특별은총과의 관계를 설명하면서 그리스도의 두 가지 기능을 견주어 설명했다. 즉 그것은 예수 그리스도의 구속의 중보자로서의 기능과 창조의 중재자로서의 기능이다. 구속운동의 중보자로서 그리스도는 하나님의 구속 사역의 일터인 교회 영역에 속한다. 한편 창조의 중재로서의 그리스도는 일반은총 안에 있는 국가, 가족, 학교, 사회, 문화의 영역을 다스린다고 보면 된다.[10] 그러므로 그리스도인의 사회적 삶의 중요성도 예수 그리스도가 일반은총 영역에까지 창조의 중재자라는 사실에 근거하고 있다. 달리 말하면 제도로서의 교회는 하나님의 특별은총의 기관이라면 국가는 일반은총의 기관이다. 이 둘은 상관관계가 있다. 교회는 일반은총의 기관인 국가의 도움이 있어야 할 것이고, 또 일반은총은 특별은총을 위해 봉사해야 한다. 왜냐하면 두 은총이 모두 하나님의 주권 하에 있기 때문이다. 예수 그리스도는 교회의 머리이시기도 하지만 그는 삶의 모든 영역에 주인이시기도 하기 때문이다(골 2:10). 이렇게 볼 때 기독교 대학, 기독교 예술, 기독교적 학문이란 말은 통용될 수가 있다.[11]

다시 말하면 삶의 모든 분야가 하나님의 영광을 위해서 존재한다고 할 수 있다. 왜냐하면 특별은총으로 구속함을 받은자들은 세상에 대한 선교적 사명과 소명을 받았기 때문이다. 하나님의 특별은총은 인간의 사회와 윤리 그리고 지적 삶을 포함하는 삶의 모든 영역은 물론이고 우주적 영역에까지 미치고 있다. 또한 특별은총은 그리스도를 위해서 살아가는 유기체로서의 교회의 의무이자 사명이라는 것이다. 기독교인의 삶이란 성도들의 마음 속에 일어난 특별 계시의 구체적 표현으로 보았다. 교회는 하나님의 특별은총의 기관이다. 그런데 카이퍼는, 교회는 그리스도의 왕국을 위해 존재한다고 했다. 곧 하나님의 왕국은 하나님의 통치의 범위와 정도를 나타내기 때문에, 교회는 하나님의 왕국의 일부분으로 보았다. 교회는 하나님의 왕적인 통치를 수행하기 위해서 하나님으로부터 위임된 기관이다. 그러므로 교회는 구원의 통로로서 하나님의 특별은총 기관이지만 끊임없이 하나님의 나라 건설과 세상을 향해서 하나님의 뜻을 드러내는 책임을 가지고 있다. 카이퍼의 사상을 이어받은 그의 충실한 제자중 하나인 헬만 리델보스(Herman Ridderbos)는 그의 걸작 『왕국의 도래』(De Komst Van Het Koninklijk, 1950)에서 교회와 하나님 나라의 관계를 동심원(同心圓)의 관계라고 했다. 그런 까닭에 교회와 하나님의 나라는 다 같이 그 중심이 하나님에게 맞춰져 있다.

여기서 한 가지 생각하고자 하는 것은 아브라함 카이퍼의 일반은총 사상은 어디서부터 왔는가 하는 것이다. 그의 일반은총 사상은 두말할 필요 없이 요한 칼빈에게서 기인했다. 카이퍼는 스스로 요한 칼빈의 충실한 모방자라고 생각했다. 그는 그리스도의 왕권과 하나님의 말씀과 하나님의 주권에 대한 신앙고백적인 측면에서는 충실하게 칼빈을 따르려고 했다. 특히 1880년 암스텔담 자유대학교 설립때 총장 취임 연설에서 그는 세상에 대한 도전장을 내고 영영주권사상(Souvereiniteit in Eigen Kring)을 발표했다. 즉 "만물의 주권자이신 그리스도에게 속한 인간 존재의 전 영역에서 '이것이 내것이라' 라고 주장하지 않은 영역은 한치도 없다"고 했다.¹² 카이퍼 자신은 그의 스승 칼빈의 사상에 충실하다고 말한다. 그러나 카이퍼 연구자들이 그를 가리켜 신칼빈주의(Neo-Calvinism)라고 말한다. 그 이유는 그의 스승 칼빈의 사상을 맹목적이고 무비판적으로 수용하지 않기 때문이다. 그는 일반은총에 관해서 칼빈보다 훨씬 깊고 자세하게 확대하고 확장시켰다. 카이퍼는 칼빈의 정신을 본받아 일했기에, 그가 칼빈에 대해서 무엇을 첨가했다고 하더라도 그것은 숨겨진 것을 들어낸 것 뿐 아니라 이미 암시된 것을 더욱 분명하기 밝힌 것에 불과하다는 것을 알고 있었다.

카이퍼도 칼빈과 같이 '하나님의 영광'이 그의 신학의 중심 주제였다.[13] 그가 하나님의 영광과 주권을 강조하다 보니 거기서 얻어진 열매는 믿는 자들의 구원 뿐 아니라 삶의 모든 영역이 하나님의 은혜의 손길이 미친다는 것을 고백할 수밖에 없었다. 카이퍼는 심지어 일반은총 없이는 어떤 문화도 이루어지지 않는다고 했다. 세계는 죄 때문에 하나님의 일반은총 즉 하나님의 호의(Favour)가 사멸될 것이다.[14] 일반은총은 인간 문화의 영역이다. 왜냐하면 교회는 물론이고 전 세계가 하나님께 영광을 돌려야 하기 때문에 일반은총도 하나님의 절대주권을 고백하는 신앙 위에 서 있기 때문이다. 일반은총에는 구원의 능력이 역사하지 않고, 이 세상 생활과 관련된 것이지만 그 근본은 우리의 중보자 되시는 예수 그리스도라고 할 수 있다.[15]

카이퍼는 피조 세계를 발전시키고 역사와 문화를 가능케 하는 독자적 역할이 바로 일반은총이라고 거듭 말한다. 그러면서도 카이퍼는 특별은총 없는 일반은총은 아무 소용이 없다고 지적한다. 이미 필자가 앞서 언급했듯이 카이퍼는 철저한 특별은총의 지지자이다. 그러면서도 특별은총 곧 하나님의 거저 주시는 은혜로 구속 받은 사람은 문화 건설의 주체가 되어야 한다고 했다. 왜냐하면 하나님은 우리가 사는 삶의 모든 영역에서도 주권을 가진 주인이시기 때문이다. 하나님은 인간과 역사와 우주에도 하나님의 창조적 사역의 관심과 애정의 끈을 놓지 않고 있다. 그것이 곧 일반은총이란 말로 표현된다고 봐야 한다. 그래서 문화는 자연 속에 뿌리내린 하나님의 일반은총으로 엮어져 가고 있다. 일반은총은 신자에게나 불신자에게나 공평하게 주시는 은혜이다. 그러므로 인간은 일반은총 때문에 시민으로서 정의를

수행하며 도덕적 선을 행하는 것이 가능하게 되었다.[16]

　예를 들면 의학과 법학을 통해서 도덕적 자연적 선이 이루어진다. 왜냐하면 인간은 하나님의 손에 붙들린 도구로서 하나님의 뜻을 이루어 간다고 할 수 있기 때문이다. 특별은총의 영역인 교회가 일반은총을 새롭게 변화시켜 나간다면, 우리는 그것을 기독교 가족, 기독교 사회, 기독교 국가로 부를 수 있다. 특별은총이 일반은총의 영역에 간접적인 영향도 주지만, 중생 받은 사람의 문화 활동을 통해서 영적 도덕적으로 새로운 변화를 주기도 한다. 특별은총은 비록 거룩한 영적인 기원과 목표를 향해 있을지라도, 인간의 삶의 모든 영역에 간여하여 중생자의 마음은 물론이고 정치, 경제, 사회, 교육, 문화, 가정, 사업 전반에 걸쳐서 변화를 유도한다. 왜냐하면 하나님의 주권은 교회당 울타리 안에 맴도는 것이 아니라 삶의 모든 영역에도 간섭하기 때문이다. 이것이 카이퍼가 말하는 칼빈주의 사상의 원리이다. 그러므로 기독교 문화의 발전은 우리가 발붙이고 사는 세상에서 수행해야 할 그리스도인의 소명이다. 하나님의 위대하고 풍성한 창조의 세계를 개발하고 개인의 삶과 공동체의 삶을 하나님의 말씀위에 굳건히 세울 뿐 아니라 삶의 모든 영역에 구조적인 변화를 가져와야 한다.

기독교 문화 건설을 위한 대결(Antithesis)

　칼빈주의는 구조적 변화를 생각한다. 시스템(System)의 변화 없이는 개인이 믿음으로 구원 얻는 것으로 만족한다면 거기는 하나님의 나라를 꿈꿀 수 없다. 이 세상의 불신세력은 구조적으로 제도적으로 사상적으로 너무도 단단하기 때문에, 중생 받은 그리스도인들이 구조적으로 대결함이 없이는 역사와 문화와 세계를 바꿀 수가 없다. 우리가 아브라함 카이퍼의 사상 체계를 말하거나 일반은총을 논할 때 반드시 영적전쟁 곧 깊은 대립(Antithesis)관계에 직면하지 않을 수 없다.

카이퍼에 의하면 이 세상은 중생한 사람과 중생하지 못한 두 종류의 사람이 존재하며, 과학에도 두 종류의 과학이 있는데 그 중에 하나만이 참된 것이라고 주장했다. 어떤 이는 성경적으로 예수 그리스도를 생명의 구주로, 하나님을 창조주 하나님으로 믿는 신앙을 가졌지만, 또 다른 이는 범신론적 세계관을 가졌다. 이 두 세계관은 바로 두 종교관이다. 그러므로 이것도 좋고 저것도 좋다는 식의 종교 다원주의적인 발상은 통하지 않는다. 하나는 옳고 다른 하나는 거짓된 것이다. 그러므로 여기는 절대적 대립관계가 존재하는 것이다.

그러므로 우리들의 싸움은 상대적인 대립관계가 아니라 삶의 전 영역에서 일어난다. "우리의 싸움은 혈과 육에 대한 것이 아니요 정사와 권세와 이 어두움의 세상 주관자들과 하늘에 있는 악의 영들에게 대함이라"(엡 6:12)고 한 바울의 메시지와 같다. 영적 전쟁은 삶의 모든 영역에서 일어나며 그래서 영적 대립은 필수적인 것일 수밖에 없다. 하나님의 은혜로 구속함을 받은 성도와 하나님을 알지 못하는 불신 세력과는 도무지 피할 수 없는 영적 갈등과 전쟁이 있기 마련이다. 불신세력이 논리로 나오면 우리도 논리로 맞서야 하고, 불신세력이 정책으로 나오면 우리도 정책으로 맞서야 하고, 불신 세력이 조직으로 나오면 우리도 조직으로 맞설 수 있는 준비가 되어 있어야 한다.

> "두 가지 다른 원리들 즉 하나님께 맞선 죄의 원리와 죄에 맞선 은혜의 원리가 서로 작용하고 있다. 또한 죄의 삶과 은혜의 삶 즉 자연적인 삶으로부터 나온 삶과 초자연적 삶으로부터 나온 삶 곧 서로 다른 두 종류의 삶이 있다."[17]

카이퍼의 주장을 보면 은혜의 왕국과 세상 왕국사이, 유기체로서의 교회와 타락한 인류 사이, 새로운 피조물과 하나님의 심판아래 놓인 인간들 사이에는 건널 수 없는 깊은 적대적 관계(Antitheses)가 있게 마련이다. 이런 갈등과 영적 전투는 이 세상에서 주의 나라와 복음을 위해 살고져 하는 사람은 필수적으로 만나는 일이다. 우리가 일반은총 안에서 기독교 문화 즉 칼빈주의적 문화를 이룩하려는 것도, 결국 이 세상과 문화가 죄로 오염되었을 뿐 아니라 하나님 중심의 문화에 정면 도전해 오기 때문이다. 만에 하나 그리스도인이 예수 믿고 구원 얻는 것에만 만족한다면 개인의 구원은 가능하지만, 더 큰 하나님의 나라 건설 또는 세상에 대한 문화변혁의 소명을 저버리게 된다. 카이퍼의 주장대로 보면 일반은총의 영역에서 기독교 문화는 영적 높은 가치를 추구하기 때문에 하나님의 왕국에 반대하는 문화와는 의식적으로 반대의 입장에 놓이게 된다.

일반은총을 불신앙적으로 또는 인간 중심주의로 끌고가는 세력이 있음으로 하나님 중심한 문화로 변화시켜야 한다. 그래서 영적 갈등과 전투는 계속된다. 인간의 삶의 전 영역에서 일어나는 영적 갈등 속에서도 그리스도인들은 기독교 문화 창달을 위해서 일해야 한다. 기독교 문화 건설을 통해서 불신세력이 영적인 변화를 입고 결국은 하나님의 특별은총을 받아 구원에 이르게 하는 선교적 목적도 있다. 이렇게 하려면 기독교인들은 구조적으로 조직화하는 일이 있어야 효과적으로 할 수 있다. 이 땅에 하나님의 나라를 건설하려면, 교회, 국가, 가정, 교육, 문화, 경제 등 사회 전반에 걸쳐서 하나님의 창조의 법과 성경적 신앙의 원리를 따라서 조직화되어야 한다. 왜냐하면 카이퍼의 주장대로 영적 전쟁 곧 악과의 싸움은 단순히 개인의 경건 유지 차원을 넘어서, 기독교인들이 악의 세력에 조직적으로 공동대처 하는 것이 더욱 낫다고 했다. 기독교인의 조직들이 예수 그리스도의 왕권을 증거하기 위해서 더 효과적이므로, 독립된 기독교 세계관을 가진 사람들의 조직을 사회 안에 만들어야 한다고 했다.[18] 하지만 카이퍼의 이런 태도는 불신자들을 일부러 고립시키거나 세상으로부터 격리시키려는 것이 아니다. 도리어 세상에 빛과 소금이 되기 위한 누룩으로서 변화의 견인차가 되게 하려는 것이다.

카이퍼의 핵심 메시지는 중생자들이 모든 사람들에게 복음을 전하고 사회의 모든 영역에서 그리스도의 왕권을 증거하기 위해서 이 세상에 존재한다는 것이다. 그러기 위해서는 악의 세력 또 불신문화와의 어쩔 수 없는 조직적인 반대(Antithesis)가 있을 수밖에 없다.

일반은총론에 대한 평가

카이퍼의 일반은총론은 개혁교회 안에서도 찬반이 엇갈리고 있다. 카이퍼의 사상을 수긍하면서도 매우 비판적인 시각을 가진 사람들도 있고, 카이퍼를 적극 지지하는 사람도 있다. 예를 들면 화란의 신학자 반 룰러(A.A. Van Ruler)같은 이는 카이퍼가 한번도 특별은총을 말하지 않고 일반은총만을 말했다고 했다.[19] 하지만 앞서 언급했듯이 카이퍼는 실상 특별은총론을 쓰면서 역사적 개혁주의 신학을 천명하고 칼빈의 신학노선을 따르고 있는데, 반 룰러가 미처 읽지 못한 것이라고 할 수 있다. 또 헨리 반틸(Henry Van Til)은 카이퍼의 일반은총을 문화적 낙관주의자로 평가하기도 했다.[20] 또 기독교 철학자 자이드마(Zuidma)도 카이퍼의 일반은총론을 환상이라고 혹독히 비판했다.[21] 그뿐 아니라 스킬더(K.Schilder)나 포프마(S.J.Popma) 같은 학자들도 비판했다. 그리고 벨레마(W.H.Velema)는 두 은총 사이에 극단적 이원론이라고 했다.[22] 또 카이퍼의 절대적 추종자인 헬만 도예베르트(H.Dooyeweerd)는 일반은총은 그리스도를 통하여 상실된 세상에 내리시는 하나님의 특별은총의 일부라고 했다.[23]

그런데 이러한 평가들이 의미하는 바는 아직도 카이퍼의 일반은총론에 대한 논의가 끝나지 않았다는 뜻이다. 신학 논쟁은 언제나 성경으로부터 결론을 가져와야 한다. 왜냐하면 성경만이 진리이기 때문이다. 신학 논쟁은 성경의 원리대로 평가되고 정리되어질 것이다. 카이퍼가 말하는 일반은총의 핵심은 하나님은 창조주요 구속주요 심판주이다. 그러므로 그가 왕권으로 교회와 세상을 다스린다는 거대한 구도 속에서 일반은총을 이해해야 한다. 카이퍼가 말한 대로 일반은총 속에서 그리스도의 왕권을 세우기 위한 위대한 투쟁 곧 영적 전쟁은 끝나지 않았다. 카이퍼는 일반은총을 그리스도 왕권 아래 두었다. 그러므로 일반은총의 교리를 불신자의 중립적 문화관을 무비판적으로 숭상하는 근거로 악용되어서는 안 된다.

그는 모든 일반 문화, 일반은총도 왕이신 그리스도에게 순복해야 한다고 했다. 카이퍼는 일반은총과 특별은총은 모두가 동일한 하나님으로부터 유래했다는 사실을 강조한다. 일반은총은 세상 사회에서 작용을 한다면 특별은총은 제도적 교회 안에서 작용한다. 그럼에도 불구하고 특별은총이 일반은총 전반에 영향을 주고 변화의 견인차가 되어야 한다. 카이퍼가 칼빈의 일반은총론을 크게 발전시킨 것은 신학은 말할 것도 없고 그가 있던 시대적인 배경도 무시할 수 없다. 당시 자유주의가 교회와 세상에 판을 치고 있었고, 이원론적 세계관, 신비주의적 세계관이 일반화되어 있었다. 그리고 사회적 무질서 불란서 혁명사상의 영향으로 국가지상주의가 발전되어 있었다. 이런 때에 카이퍼는 일반은총론을 크게 제창하였다. 물론 교회는 영혼구원에 몰두해야 하지만, 또 한편 구속함을 받은 성도들이 세상을 변화시키고 그리스도의 왕권을 수립하는데 심혈을 기울여야 한다. 그의 일반은총론에 대한 이런저런 평가와 비판이 있음에도 불구하고, 카이퍼는 말씀과 성령으로 새로워지는 교회와 세상을 꿈꾸었던 것은 오늘의 한국 교회에 새롭게 조명되어야 하리라고 본다.

헤렌흐라흐트에 있는 카이퍼의 집

카이퍼의 선교론

카이퍼는 선교 신학의 기초를 놓았다. 특히 그는 칼빈주의 선교의 이론을 명백히 세웠다. 우리가 흔히 카이퍼를 말할 때, 주로 일반은총론이나 카이퍼의 칼빈주의적 정치론을 거론한다. 그러나 카이퍼는 근대 선교학의 이론이 세워지기 전에 이미 선교신학을 정리했다. 혹자는 칼빈주의라는 엄격한 교리 체계를 가지고 어떻게 선교를 말할 수 있는가 라고 한다. 심지어 어떤 이는 바울시대에 무슨 칼빈주의가 있었느냐고 반문하기도 한다. 그리고 많은 사람들은 칼빈주의는 하나님의 주권과 하나님의 움직일 수 없는 섭리만 주장하고 인간의 책임은 무시하기 때문에 선교와 거리가 멀다고 생각하는 이들도 있다. 그래서 칼빈주의자는 그 성격으로 볼 때, 신앙 지상주의가 되었고 교리 수호를 지나치게 주장한 나머지 이방인 선교에 대해서 무심하기 짝이 없다고 생각했다. 그러나 종교 개혁자 요한 칼빈은 실제로 선교의 프론티어(frontiersman)였고, 새로운 선교 패러다임을 만든 사람이다. 예를 들면 1559년에 칼빈이 세운 제네바 아카데미(Ceneva Academy)는 개혁신학의 센터 였지만 또한 국제 선교 훈련센터라고 할 수 있다. 칼빈은 유럽 각국에서 온 개혁신앙을 가진 청년들을 철저히 훈련시켜 자기 모국으로 가서 선교하도록 한 것이다.[1] 칼빈은 실제로 남미 브라질에 선교사를 파송해서 인디언들에게 복음을 증거하도록 했다. 그 선교사의 이름은 리처(Richer)와 차티어(Chartier)였다. 이는 아메리카 대륙에 첫 번째로 선교사를 파송한 사람이 칼빈이다. 칼빈은 선교라는 말은 쓰지 않았지만 (하나님 나라의 확장)이란 표현을 주로 사용했다.

카이퍼는 선교의 프런티어

그러면 아브라함 카이퍼는 선교에 대해서 어떤 이론을 세웠는지를 생각해보자. 카이퍼는 그의 명저 『신학백과 사전학』에서 선교학이라는 말을 '푸로스데틱(Prosthetiek)'이라고 썼다. 이 말의 뜻은 사도행전 2:41, 5:14, 11:24 등에서 사용된 헬라어 προσετέθησαν에서 나온 말로서 "점점 더 많아진다" "점점 증가된다"란 뜻을 가지고 있다. 그러므로 이 말의 의미는 "그리스도의 교회로 사람들이 증가하는 것"을 의미한다. 신약에서 이 말이 쓰여질 때는 하나님께서 선교, 즉 사람을 증가하는데 주체가 된다는 뜻으로 쓰였다. 그런데 이 용어는 카이퍼 이후는 잘 사용하지 않았다. 그도 그럴것이 근대 선교신학의 선구자인 구스타브 바르넥(Gustav Warneck)이 1897년에 『복음적 선교학』(Evangelische missionslehre)을 써서 출판했는데 카이퍼는 그보다 3년 전인 1894에 선교 이론을 세웠으니 카이퍼야 말로 근대선교의 기초자라고 볼 수 있다.[2]

카이퍼 박사는 1871년 9월 6일 제11회 화란 개혁주의 선교협의회 연례 선교 축제의 대회전야 연설에서 자신의 기본적 선교 정책을 담았다. 카이퍼는 선교가 개인의 사역이 아니라 조직된 교회가 주체가 되어야 한다고 했다. 왜냐하면 선교는 그리스도께서 그의 몸된 교회에 주신 사명이기 때문이다. 또한 선교는 어느 특정한 사람이나 집단이 하는 것이 아니고 그리스도의 이름을 부르는 모든 성도들의 소명이어야 하기 때문이다. 그리고 선교의 목적은 이교도의 회개, 영혼 구원,

교회의 증가이며 최종적인 목적은 선교가 하나님의 영광을 위한 수단이라고 했다. 선교는 어느 교회의 지부를 세우는 것이 아니고 민족과 언어와 문화가 다른 지역에서 생명의 복음을 증거하는 것이며 하나님의 왕국을 건설하는 것이다. 인간의 깃발을 세우는 것이 아니고 하나님의 깃발을 세우는 것이며 하나님의 영광을 위한 행위이다.

카이퍼 박사가 선교에 대한 원칙과 방법론을 제시한 것은 그 후에도 1873년, 1890년, 1896등 여러 차례 있었다. 룰만(J.C.Rullman)은 1896년 미들벅 총회에서 행한 카이퍼의 메시지가 후일 "개혁주의 선교정책의 대헌장"(in laten tijd de Magna Charta van de Gereformeerde Zending geheeten)이라고 말했다.³

카이퍼는 기회가 있을 때마다 교회의 개혁을 부르짖었다. 교회의 사명이 주의 복음을 땅끝까지 증거하는 것이며, 그런 교회가 교회다운 교회라는 것이다. 카이퍼는 선교분야의 종교 개혁을 교회 중심의 시각에서 바라보았다. 당시의 국가교회는 개인이나 사회가 주도권을 가지고 선교하도록 방치했다. 그러나 카이퍼는 선교가 개인의 꿈을 이루기 위한 것이거나 어느 단체의 사업이 아니라 교회가 선교사업의 중심이 되어야 할 것을 주장했다. 결국 개혁교회의 목표대로 무엇을 하든지 하나님중심, 성경중심, 교회중심이 되어야 한다. 1890년에 카이퍼가 선교에 대한 연설문을 정리하면 다음과 같다.

선교 사역은 하나님의 주권적 사역

첫째, 모든 선교사역은 하나님의 절대주권에서부터 나온다는 것이다. 왜냐하면 구원 운동은 인간의 자력으로 되는 것이 아니고 하나님의 절대주권적인 역사와 더불어, 하나님의 거저 주시는 은혜 때문에 가능하기 때문이다. 결국 선교의 동기를 주는 것도 하나님이고, 이방인을 구원하도록 계획하게 하는 것도 하나님이다. 선교가 교회의 사업이나 인간의 꿈을 이루는 것이 아니라 하나님의 절대주권에서 나온다는 것은 칼빈주의적 신학의 핵심이다. 하나님의 창조와 구속의 계획과 주권이 없었다면 선교는 처음부터 존재할 수 없는 것이다.

둘째, 카이퍼는 선교사역을 수행할 권리와 의무는 각 지역 교회에 있다고 보았다. 그러나 개교회가 단독으로 이 일을 수행할 수 없기에 선교의 목적을 위해서 여러 교회가 협력하는 것이 바람직하다고 했다. 이런 경우 총회적으로 교회가 연합해서 선교의 목적과 정책을 세우는 것이 옳다고 보았다. 카이퍼가 이런 선교정책을 발표할 시기는 아직도 선교를 영어로 'mission' 이란 말로도 확정하기 전이며, 제대로 된 선교전략이나 선교원리도 학문적으로 총회적으로 제도화되기 전이었다. 실로 선교가 선교로서의 성과를 거두기 위해서 교회의 연합기구를 만들고 총회적으로 선교를 관장해야 한다는 그의 지론은 탁견으로 보여진다. 선교는 사사로운 일이나 개교회적인 것이 아니고 전 교회적이며 동시에 범 교회적이다. 교단이나 총회기구에서 일괄적으로 선교 정책을 세우고 선교 훈련을 하고 제정지원을 해야 한다. 이런 선교 이론에 비추어 볼 때, 카이퍼는 선교신학 뿐 아니라 선교의 탁월한 전략가라고 할 수 있다.

셋째, 선교사 지원자는 파송하는 교회의 목사 이상으로 철저한 신학교육과 영적 훈련을 제대로 받아야 한다. 뿐만 아니라 선교사는 그가 파송될 나라나 지역 사람들의 언어나 문화 그리고 토속 종교와 사회의 여건을 충분히 연구 조사해야 한다고 했다. 선교사 훈련을 위한 기구를 세우고 언어와 문화 등 실제적인 훈련을 해야 한다는 카이퍼의 지론은 1910년 에딘버러의 국제선교대회보다 약 20년이 빠른 선교의 비전이다.

1896년에 화란개혁교회 총회는 카이퍼의 선교정책을 수용하여 개혁주의 선교원칙에 따라서 새로운 선교정책을 발표하기에 이르렀다.

그리고 총회가 선교지 문제를 관장하게 되었다. 그리고 교회의 중요 절기마다 선교에 대한 기도와 선교에 대한 관심이 늘어났다.

카이퍼는 위원회의 한 사람으로서 그가 초지일관 주장하는 선교원리와 규칙을 구체화시켰다. 물론 카이퍼 자신은 선교사가 아니였고, 그 자신이 선교 단체에 일한 적은 없었다. 하지만 카이퍼는 목사였고 교회와 선교는 나눌 수 없었다. 그래서 카이퍼는 선교에 대해서 다방면으로 영향력을 끼쳤다. 카이퍼가 개혁교회에 끼친 영향 만큼이나 선교 정책에도 원리를 세워주었다. 선교위원회에서 채택된 총회의 보고서에, 아브라함 카이퍼가 제시한 원리들은 다음과 같다. 첫째, 선교의 최고의 목적은 삼위일체이신 하나님께 있다. 둘째, 선교는 지역교회에 의해서 수행되고 지속되어야 한다. 왜냐하면 전체 교회와 교단의 통일을 위해서 필요하기 때문이다. 셋째, 선교의 핵심 과제로 목회자는 유능한 선교사를 선택 해야 한다. 넷째, 선교사를 선택할 때는 하나님의 섭리를 따르면서 신중하게 생각해야 한다. 왜냐하면 선교는 국가를 상대로 할 일이 아니고 한 개인의 영혼을 위해서 일하는 것이기 때문이다. 다섯째, 선교사가 선교활동을 할 때 오직 복음으로 설득하는 일과 구원의 확신의 방법만을 사용해야 한다. 여섯째, 선교는 정부와의 관계, 선교부와 다른 선교부와 관계, 교회와 교회의 관계를 아름답고 적절히 하는 것이 중요하다.[4]

실제로 위의 원칙들은 후일 개혁교회의 선교의 원칙으로 채용되었을 뿐 아니라, 이는 실로 선교대헌장이라고 할만하다. 카이퍼는 그의 '성령의 사역'(Werk van Heilig Geest)에서도 선교할 이유가 하나님의 영광 때문임을 분명히 밝혔다.

"선행을 하려는 노력조차도 '하나님의 영광만'(Soli Deo Gloria)이 없이는 불가능하다.…선교의 이유는 회개한 영혼들에게만 관계하는 것이 아니라, 하나님 앞의 시온에서 나타날 국가들의 소환 때문에 필요한 것이다. 기도자는 기도자 없이도 얻을 수 있는 선행뿐만 아니라, 아침, 저녁 모든 피조물이 하나님의 영광이 온 땅에 충만하도록 '거룩 거룩 거룩 주 여호와!' 라고 기도해야 한다.[5]

선교는 하나님의 영광을 위한 것이다

카이퍼는 선교를 위해 기도할 때도 결국 하나님 영광을 위한 것이 되어야 할 것이고, 선교의 목적도 하나님의 영광이 온 땅에 충만하도록 해야 하며, 선교사의 업적이 평가되기 보다는 하나님의 영광이 최우선으로 되어야 한다. 카이퍼가 말한 대로 선교는 왕을 위해서 (Pro Rege)라는 개념 속에 넓게 퍼져 있다. 왕이신 그리스도 앞에 모든 세계, 모든 민족, 모든 인생은 그 왕 앞에 경배하고 순종할 것을 항상 힘주어 카이퍼는 다음과 같이 말했다.

> "그 나라는 우리 왕의 것이다. 선교는 예수의 주 되심과 더불어 시작하기 보다는 그분의 왕 되심과 더불어 시작해야 한다. 이 왕은 더 높은 영광으로 모든 민족과 모든 피조물을 이끌어 가기 위하여 그들에게 구원을 베풀 것이다."[6]

카이퍼의 그리스도의 왕권, 영역주권, 일반은총론도 결국 선교와 무관하지 않다는 것을 알 수 있다. 또 카이퍼는 그 당시만 해도 국제맨이었다. 그는 영국과 미국 등 유럽 여러 나라를 여행했는가 하면 아시아 아프리카 등도 매우 높은 관심을 가지고 여행했으며 교회의 선교적 사명을 일깨웠다. 그리고 1928년 예루살렘 선교대회 때부터 방대한 여행기를 남겼다. '선교'(mission)란 말이 정식으로 채용된 것을 생각해 보면 카이퍼 박사는 선견지명을 갖고 선교학의 이론과 실제를 정립했다고 볼 수 있다. 앞서 언급했듯이 카이퍼는 선교학을 Prosthetiek라고 했는데, 특이한 것은 선교학을 실천신학(Ambtelijke vakken) 분야의 봉사적 그룹(de Diakonalogische Groep)과 교육적 그룹에 두었다. 카이퍼는 하나님의 말씀을 설교하는 것과 교육이 선교 사역의 심장이라고 말했다.7 설교와 교육의 핵심은 선교 지향적이어야 한다. 결국 선교를 지향하지 않는 신학운동은 죽은 것이나 마찬가지란 뜻이다. 신학의 목적은 복음을 땅 끝까지 증거하는 것이다. 그 선교적 사명을 충실히 감당할 때만 살아 있는 신학이 된다.

위에서 우리는 아브라함 카이퍼 박사가 선교에 대한 이론적 주춧돌을 놓은 분이라고 말했다. 카이퍼에 대해서 우리에게 떠오르는 첫인상은 일반은총의 신학자 또는 기독교 정치가이다. 하지만 카이퍼는 목회자요 설교가요 교회의 개혁자이다. 그는 주의 복음이 이방 세계에 전달되도록 하기 위하여 교리적 체계를 세운 인물이다. 그래서 아브라함 카이퍼의 신학을 이어받은 금세기의 개혁주의 선교학자들 특히 선교이론을 세운 학자들이 모두 화란 학자들이라는 것은 그리 놀라운 일이 아니다. 예를 들면 바빙크(J.H.Bavinck)와 헨드릭 크렘머(Hendrik Kraemer), 요한네스 벨카일(Johannes Verkuyl), 요한네스 불라우 (J.Blauw) 같은 대학자들이 진을 치고 있다. 이는 모두 선교의 기초를 놓은 아브라함 카이퍼 박사의 유산이라고 할 수 있을 것이다. 특히 요한네스 멜까일 박사의 모든 저서들의 핵심적 흐름은 아브라함 카이퍼의 사상에서 묻어 나오는 것이다. 그래서 그를 가르쳐서 행동하는 카이퍼적 칼빈주의자로 부르기도 한다.

그리스 여행 중의 카이퍼

카이퍼의 경건론

아브라함 카이퍼는 경건한 하나님의 사람이었다. 그리고 그는 실제로 경건의 신학을 제창하기도 했다. 카이퍼가 말하는 경건이란 소극적 도덕적인 삶의 모습이 아니라, 진리를 위한 적극적인 투쟁의 걸음이라고 볼 수 있다. 이 부분에 대해서는 카이퍼의 저서 영문판 『경건의 연습』(The Practice of Godliness)을 중심으로 생각하고자 한다. 그러나 이 책의 원문이라고 할 수 있는 화란어는 『하나님의 축복의 연습』(Practijk der God zaligheid)이다.[1]

카이퍼에 있어서 경건의 의미를 말하기 전에 그의 멘토라고 할 수 있는 칼빈의 경건의 의미를 먼저 생각해 보는 것이 좋을 듯싶다. 왜냐하면 카이퍼는 칼빈의 신학을 재해석하고 확대 재생산했기 때문이다. 실로 칼빈은 경건한 하나님의 사람이었다. 따라서 칼빈의 신학 또한 경건의 신학이라고 할 수 있다. 칼빈이 1559년 제네바 아카데미(Geneva Academy)를 설립할 때 기도하기를 이 학교가 '경건과 학문'(Pietatis et Academia)이 있는 학교가 되게 해 달라고 했다. 경건 즉 하나님의 면전(Coram Deo)에서 살지 않으면 그런 학문은 별로 가치가 없고, 학문이 없는 경건도 문제라는 말이다. 또 칼빈은 기독교 강요 초판본 속 표지에서, 기독교 강요는 경건의 대전(Pietatis Summa)이라고 했다. 교리는 경건이 뒷받침 되어야 하고, 경건은 교리의 터 위에 세워져야 한다는 뜻이다.

칼빈에게 있어서 경건이란 종교의 전 내용이라고 보아도 좋을 것이다. 칼빈은 경건을 정리하기를 "하나님의 은혜를 깨달음으로써 일어나는 하나님에 대한 사랑과 결부된 경외를 경건"이라고 했다. 또한 "경건이란 하나님이 우리에게 베푸시는 유익을 아는 지식이 일으키는 사랑과 결부된 경외"라는 것이다.[2]

하나님의 일을 하는 것이 경건이다

카이퍼는 경건을 어떻게 이해했는지를 살펴보자. 우선 카이퍼는 칼빈에 비해서 경건의 의미가 진취적이며 적극적이다. 카이퍼에게 경건이란 하나님의 일을 하는 것이다. 그는 스가랴 4:6의 말씀 곧 "이는 힘으로 되지 아니하며 능력으로 되지 아니하고 오직 나의 영으로 되느니라"라는 말씀을 스룹바벨이 받았을 때 근심에 사로잡히게 되었다고 한다. 이 성경 구절을 오해하면 하나님의 나라의 일에는 우리가 손을 놓고 있는 것이 정답인 것처럼 생각하기 쉽다. 그런데 이 성경을 자세히 살펴보면, 하나님께서는 스룹바벨이 손으로 하는 일에 스룹바벨을 격려하고 있다. 천사가 말하기를 "스룹바벨의 손이 이 성전(殿)의 기초를 놓았은즉, 그의 손이 또한 그것을 마치리라"(슥 4:9) 말하고 있다.

비록 육체적인 힘과 세력이 원수의 힘과 세력을 대항하기는 역부족이지만 성령께서는 스룹바벨의 손을 통해서 그 사역을 성취하기를 원했다고 했다. 그래서 카이퍼는 다음과 같이 말했다.

> "경건한 생활이란 조용히 순종하는 생활이며, 인내로 기다리는 생활 곧 하나님께서 자신의 일을 이루실때까지 하나님의 뜻을 기다리는 생활이라고 주장하는 그리스도인들이 있다. 그들은 '전쟁은 하나님께 속한 것이요' 또 '여호와께서 당신들을 위해 싸울것이다' 라고 말한다.…

이스라엘 백성이 홍해를 앞두고 두려움에 떨고 있을 때 '두려워 하지 말라 내가 너희를 위해 싸우리라' 는 말씀을 하셨다. 그리고 그들은 그 홍해의 파도가 하나님의 능력의 말씀을 기다리는 동안 조용히 서 있었다.···이는 하나님의 능력과 그 위대하심이 더 큰 영광으로 나타나기 위해서는 인간의 어떤 힘도 첨가되지 않는 절대적 기적이어야 하기 때문이다.···그러나 하나님의 일을 하는 것은 우리들의 일이다. 사방에서 에워싸는 고통 중에서도 하나님의 이름으로 일하는 것은 우리들의 책임이다."[3]

그는 인간적인 노력과 수고만이 무엇이 될 것처럼 덤비는 것은 오만이며 혐오스런 것이라고 했다. 경건은 하나님께 전적으로 맡기고 하나님의 뜻을 따라 일하는 것이다. 그리스도인들의 생활은 안이한 삶이 아니다. 스룹바벨과 같이 우리는 적들에게 완전히 포위된 상태이다. 그리스도인의 삶이란 한마디로 전투적 삶이다. 우리를 끊임없이 대적하고 위협하는 요소는 주로 세 가지다. 그것은 자연과 인간과 타락한 천사인 사탄이다. 이런 고통을 어떻게 대처할 것인지가 중요하다. 우리 성도는 항상 마귀의 표적이 되어 있다. 그러므로 우리는 사탄과 구체적인 싸움을 해야 한다. 경건이란 그냥 우리들의 영적 상태가 아니고 삶에서 나온다. 우리의 삶은 온통 전쟁터이다. 이런 전쟁터를 의식하고, 하나님이 함께 하심을 의지하고 적극적으로 싸워서 이기는 것이다. 에베소서 4:27에 "마귀에게 틈을 주지 말라"고 했고, 에베소서 6:11-13에는 "마귀의 간계를 능히 대적하기 위해서 하나님의 전신 갑주를 입으라 우리의 씨름은 혈과 육을 상대하는 것이 아니요 통치자들과 권세들과 이 어두움의 세상 주관자들과 하늘에 있는 악의 영들을 상대함이라. 그러므로 하나님의 전신 갑주를 취하라 이는 악한 날에 너희가 능히 대적하고 모든 일을 행한 후에 서기 위함이라"고 했다.

또 야고보서 4:7에는 "…마귀를 대적하라 그리하면 너희를 피하리라" 등 성경에는 그리스도인들이 죄와 사탄과 악의 세력들과 맞서 싸우라고 했다. 카이퍼에 의하면, 경건은 하나님의 전신 갑주를 입고 구체적으로 죄와 사탄을 대항하며 싸우는 전투적인 삶이다.

그러므로 경건이란 보다 역동적이고 진취적이다. 이는 흔히 경건주의자들이 이 세상을 썩어질 장망성으로만 생각하고, 자기들만의 안전한 피난처에서 목숨이나 부지한다는 사상과는 엄청나게 다르다. 하나님은 살아계시고 우리와 함께 동행하신다. 따라서 그리스도인들은 죄와 세상을 짓밟고 앞으로 나아가야 한다. 바로 이것이 경건이다. 이는 사도 바울이 디모데전서 1:18-19에서 "선한 싸움을 싸우며" 믿음과 선한 양심을 가지는 것을 경건이라고 말한 것과 같다.

그리스도인의 경건은 인내를 통해 나타난다

카이퍼의 경건 개념은 하나님의 영광을 위한 위대한 전투로부터 기인한다고 카이퍼는 다음과 같이 말했다.

> "그것은 성령으로 기름부음 받은 모든 사람들의 전쟁이다. 우리는 그리스도와 함께, 그리스도를 위하여, 또 그리스도의 지도 아래 싸워야 한다.…그러므로 그것은 죄를 대적하는 영적 싸움 없이는 교회를 위한 참 열심이 있을 수 없다는 증거이다. 그러나 아무리 교회에 대한 열심이 경건하게 나타날지라도 거짓말, 부정, 독선, 냉담함과 같은 하나님의 원수들을 대적하는 영적 싸움을 무시하고 손에서 손으로 건네기만 하는 것이라면, 그것은 협오할 수밖에 없는 위선이다." [4]

그렇다면 영적 전쟁에서 살아남기 위해서는 인내가 필요하다. 카이퍼는 인내를 성령의 열매로 생각했다. 왜냐하면 거듭나지 못한 사람들 속에서 참된 인내는 성장할 수 없기 때문이다. 인내 없이는 성화의 삶을 살 수가 없다. 인내의 가치는 그리스도의 십자가 주변에 감겨 있고 인내의 목표는 영원하다. 인내 없이는 참된 경건에 머물 수가 없다.

우리 자신의 힘에 의지한다면 아무 것도 할 수 없다. 우리에게는 하나님의 능력이 필요하다. 하나님의 능력만이 원수와의 싸움터에서 승리할 수 있다. 카이퍼는 참 힘과 능력은 전능하신 성부와 생명을 주시는 성자와 성령으로부터 능력을 얻을 수 있다고 다음과 같이 말했다.

> "힘은 그리스도인의 영광이다. 악과 싸우고 투쟁하고 견디는 힘. 하나님께로 가까이 걸어가는 하나님의 신실하신 자녀는 '유순한 것'에 항의한다. 너무 온순한 순종은 하나님의 말씀에 배치되며 성경의 본질을 깨닫지 못한, 바로 경건의 본질에 반대된다." [5]

그러므로 그리스도인이 온유하고 순종하라는 말을 자기 방어나 자기 변명을 위한 수단으로 두어서는 안 된다. 인내하는 이유는 그리스도를 내편으로 삼고 죄와 사탄의 권세에 맞서 싸우기 위한 것이다.

기독교 진리가 약자의 도덕이나 약자의 변명이 되어서는 안 된다. 경건은 적극적으로 하나님의 나라와 그의 의를 위해서 싸워나가는 것이다. 달리 말하면 하나님 앞에서 사는 삶이다. 카이퍼는 다음과 같이 말한다.

> "하나님의 말씀 속에서 우리는 '맹종' 또는 '단념' 혹은 운명을 달게 받으라는 말을 발견하지 못한다. 그런 생각은 고대 헬라의 스토아 학파의 철학자들과 회교의 숙명론에서 나왔다. 아무 불평 없이 고통을 견디는 사람은 세상을 위해서 혹은 자기 자신을 사랑하기 때문에 또는 하나님에 대한 사랑 때문에 그리할 수 있다.…고대 헬라의 스토아학파와 숙명

론적 회교도들과 유사한 점이 우리 가운데도 있다고 할 수 있다. 마치 고통이나 슬픔을 초월한 사람처럼 엄격한 훈련으로 자신을 잘 다스리는 사람이 있다. 그들은 자기들이 그렇게 강한 성격의 소유자가 된 것을 자랑한다. 그들은 슬픔을 참지 못한다거나 혹은 심지어 어떤 감정을 나타내는 것을 수치로 안다. 때때로 그들은 고통이나 절망 속에서 은밀히 몸부림친다. 그러나 그들의 힘은 하나님 안에 있지 않다. 그것은 자기 안에 있는 그들 자신의 왕좌에 앉은 자부심(自負心)이다.…또 그들은 성경적 예정 교리와 숙명론을 혼돈하고 있다."**6**

숙명론자들은 하나님 없이도 고통도 참고 인내도 하고 사랑도 한다. 그러나 참된 경건은 바로 하나님과 함께 함으로써 죄와 세상을 이기는 삶이다.

성령의 능력으로 사는 것이 경건이다

사실 카이퍼는 성령의 신학자이다. 마치 칼빈이 성령의 신학자였듯이 말이다. 카이퍼는 칼빈 이 후 3백 년 만에 나타난 위대한 성령의 신학자이다. 카이퍼는 우리의 삶의 모든 영역에 성령께서 함께 하지 않는 곳이 없다고 했다. 성령의 도움 없이는 죄와 사탄을 이길 수도 없을 뿐더러 영적 전쟁에서 승리할 수 없다. 여기서 카이퍼가 성령의 능력을 어떻게 이해하는지를 살펴보자.

카이퍼에 의하면 인내는 맹종이 아니다. 숙명에 대한 자포자기도 아니다. 또한 스토아 학파처럼 무감각한 것도 아니다. 흔히 인내를 경건의 미덕이라고 한다. 인내란 사탄의 세력들이 하나님의 자녀를 하늘나라에서 빼앗으려고 할지라도, 꺾이지 않도록 마음 속에 일으켜 주시는 성령의 힘이다.

하나님의 자녀들은 새 생명을 가졌는데, 그것은 이 세상의 것이 아니고 하나님의 전능하신 사역으로 우리 안에 초자연적으로 심어진 생명이다. 성령이 우리에게 생명을 주입시키고 유지하며 보존하게 하신다. 성령의 힘으로 우리는 새 생명의 생활을 하는 것이다.

그리스도 안에 있는 이 새 생명은 하나님께로부터 온 것이기 때문에 그것은 사탄과 죄 그리고 세상과는 반대가 된다. 그러므로 사탄은 그 생명을 자라게 할 수도 없을 뿐더러 또 그것이 순조롭게 자라게 그냥 두지 않는다. 사탄은 끊임없이 하나님의 자녀가 갖고 있는 새 생명을 파괴하기 위해서 하나님의 자녀들을 공격하고 있다. 사탄은 교활하게 시도 때도 없이 미친 듯이 하나님의 자녀를 넘어뜨리려고 한다. 사탄의 공격은 다양하다. 때로는 은밀하고 뿌리 깊은 우리의 죄 가운데 머문다. 그런가 하면 때로는 이미 우리가 용서받은 죄를 다시 우리 앞에 던지기도 한다. 또는 우리 개인에게 불행과 영적 고통의 홍수를 던지기도 한다. 이렇게 해서 그리스도인은 사탄의 총 공격에 대항하기 위해서 끊임없이 투쟁할 수밖에 없다. 하나님의 자녀들은 조금도 해를 입지 않고 한치의 물러섬도 없이 싸울 수 있는데, 성령이 우리를 돕기 때문이다.

카이퍼는 영적 전투를 설명하면서 사도 바울이 왜 올림픽 경기장의 예를 자주 드는지 말한 적이 있다. "형제들아 나는 아직 내가 잡은 줄로 여기지 아니하고 오직 한 일 즉 뒤에 있는 것을 잊어버리고 앞에 있는 것을 잡으려고 푯대를 향하여 그리스도로 예수 안에서 하나님이 위에서 부르신 부름의 상(賞)을 위하여 쫓아가노라"(빌 3:13-14)고 했다. 뿐만 아니라 "이제 후로는 나를 위하여 의의 면류관이 예비되었음으로 주 곧 의로우신 재판장이 그날에 내게 주실 것이니 내게만 아니라 주의 나타나심을 사모하는 모든 자에게도니라"(딤후 4:8) 등이다.

우리가 이미 그리스도 안에서 구원을 얻었다면, 우리에게는 영적 전쟁 곧 경기장에서 상을 얻도록 달려가는 일만 남았다. 이렇게 하여 하나님의 자녀들은 자신 안에 혹은 자신을 둘러싸고 있는 악마의 세력과 투쟁하면서, 모든 적의 공격에 인내할 수 있다. 하나님께 주신 힘 곧 성령의 능력이 자기 자신 안에 있기 때문이다.

카이퍼에게 경건은 단순히 마음의 상태를 의미하는 것이 아니라 적과의 전투에서 하나님께 의지하고, 성령의 검을 가지고 찌르는 것이다. 그리스도인들은 하나님이 주신 소명과, 그들의 영혼과 육체를 멸망시키려는 원수들이 있는 세상으로 나아가는 자들이다.

우리가 이 세상의 전쟁터에서 두려워 할 이유가 없는 것은 이미 그리스도께서 우리의 승리를 위해서 싸우시기 때문이다. 우리가 그리스도안에 있으면 새로운 피조물일 뿐 아니라 승리의 삶을 살 수 있다. 경건이란 바로 하나님 안에서의 삶이며, 그리스도 안에서의 삶이며, 성령 안에서의 삶이다. 우리는 비록 전쟁터에 있지만 인내와 확신과 용기를 갖고 하나님의 왕국 건설에 모든 것을 쏟아야 한다. 경건이란 바로 십자가를 지는 삶이다. 우리 그리스도인은 절대로 십자가의 길을 피해 갈 수 없다. 그리스도께서도 십자가를 지시고 죽으셨다가 부활해서 구원을 성취했다. 그런 까닭에 우리는 주님을 따르는 과정에서 자기 십자가를 지고 주를 따라야 한다. 그는 이에 관해 다음과 같이 말했다.

"만일 우리가 하나님의 자녀들이 가는 이 땅 위의 길을 때때로 십자가를 지기는 하나 대부분 유쾌하고 편안한 길이라고 생각한다면 그것은 오해이다. 경건한 생활을 하려는 모든 사람은 박해를 받는 것이다. 또 많은 고난 없이 하나님의 나라에 들어 갈 수 없다. 하나님이 인도하시는 길은 십자가를 지고 걸어가는 것이다.…당신의 믿음을 위협하고 약화시키거나 혹은 당신의 믿음을 해치고 방해하는 것이 모두 당신의 십자가이다."7

경건의 삶이란 십자가를 지는 삶이다. 그리고 그 십자가는 내 혼자 지고 가기에는 너무나 버겁고 힘들다. 그러므로 성령의 도우심이 필요하고 성령의 능력으로만 죄와 사탄을 물리칠 수 있다.

말씀을 따라 사는 것이 경건이다

카이퍼는 그리스도인의 경건한 삶 가운데서 금식의 중요성을 강조했다. 왜냐하면 그것은 하나님께서 명하신 뜻이기 때문이다. 그리고 모든 역사를 통해서 하나님의 백성들이 금식을 했다. 기독교 초기 수 세기 동안 금식은 순수하게 시행되었다. 그런데 후기에 와서 금식이 변질되었다. 금식이 미신적인 의식의 한 행위로 간주되기도 했다. 그러나 16세기에, 다른 모든 것들이 개혁되는 것과 함께 금식도 본래의 뜻을 찾게 되었다. 그리고 얼마동안 개혁시대의 그리스도인들 가운데 일방적으로 금식이 시행되었다. 오늘날 경건한 사람들 가운데서 금식을 하는 사람들이 있지만 그것은 극소수에 불과하다. 그래서 금식은 점점 사라지고 있다.

카이퍼는 경건생활을 위해서 금식을 지지하면서 칼빈의 말을 인용하고 있다.

> "많은 사람들이 금식은 전적으로 필요하다고 믿으면서도, 금식이 가져다주는 유익성을 깨닫지 못하고 있다. 또 어떤 이는 금식을 전혀 무가치한 것으로 완전히 무시해 버리며, 또 만일 우리가 금식을 바르게 하지 못하면 쉽게 우리가 미신에 빠져들게 된다고 곡해하고 있기 때문에 금식에 대해서 약간 언급하고자 한다" [8]

카이퍼는 칼빈의 말을 인용하면서 자신의 시대에도 금식을 불필요하다거나 무시해 버리고 있음을 개탄했다. 그리고 그는 영적 빈곤 시대를 살고 있는 이 시대에 은혜의 한 수단이며, 하나님과 친교 할 수 있는 통로가 되는 이 금식은 무시되어서는 안 된다고 했다. 칼빈 목사가 그렇게 가르쳤기 때문이라기보다는 그가 이것을 하나님의 말씀에 근거해서 가르쳤기 때문이다.

카이퍼에 의하면 하나님의 말씀은 우리의 안내자(Gods Word is our Guide)이다. 그러나 정교회(正敎會) 지도자들은 하나님의 말씀을 인용하기는 하지만, 하나님의 말씀에 배치되는 다른 견해도 취한다. 이것은 하나님의 말씀을 무시하는 것이다. 경건 생활은 단순히 금식 자체에 의미만을 부여하는 것이 아니라 매사에 탐욕을 멀리하고 절제하는 것이다. 유대인들에게는 금식이 특별한 것이 아니라 일상적인 삶의 한 부분이었다. 그러므로 예수님은 사람에게 보이려고 자기의 경건과 옳음을 과시하기 위한 것은 모두가 위선이며 거짓이라고 하셨다. 오히려 은밀한 곳에 계시는 하나님을 바라보고 금식해야 한다.

오늘처럼 무질서하고 영성이 떨어진 때에 하나님께서 말씀하신 금식의 의미를 옳게 살린다면 영성 회복과 경건에 크게 유익될 것임에 틀림없다. 하지만 쿤제는 어떤 행위 자체에 지나치게 의미를 두는 것보다, 무엇을 하던지 항상 하나님의 말씀에 표준을 두어야 할 것이다.

경건이란 이름으로 자기만족이나 자기 과시는 매우 위험한 발상이다.

우리는 위에서 아브라함 카이퍼의 경건의 훈련에 대해서 살펴보았다. 앞서 여러 번 언급했듯이 카이퍼가 말한 경건의 훈련 또는 경건의 의미는 하나님 앞에서(Coram Deo) 산다는 것이다. 이러한 카이퍼의 경건의 신학은 칼빈과 동일하다. 그러나 카이퍼는 경건의 삶이란 단순히 하나님을 향한 마음의 상태나, 믿음의 내용에 머물러서는 안 된다고 말한다. 경건의 여러 덕목들 온유, 인내, 사랑, 용서 등 모두가 좋지만 그것이 그냥 상태적으로 머물러 있어서는 안 된다. 우리가 사는 세상은 마귀와 일전을 벌리고 있는 전쟁터이다. 전쟁터는 이기지 못하면 죽는 것이다. 생사의 기로에 선 그리스도인으로서 죄와 세상과 사탄을 이기기 위해서 싸워야 한다. 우리는 연약하지만 하나님은 구속주이심을 믿고, 성령의 능력으로 그리스도의 십자가로, 하나님의 말씀으로 끝까지 싸워서 승리를 쟁취하는 것이 경건의 삶이다.

80세 때의 카이퍼

아브라함 카이퍼의 평가와 결론

　카이퍼는 스피노자 이후에 가장 잘 알려진 화란 사람 중의 한 사람이다. 그는 확실히 개혁주의 신학과 신앙의 계승자였으며, 칼빈주의 운동의 선구자로서 뚜렷한 발자취를 남겼다. 카이퍼를 논할 때 누구든지 한 가지 입장을 취할 수밖에 없다. 그를 찬양하는 사람이 되거나, 그를 비판하거나 둘 중의 하나이다. 카이퍼의 신앙노선과 정치노선을 반대하는 사람들조차 지금부터 한 세기 전에 화란의 교회, 사회, 정치 구조에 그가 남겨놓은 깊은 흔적을 인식하지 않고는 화란을 이해할 수 없다고 공개적으로 시인하고 있다. 카이퍼는 위대한 신학자이자, 고매한 칼빈주의적인 정치가였다. 그는 칼빈주의 신앙을 가르치기 위해서 자유대학교를 설립했다. 그런 까닭에 그의 영향력은 각계각층에 미치지 아니한 곳이 없다.
　또한 그는 교회의 개혁자였다. 1886년에 국가교회를 개혁해서 화란 개혁교회를 설립했다. 그리고 카이퍼는 저널리스트이자 탁월한 문필가였다. 그는 상상을 초월할 만큼 많은 글과 많은 책을 썼다. 그의 글과 그의 책은 흔들리는 교회, 방황하는 대중들에게 갈길을 제시한 이정표가 되었다. 그의 적수들이 말했던 것처럼 그는 냉냉한 가슴에 불을 지른 사람이다. 사실 그동안 그에 대한 연구는 화란, 카나다, 미국, 남아

공화국 등에서 많이 이루어졌으나, 한국에서는 이 책이 처음 출판되는 연구서라고 할 수 있다. 미국의 신학포럼지(Theological Forum)의 한 기고자는 다음과 같이 말했다.

> "아브라함 카이퍼의 전통이 없었다면, 하나님이 제정하신 규범적 원리에 따라, 복음의 능력으로 사회 전반을 개혁하는 문화적 참여와, 삶의 전 영역에서의 역할이라고 하는 양자 모두를 동시에 만족시키는 '세상 속에서의 삶의 영향'이라는 오늘날의 중요한 기독교적 견해는 존재하지 않았을 것이다."

이것은 과장이 아니다. 이 신학 포럼은 개혁주의 신앙을 소유한 사람들의 국제 공동체 안에서 그들의 사상과 삶에 미친 아브라함 카이퍼의 영향을 평가하고자 열린 것이다.

1872년 4월 1일은 아브라함 카이퍼의 생애와 화란 개혁교회의 입장에서는 역사적인 날이었다. 카이퍼는 그날로부터 자신이 발행한 일간지 'De Standaard'의 창간호에 정확히 300년 전 화란 종교 개혁에서처럼 "하나님의 말씀의 표준"이 민족의 삶 속에서 다시금 세워지고 있다고 기록했다. 그는 그리스도인이 중생한 후에 국가, 사회, 학문 등 모든 분야에서 하나님께 영광을 돌리는 삶을 살아야 한다고 했다. 왜냐하면 여러 가지 탈을 쓴 인본주의가 교회는 물론이고 삶의 전반에 걸쳐서 침투하고 있기 때문이다.

카이퍼는 16세기 종교 개혁은 당시의 불란서 혁명, 계몽주의 사상과는 정면으로 배치된다고 보고, 자신의 입장을 기독교 역사적이며 반혁명적이라고 표현했다. 그는 세속적 인본주의와 대결하기 위해서 문서 운동을 전개하고 정권 창출도 했다. 그는 "복음이냐 혁명이냐"라는 물음에 오직 '복음'만이 문제 해결의 열쇠라고 힘있게 주장했다.

카이퍼의 일생의 삶은 기독교 정치가로 살았다고 할 수 있다. 그의 정치사를 살펴보면 다음과 같다.

첫째, 그는 반혁명당을 조직하고 지도함으로써 그 나라의 다원적 정치제도를 강화했다. 그래서 그는 기독교 대 인본주의라는 기본적인 정치적 대조를 야기시켰다.

둘째, 그는 수상으로서 의회를 통해서 사립학교법, 철도 노동쟁의법, 반철도 파업법, 사회의 윤리 도덕적인 고양의 법을 만들었다.

셋째, 그는 주간지와 일간지를 통해서 또는 "Ons Program" "Pro.Rege" "Gemenee Gratie"을 통해서 이른바 기독교 문화에 대한 대중적 신학을 수립했다.

그럼에도 불구하고 카이퍼는 일생동안 대적들의 증오의 대상이 되었다. 왜냐하면 그는 워낙 해박한 논리와 신학 지식, 그리고 신학의 논설, 설교와 강연을 통해서 사람을 설득하고 반대파들을 축출했기 때문이다.

반대편 사람들로부터 테러를 당할 정도로 미움의 대상이었고, 부정적인 입장에 선 사람은 권위주의적인 인물로 보기도 하고, 그의 중요한 사상 전개에 있어서 정밀성이 떨어진다고 비판을 받기도 했다. 하지만 카이퍼는 16세기 종교 개혁 이후 복음적인 기독교의 가장 위대한 지도자 중의 한 사람인 것은 틀림없다.

카이퍼를 평할 때마다 모든 사람들은 그의 천재성에 늘 놀라곤 한다. 그는 모든 면에 천재였다. 어떻게 한 사람에게 그토록 다양한 천재적인 재능이 주어졌을까 싶을 정도로 그는 다방면에 탁월했다. 더욱이 그는 열정, 리더십, 조직력, 통솔력, 전략까지 고루고루 갖춘 인물이었다.

그러나 아펠돈 신학대학(Apeldoorn Theologische Universiteit)의 교의학 교수 벨레마(W.H.Velema) 박사는 카이퍼에 대한 비판적인 시각을 갖고 평생동안 연구했다. 그는 카이퍼는 하나님의 경륜과 성령의 영적 사역을 직선으로 연결하고 말씀을 배제시키는 듯한 인상을 준다고 비판했다. 그는 또 카이퍼가 개혁주의 신학을 전개하지만 이상주의적 특성을 지녔다고 비판했다. 그러면서 벨레마 교수는 카이퍼는 확실히 하나님의 경륜과 예정, 그리스도의 화해의 사역과 성령의 필요성을 강조했다고 했다. 그리고 카이퍼의 작품에는 오늘날의 영성(靈性)이라고 불리는 것으로 충만하다고 했다. 또 카이퍼는 저항하는(Antithesis) 인물이었다. 문화적 소명, 과학, 대학, 그리고 정치 부분에서 그는 세상에서 맛을 내는 소금의 역할을 하고자 했다. 그는 교인들을 자신의 신학으로 훈련시킨 다음, 그의 과학적, 정치적, 사회적, 문화적, 프로그램과 더불어 그들을 세상 속으로 파송했다. 이를 위해 일반은총론을 그 근거로 제공했으며, 특별은총을 하나님의 백성 속에서 말씀과 별도로 작용하는 내적 추진력이라고 했다. 평생 카이퍼를 비판했던 벨레마 교수는 다음과 같이 술회했다.

> "30년 전에 카이퍼가 세운 대학에서 그때까지 그 누구보다도 비평적인 태도로 카이퍼에 대한 논문을 썼던 내가, 이제는 그의 추종자들과 별도로, 카이퍼의 작품 속에 나타난 어느 정도의 이상주의적 요소에도 불구하고, 그의 신학을 변호하고자 한다는 것은 주목할 만한 것이다. 나는 카이퍼의 이상주의적 요소를 복음의 '상황화'의 매력적인 부분으로 본다."

카이퍼는 미래를 내다볼 줄 아는 위대한 칼빈주의 학자다. 필자는 오늘의 한국 교회가 지나치게 신앙이 내면화되고 자기 자신의 안락과 행복만을 추구하고 기복적인 신앙에 빠져 있는데 이것에서 벗어나야 한다고 생각한다. 이제는 창조적으로 하나님의 나라 건설과 하나님의 왕권을 수립해야 한다. 우리는 1세기 전 아브라함 카이퍼가 던진 영영주권사상과 삶의 전 영역에 하나님의 영광과 주권을 높이고, 칼빈주의 신학과 신앙을 삶에 실천하고자 헌신했던 그를 본받아 세상에서 소금과 빛이 되어야 할 것이다.

Abraham Kuyper,
His Life and Theology

미주

Abraham Kuyper, His Life and Theology

1. 젊은 날의 카이퍼

1) J.C.Rullmann, Abraham Kuyper, een Levensschets (J.H.KOK.Kampen,928) p.232.
2) Gedenkboek, Abraham Kuyper Ter Herinnering aan het Overlijden van Dr. A. Kuyper en de Sprake die Daarbij Uit der Pers voortkwam(Ten Have, Amsterdam) p.258. 이 책은 카이퍼 서거 이후 전 세계 일간지와 주간지의 뉴스와 추모의 글을 편집한 것인데 약 300여 페이지가 넘는다.
3) George Puchinger, Abraham Kuyper, His Early Journey of Faith(1998) p.5 조지 푸칭거 박사는 암스텔담 Vrije Universiteit에 소속된 화란 프로테스탄트 자료 연구소의 초대 소장이었다. 그는 화란 예술, 과학 아카데미상을 수상했고 여왕으로부터 오렌지 나사우 최고 훈장을 받았다. 이 소책자는 미국의 칼빈신학교와 한국 칼빈주의 연구원(The Institute for Calvinistic Studies in Korea)의 후원으로 출판되었다.
4) Dr.A.Kuyper, Gedenkboek, Uitgegeven bij Gelegenheid van de Herdenking Op 29 October 1937 van het Feit, Dat D.A.Kuyper Honderd Jaar Geleden te Maassluis geborerwerd. p.1f.
5) Puchinger, op. cit. p.7.
6) Ibid. P.9.
7) 교회 이름은 Nieuwe Kerk라고 하는데 그대로 번역하면 '새 교회'라고 해야 한다. 그러나 독자들의 이해를 돕기 위해서 왕궁 옆에 있는 그 교회는 암스텔담에

있는 국가교회에 중에 제일 크고 중심이 되는 교회임으로 우리의 독자를 위해서 중앙교회로 통일하기로 했다. 후일 아브라함 카이퍼 목사가 이 교회에서 목회를 하게 되었다.

8) Puchinger, op. cit. p.10.
9) 실제로 카이퍼에 대한 모든 귀중한 자료는 Vrije Universiteit에 있는 화란 프로테스탄트 역사자료 센터에 보관되어 있다. 또 최근에는 미국의 프린스톤 신학교에서 Puchinger 박사의 자료를 일괄 구입해서 카이퍼 연구소를 만들었다.
10) Puchinger, op. cit. p.12. 푸징거 박사의 논지는 카이퍼가 처음부터 스콜텐 교수의 신학에 빠진 것도 아니고 그를 본받을 마음도 전혀 없었음을 시사하고 있다.
11) Ibid 이 내용은 Vrije Universiteit 안에 있는 카이퍼 연구자료 즉 Archive-A.Kuyper이다.
12) Ibid.
13) Ibid.
14) Ibid p.13.
15) Ibid.
16) Ibid. p.17 Archive. A.Kuyper.
17) John Calvin, Institutes of Christian Religion, ed by John T. McNeill, Translated by Ford Lewis Battles (Philadelphia, 1960) Ⅰ.1.1. p.35.
18) A.Kuyper, Confidentie Schrijven aan den Weled, Heer J.H.van der Linder (Amsterdam, 1873) pp.41-42.
19) Puchinger, op. cit. p.19, Archive-Kuyper.
20) Ibid. p.19, Archive-Kuyper.
21) Ibid.
22) Ibid. p.21 Archive-Kuyper.
23) A.Kuyper, op. cit p.43.
24) Ibid. p.44.
25) Groen van Prinsterer, Briefwisseling van Mr. G.Groen Van Prinsterer met A. Kuyper 1864-1876 door Dr.A.Goslitga (J.H.KOK, Kampen, 1937) v.669.
26) Puchinger, op. cit. p.26.

2. 위대한 목회자 카이퍼

1) A.Kuyper, Disguisito historico - theolegica, exhigens Johannes Calvini et Johannes a' Lasco de Ecclesia Sententiaum inter se compasitionem. J.C.Rullmann, Kuyper-Bibliogratie, Deel I.p.9.
2) G.Puchinger : Abraham Kuyper, De jonger Kuyper(1837-1867), (T.Wever B.V, Franeker, 1987) p.160.
3) Frank Vanden Berg, A Biography of Abraham Kuyper (Paideia Press, Ontario, 1978). p.32.
4) 다른 표기로는 Pietje Baltus 라고 하기도 한다. 발투스는 1830년 12월 5일 출생했고, 카이퍼가 베이스트 교회에 부임했을 때는 30대 초반이었다. 부친은 방앗간을 운영하고 있었고, 그녀는 독신이었다. 카이퍼는 일생 동안 자기에게 개혁주의 신앙을 일깨워준 그녀를 잊지 않았다. 발투스는 1914년 3월 26일 83세까지 살았다.
5) Frank Vander Berg, p.35.
6) 교회재판소 혹은 당회라고 한다. 이 Consistory 제도는 칼빈이 처음 만든것으로써 교회의 순결과 도덕성을 지키기 위해서 주일 성수를 비롯해 성도들이 그리스도인으로 바르게 살 수 있도록 지도하고, 범죄자에게는 권징과 치리를 할 수 있도록 한 것이다. 여기에 대한 가장 좋은 참고서로는 Robert M.Kingdon ed. The Registers of The Consistory of Geneva in the time of Calvin (Grand Rapids, : Eerdmans, 2002)이다.
7) W.F.A. Winckel, leven en arbeid van Dr. A. Kuyper (W.Ten Have, Ameterdam, 1919) p.14.
8) 우트레흐트 교회는 Doeder 와 Van Oosterzer 라는 두 교수가 있었는데 그중에 오스텔져는 우트레흐트 대학교에서 신학 박사 학위를 받았으며, 알끄말, 로텔르담 등지에서 목회를 하다가 1863년에 우트레흐트 대학에 교수로 초빙되었다. 그는 실천신학과 신약학을 가르쳤고 항상 그리스도 중심으로 신학이론을 세웠다. 鄭聖久, 『改革主義人名事典』(총신대, 2001) p.275.
9) Winckel, op, cit. p.14.

10) Frank Vanden Berg, p.42.
11) Ibid. p.46.
12) Standaard 편집인으로서 활동한 40주년 기념 포스터를 보면 두 분의 멘토 사진이 좌우로 나란히 실려 있다. 한분은 칼빈이고 다른 한분은 흐룬 반 프린스터이다.
13) Frank Vanden Berg, p.47.
14) 반혁명당이란 바로 기독교 정당을 의미한다. 이는 불란서 혁명이 철저히 인본주의 사상에서 출발했음으로 그 인본주의적 세계관을 철저히 배제하고 하나님 중심의 사상을 기반으로 한 정당 정책을 갖겠다는 의지를 갖고 세운 정당이다.
15) Frank Vanden Berg, p.51.
16) Ibid. p.52.
17) Ibid.
18) Ibid. p.58.

3. 칼빈주의 대학의 설립자 카이퍼

1) 학위증이나 졸업장은 모두 라틴어 표기 방법을 사용한다. 유럽은 오랫동안 공용어로 라틴어를 사용했다. 카이퍼의 박사 학위논문 "요한 칼빈과 요한 라스코의 교회론 비교연구"도 라틴어로 쓰여졌다.
2) Frank Vanden Berg, Abraham Kuyper, A Bibliography (Paideia, Ontario, 1978) p.92.
3) James E.McGoldrink, Abraham Kuyper, Gods Renaissance man (Evangelical press,1988) p.59. 자유대학에 대한 연구는 J.Van der Zouwen의 de Gereformeerdeen en de Vrije Universiteit가 있다. 이 책은 1970년 자유대학교의 사회과학부 박사 학위논문으로 제출되었다.
4) Frank Vanden Berg, Ibid. p.99.
5) Ibid.
6) Ibid.
7) Ibid. p.141.

8) 1880-20 October-1930 Opgaven Betreffende De Vrije Universiteit, Uitgegeven ter Gelegenheid van haar 50 Jarig Bestaan (Amsterdam, 1930) pp.5-13. 이 자료는 자유대학교 창설 50주년을 맞아 그간의 교수업적을 보고한 일간지 『Standaard』에 실린 것을 다시 책으로 묶은 것이다.
9) Ibid.p.45. "De Hedendaagsche Schcriftcritiek in haar bedenkelijke Strekking voor Gemeente des levenden Gods."
10) Ibid.
11) Ibid.
12) J.C.Rullmann, Abraham Kuyper, een Levensschets (KOK.Kampen.1928) p.242.
13) James E. Mcgoldrink. Ibid. pp.60-61.
14) 졸저, 『改革主義人名事典』 (총신대, 2001) pp.259-261. 바빙크의 작품 중에는 개혁주의 교의학을 제외하고도 프린스톤 신학교의 초청 강연에서 행한 『계시의 철학』(Wijsbegeerte der Openbaring)이 있다. 이 책은 한국어로도 번역되었다.
15) 끌라스 스킬더(Klass Schilder, 1890-1952) 박사는 변증신학자로서 Kampen신학교를 세웠고 일반은총론에 있어서 카이퍼와 입장을 달리했다. 그가 쓴 작품은 다양하나 『그리스도와 문화』, 『고난의 그리스도』등은 영어로 번역되었다.
16) 이 책은 1953-1958년에 『이론적 사유의 신 비판』 A New Critique of Theoretic Thought으로 영역되었다.
17) 이들에 대한 자세한 정보는 필자의 졸저 『改革主義人名事典』을 참고하기 바란다. 실제로 필자는 이들과 교제하며 서신 교환을 했다. 그리고 이들의 편지를 모아 한국 칼빈주의 연구원 자료를 가지고 '개혁주의 신학자들의 육필 전시회'를 열고 카타로그를 만들었다.

4. 교회의 개혁자 카이퍼

1) Dr. A. Kuyper. Gedenkboek (Amsterdam, 1937) p.191. Prof Dr. K. Dijk가 쓴 논문 "Dr.A.Kuyper Als Predikant."

2) Epistre De Iagues Sadolet Cardinal. (1540) 영역판 p.49.
3) James E. McGoldrink, Abraham Kuyper, Gods Renaissance man (Evangelical Press, 2000) p.87.
4) Ibid. p.88.
5) Ibid. p.89.
6) Gary Scott Smith, The seeds of Secularization: Calvinism, Culture, and Pluralism in America 1870-1915 (Grand Rapids: Eerdmans, 1985) p.34.
7) Kuyper. Confidentie. p.63.
8) Ibid. p.69.
9) A. Kuyper, Confidentie, Schrijven aan den Weled, Heer J. H. Van den Linden (Amsterdam Hoveker & Zoon, 1873).
10) Frank Vanden Berg, Abraham Kuyper (Paideia, 1978) p.118.
11) A. Kuyper. Tractaat Van de Reformatie der Kerken, aan de zonen der Reformatie Hier te Lande, Op Lutheis Vierde Eeuwfeest(Amsterdam, Hoveker & Zoon, 1884).
12) A. Kuyper. Het Dreigend Conflict, Memrerie, gesteld voor de Gevolmachtigde Commissie Uit den Amsterdamschen Kerkeraad ter voorlichting der Gemeente Inzake de Atterten, (1886). 카이퍼는 이 글 외에도 같은 해에 『투쟁은 이미 시작되었다』(Het Conflict Gekomen), 『총회에 대항하는 카이퍼』(Dr. Kuyper Voor de Synode), 『총대들의 양심에 호소하는 마지막 말』(Laatse Verhaal tot de Conscientie Van de Leden der Synode)등 여러 편의 소책자를 발행하고 논리적, 신학적 싸움을 진두지휘했다.
13) Frank Vander Berg, Abraham Kuyper, Ibid. p.127.
14) Ibid. P.135.
15) Ibid. P.144.

5. 교육의 개혁자 카이퍼

1) Contemporary debate on "modernizing" Dutch schooling refers to

"instrumentation" adopted in the constitutional amendment of 1917 and enacted in the School Act of 1920.
2) 그 당시 논문 제목인 "Maatregelen tegen de afgescheidenen aan het Staatrecht Getoest"는 첫 번째 개신교 교육투쟁이라고 할 수 있다.
3) 톨백은 1798년 쯔볼레서 출생해서 1872년 헤그에서 세상을 떠났다. 그는 항상 개혁주의적인 노선에 정치적으로 각을 세웠다.
4) 이 번역은 카나다의 Redeemer College의 기독교 철학 교수인 A. Van Dijk 박사가 번역한 것이다. 아리 반다익 박사는 평생토록 Groen Van Prinsterer 연구를 해서 박사 학위를 얻었고, 흐룬의 명저인 『불신앙과 혁명』(Ongeloof en Revolutie)을 영어로 번역하였다.
5) 이 연설은 우트레흐트에서 열린 기독교 국립학교 교육 연합회에서 행한 연설이다. 실제로 카이퍼의 연설에 흐룬이 감동했고 그 연설 이후에 두 사람은 극적으로 만났다.
6) J.C. Rullmann, Abraham Kuyper, een Levens Schets (KOK, Kampen, 1928) p.240.
7) J.K. Van Loon, Dr. A. Kuyper, Geleidelijk. geleid, Een beknopt levensbeeld. (Amsterdam, 1937) p.31.
8) 카이퍼의 원리들은 본래는 카이퍼가 주필로 있었던 Standaard지 1878년 1월 3일자 신문에 게제되었다.
9) A. Kuyper, (1879) pp.117-118.
10) Van der Laan, ((1978) pp.15-26과 Langedijk, (1935) pp.148-154를 참고할것.
11) 카이퍼의 1880년 자유대학교 총장 취임식에 행했던 영영주권사상은 다른 장에서 이미 자세히 다루었다.
12) A. Kuyper, Nabij God te Zijn, Meditatien Eerst deel, (KOK, Kampen, 1908) pp.260-261.
13) 졸저, 『改革主義人名事典』 (총신대, 2001) pp.561-562.
14) John L. Hiemstra, World Views on the Air : the Sturggle to create a pluralistic broadcasting system in the Netherlands. Chapter three. Kuyper's Contribution to a Structural Pluralist School Policy.

15) 졸저, 『改革主義人名事典』 pp.264-265. 워터잉크는 화란 자유대학의 기독교 교육학 교수였을 뿐 아니라 상원의원 교육 개혁 위원장이기도 했다. 그는 칼빈과 흐룬 반 프린스터, 아브라함 카이퍼에게서 그의 교육이론을 빌려 왔다. 그의 저서로는 대작 Inleiding tot de Theoretische Paedagogiek이 있다.

6. 기독교 정치가 카이퍼

1) Ds. W. F. A. Winckel, Dr. A. Kuyper (Ten Have, Amsterdam, 1919). Dr. P. Kasteel, Abraham Kuyper (J.H.KOK, Kampen 1938). Dr, J. De Bruijn, Abraham Kuyper, Levend en Werk in Beeld (Amsterdam, 1987) 등은 50%이상 정치가로서의 카이퍼를 논했다. 그러나 J. C. Rullmanm, Abraham Kuyper, een Levensschets (J.H.KOK, Kampen, 1928)은 책 전체의 20%정도만 취급하고 있다.
2) J. C. Rullmanm, Abraham Kuyper, een Levensschets (J,H,KOK. Kampen, 1928) p.248.
3) Ibid. p.249.
4) Mckendree R. Langley, The Practice of Political Spirituality (Paidela Press, 1982) p.143.
5) Ibid. p.144.
6) Ibid. p.146.
7) J. Calvin, Jeremiah, III. p.356.
8) J. Calvin, Psalm IV. p.243.
9) J. Calvin, Habakuk, Hakke p.86.
10) J. Calvin, Isaiah, II. p.395.
11) J. Calvin, Institute IV.20.32.
12) J. Calvin, Institute IV.20.14.
13) J. Calvin, Isaiah III.p.287.
14) J. Calvin, Isaish I .p.382.
15) J. Calvin, Jeremiah III. p.143.
16) M. R. Langley, Op. Cit. p.164.

17) Ibid. p.9.
18) Ibid. p.10.
19) A, Kuyper, 'De Standaard' (1873. 6, 7사설).
20) M. R. Langley, op. cit. p.12.
21) Mr. G. Groen Van Prirsterer, Ongeloof en Revolutie (T. Wever, Franeker, 1847, 1868, 1951). 이 책은 최근 카나다의 칼빈주의 역사학자 A. J. Van Dijk에 의해서 영어로 Lectures On Unbelief and Revolution 으로 해설되어 나왔다. 이는 Vrije Universiteit의 박사 학위논문으로 쓰여졌던 것이다.
22) James E. Mc Goldrick, A, Kuyper, Gods Renaissance man (Evangelical Press, 2000) p.177.
23) Willem Bilderdijik (1756-1831)은 화란의 법률가이자 시인이며 역사학자였다. 그는 암스텔담에서 엄격한 칼빈주의 가정에서 출생했다. 그의 부친은 의사요 시인이었다. 빌더다익은 한쪽 다리가 불구였으므로 6세부터 청년때까지 집에서만 보내면서 많은 독서를 하면서 시적인 작업을 했다. 라이덴 대학에서 법학을 공부하던중 아이삭 다고스타와 함께 삶의 전 분야를 성경적으로 조명하는 칼빈주의 운동을 했다.
24) Issac Da Costa(1798-1860)는 화란의 개혁주의 신학자이자 시인이었다. 유대인의 아들로 태어나서 Willem Bilderdijik의 영향으로 회심하고 열렬한 개혁주의 신앙의 옹호자가 되었다. 졸저, 개혁주의 인명사전 p.61 참고.
25) M. R. Langley, op. cit. p.26.
26) A. Kuyper, Ons Program (Hilversum, 1907) p.1. 그리고 이는 Anti-Revolutionaire Staatkunde (J.H.KOK, Kampen, 1916) 원리편에 게재되어 있다.
27) Ibid.
28) Ibid.
29) M. R. Langley, op. cit. P.82. "He welcomed Criticism of his Politics from confessional and Secular Parties"
30) Ibid. p. 86.
31) Ibid. p. 87.
32) Ibid. p. 91.

33) Frank Vanden Berg, Abraham Kuyper, Biography (Paideia Press, Ontaria, 1978) p.204.
34) M. R. Langley, op. cit. P.109.
35) Ibid. p.108.
36) Ibid. p.111.
37) Ibid. p.159.
38) Herman Bavinck(1854-1921)는 호그벤에서 개혁교회의 목사 아들로 태어났다. 그는 Kampen신학교를 나온 후 Leiden대학에서 1880년 율리히 쯔윙글리의 윤리학(De Ethiek Van Ulrich Zwingli)이란 논문으로 신학 박사 학위를 받았다. 그는 1895년에서 1901년까지 그의 명저 개혁주의 교의학(Gereformeerde Dogmatiek I-IV)을 써서 세계 3대 칼빈주의 신학자로 인정받았다. 세 번에 걸쳐 카이퍼의 부름을 받고 Vrije Universiteit의 교수가 되었다. 그 후 1904년 총장이 되었고 4년 후에 미국 프린스톤 대학교에 가서 『계시의 철학』(Wijsbegeerte Der Openbaring)이란 제목의 스톤강좌를 했다. 그는 요한 칼빈의 사상에 정통했다.
39) Frank Vanden Berg, Abraham Kuyper, A Bibliography (Paideia, Ontario, 1978) p.294.
40) Hendrick Colijn(1869-1944)은 카이퍼의 후계자로서 칼빈과 흐룬 반 프린스터 그리고 카이퍼의 사상 노선을 따라갔다.
41) Henry J. Rijskamp, Calvinstic Political System, Calvin Forum.
42) Jan De Bruijn(1948)은 목사의 아들로 태어났다. 그는 류베르덴의 흐룬 반 프린스터 학교와 김나지움과 흐로닝헌 대학에서 법학과 역사를 공부하고 1979년에 박사 학위를 받았다. 그는 G. Puchinger 박사의 뒤를 이어 '화란 역사자료 연구소' 소장 겸 카이퍼 연구 석좌교수로 있으면서 많은 논문과 책을 출판했다.
43) A. Kuyper. Het Calvinisme, (1899) p.101. Het Calvinsme en de Staatkunde.
44) ARP 즉 반혁명당의 간략한 역사적 개요는 Een Kleine Eeuw Kleine Luyden, Grepen Uit De Geschiedenis Van De ARP에 있다.
45) Political Spirituality op. cit p.4.

7. 다양한 저술가 카이퍼

1) J.C. Rullmann, Kuyper-Bibliografie I-III, (bootsma, 1923). 이 책은 H. Colijn 수상이 서문을 쓰고 책을 추천했다.
2) 예를 들면 카이퍼의 영문 자료로는 다음과 같다. Calvinism (1899), Particular grace(2001), The Work of the Holy Spirit(1900), The Practice of Godliness(1948), Death and Resurrection of Christ(1888), Principles of Sacred Theology(1980), The Revelation of St, John(1935), To be Near unto God(1918), Women of the New Testament(1883), Women of Old Testament(1884), The Implication of Public Confession(1884), Christianity and The Clasic Struggle(1950), The Shadow of Death(1929), When thou Sittest in Thine House(1929), His Decease at Jerusalem(1928) 등이 있다. 그리고 카이퍼의 소책자들 중의 16편이 James D. Bratt에 의해서 Abraham Kuyper, A Centennial Reader란 제목으로 출판 되었다(1998).
3) 이상 모든 정보들은 J.C. Rulllmann의 카이퍼의 도서목록 해설에서 참고하여 간략히 해설한 것 뿐이다.

8. 천재적 저널리스트 카이퍼

1) Frank Vanden Berg, Abraham Kuyper (Paideia Press, 1978) p.60.
2) James E. McGoldrick, Abraham Kuyper, Gods Renaissance man (Evargdlical press, 2000) p.46.
3) Frank Vanden Berg, op. cit. P.56.
4) Ibid. p.57. 본래 'De Heraut' 지는 Schwartig 박사에 의해 1850년에 'Lsrael en Tot Israel' 란 제목으로 창간되었다가 1854년에 'De Heraut' 란 이름을 얻었다. 이 잡지는 화란의 위대한 시인이자 칼빈주의자인 Issac Da Costa와 관련을 갖고있었다. 그리고 1871년에는 Kuyuper가 공동 편집인이 된후, Schwartg의 사망으로 카이퍼가 계승해서 독특하게 신학과 정치, 문화 전반에 걸쳐서 글을 썼다. 1887년에 이는 또한 화란 개혁교회 기관지로 채택되었다. (Christelijk Encyclopedie III,

J.H.KOK, Kampen, 1958) p.433.
5) Frank Vanden Berg, op. cit. p112.
6) Ibid. "Spiritual Depth, intellectual breath, Simplicity, Power, and a burning Devotion to the Word of God Characterige De. Kuyper Herald.
7) James E. McGoldrick, Ibid. p.46.
8) Jan De Bruijn, Abraham Kuyper, een Beeldbio Grafie (Bakker, Amsterdam, 2008) pp.92-93.
9) McKendree R. Langley, op. cit. p.28.
10) L.W.G.Schoter, C, Smeenk, J. Waterink, Dr. A. Kuyper, Gedenktook (1837-1937) (J.H.KOK, Kampen, 1937) p.265. 이 자료는 카이퍼 탄생 100주년을 기념해서 당대의 카이퍼의 칼빈주의 사상을 따르는 12명의 학자들이 분야별로 연구한 논문을 소개하고 있다.
11) Ibid. p.245.
12) A.Kuyper, Starren Flonkering, een Bundel Driestaren Verzameld Uit de Standaard Van Wijlen (Amsterdam, 1932). 이 사설 모음집도 10개 분야의 큰 주제별로 사설을 정리한 것이다.

9. 사회의 개혁자 카이퍼

1) James E. McGoldrick, Abraham Kuyper, Gods Renaissance man (Evangelical Press, 2000) p.738.
2) James D. Bratt, Abraham Kuyper, A Centenial Reader (Eerdmans, 1998) p.231. 이 책은 아브라함 카이퍼의 중요한 연설문 16편을 영문으로 번역하고 약간의 해설과 Footnote을 포함하고 있다. 그러므로 이 책은 카이퍼 연구의 귀중한 자료라고 할 수 있다.
3) Christelijke Encyclopedie (J.H.KOK. Kampen 1961) p.411.
4) A.Kuyper, Antirevolutionarie Staatkunde met Nadere Toelichting Op Ons Program (J.H.KOK.Kampen, 1916).
5) Dr. A. Kuyper, Gedenkboek, C. Smeek, "Dr. A. Kuyper en het Sociale Leven"

(K.H.KOK. Kampen, 1937) p.125.
6) Frank vanden Berg, Abraham Kuyper a Bibliography (Paideia, Ontario, 1978) p.76.
7) James E. McGoldrick. op cit p.75. 화란에 있어서 사회주의 사상은 F.Domera Nieuwenhuis(1846-1919)가 주동하고 지성인들과 산업 현장의 노동자들 속에서 일어났다.
8) Ibid. pp.82-85.

10. 카이퍼의 설교론

1) 필자는 여러 경로를 통해서 1901 - 1905년 사이의 다브라함 카이퍼의 육성 메시지를 구할 수 있었다. 물론 그때 당시는 카세트나 테이프도 없었고, 녹음기도 없었던 때였지만, 이른바 수상 제작시에는 방송국에서 그의 설교와 연설을 뉴스로 내보낸적이 있었다. 그것은 화란 NOA 방송의 전 P.D였던 Feike ter Veld 의 도움으로 녹화 테이프를 C.D로 재생할 수 있었다. 마치 우리 나라의 이승만 대통령 취임시에 했던 기록영화나, 그 후 대한 뉴스 같은 것을 연상해 볼 수 있다.
2) C.Veenhof, Predik het Woord, Bedachten en beschouwingen Van Dr.A. Kuyper over de prediking, Witgahe Dosterbaan & Tr Cointre, D.D. Goer베인호프 교수는 화란 캄펜신학교의 실천 신학 교수로서 스킬더(K.Schilder) 박사의 친구이기도 했다. 베인호프 교수가 쓴 카이퍼의 설교 연구는 326페이지의 분량으로 매우 정교하게 다루어지고 있다. 또한 Prof.Dr. T. Hoeksta의 Gereformeerd Homiletick 도 카이퍼의 설교를 취급하고 있다. 또 카이퍼는 『우리들의 예배』 'Onze Eeredienst' (1911) pp.271-311에서 예배에 있어서 설교 방법을 자세히 논하고 있다.
3) 'De Heraut', No 687. 22 Jan 1891.
4) C. Veenhof p.9.
5) Ibid.
6) No. 907 12 Mei 1895.
7) Ibid.

8) No.908.

9) Ibid.

10) C.Veenhof. pp.20-23. Heraut 935. 24 Nov.1895.

11) C.Veenhof. p.31.

12) Ibid. p.39.

13) Heraut No 679 28 Dec. 1891.

14) C.Veenhof. pp. 79-84.

15) Ibid. p.87.

16) Ibid. p.91.

17) Ibid. p.97.

18) Ibid. pp. 99-102.

19) Ibid. pp. 108-117.

20) Ibid. pp. 118-121.

21) Ibid. pp. 121-127.

22) Ibid. p.157.

23) Ibid. p.194.

24) Ibid. p.195.

25) Ibid. p.212.

26) Ibid. p.305f.

27) Frank Vanden Berg, Abraham Kuyper, 김기찬 역(나비, 1991) p.145. 카이퍼가 설교학을 지도하는 스타일은 한 명이 설교를 하면 두 명의 논평자가 평가 또는 비판하고, 최종적으로 교수가 평가하는 식이었다. 이 전통은 지금도 그대로 유지되고 있다.

28) Abraham Kuyper : To be near unto God (Eerdman, 1918) p.16.

29) op.cit. Frank Vandan Berg, p.70.

30) Ibid. p.73. 암스텔담 교회는 왕궁과 나란히 놓여있는 국가교회였다. 즉 이 교회는 화란 갱신교회(Herwormed kerk)였는데 교인수는 140.000명 정도 되었고 거기엔 28명의 목사가 있었다.

31) Ibid. p.74. 카이퍼는 한때 미학(美學)을 강의했다. 특히 그는 칼빈주의와 예술

에 대한 특별 강연을 할정도로 미학에도 뛰어났다.
32) 이 책은 카이퍼가 성경을 읽고 글로 쓴 설교 형태의 메시지이다. 본래 110개의 메시지가 있는데 영어로는 절반으로 축소 번역되었고, 한국어로는 그보다 더욱 축소된 3분의1 수준의 책으로 출간되었다.
33) A.Kuyper: Nabij God te Zijn, eerst deel (Kampen J.H.KOK 1908) p.5.
34) Ibid. pp. 32-33.
35) Ibid. pp. 36-38.
36) Ibid. pp. 50-51.
37) Ibid. pp. 82-86.
38) John Calvin, The Comentary on Pentatuch p.121.
38) John Calvin, Romes. p.338.
39) A.Kuyper. Ibid. p.98.
40) Ibid. p.151.
41) Ibid. pp.173-174.
42) Ibid. pp.190-191. 카이퍼는 구세군 교회에서는 불행한 사람들을 위해서 다양한 활동을 했고, 그것은 심지어 불신자 단체에서도 큰 호응을 받을 정도였다. 하지만 이렇게 편파적 열심도 그만 유감스런 결과를 가져 왔다고 주장했다.
43) Ibid. p.260.
44) Ibid. p.267.

11. 카이퍼의 교회론

1) 카이퍼의 저서 목록과 아브라함 카이퍼 박사 자료 전시회(1988년 10월 17일~28일) 카타로그를 참조하라. 화란 갱신교회는 후일에 카이퍼가 세운 개혁교회(Gereformeerde KerK)와는 구별된다. 원뜻대로 하면 재개혁교회란 의미이지만 화란 국교회와 구별하기 위해서 그냥 통상적으로 우리 말로는 개혁교회라고 한다.
2) A.Kuyper, Asleep in Jesus, Tran, J, H, De Vries (Eerdman, 1929) pp. 150-151.
3) H. Zwaanstra, 'Abraham Kuyper's Conception of the Church' Calvin Theological Journal.9 (1974) pp.149-150.

4) A. Kuyper, Lectures On Calvinism, p.13.
5) Ibid. p.19.
6) Ibid. p.18. The Church in a strictly spiritual monarchy, a Kingdom under the absolute Kingship of Christ"
7) Ibid. p. 20.
8) Ibid. p. 22.
9) 졸저, 『實踐神學槪論』, (총신대출판부, 1980) pp. 238-252.
10) A. Kuyper, 'Alexander Comrie: His life and Work in Halland, The Catholic Presleyterian Ⅶ. (1882) p.280. 콤리(1706-1774)는 화란의 개혁신학자이다. 1734년에 라이덴 대학에서 신학과 철학을 공부하여 박사 학위를 얻었고 많은 저서를 남겼다.
11) J. Calvin, Institute Ⅳ.1.9.
12) A. Kuyper, 'Alexander Comrie' p. 198.
13) A. Kuyper, Tractaat Van Den De Reformatie Der Kerken Amsterdam, 1884 Sectim 38. "Fn Wat Manier Zulke Deformatie in de KerKe Gods Gemeenlijk Uitbreekt"을 참조하라.
14) A. Kuyper, Practice of Godliness. p. 61.
15) J. E. McGoldrick, Abraham Kuyper, Gods Renaissance man (Evangelical Press, 2000) p. 131.
16) Ibid. p. 132.
17) Louis Berkhof, Systematic Theology (Eerdmans, 1941) p.608.
18) A. Kuyper, Het Werk Van den Heiligen Geest, Ⅱ. p.135.
19) A. Kuyper, Calvinism and Confessional Revision, p.388.
20) A. Kuyper, The Implicatiuss of Public Confession by H.Zylstra(Zondervan, 1941) p.47.
21) Ibid. p.26.
22) Ibid. p.24.
23) J.E.McGoldrick, Ibid. p.137.
24) Ibid. p.138.

25) A. Kuyper, The Implication of Public Confession, pp.13-14.
26) J. Calvin, Hebrew, p.24.
27) J. Calvin, Psalm IV. p.315.
28) J. Calvin, Catemisnus 1541, p.50.
29) J. Calvin, Isaiah. IV. p.42.
30) Belgic Confession XXVIII.

12. 카이퍼의 성령론

1) B.B. Warfield, Calvin als theoloog en de stand van het Calvinisme in onze tijd, Kuyper, 1919. p.14. 워필드는 카이퍼의 『성령의 사역』 영문판 서문에서 여러 번 칼빈은 성령의 신학자이며 동시에 그의 신학 사상을 이은 카이퍼도 성령의 신학자임을 밝혔다. A. Kuyper, The work of Holy Spirit. trans by de Vries(1900) introduction by B.B. Warfield.D.D. LL.D.
2) 이 책 『성령의 사역』은 1883년 9월 2일부터 1886년 7월 4일까지 'De Heraut' 지에 논설 형식으로 실린 글들을 모아 책으로 출판된 경우이다.
3) J.C. Rullmann, Kuyper-Bibliografie deel II (1879-1890) p.322.
4) John Calvin, Institute. I.9.2.
5) John Calvin, The Commentary on Zegariah, Vol.4. p.271.
6) John Calvin, Institute. III.1.i.
7) John Calvin, Acts I.p.100.
8) John Calvin, Corintians I. p.212.
9) John Calvin, Ephesian p.208.
10) John Calvin, John I. p.151.
11) John Calvin, John I. p.308.
12) B.B. Warfield, 『introductory note』 XXXiii. A. Kuyper, The Work of Holy Spirit (Eerdmans, 1900)
13) Ibid.
14) Ibid. XXXiX.

15) A. Kuyper, Het Werk van den Heiligen Geest(Amsterdam, 1888) p.7.
16) Ibid. p.11.
17) Ibid. p.12.
18) A. Kuyper, Calvinism (1898) p.261.
19) A. Kurper, Het Werk van den Heiligen Geest, p.50.
20) Ibid. p.60.
21) Ibid. p.72.
22) Ibid. p.74. 카이퍼가 한 이 비유를 두고 비평가들은 그러면 성경이 성령의 조명을 받기까지는 성경이 아니란 말인가라고 비판한다. 그러나 이 표현은 칼빈과 같이 말씀과 성령이 더불어 역사한다는 뜻이며, 그것을 문학적 또는 미학적으로 표현한 것이다.
23) Ibid. pp. 78.83.87.
24) Ibid. p.152.
25) Ibid. pp.95.99.
26) Ibid. p.227.
27) Ibid. p.229.
28) Ibid.
29) Ibid. p.235.
30) Ibid. p.251.
31) Ibid. p.254.
32) A.Kuyper, Het Werk Van den Heiligen Geest, Tweede deel (Amsterdam. J.A. Wormser, 1888).
33) Ibid. p.12.
34) Ibid. p.111.
35) Ibid. p.157. 카이퍼는 중생과 신앙을 논하면서 성령의 사역을 증거했다.
36) Ibid. p.186.
37) Ibid. p.193.
38) Ibid. p.194.
39) Ibid. p.199.

40) A. Kuyper, Het Werk Van den Heiligen Geest, Tweede deel (Amsterdam. J.A. Wormser. 1889) p. 283.
41) Ibid. p. 289.
42) Ibid. pp. 291-292.
43) Ibid. p. 313.

13. 카이퍼의 영역주권

1) 카이퍼의 영영주권사상에 대한 가장 좋은 역사적 연구는 J.D. Dengerink, Critisch-Historisch Onderzoek naar de Sociologische Ontwinkkeling van het beginsel der "Souvereiniteit in eigen Kring" in de 19C en 20C eeuw (J.H. KoK N.V. Kampen. 1948)이다. 이 책은 Herman Dooyeweerd 아래 제출한 박사 학위논문으로써 Dr. F.J. Stahl, Mr. G. Groen Van Prinsterer, Dr. A. Kuyper, Dr. H. Dooyeweerd, Geoger Gurvitch 등을 다루고 있다. 뎅그링크 박사는 뿌라야 대학교에 이사로 있었고 나중에는 우트레흐트 대학교에 기독교 철학 교수로 일했다. 그리고 전 Kampen 신학교 실천신학 교수였던 C. Veenhof의 Souvereiniteit in eigen kring(J.H. KoK. Kampen, 1939)등이 있다.
2) 스타알(Friedrich Julirs Stahl)은 정통파 유대인으로 태어나 법철학을 공부했다. 엘랑겐(Erlangen) 대학에서 헌법학, 교회법, 정치학을 가르쳤다. 후일에 그는 하원의원이 되었다. 특히 그는 복음교회의 지도자로서 공헌하면서 주 저서로는 법철학사 등이 있다. Encyclopedie vol VI (J.H. KoK. Kampen, 1961) p. 247.
3) James D. Bratt ed. Abraham Kuyper, A Centennial Reader (Eerd. 1998) p. 464. 이 책은 화란어로 된 카이퍼의 소책자이지만 연설문 중에서 중요한 것을 영어로 번역한 것이다.
4) Ibid. p. 467.
5) Ibid. p. 468.
6) Ibid. p. 469.
7) Ibid. p. 472.
8) Ibid.

9) Ibid. p.480.

10) Ibid. p.481.

11) Ibid. p.486.

12) Ibid. p.487. 지금도 Virje Unuversiteit에서는 의학부가 오히려 신학부보다 더 칼빈주의적이라고 할만큼 칼빈주의적 세계관을 확고히 갖고 있다.

13) Ibid. p.488. "there is not a Square inch in the whole domain of our human existence over which Christ, who is sovereign over all, does not Cry: 'mine'"

14) Ibid. p.490.

15) A.Kuyper, Souvereiniteit in eigen kring, (Amsterdam.1880) p.9. 또한 A. Kuyper, Calvinism Ⅲ장에는 '칼빈주의와 정치'를 설명하면서도 거의 대부분을 영역주권을 길게 논하고 있다.

16) A.Kuyper, De Gemeene Griatie in Wetensehap en Kunst (J.H.KOK.Kampen, 1902) p.67.

14. 카이퍼의 칼빈주의적 기독교 세계관

1) C.H.Hylkema, Oud en Nieuw Calvinisme(Haarlem, 1911).

2) Peter S.Heslam, Creating a Christian Worldview: Abraham Kuyper's Lectures on Calvinism (Grand Rapids: Eerdmans, 1998) p.17. 이 책은 아브라함 카이퍼의 '칼빈주의 강의'를 잘 분석 정리한 책이다.

3) A.Kuyper, Encyclopaedie der Heilige Godgeleerdheid (Amsterdam, 1894) Ⅱ. p.101.

4) Richard Lovelace, Dynamics of Spiritual life p.374. 이는 Mackendree R. Langley의 글에서도 볼 수 있다.

5) Peter S. Heslem, op. cit pp.14, 167. In Memoriam Prof. B.B Warfield 'De Heraut'. 27 March. 1921.

6) 카이퍼가 Lecture on Calvinism에 대한 강의가 있은 후, J. Gresham Machen도 그의 저서 『기독교냐 자유주의냐』(Christianity and Liberalism, 1923)를 써서 자유주의자와 맞섰다.

7) Ernst Troeltsch called the Lecture the 'Manifestor des Modernen Calvinesmus', Die Soziallebren der Christlichen Kirchen und Gruppen 16 vol. (Tubingen: Mohr, 1922) I.p.732. Peter S. Heslam, op. cit p.11 재인용.
8) A. Kuyper, Calvinisme (Amsterdam, Peretoria, 1899) p 3 "en Belijd nu nog dat Beginsel in het Calvinisme, Daarin Heeft mijn hart Nuste Gevonden"
9) A, Kuyper, Ibid. 서문강 역 p.35 note.
10) 필자가 영국의 브리스톨에 있는 Wesley 목사가 시무하던 교회의 간판을 보니까, 그곳에는 Wales Calvinistic Methodist Church라고 기록되어 있었다.
11) J. Calavin, Eremiah p.460.
12) J. Calavin, Daniel Ⅱ. p.108.
13) J. Calavin, Isaiah Ⅱ. p.201.
14) J. Calavin, Psalm Ⅳ. p.240.
15) J. Calavin, Institute Ⅰ. p.5.13.
16) A. Kuyper. op. cit. P.36 또한 서문강 역 p.56을 참조하라.
17) Peter. S. Heslam, op. cit. pp.132-137.
18) Ibid. P.143.
19) Ibid.
20) A. Kuyper, Het Calvinisme, Derde Leging, Het Calvinisme en de Staatkunde p.70.
21) 이 명칭에 대해서 한국의 독자들은 다소 생소할 수밖에 없을 것이다. 화란의 칼빈주의자들은 정치에 있어서 불란서 혁명의 사상 곧 인본주의 사상을 반대한다.
22) A. Kuyper, Het Calvinisme, op. cit P.105.
23) Ibid. p.112.
24) Ibid. p.165. 칼빈주의와 예술에 대한 글은 화란판과 영어판은 카이퍼의 강의 내용과 동일하지만, 서문강 역 한국어 번역판에는 다소 차이가 있다. 이는 원문과는 1/5정도로 축소되어 있다. 그러나 박영남 번역판 (1971)에는 영어판 원문 그대로 번역되어 있다.
25) Ibid. p.196.

15. 카이퍼의 하나님 중심의 신학

1) James E. McGoldrick, Abraham Kuyper, Gods Renaissance man (Evangelical Press, 2000) pp.98f.
2) A.Kuyper, Dictaten Dogmatiek I. Locus de Deo (J.B.Hulst, 1910).
3) A.Kuyper, The Antithesis between Symbolism and Revelation (Edinburgh: T & T.Clark, 1899) pp. 16-17.
4) Ibid. p.20.
5) 1880-20 October-1930, Opgaven Betreffende De Vrije Universiteit(Amsterdam, 1930) p.6. 이 연설문은 1904년 Bibliotheca Sacra. vol.61에 "The Biblical Critism of Present Day"로 번역되었다.
6) Ibid. pp.409-442(이하는 영역 페이지임).
7) Ibid. pp.417-418.
8) Ibid. p.685.
9) Ibid. p.422.
10) J. Calvin, Institute IV,8.9.
11) J. Calvin, Acts I. p.61.
12) A. Kuyper, Principles of Sacred Theology, Trans by J.H. De Vries (Baker, 1980) p. 450.
13) Richard Gaffin Jr. 'Old Amsterdam and Inerrancy' Westminster Theological Journal. 44 (1982) p.268.
14) G.H.Hosper, Reformed Principle of Authority (Reformed Press, 1924) p.98.
15) A. Kuyper, 'Biblical Criticism', p.430.
16) James E. McGoldrick, p.102.
17) A. Kuyper, 'Calvinism and Confessional Revision,' Presbyterian and Reformed Review 2 (1891) pp.378-9.
18) A. Kuyper, Principles of Sacred Theology, pp.213-214.
19) A. Kuyper, Nabij God te Zijn p.674.
20) J. Calvin, John III. p.845.

21) J. Calvin, Romes, p.200.

22) J. Calvin, Pastoral Epitles, p.283.

23) A. Kuyper, 'Pantheism's Destruction of Boundaries, Methodist Review (1893) p.527.

24) A. Kuyper, Evolutie 3.

25) Ibid.

26) A. Kuyper, In den Kerstnacht, Dagen Van Goede Boodschap (J.H.KOK, Kampen, 1922). 또한 영문 번역판 Keep Thy Solemn Feasts J.H.De Vries(Grand Rapids, 1928) p.26.

27) 이 책은 또한 H.De Vries에 의해서 The Work the Holy Spirit (1900년)로 번역되었고, 1966년에는 사진 복사판으로 다시 나왔으며, 한국어로도 번역되었다.

28) A, Kuyper, Het Werk van den Heiligen Geest (Amsterdam, 1888) p.72. "Onder de machtige, Majeotueuse Kunstwerken, die Heilige Geest tot stand heeft gebracht, Staat de wondere Helige Schriftuus Vooraan."

29) Ibid. p.4.

30) Ibid. p.175.

31) Ibid. pp.176-7.

16. 카이퍼의 구원론

1) A. Kuyper, De Paaschmorgen, Dagen Van goode Boodsehap (KOK, Kampen, 1923) p.11. 1960년, Henry Zilstra에 의해서 The death and Resurrection of Christ(Zondervan)로 번역되었다. p.17.

2) A. Kuyper, 'Election and Selection' The Independent 51, (1899) pp.1693-1694.

3) A. Kuyper, 'Calvinism and Confessional Revision', pp. 381-382. 원 저작은 Calvinisme en Revisie(1891)이다.

4) A. Kuyper, Ibid.

5) John Calvin, Tractus 3. p.48.

6) A. Kuyper, Women of the Old Testament Trans by H. Zylstra (Grand Rapids, 1962, Reprint of 1933 edition) pp.69-70.
7) Ibid. p.96.
8) A. Kuyper, Wcmen of the New Testament, pp.88-89.
9) A. Kuyper, Het Werk Van Heiligen Geest, vol.II. p.125.
10) A. Kuyper, The Biblical Election, Trans by G. M. Van Pernis (Zondervan, 1937) p. 308.
11) A, Kuyper, Keep the Solemn Feasts, p.98.
12) A. Kuyper, Het Werk Van Heiligen Geest, vol.II. XX1. 'De Wedergeboorte Gorb Werk', pp.140-141.
13) Ibid. p.143.
14) A. Kuyper, Het Werk Van Heiligen Geest, vol.III. p.228-229.
15) A. Kuyper, Principles of Sacred Theology, p.112.
16) Ibid. p.113.
17) Ibid. p.114.
18) Ibid. pp. 210-211.
19) J. Calvin, Tractus 3. p.152.
20) A. Kuyper, The Death and Resurrection of Christ, p.82.
21) A. Kuyper, Het Werk Van Heiligen Geest. Vol.II. p.290.
22) 칼빈은 1559년 제네바 아카데미 개교 예배 시에 '하나님이여 이 학교가 경건과 학문이 있는 학교가 되게 하여 주시옵소서' 라고 했다. 또 1536년 기독교 강요 초판본 속표지에, 기독교 강요는 바로 경건의 대전(Pietatis Summa)이라고 했다. Christianae Religionis Institutio (Basileae, M. D.XXXVI. 표지).
23) A. Kuyper , Het Werk Van Heiligen Geest. vol.III. p.42.
24) Ibid. p.97-99.
25) A, Kuyper, The Practice of Godliness Trans, M. M. School and (Baker, 1948) p.22. 이 책은 유화자 교수에 의해 『경건의 훈련』이란 제목으로 한국어로 출판된 적이 있다.
26) Ibid. pp.30-31.

27) A. Kuyper, Keep The Solemn Feasts, p.299.
28) A. Kuyper, The Revelation of ST. John, Trans J.H.DE Vires (Grand Rapids: Eerdmans, 1963) p.39.
29) Ibid. p.145.

17. 카이퍼의 특별은총론

1) A. Kuyper, De Gemeene Gratie (J.H.KOK, Kampen).
   1e deel (1902) pp.505.
   2e deel (1903) pp.692.
   3e deel (1904) pp.484-491.
   제1권은 일반은총에 대한 역사적 접근, 제2권은 일반은총의 원리, 제3권은 일반은총의 실제를 다룬 대작이다. 이 책들은 모두가 'De Heraut' 지에 3년 동안 기고했던 내용이며, 초판 이후에 40여 년 동안 중판되었다.
2) A. Kuyper, Dat De Genade Particulier is, Stichtelrjik Bijbelstudien (J.H.KOK, Kampen, 1909). 이 책은 출판된지 90년 만에 영역되었다. 즉 A. Kuyper, Particular Grace, A Defense of Gods Sovereignity in Salvation trans by Marvin Kamps (Reformed Free Publishring Association, 1998).
3) A. Kuyper, Particular Grace, A Defense of God's Sovereignity in Salvation Translation Introduction P.XVIII.
4) Ibid. p.5.
5) J. Calvin, Institute IV.21.6.
6) Canon of Dordt, II.7.
7) A. Kuyper, Particular Grace, pp.9-11.
8) Ibid. pp.36-37.
9) A. Kuyper, Genade Particular, p. 38.
10) Ibid. p.53.
11) Ibid. p.67.
12) Ibid. p.81.

13) Ibid. p.93.
14) A. Kuyper, De Gemeene Gratie, p.400.

18. 카이퍼의 일반은총과 문화

1) A.Kuyper, Gemeene Gratie (J.H.KOK,Kampen, 1902, 1903, 1904).
2) Ibid. pp.50.506.
3) A. Kuyper, Particular Grace Appendix, Abraham Kuyper's distinction between Grace and Gratie p.353f.
4) 고린도후서 13:13에서 "주 예수 그리스도의 은혜와 하나님의 사랑과 성령의 교통하심이 너희 무리와 함께 있을 지어다"라고 할 때, '주 예수 그리스도의 은혜' 란 화란어로는 Genade Van Jesus Christus이다. 이 때 은혜는 예수 그리스도 피 공로로 얻은 구속의 은혜 곧 거져 주시는 하나님의 은혜이다. 그런데 화란에서는 음악회 또는 오페라 초대권을 Gratia라고 한다. 이는 호의 또 감사의 표시로 초대한다는 뜻이다. 그러므로 Genade 와 Gratia 사이의 용도는 구별되었을 것이다.
5) A. Kuyper, p.355.
6) 정광덕, '아브라함 카이퍼의 교회론과 사회윤리' 인터넷 p.10.
7) A. Kuyper, Het Sociale Vraagstuk en de Christelijke Religie (J.H.KOK 1891)의 번역본 p.71.
8) A. Kuyper, De Gemeene Gratie 3e deel (J.H.KOK, Kamper, 1904) p.124.
9) Ibid. 1e deel, p.220, 224, 400.
10) Ibid. 2e deel, p.646f.
11) A. Kuyper, Gemeene Gratie, op.cit. 2e p.680.
12) A. Kuyper, Souvereiniteit in Eigen Kring, p.32.
13) Henny R. Van Til, The Calvinistic Concept of Culture. 이근삼 역, (영음사 1972) p.168.
14) A. Kuyper, Gemeene Gratie, op. cit, I. pp. 213, 220.
15) Ibid. II. p.645.

16) Ibid. I. pp.252-253.
17) Ibid. II. p.23.
18) C. Augustijn, J. Vree, Abraham Kuyper.
19) A.A. Van Ruler, Kuyper's Idee einer Christelijk Cultuur, p.18.
20) H. Van Til. op. cit. p.171.
21) S.U. Zuidma, "Gemeene Gratie en Pro Rege by Dr. A. Kuyper" in Anti-Revolutioary Staatkunde XXIV. 12 (1954) p.51.
22) W. H. Velema, De Leer Van De Heilige Geest by A. Kuyper(1957) pp.225f.
23) Herman Dooyeweerd, Wijsbegeerte der Wetsidee (Amsterdam, 1933)Ⅲ pp.448ff.

19. 카이퍼의 선교론

1) Samuel Zwemer와 Mackinan 같은 학자들은 이것을 지지하고 있다.
2) A. Kuyper, Encyclopaedie van Heilige Godgeleerdheid (KOK. Kampen, 1894, 1909) Deel IV. p.518. 그리고 Gustave Warneck, Evangelische Missionslehre (1897). 또한 졸저 『實踐神學槪論』(총신대, 1980) p.189를 참고할 것. 당시는 선교학에 대한 용어가 확정되지 않았음으로 J.I. Doeder는 'halieutiek' 이라고 나름대로 이름을 지었다. 이는 헬라어 άλιεῖς에서 나온 말로서 "사람을 낚는 어부" 란 뜻이다. 선교학의 거장인 J.C. Hoekendijk 같은 이는 선교학을 사도의 신학 (Theologie van het Aposstolaat)이라고 했다. 물론 오늘 우리가 말하는 선교 (mission)란 말은 1928년 예루살렘 국제 선교대회 때부터 사용하기 시작했다.
3) J.C. Rullmann, Abraham, Kuyper, een Levensschets (J.H. KOK. Kampen, 1928), p.237.
4) Frank vanden Berg, op. cit.
5) A. Kuyper, Werk van Heilig Geest (Amsterdam, 1889) p.224.
6) Mckendree R. Langley, the Practice of Political Spirituality, Paideia, Canada p.147.
7) A. Kuyper, Encylopaedie, Deel Drie, p.469.

8) A. Kuyper, op.cit. p.518.

20. 카이퍼의 경건론

1) A. Kuyper Practijk der Godzaligheid(J.H.KOK.Kampen, 1909). 이 책은 카이퍼가 일찍이 'De Heraut' 지에 연속 기고한 성경 명상 시리즈를 모은 것이다. 『Uit het Woord』의 여섯 번째 책이다. 그런데 이 책이 영어로 번역되면서 여러 주제가 빠지거나 바뀌었고 주로 『경건 연습』과 관련된 것만을 추려 낸 것으로 보여진다 (Grand Rapids: Eerdmans, 1948). 또 영어 번역판을 1981년에 유화자 교수가 한글로 번역 하였다.
2) John Calvin, Institute Ⅰ.2.1 cf, 졸저, 『교회의 개혁자 요한 칼빈』 '22, 경건의 사람 칼빈' (하늘기획, 2009) pp.130-134.
3) A. Kuyper, The Practice of Godliness (Grand Rapids: Eerdmans, 1948) p.12.
4) Ibid p.58.
5) Ibid p.68.
6) Ibid pp.70-71.
7) Ibid pp.90-91.
8) Ibid p.98.

Abraham Kuyper,
His Life and Theology

부록

카이퍼의 저서 및 참고서
1988년 카이퍼 전시회 자료
카이퍼의 사진자료
인명 및 주제 색인

Abraham Kuyper, His Life and Theology

카이퍼의 저서 및 참고서

Dr. A. Kuyper 화란어 저서 목록

Joannis Calvini et Joannis a Lasco de ecclesia sententiarum inter se compositio. Academisch proefschrift. (1862)

Joannis a Lasco Operam, tam edita quam inedita. (1866)

Wat moeten we doen, het stemrecht aan ons zelven houden of den kerkeraad machtigem? Vraag bij de uitvoering van artikel 23. (1867)

De velden wit tot den oogst, maar de arbeiders weinigen. (In : Christelijke Stemmen, 1868)

Een band voor God ontknoopt. Afscheidsrede te Beesd. (1867)

De menschwording Gods het Levensbeginsel der Kerk. Intreerede te Utrecht. Kerkvisitatie te Utrecht in. (1868)

Toelichting der Memorie van den algemeenen kerkeraad van Utrecht aan het classicaal bestuur van Utrecht. (1868)

Verzameling van offcieele bescheiden in zake de kerkvisitatie te Utrecht in 1868, uitgegeven op last van den Kerkeraad. (1868)

Het graf. Leerrede aan den avond van goede vrijdag. (1869)

Brief aan Dr. J. H. Gunning. (1869)

Zestal leerredenen. (1869)

De Kerkelijke goederen. (1869)

De werking van artikel 23. (1869)

Het beroep op het Volksgeweten. (Rede voor "Christelijk Nationaal

Schoolonderwijs.") (1869)

Aan den interpellant in t Volksblad van 21 Januari 1869. (In : De Hoop des Vaderlands) (1869)

Eenvormigheid de vloek van het moderne leven. (1869)

De Nutsbeweging. (1869)

De eeredienst der Hervormde Kerk en de Samenstelling van haar kerkboek. (In : Geschiedenis der Christelijke Kerk in Nederland.) (1869)

De Schrifr, Het Woord Gods. (1869)

Vrijmaking der Kerk. (1870)

Kerkeraads-protocollen der Hollandsche Gemeente te Londen, 1569-1571. (1870)

De Doopskwestie. (1870)

De Hollandsche Gemeente te Londen in 1570-1571. (1870)

Conservatisme en orthodoxie, valsche en ware behoudzucht. Afscheidsrede te Utrecht. (1870)

Geworteld en gegrond, de kerk als organisme en instituut. Intreerede te Amsterdam. (1870)

De strijd over het vrije beheer te Sneek. (1870)

De Arbeiderskwestie en de Kerk. (1871)

De Christelijk-Nationalen op de vergadering van "Schoolverbnad." (1870)

De leer der onsterfelijkheid en de Staatsschool.(1870)

Een perel in verkeerde schelp. (Dr. Pierson' s jongste Gidsartikel) (1871)

Het Modernisme, een fata Morgana op Christelijk gebied. (1871)

De Zending naar de schrift. (1871)

O, God! Wees mij zondaar genadig. Leerrede op oudejaar 1870. (1870)

Tweede zestal leerredenen. (1871)

De Sneeuw van den Libanon. (In : "De Zaaier.") (1872)

Lijst van Psalmverzen ten dienste van predikdienst, catechisatie en huisgezin. (1872)

De Bartholomeusnacht. (1872)

"Bekeert U, want het Koninkrijk Gods is nabij!" Leerrede op den Oudejaarsavond 1871. (1872)

Het vergrijp der zeventien ouderlinger, Memorie voor den amsterdamschen Kerkeraaad gesteld. (1872)

Uit het woord. stichtelijke bijdelstudien. 1e bundel (1872)
2e bundel (1875)
4e bundel (1879)
tweede serie 1e bundel (1884)
2e bundel (1884)
3e bundel (1886)

Vrijheid. Rede ter bevestiging van Dr. Ph. S. van Ronkel, te Amsterdam. (1873)

Eenheid. Rede ter bevestiging van Ds. P. Van Son, te Amsterdam. (1873)

Ons huis. Leerrede. (1873)

Confidentie. Schrijven aan den Weled. Heer J. H. van der Linden, Amsterdam. (1873)

Het Calvinisme, oorsprong en waarborg onzer constitutioneele vrijheden. (1874)

De Schoolkwestie. (Zes brochures.) (1875)

Rome en Dordt. (1878)

Liberalisten en Joden. (1878)

De Leidsche Professoren en de executeurs der Dordtsche nalatenschap. Verweersch rift. (1879)

Revisie der revisielegende. (1879)

De Synode der Nederlandsche Hervormde Kerk uit haar eigen Vermaanbrief geoordeeld. (1879)

Het vliegend Blad. I - II.(1880)

Het vliegend Blad. I -IV.(1888)

Antirevolutionair ook in uw huisgezen. (1880)

Bede om een dubbel "Corrigendum" aan Dr. A. W. Bronsveld. (1880)

"Strikt genomen". Het recht tot universiteitsstichting staatsrechterlijk en historisch getoetst. (1880)

Souvereiniteit in eigen Kring. Rede te rinwijding van de Vrije Universiteit te Amsterdam. (1880)

Honig uit den rotssteen. 2deelen. (1880)

De Hedendaagsche schriftcritiek in haar bedenkelijke strekking voor de gemeente des levenden Gods. Rede bij de overdracht van het rectoraat der Vrije Universiteit te Amsterdam. (1881)

D. Francisci Junii Opuscula Theologica Selecta. (1882)

Alexander Comrie. (In : "The catholic presbyterian.") (1882)

Ex ungue leonem, ofte Dr. Doedes' methode van symbooluitlegging op een enkel cardinaal punt getoetst. (1882)

Welke zijn de vooruitzichten voor de studenten der Vrije Universiteit? Rede ter inleiding van de meeting der Vereeniging voor hooger onderwijs op Gereformeerden grondslag, te leeuwarden. (1882)

De drie Formulieren van Eenigheid voor kerkelijk en huiselijk gebruik uitgegeven, met de Kerkorde. (1883)

Geschiedenis der martelaren. Naar den druk van 1671 door J. G. O. (1883)

Tractaat van de reformatie. der kerken. Op Luthers vierde eeuwfeest. (1884)

Plancius Rede. Op naam van "Patrimonium" tot de leden der Transvaalsche deputatie gericht. (1884)

Ijzer en leem. Rede ter inleiding op het gebed voor de vrije Universiteit te Amsterdam. (1885)

Bedoeld noch gezegd. Schrijven aan Dr. J. H. Gunning Jr. (1885)

Het dreigean conflict. Memorie, gesteld voor de gevolmachtigde commissie uit den Amsterdamschen Kerkeraad, ter voorlichting der gemeente inzake de attesten. (1886)

Het conflict gekomen. (1886)

Contra-Memorie inzake het Amsterdamsch conflict. (Opgesteld met Prof. Dr. F. L. Rutgers)(1886)

Dr. Kuyper voor de synode. (1886)

Laatste woord tot de conscientie van de leden der Synode. (1886)

Kort verhaal van den Kerkelijken strijd te Amsterdam. (1886)

Afwerping van het juk der synodale hierarchie. (1886)

Alzoo zal het onder U. niet zijn. (In : "Uit de diepte.") (1886)

Een ziel die zich nederbuigt. (In : "Uit de diepte.") (1886)

Wat ons tegenover de tweede hierarchit te doen staat? (Referaat op het gerefor meerd Congres) (1887)

De verborgen dingen zijn voor den heere onzen God. (In : "Uit de diepte.") (1887)

Kerkenordening. (1887)

Sion door recht verlost. Tijdrede. (1887)

De Twaalf Patriarchen. Bijbelsche Karakterstudien. (1887)

De vleeschwording des Woords. (1887)

Tweeerlei vaderland. (Ter inleiding van de Zevende Jaarvergadering der Vrije Universiteit) (1887)

Dagen van Goede boodschap. 1e bundel (1887)

2e bundel (1887)

3e bundel (1888)

4e bundel (1888)

Het Calvinisme en de kunst. (1888)

Dr. Gisberti Voetii Selectarum Disputationum Fasciculus. (1887)

Het werk van den Heiligen Geest. (1888)

Institutie ofte onderwijsinghe in de Christelijke religie door Johannes

Calvinus, overgezet door Wilhelmus Corsmannus; naar den oorspronkelijken tekst verbeterd, in de taal verduidelijkt en van een inleiding voorzien. (1889)

Niet de vrijheidsboom maar het kruis. (Toespraak op de tiende deputatenvergadering) (1889)

Eer is teer. (1889)

"Onnauwkeurig"? (1889)

Gomer voor den Sabbath. (1889)

Handenarbeid. (1889)

Scolastica I. Het gehelm van echte studle. (1889)
    II. Om het zoeken of of om het vinden, of het doel van echte studie.

Zending. Stellingen en referaat op het Zendingscongres te Amsterdam. In de acta daarvan. (1890)

Tractaat van den sabbath Historisch-dogmatische studie. (1890)

Separatie en doleantie. (1890)

Zions Roem en Sterkte, 2 deelen. De verklaring der 37 artikelen van de Nederlandsche Geloofsbelijdenis door A. Rotterdam, opnieuw uitgegegeven en jin ons Christelijk publi다 ingeleid. (1890)

Eenige kameradviezen, Uit de jaren 1874 en 1875. (1890)

Is er aan de publieke universiteit ten onzent plaats voor een faculteit der Theologie? (1890)

Losse Aanteekeningen voor Debat. I - II. (1891)

Calvinism and confessional revision. (In: The presbyterian and reformed review) Vertaald uitgegeven als : "Calvinisme en Revisie." (1891)

Voetius catechisatie over den heidelberger Catechismus. (Naar Poudroyen' seditievan 1662 opnieuw uitgegeven) (1891)

Voor een distel een mirt. (1891)

MAranatha. (Rede op de deputatenvergadering van 1981) (1981)

Gedragslijn bij de stebus. (1981)

Het sociale vraagstuk en de Christelijke religie. (1981)

De verflauwing der grenzen. (Rede bij de overdracht van het Rectoraat) (1892)

    1e deel (1892)

    2e deel (1893)

    3e deel (1894)

    4e deel (1895)

Onze Scholen in nood. (1892)

In de schaduwe des doods. (1893)

Encyclopaedia der heilige godgeleerdheid. (1894)

Mr. Levinus Wilhelmus Christiaan Keuchenius. (1895)

De christus en de sociale nooden en Democratische klippen.

Proeve van pensioenregeling voor weklieden en huns gelijken. Met twee artikelen over Armverzorging uit "De Standaard" overgedrukt. (1895)

De Zegen des Heeren over onze kerken.(Rede ter inleiding op het gebed voor de synode der Gereformeerde Kerken.) (1896)

Vrouwen uit de Heilige Schrift. (1897)

Le Parti Anti-revolutionaire. (In : Les Pays-Bas, manuel pour les journalistes etrangers, par le "Nederlandshe Jouurnalistenkring") (1898)

De berijmde Psalmen, met eenige Gezangen, alsmede de ofrmulieren van eenigheiden de drie oude geloofsbelijdenissen en liturgie, met het Kort Begrip en den Ziekentroost met. Dr. Bavinck en Dr. F. L. Rutgers (1898)

Bij de gratie Gods. (In : Officieel Gedenkboek, bij de inhuldiging van H. M. de Koningin) (1898)

Briefwisseling met Charles Boissevain. (1898)

Van het kerkelijk ambt. (In : Gereformeerde stemmen uit vroeger en later tijd)(1989)

False Theories of Sovereignty. The Independent. (1898)

Election and Selection. The Independent. (1899)

Amendement op de Ongevallenwet. (1899)

Calvinism, Six Stone-lectures, delivered at the University of Princeton(N.J) in October (1898)

In Hollandsche vertaling : Het Calvinisme. Zes stonelezingen. (1899)

The antithesis between Symbolism and Revelation (1899)

Varia Americana. (1899)

Band aan het woord. Hoe is een unversiteit aan het woord van God te binden? (1899)

Als gij in uw huis zit. (1899)

Evolutie (rede bij de overdracht van het rectoraar) (1899)

Conference Armenienne a Amsterdam. (1899)

La Crise Sud-Afravaine. (1900)

Drie kleine vossen. (1901)

Volharden bij het ideaal. (1901)

Zijn uitgang te Jeruzalem. (1901)

De engelen Gods. (1902)

De Gemeene Gratie. 1e deel (1902)

2e deel (1903)

3e deel (1904)

Nagekomen een den uitgever vergeten hoofdstuk. (1905)

In Jezus ontslapen. (1902)

De ware Schuldigen. Debat tusschen Mr. P. J. Troelstra en Dr. A. Kuyper over deoorzaken en gevolgen der April-staking. (1903)

christelijke Politiek. (1904)

Sociale Hervormingen. (1905)

The True genius of Presbyterianism, in the Presbyterian Review. (1906)

Bilderdijk in zijn nationale beteekenis. (1906)

Alles is het Uwe doch gij zijt van Christus. In "Ons Tijdschrift." (1906)

Verplichte Verzekering. (1906)

Om de oude Wereldzee. (1907)

Nabij God te zijn. (1908)

Zelfstanding gemeentewezen. (1908)

Parlementaire Redevoeringen. (1908,1909,1910)

Wij Calvinisten. (1909)

Ons instinctieve leven. (1909)

Het groote Keerpunt. Verkiezingsrede. (1909)

Nadere verklaring in de Tweede Kamer betreffende de Decoratiezaak .(1909)

Sociale Organisatie onder Eigen Banier. (1909)

Tafereelen uit de Heilige Schrift, met Platen. (1910)

Dictaten Dogmatiek (Collegedictaten door Studenten saamgesteld) (1910)

Pre Rege. (1911)

Onze Eeredienst. (1911)

Uit het diensthuis uitgeleid. (Rege te Leeuwarden, Groningen en Rotterdam) (1912)

Afgeperst. (1912)

Een Geloofsstuk. (Rede ter inleiding van de 31ste jaarvergadering der Vereeniging voor Hooger Onderwijs op Gereformeerden grondslag. (1912)

De Meiboom in de Kap. (Openingswoordter Deputaten vergadering) (1913)

Der jongelingen sieraad is hun kracht. (Feestrede bij het jubileum van den bond van Geref. Jongelingsvereenigingen) (1913)

Heilige Orde. (Rede in den Bond van Antirevolutionaire Kiesvereen) (1913)

De eerepositie der Vrouw. (1914)

Nadere toelichting op het Program van de A. R. Partij. (1915)

Eudokia. (Rede bij het 25-jarig jubileum van het Rotterdammer gesticht

"Eudokia.") (1915)

Starrenritsen. (1915)

Antirevolutionaire Staatkunde. (1916)

Wat Nu? (Rede ter opening van de Deputatenvergadering) (1918)

Van de Vileinding.

Verder : Artikelen in "De Heraut.", "De Standaard." enz.

영어 참고문헌

1 Frank Vanden Berg, *Abraham Kuyper a Biography* (Paideia, 1978)
2 James E. McGoldrink, *Abraham Kuyper Gods Renaissance Man* (Evangelical Press, 2000)
3 McKendree R.Langley, *The Practice of Political Spirituality* (Paideia, 1984)
4 J.A.Hebley, ed. *Lowland Highlights* (J.H.KOK, Kampen, 1972)
5 John L. Hiemstra, *World-Views on The Air The Struggle to Create a Pluralistic Broadcasting System in the Netherlands* (University Press of America, N,Y: Oxford, 1997)
6 N. Wolterstorff, *Until Justice and Peace Embrace* (J.H.KOK. Kanpen, 1983)
7 G. Puchinger, *Abraham Kuyper, His Early Journey of Faith* (VU Press. Amsterdam, 1998)
8 Peter, S. Heslam, *Creating a Christian World-view, Abraham Kuyper's Lectures on Calvinism* (Eerdmans, 1998)
9 John Bolt, *A Free Church, A Holy Nation, Abraham Kuyper America Theology* (Eerdmans, 2001)
10 Luis E, Lugo ed, *Religion, Pluralism, and Public Life, Abraham Kuyper's Legacy for The Twenth-First Century*
11 James D. Bratt, ed *Abraham Kuyper, A Centennial Reader* (Eerdmans, 1998)
12 Cornelius Van der Kooi & Jon de Bruijn, ed *Kuyper Reconsidered Aspects of*

His Life and World (VU, Amsterdam, 1999)
13 A. Kuyper, *Particular Grace*, Defense of God's Sovereignity in Salvation, Trans Marvin Kamps (Reformed Free Publishing Association, Grandville, Michigan, 2001)
14 A. Kuyper, *The Work of the Holy Spirit* (1950)
15 A. Kuyper, *The Practice of Godliness* (Eerdmans, 1948)
16 A. Kuyper, *The Implications of Public Confession*, Trans By H. Zylstra (Zondervan)
17 A. Kuyper, *Christianity and The Class Struggle* Trans By Jellema(Piet Hein Pub, 1950)
18 A. Kuyper, *Women of The Old Testament* trans By H. Zylstra (Zondervan, 1934)
19 A. Kuyper, *The Death and Resurrection of Christ*, Messages for Good Friday and Eeaster (Zondervan, 1960)
20 A. Kuyper, *Principles of Sacred Theology* Introduction By B. B. Warfield, Trans By De Vries (Baker, 1980)
21 A. Kuyper, *When Thou Sittest in Thine House* Trans By De Vries(Eerdmans, 1929)
22 A. Kuyper, *His Decease at Jerusalem*, Trans By De Vries (Eerdmans, 1928)
23 A. Kuyper, *The Revelation of St, John* (Eerdmans, 1935, 1963)
24 A. Kuyper, *Near to God* (Eerdmans, 1961)
25 A. Kuyper, *Lectures on Calvinism* (Eerdmans, 1931, 1970)
26 A. Kuyper, *In The Shadow of Death* (Old Paths Pub, 1994)
27 A. Kuyper, *To be near unto God* (Eerdmans, 1918)

화란어 참고문헌

1 S. J. Ridderhos, *De Theologische Cultuurbeschouwing van Abraham Kuyper*

(J.H.KOK, Kampen, 1947)

2 G. Puchinger, *Abraham Kuyper, De Jonger Kuyper* (1837-1867), (Wever B.V. Franeker, 1987)

3 Jan De Bruijn, *Abraham Kuyper, een Beeldbiogrofie* (Bert Bakker, Amsterdam, 2008)

4 H.S.S. en J.H. Kuyper, *De Levensavond van Dr. A. Kuyper* (J.H.KOK, Kampen, 1921)

5 J. Van der Zouwen, *De Gereformeerden en de Vrije universiteit* (N. Samson, 1970)

6 P. A. Diepenhorst, *Dr. A. Kuyper* (De Erven F. Bohn, N.V. 1931)

7 Grepen Uit de Geschiedenis van de ARP, *Een Kleine Eeuw Kleine Luyden* (1975)

8 Sutarno, *Het Kuyperiaanse Model van Een Christelijke Politieke Organisatie* (Academisch Proefschrift, 1970)

9 Gedenkboek, *Ter herrinnering aan het Overlij den Van Dr. A. Kuyper en de Sprake die Daarbij Uit de Pers Voortwam* (Ten Have, 1921)

10 W.F.A. Winckel, *Leven en Arbeid van Dr. A. Kuyper* (Ten Have, 1919)

11 J. Roelink, *Vijfenzeventig Jaar Vrije universiteit 1880-1955* (J.H.KOK, Kampen, 1955)

12 1880-20 October-1930 *De Vrije Universiteit Haar Antstaan en Haar Bestaan* (De Standaard, Amsterdam, 1930)

13 Dr. A. Kuyper - *Gedenkboek* (1937)

14 C. Veenhof. *Predik het Woord, Bedachten en Beschouwingen van Dr. A. Kuyper Ober de Prediking* (Osterbaan & Coinhe, Goes)

15 J.C. Rullmann, *Abraham Kuyper, een Levens Schets* (kok, Kampen, 1928)

16 K. Groot *Kohlbrugge en Kuyper* (Bosch & Keuning, Baarn)

17 C. veenhof, *In Kuyper's Lijn* (Oosterhaar & Cointre, Goes)

18 C. Augustijn en J. Vree, *Abraham Kuyper: Vast en Veranderlijk*, De Ontwikkeling van Zijn Deuken (Meinema, Zoestermeer, 1998)

19 J.C. Rullmann, *Kuyper Bibliogrofie* (Bootsma, 1923) Ⅰ,Ⅱ,Ⅲ.
20 P.A. Van Leeuwen, *Het Kerkbegrip in de Theologie van Abraham Kuyper*
21 P. Kaasteel, *Abraham Kuyper* (J.H.KOK, Kampen, 1938)
22 1880-20 October-1930, *Opgaven Betreffende de Vrije Universiteit* (De Standaard, Amsterdam, 1930)
23 . Groen Van Prinseterer, *Ongeloof en Revolutie*, een Neeks van Historische Voorleginen (T. Wever, Franeker, 1951)
24 C. Veenhof, *Souvereiniteit in Eigen Kring* (J.H.KOK, Kampen, 1939)
25 J.K. Van Loon, Dr. A. Kuyper, *Geleidelijk Geleid* (Standaard, 1937)
26 J.D. Dengerink, *Critische-Historisch Onderzoek naar de Sociologische Ontwikkeling van het Beginsel der "Souvereiniteit in Eigen Kring" in de 19C en 20C Eeuw* (J.H.KOK, Kampen, 1948)
27 J. De Bruijn, *'Kuyper ist ein Luegner'*
28 H.J. Langman, *Kuyper en de Volkskerk* (J.H.KOK, Kampen, 1950)

Abraham Kuyper, His Life and Theology

1988년 카이퍼 전시회 자료

| 아브라함 카이퍼 박사 자료 전시회

아브라함 · 카이퍼(1837-1920)의 약력

1837. 10. 29	화란 갱신교회의 얀 카이퍼(Jan. Fredrik Kuyper)목사의 장남으로 마슬루이스(Maassluis)에서 출생.
1855.	18세에 라이덴 대학(Leiden)에 입학. 더 브리스(De Vries)교수에게 성서원어를 수학하는 등 문학과 신학을 공부함.
1858. 11. 24	라이덴대학 신학부에 입학, 스훌텐(Scholten) 교수에게 조직신학을 배움.
1862. 9. 20	라이덴대학에서 25세에 신학박사 학위(Th. D)취득. "요한 칼빈과 요한 라스코의 교회론 비교연구"란 논문으로 국가로부터 최고상 수상.
1863. 7. 1	로테르담의 요안나 스카이와 결혼(Johana. Hendrika Schaay) 베이스드(Beesed)교회에서 목사로 장립받고 동교회 시무중 발투스(P. Baltus) 부인의 감화로 자유주의적 현대신학에 회의를 느끼고 정통 칼빈주의 신앙으로 돌아옴. 이때에 카이퍼는 그의 사상적 스승이며 칼빈주의 운동의 지도자인 흐룬 반 프린스터(Groen Van Prinsterer)와 만남. 반 프린스터는 그가 창설한 기독교정당(A. R. P)의 당수로 있었으며 수상이 되었다.
1867 - 1879	우트레흐트(Utrecht) 교회에서 12년간 목회.
1869. 5. 18	우트레흐트 군중집회때 강연함으로 연로한 반 프린스터와 밀접한 관계를 맺고 그의 후계자로 지목됨.
1869. 5. 18	우트레흐트에서 ARP정당에 가입.
1869. 9. 1	A. R. P. 정당의 당 총재로 취임.
1870. - 1874	암스텔담 대교회 목사로 시무. 여기에서 전통적 개혁주의자들의 영향을 받으며 칼빈주의자로 바뀌어짐. A. R. P. 소속의 일간지 더 스탠다드(De Standard)지를 창간하고 주필로 취임이후 일생동안 언론인으로 삶. 또한 기독교 주간지 "더 헤라우트"(De Heraut)지의 편집인이 되어 45년간 언론인으로 필봉을 휘두름.
	A. R. P 정당의 체질을 개선. 국·공립대학의 무신론적, 반 기독교적 성향에 반하여 성경적인 기독교 사립대학 설립의 필요성을 주장함.
1874. 1. 21	하우다지역(Gouda)에 출마해서 하원 의원으로 당선.
1878. 4.	스탠다드지에 A. R. P 정당의 정책을 발표하고 이듬해에 "우리들의 계획"(Ons Programa)이란 책을 저술하는 등 칼빈주의 정치원리를 정립함.
1880.	화란의 교회개혁운동의 지도자가 됨. 자유대학교(Vrije Universiteit)를 설립하고 교수 및 초대 총장으로 취임,개교기념 강연으로 영역주권(領域主權 Souvereiniteit in eigen Kring) 사상을 주창함.
1887.	다시 총장으로 재선됨.
1891.	기독교사회협회를 창설.
1894.	다시 하원의원으로 선출됨. 칼빈주의적 정치실현에 헌신함.
1898.	미국 프린스톤 대학에서 명예 법학박사 학위를 받음. 이때 "스토운 강좌" 계획으로(칼빈주의) 특별강연을 함.
1901 - 1905	내무부장관겸 수상이 됨. 빌레미나(Wilhemina) 여왕의 명으로 전 내각을 크리스챤으로 구성.
1907. 10. 29	카이퍼의 70회 생일이 화란의 국경일로 선포됨.
1908. 1. 8	델프트 공과대학에서 (D. T. U) 명예공학박사 학위를 받음.
1909. 5. 10	벨기에의 루빙(Louvain. U.) 대학에서 명예 정치학박사 및 사회학 박사학위를 받음.
1912.	헤라우드지의 고정 칼럼자로 6년간 306편의 칼럼 기고로 "세계의 종말"이란 대작을 남김.
1913.	종신 상원의원이 됨.
1919.	대작 "메시야"를 착수.
1920. 11. 8	83세를 일기로 서거.

▶ 카이퍼는 신학, 정치, 경제, 사회, 문학, 교육, 과학 등 여러 분야의 박식한 대학자로서 일생동안 223권의 책을 저술하였다.
그는 교회와 사회의 개혁자, 열정적인 설교자, 교회행정의 지도자, 유능한 지도자, 다작가, 칼빈주의적 신학자, 정치가, 언론인이었으며 삶의 모든 영역에서 하나님의 주권을 높이고 하나님의 왕권을 위해서 헌신하였다. *

Dr. ABRAHAM KUYPER
(1837—1920)

The Prime Minister in formal attire 1905. (The Institute for Calvinistic studies in Korea)
수상예복 정장차림의 카이퍼. 1905. (한국칼빈주의 연구원소장)

목 차

- ☐ 아브라함 카이퍼의 약력 ·· 2
- ☐ 아브라함 카이퍼의 초상(A Picture of A. Kuyper) ·································· 3
- ☐ 목   차 (Contents) ··· 4
- ☐ 모시는 말씀(Invitation) ··· 5
- ☐ 축   사(Message for Congratulations) ···
  - 루버스 화란 수상(Drs. Lubbers) ·· 7
  - 텡베르컨 화란대사(Amb. Tengbergen) ·· 8
  - 손봉호 박사(Dr. Bong-ho Son) ·· 9
  - 브라인 박사(Dr. Bruijn) ··· 10
  - 뎅그링크 박사(Dr Dengerink) ··· 11
  - 더 용 박사(Dr. De. Jong) ··· 12
  - 간하배 박사(Dr. Harvie Conn) ·· 13
  - 슈로텐뵈르 박사(Dr. Schrotenboer) ··· 14
  - 하루나 교수(Prof. Sumito Haruna) ·· 16
  - 헐스트 박사(Dr. J. B. Hulst) ·· 16
- ☐ 예배순서(Opening Worship) ·· 17
- ☐ Biography of A. Kuyper ·· 18
- ☐ 사진화보(Pictures on A. Kuyper) ·· 19
- ☐ 아브라함 카이퍼에 대하여(A Brief sketch of Dr. A. Kuyper) ············· 30
- ☐ 아브라함 카이퍼의 영역주권사상(A. Kuyper's Idea of
    sphere Sovereignty) ···························· 32
- ☐ 아브라함 카이퍼의 저서목록(A. Kuyper's Books) ······························· 34
- ☐ 한국칼빈주의연구원 안내(I. C. S. K.) ··· 38
- ☐ 한국칼빈주의연구원 연혁(A History of ICSK) ···································· 39

모시는 말씀

한국칼빈주의연구원
대표 정 성 구 박사

여러분들을 주님의 이름으로 초청합니다.

저희 한국 칼빈주의연구원은 이 땅에 진정한 칼빈주의적 신학과 신앙의 삶을 실현하기 위해서, 요한 칼빈과 그의 후학들의 자료를 보존, 분석, 연구 발전시킴으로 이 땅에 성경적인 개혁주의 신앙을 건설하려는 목적으로 세워졌습니다. 작년에는 「요한 칼빈의 16세기 자료전시회」를 개최하여 수천명의 그리스도인들이 참가하여 성황을 이루었습니다. 이에 우리는 이번에 지난 세기 칼빈주의 운동의 거목인 아브라함 카이퍼(A. Kuyper. 1837-1920) 박사의 자료전시회를 개최합니다.

아브라함 카이퍼는 그와 입장을 달리한 사람들로 부터도 「열개의 머리와 백개의 손을 가진 인물」이라고 평가 되었읍니다. 확실히 카이퍼의 생애는 하나님의 왕권을 위해서 (Pro Rege) 뜨겁게 바쳐진 삶이었습니다.

카이퍼는 제2의 칼빈으로서 칼빈의 사상을 그대로 수납하면서도 하나님의 일반 은총(Gemeene Gratie)을 강조하였고, 하나님의 주권은 삶의 모든 분야에 미치지 않는 곳이 없음을 주장하고, 이른바 1880년 뿌라야 대학 창설기념 강연때 그 유명한 영역주권 사상 (Souvereiniteit in eigen Kring)을 제창했읍니다. 그래서 카이퍼는 칼빈주의적 신학을 세우고 칼빈주의적 교회운동뿐 아니라 정치, 경제, 사회, 문화, 예술 분야에서도 칼빈주의적인 사상을 가져야 할 것을 주장했읍니다.

카이퍼는 대 신학자요, 국회의원, 정당의 총재와 수상을 지낸 대 정치가요, 대 목회자요, 대 교육가였고, 반세기 동안 필봉을 휘두른 언론인이었읍니다. 그는 열정적인 설교가일 뿐 아니라, 미술 애호가였고 대학 교수였는가 하면 사상가였읍니다.

이번에 카이퍼의 자료전시회를 여는 것은, 이제 한국 교회가 1천만의 기독교인을 자랑하지만, 아직도 우리의 삶의 모든 분야에서 하나님의 영광과 주권을 인정하는 것이 부족합니다. 그래서 카이퍼인 삶의 모습을 한국 교회가 배워야하겠기에 감히 이 전시회를 개최합니다.

이 전시회에는 150여 점의 카이퍼의 책들과 70여 점의 카이퍼에 대한 사진, 만화, 글 등이 전시되어집니다.

이번 전시회를 배후에서 도와주신 화란 뿌라야 대학의 더 브라인(De Bruijn)박사, 주한 화란대사 텡베르건(Amb. Tenbergen)씨에게와 후원해주신 모든 목사님들과 형제 자매들에게 감사의 말씀을 드립니다.

또 화란 수상이신 루버스(R. F. M. Lubbers) 박사의 축하 메시지를 비롯해서 각국의 학자들의 축하에 감사드립니다. 바라기는 이번 전시회를 통해서 한국교회의 이원론적인 신앙의 구조에서 벗어나서 삶의 모든 영역에 하나님의 영광과 주권을 위해서 살아가는 크리스찬이 되기를 소원합니다.

1988. 10. 17

Profile : 총신대학 신학대학원 교수(Professor of Preb. Gen. Ass. Theological Seminary)
전 총신대학 학장(Former President of Preb. Gen. Ass. Theological College)
한국칼빈주의 연구원 원장(The Diretor of Institute for Calvinistic Studies in Korea)

Invitation

Welcome in the name of our Lord!

This Institute for Calvinistic Studies in Korea(ICSK) was founded in the hope of both establishing a life-system in Korea true to the Calvinistic thought and life and building Biblical reformed faith through the preservation and research of the works by John Calvin and his followers. Last October, ICSK held an exhibition on John Calvin's works, and thousands of Christians joined thankfully in commemorating this great servant of God. We are having, this time, an exhibition on Dr. Abraham Kuyper who had been the most prominent figure in Calvinistic movement during the last century.

Even by his opponents, Dr. Abraham Kuyper was thought as a man who was equipped with ten heads and a hundred hands. We are safe to conclude that his life was totally devoted to the expansion of God's Kingship(Pro Rege).

Dr. Kuyper, as a second Calvin, unreservedly accepted the whole of Calvin's thought. He paricularly emphasized General Grace and claimed that God's sovereignty reaches every sphere of our lives. At the opening address of Free University in 1880, he propounded the famous thought of Sovereignty in Spheres. He strongly preached that not only every church must be built on Calvinistic theology but every individual in political, economical, cultural and artistic field must have Calvinistic thought.

Abraham Kuyper was a great theologian, a great statesman who had been a party president and Prime Minister, a great pastor, a great educator and also a famous journalist for half a century. Also he was a passionate preacher, a lover of art, a university professor and a great thinker.

Though our Korean Church boasts of the growing number of its members, it is still hard to say that all of us are truly commited our lives to the glory of God. We at ICSK sincerely hope that Christians in Korea may learn about Abraham Kuyper's life which was a total devotion to God. As many as 150 books and about 70 pictures, catoons and articles will be shown at this exhibition.

I would like to extend my heartfelt gratitude to Dr. De Bruijn of Free University and Mr. Tengbergen, Ambassador of the Nethelands to Korea for rendering warm assistance to this exhibition. Also I have to thank all the pastors and brothers and sisters who gave us help. The congratulatory messages from Drs. R.F.M. Lubbers, Prime Minister of the Netherlands and from other prominent scholars abroad are deeply appreciated.

Finally, we pray that this exhibition will be used by our Lord as an opportunity to encourage our Korean Christans to give up the dualistic frame of faith and to live for God's glory, admitting His sovereignty in every sphere of our lives.

1988. 10. 17.

Prof. Dr. S.K. Chung
Presbyterian General Assembly Theological College and Seminary
President of ICSK

축사

Message for Congratutation

네덜란드 왕국
수상 **루 버 스** 박사

칼빈주의 연구원의 계획으로 화란의 정치가요 신학자인 아브라함 카이퍼를 기리는 전시회를 개최하게 된것을 크게 경하할 일이며 주목할 일입니다.

한국 프로테스탄트 교회를 역사적으로 살펴보면, 북미의 선교사로부터 복음이 들어왔음을 알고 있읍니다. 미국 칼빈주의 운동은 차라리 유럽보다 더 강하지 않았나 싶습니다.

서울에서 카이퍼 전시회가 열린다는 것은, 유럽에서의 칼빈주의 전통적 뿌리에 대해서 한국에서 참으로 관심이 날로 더해간다는 것을 증명합니다.

한국 프로테스탄트 교회는 지난 수십년 동안 엄청나게 성장을 함으로써 새로운 도약을 하려는 시도를 했읍니다. 이런 한국교회의 성장은 세상에 대해서 보다 깊은 영향을 줄 수 있어야함을 요청받고 있읍니다. 이런 목적으로 카이퍼의 생애와 삶을 연구함으로써 한국 사회에 공헌을 하리라고 봅니다.

카이퍼라는 인물은 참으로 여러 분야에 종사하였읍니다. 그는 국가의 정치 지도자로서, 정당의 지도자로서, 신학자로서, 교회개혁자로서, 언론인으로서, 출판 사업가뿐만아니라 그는 국제적으로도 그의 사역은 괄목할만 하였읍니다.

화란 출신의 신념의 칼빈주의자인 카이퍼는 다른 민족과 문화에 대해서도 깊은 관심을 가졌읍니다. 이와같이 카이퍼는 오늘날도 한국과 화란 사이에 다리를 놓음으로 여전히 일하고 있다고 봅니다.

이런 양국의 유대가 이번 전시회를 통해서 큰 의미가 있기를 바랍니다.

1988. 9. 29

R. F. M. 루버스 박사

Het voornemen van het Institute for Calvinistic Studies, om een tentoonstelling te wijden aan de Nederlandse staatsman en theoloog Abraham Kuyper, is in meer dan een opzicht opmerkelijk te noemen.

Historisch gezien zijn de Protestantse Kerken in Korea voortgekomen uit de Noordamerikaanse zending, zodat de banden met het calvinisme in Noord Amerika altijd sterker zijn geweest dan met het Calvinisme in Europa.

De Kuyper tentoonstelling in Seoel duidt echter op een toenemende belangstelling in Korea voor de wortels van de Calvinistische traditie in Europa, waarin ook Kuyper zo'nvooraanstaande plaats inneemt.

Wellicht houdt deze herorientatie verband met de sterke groei, die de Protestantse Kerken in Korea de laatste decennia hebben doorgemaakt. Expansie noopt tot bezinning en verdieping en aan dat doel kan ook de bestudering van Kuypers leven en werk een bijdrage leveren.

De figuur van Kuyper is boeiend, niet alleen om de veelzijdigheid, die hem in staat stelde als staatsman en partijleider, theoloog en kerkhervormer, Journalist en publicist werkzaam te zijn, maar ook om de internationale allure en orientatie, die uit zijn werk spreken.

Nederlander van geboorte en Calvinist van overtuiging, had hij een diepgaande belangstelling voor andere volken en culturen.

Als zodanig is hij ook nu nog aktueel en slaat hij een brug tussen Nederland en Korea, die in het contact tussen beide landen van betekenis kan zijn.

Drs. R.F.M. Lubbers
Minister-President van Nederland

Profile : De minister-President Royal Dutch Kingdom

축사

본인은 금번 한국에서는 처음으로 아브라함 카이퍼박사의 생애와 작품전시회를 개최하는 한국 칼빈주의 연구원과 특별히 이 전시회가 있기까지 헌신적인 노력을 아끼지 않으신 정성구 교수께 심심한 축하의 말씀을 전합니다.

카이퍼 박사(1837~1920)는 매우 중요한 정치가요 신학자였읍니다. 그는 1901년부터 1905년까지 네덜란드의 수상을 지냈으며, 19세기 후반의 가장 권위있는 화란개혁 신학자들 중의 한 분이었읍니다.

오늘날 카이퍼는 신학자들에게는 여전히 「신학백과사전학」과 특히 「일반은총론」의 저자로 알려져 있는데, 그 저술들에서 그는 세속주의자 와 현대주의에 대항하여 정통 개혁 신앙을 변호하였읍니다.

일반 대중은 카이퍼를 하층 및 중산층의 사람들을 자유롭게 살 수 있게 만들려고 애썼던 정치가로 기억하고 있읍니다.

그는 1880년 암스텔담에서 칼빈주의적 자유대학을 설립하였으며 기존의 칼빈주의적 기독교 정당 (A.R.P. 프랑스혁명의 원리들에 대항하여 19c초에 구성됨)을 영향있는 대중 정당으로 만듦으로 정치적 역할을 크게 강화시켰읍니다.

본인은 금번 전시회가 한국에서의 아브라함 카이퍼박사의 생애와 작품들에 대해 잘 알리는 기회가 될 것으로 확신합니다. 오늘날 네덜란드에서는 많은 사람들이 그의 저술들을 연구하고 있는바, 본 전시회를 방문하는 모든 분들도 카이퍼 박사의 신학적·정치적 유산들에 대해 그와같은 자극을 발견하시기를 진심으로 바랍니다.

1988. 9.

J. 텡베르건

Profile : 주한 네덜란드 대사
Royal Dutch Kingdom Ambassador in korea)

Message for Congratulation

주한 네덜란드 대사
텡 베 르 컨

I would like to congratulate the Institute for Calvinistic Studies in Korea with the first exhibition in Korea on the life and works of Dr. Abraham Kuyper, and in particular Professor Chung, Director of the Institute for Calvinistic Studies, without whose dedication this exhibition probably would never have taken place.

Dr. Kuyper (1837~1920) was a statesman and theologian of considerable importance. He served as Prime Minister of The Netherlands from 1901 to 1905, and was one of the most authoritative Dutch Reformed theologians of the latter part of the 19th century. Today he is, among theologians, still known as the author of "Encyclopaedie der Heilige Godgeleerdheid" and, especially, "De Gemeene Gratie", in which work he defended the Orthodox Reformed Dogmata against secularism and modernism.

The public at large remembers him as the politician who sought to emancipate the lower and middle classes of the calvinist part of the nation ("De Kleine Luyden"). He founded the calvinist "Vrije Universiteit"(Free University) in Amsterdam in 1880 and greatly strengthened the political role of the "Kleine Luyden" by forging the existing calvinist "Antirevolutionary Party"(which was formed earlier in the 19th century against the principles of the French Revolution) into a powerful popular party.

I am convinced that this exhibition will further increase the knowledge of the life and works of Dr. Abraham Kuyper in Korea. I sincerely hope the visitors to this exhibition will find the same inspiration in Dr. Kuyper's theological and political heritage, that today still stimulates many of my fellowcountrymen to study his books.

J. van Ebbenhorst Tengbergen

축사   Message for Congratulation

가장 위대한 정치가

국립서울대학교
교수 손 봉 호 박사

아브라함 카이퍼 박사의 생애와 업적이 이와같은 전시회를 통하여 생생하게 우리나라에 소개된다는 사실은 반가운 일이 아닐 수 없다.

그의 사상은 부분적으로 우리나라 개혁주의 신학자들에게는 알려졌으나, 그것은 다만 신학자로서의 그의 면모일 뿐, 정치가로서, 언론인으로서, 교육자로서, 그리고 사상가로서의 그의 다양한 모습은 충분히 알려지지 않았었다.

그는 19세기 화란이 낳은 가장 위대한 기독교 정치가였고, 능력있는 지도자로 다양한 방면에 영향력을 행사했다. 그의 공헌은 화란의 교육계, 정치계, 종교계에 지금도 생생하게 남아있고, 화란뿐 아니라 미국, 카나다, 남아연방 등 여러나라에도 많은 영향을 끼쳤다.

지금 종교와 정치와의 관계가 중요한 과제로 등장하고 있는 우리나라에서 기독교 정당 당수로서, 그리고 수상으로서의 그의 정치철학과 업적은 하나의 좋은 참고가 될것으로 믿는다.

이와같은 전시회는 화란 바깥에서는 처음이 아닌가 한다. 정성구 박사의 헌신적인 노력이 없이는 이와같은 행사는 전혀 불가능한 것이다.

정목사님의 노고에 감사를 드리며, 많은 분들에게 감명을 주는 전시회가 되기를 기도한다.

1988. 9.

It is certainly to welcome that the life and works of Abraham Kuyper is so vividly introduced to Korean public through exhibitions like this.

Some of his theological views are already familiar to Reformed theologians in this country, but Abraham Kuyper as a politician, journalist, and educator is not so well known.

He was one of the greatest politicians of the 19th century Netherlands and an able leader who exercised much influences in various areas of Dutch society. His contributions in the fields of education, politics, and Christianity are still visible not only in the Netherlands but also in the U.S., Canada, and in South Africa.

The political philosophy and political achievements of Kuyper, the one time prime minister of the Netherlands, may serve as good references to Korean Christians who are confronted with diverse problems arising from the unsettled relationship between the state and church.

As far as I know, there has never been such an exhibition as this outside the Netherlands. This could be made possible only through the dedicated efforts of Prof. Dr. S.K. Chung.

I sincerely thank him for this, and wish that the exhibition may provide much inspirations and stimulation to viewers.

Prof. Dr. Bong-Ho Son

Profile : 국립서울대학교 교수. (Professor of Seoul National University)

축사 / Message for Congratulation

더 브라인 박사

한국 칼빈주의 연구원이 주최하는 카이퍼 전시회에 심심한 축하말씀을 전합니다.

카이퍼가 아직도 중요한 인물임은 1987년 10월 네덜란드에서의 카이퍼 탄생 150주년 기념회를 보아도 알 수 있을 것입니다. 그에 관한 많은 출판물들이 발행되었고 다양한 전시회와 모임들이 있었읍니다.

한국과 같은 네덜란드 바깥의 나라에서 아브라함 카이퍼의 생애와 작품에 대해 관심이 있다는 것을 알고 매우 반가웠습니다.

암스텔담의 자유대학의 화란 개혁주의 역사자료센터에서는 금번 서울에서의 카이퍼 전시회에 기쁘게 지원을 드립니다. 이러한 협력으로 양 기관사이의 유대관계가 더욱 증진될 것으로 생각합니다.

본인은 금번 전시회가 성공적이고 또한 한국 칼빈주의 연구원과 저희 역사자료센터가 노력하는바, 기독교 전통을 환기시키는 좋은 계기를 마련해 줄 수 있기를 진심으로 바랍니다.

1988. 9. 21

J. 더 브라인 박사

Many congratulations on the occasion of the Kuyper-exhibition, which the Institute for Calvinistic Studies in Korea is organizing.

That Kuyper is still an important figure can be seen by the commemoration of his 150th birthday in October 1987 in the Netherlands, when many publications about him appeared and various exhibitions and congresses were held.

It is gratifying to know that there is also interest in the life and work of Abraham Kuyper outside of the Netherlands, in countries such as Korea, where your Institute has so strongly stimulated the study of his writings.

The Historisch Documentatiecentrum voor het Nederlands Protestantisme of the Free University in Amsterdam contributes therefore with great pleasure to the Kuyper-exhibition in Seoul. This cooperation is further evidence of the good relationship that exists between our Institutions.

I sincerely hope that your exhibition will be a success and that it will provide a reflection of the Christian tradition which is championed by both the Institute for Calvinistic Studies and by the Historisch Documentatiecentrum voor het Nederlands Protestantisme.

Yours sincerely,

J. de Bruijn
Head of the Historisch Documentatiecentrum voor het
Nederlands Protestantisme(1800-heden)

Profile : 화란 자유대학 부설 프로테스탄트 역사자료센터 소장.
(Head of the Historisch Documentatiecentrum voor het Nederlands Protestantisme : 1800-Heden)

축사

Message for Congratutation

개혁신앙은 모든 생활의 실제적, 영적인 힘

J. D. 뎅그링크 박사

아브라함 카이퍼 박사는 그의 위대한 사상적 스승인 호른 반 프린스더(1801-1876) 이래로 네덜란드에서 가장 뛰어난 지도자이자 개혁주의 신앙생활의 건설자이었다.

그는 바빙크, 헴스켈크, 루트거스, 사보닌 로흐만, 볼티에르 등 풍부한 재능을 지닌 많은 사람들과 뜻을 같이 했다.

그들은 교회 안에서의 활동만 중요시하게 아니라, 정치, 사회, 학술분야, 일반 문화에 더욱 많은 관심을 쏟았다. 이런 식으로 개혁신앙은 나라 전반 모든 생활에 실제적으로 영적인 힘이 되었다.

카이퍼는 저술뿐만 아니라 교수 생활을 통해서도 실제로 많은 개혁주의 신앙 정신을 구축해 왔다. 더구나 그의 활동은 네덜란드 외에 세계의 많은 분야에도 영향을 끼쳤다. 뿐만 아니라 그는 항상 우리의 관심을 끄는 현대의 많은 문제점들에 대해서 예언자적 발언을 했었다.

그러므로 본인은 한국 칼빈주의 연구원이 심혈을 기울여 카이퍼 박사 전시회를 개최한다는 것에 대해 진심으로 축하하는 바이다.

1988. 9.

J. D. 뎅그링크

Dr. A. Kuyper was, after his great predecessor Mr. Guillaume Groen van Prinsterer(1801~1876), the pre-eminent leader and moulder of Reformed life in The Netherlands, together with a number of highly gifted fellow-christians, a.o. H. Bavinck, D. P.D. Fabius, Th. Heemskerk, F.L. Rutgers, A.F. de Savornin Lohman and J. Woltjer.

They concentrated their activity not just in the church, but also and more specifically in politics, society, academic life and general culture. In this way the Reformed faith became a real spiritual power in the totality of the national life.

Kuyper has indeed moulded many, many spirits by his academic as well as popular writings. Moreover his work had a great influence in many parts of the world outside The Netherlands. Kuyper was in a certain way a prophet. He broached many problems which are indeed still always of current interest.

Therefore I congratulate The Institute for Calvinistic Studies in Korea warmly with its initiative in the organization of the Dr. A. Kuyper-exhibition.

Prof. Dr. J.D. Dengerink
Former President of IARFA
Emeritus Professor of Utrecht
University, Netherlands

Profile : 전 세계개혁주의신행협회 회장 (Former President of IARFA.)
전 화란 우트레흐트대학 칼빈주의 철학교수 (Former Professor of Utrecht Univeristy)

축사

Message for Congratulation

카이퍼는 개혁주의적 건설자

美 칼빈신학교
교장 J. De Jong 박사

칼빈신학교는 귀원이 개최하는 카이퍼 자료전시회를 충심으로 축하의 말씀을 드립니다. 우리는 한국에서 1985. 7. 10일에 칼빈주의 연구원을 설립함을 알고 정박사님께 깊은 감사와 하나님께 영광을 돌렸읍니다.

그 곳에서 지난 3년 동안의 활동을 하나님께서 축복하셨다고 확신하고 앞으로도 큰 은혜로 함께 하실 줄 믿습니다.

내달에 있을 아브라함 카이퍼 전시회를 통해서 그가 크리스챤 사회질서에 대한 개혁주의적 건설자로 한국에서 널리 알려지기를 기원합니다.

귀하의 성경 중심의 크리스챤적인 사고를 일으키려는 노고에 감사드리며 귀하의 국내의 전반적인 모든 영역에 영향을 줄 수 있기를 원합니다.

올림픽으로인해 많은 분들이 카이퍼의 공헌에 대해 주시할 충분한 시간은 없겠지만 이 중요한 전시회에 대한 관심이 흐트러지지 않기를 기원합니다.

우리는 귀하와 귀하의 하시는 일을 위해 계속 기도할 것입니다.

1988. 9. 2

제임스 더 용 박사

Heartiest congratulations from Calvin Theological Seminary. With deep appreciation to you and with great thanks to God we learned of the opening of the Institute for Calvinistic Studies on July 10th, 1985. We trust that God has blessed this work during the last three years, and that he will use it for much good in years to come.

Now as you plan the Abraham Kuyper exhibition for next month, we similarly pray that this Reformed architect of a Christian social order will become better known in Korea. Thank you for your efforts to bring biblical, Christian thinking to bear on all aspects of life in your country.

We pray that the interest of your colleagues will not be so diverted by the Olympic games that they will not have time to contemplate the contributions of a much higher order made by Abraham Kuyper.

Please be assured of our continuing prayers for you and your work.

Cordially, in Christ,

James A. De Jong
President

JADJ:gbk

Profile : President of Calvin theological Seminary

축사

Message for Congratulation

삶의 모든 영역에서 소명의 실천화

美 웨스트민스터 신학교
교수 **간 하 배** 박사

본인은 한국 칼빈주의 연구원이 오는 10월 카이퍼 박사의 자료 전시회를 개최한다는 소식을 듣고 매우 기뻤읍니다. 이번 기회를 통해 한국 교회가 이 위대한 하나님의 종의 작품들에 대해 관심을 갖게 될 것을 소망합니다.

더우기 금번 전시회가 한국의 기독인 학자들, 예술인, 정치인들 및 언론인들로 하여금 하나님의 복음과 한국 사회 사이를 가로막고 있는 '침묵의 장벽'을 허물고, 또한 우리의 모든 삶의 영역에서 예수 그리스도를 섬기도록 우리를 부르신 그 소명을 단지 이론화하는데 그치지 않고 그 이상의 일을 하도록 자극할 것으로 기대합니다.

아브라함 카이퍼 박사는 이 세상은 갈보리 십자가로 말미암아 하나님의 주권적 통치아래 있음을 알았고 또한 그렇게 살았읍니다.

한국의 보수교회는 이 메시지를 귀기울여 듣고, 무엇인가를 해야 할 필요가 있읍니다. 예수님께서 우리를 부르신 것은 우리가 세상에 관해 단지 아는데 그치지 않고 주님의 거룩한 이름으로 세상을 변화시키라는 것입니다.

하나님께서 금번 전시회를 통해 우리의 교회들로 하여금 박물관과 같은 상태에서 벗어나 진정 복음을 전파하는 하나님의 왕국으로 변화시키시는 도구의 하나로 사용하시기를 기원합니다.

1988. 8. 29

주 안에서 진심으로 축하하며

간 하 배

Dear President Chung,

I was most pleased to hear of the forthcoming October Institute exhibit on the work of Kuyper. I sincerely hope it serves to draw Korea's attention to the work of that great servant of the Lord.

And even more, that it will stimulate Christian scholars and artists, politicians and journalists to break the 'silence' barrier between the gospel and Korea's world and do something more than merely theorize about out calling to serve Jesus Christ in every area of life.

Abraham Kuyper lived in a world that he knew belonged to God because of Calvary.

Korea's conservative church needs to hear that message very loudly. And do something about it. Jesus didn't call on us to read about the world; He called on us, in His divine name, to change it.

May your exhibition be one instrument used by God to transform our churches from museums to Kingdom launching pads.

Cordially in Christ

Harvie M. Conn
Professor of Westmister
Theological Seminary

Profile : 미 필라델피아 웨스트민스터신학교 선교학 교수
(Professor of Westminster Theological Seminary)

축사

Message for Congratulation

카이퍼의 영향력을 증거하는 전시회가 되기를

R.E.S. 사무총장
폴 슈로텐뵈르 박사

한국 칼빈주의 연구원이 경축 행사로써 아브라함 카이퍼에 관한 발표회를 개최한다고 하니, 본인이 참석할 수 있다면 큰 영광이겠으나 그것이 불가능한 관계로 이 메시지를 보냅니다.

지나간 세기에 아브라함 카이퍼만큼 개혁신학의 유산을 크게 발전시키고 영향을 미친 인물은 거의 없습니다. 그는 화란의 삶에 족적을 남겼으며, 그 흔적은 아직도 지워지지 않았읍니다. 뿐만 아니라 카이퍼의 사상은 국제적으로도 큰 충격을 주었읍니다. 한국의 칼빈주의 연구원의 활동 자체가 대양과 문화적 장벽을 건너간 카이퍼의 영향력을 증거합니다.

아브라함 카이퍼의 영향은 그가 항상 즐겨 사용한 Pro Rege(왕을 위하여)라는 말로써 가장 잘 표현될 수 있읍니다.

이 Pro Rege의 주제는 예수 그리스도의 세계적, 나아가 우주적 통치를 드높이자는 것입니다. 이 주제는 환란중에 있는 모든 나라와 모든 방언이 그의 왕권에 순종하도록 하는 것입니다.

우리는 귀하의 발표회 결과와 소식을 듣기 원합니다. 또한 귀하께서 그 행사를 통하여 예수 그리스도를 섬기는 일에 영속적인 감화를 경험하시기 기원합니다.

1988. 9.

폴 슈로텐뵈르

The Institute for Calvinistic Studies in Korea is to be congratulated for arranging an exhibition on Abraham Kuyper. It would be a privilege to attend the event, but since that is not possible I send you this message.

Few people have as greatly influenced and advanced the Reformed heritage in the last century as Abraham Kuyper. He not only put his stamp on life in the Netherlands, an imprint still not erased today, but he has made a great international impact with his views. The activities of the Institute for Calvinistic Studies in Korea is itself proof that Kuyper's influence spans the oceans and the cultural barriers.

Abraham Kuyper's influence may best be expressed in the words he fondly and repeatedly used, *Pro Rege*(For the King).

It is this theme that lifts high the global, yes, even cosmic rule of Jesus Christ. It is a theme that cries out to be heard above the noisesome strife of men and nations in all countries and all languages.

We look forward to receiving information on the outcome of your exhibition. Our prayers are that you may experience the event as a lasting inspiration in the service of Jesus Christ.

Paul G. Schrotenboer
General Secretary of R.E.S.

Profile : General Secrtary of The Reformed Ecumenical Synod.

축사

Message for Congratutation

개혁주의자들을 연구하는 계기가 되기를

일본칼빈협회 (J. C. A)
회장 春名純人 교수

아브라함 카이퍼 전시회에 심심한 축하의 말씀을 전합니다. 그는 위대한 교회 개혁자였습니다. 흐른 반 프린스터 와 여러 사람들의 부흥운동을 이어, 그는 갱신교회(Hervormade Kerk)에 상당한 영향을 주었왔던 현대 자유주의신학과 맞서 싸웠으며, 화란 교회를 하나님의 말씀과 개혁 신앙에 충실한 참된 개혁교회로 되돌리려고 애썼습니다. 그와 그의 동료들은 네덜란드에서 개혁교회(Gereformeerd de Kerken)을 설립하였습니다.

카이퍼 박사는 또한 교육과 과학 분야에서도 위대한 개혁자였습니다. 그는 모든 종류의 혼합주의 원칙-토미즘이든 현대 혼합주의전-과 싸웠으며 Antithesis의 원칙을 세웠습니다. 그는 또한 과학 분야에 있어서 두개의 체계를 지지하였는바, 중생한 사람들에 의해 세워지는 체계와 중생하지 못한 사람들에 의한 체계의 두가지였습니다. 그는 중생한 기독교인들의 마음에서부터 출발하는 칼빈주의적 과학 체계를 세우려고 노력했습니다. 그래서 그는 암스텔담에 자유대학을 설립하였습니다.

그는 전체로서의 기독교와 삶의 전 영역을 포함하는 사상체계, 즉 세계관으로써의 칼빈주의를 강력하게 주장하였습니다. 그는 신학과 과학 뿐만 아니라 기독교인들의 매일 매일의 삶도 하나님 중심적으로 개혁하기를 원했습니다. 기독교인은 자신의 생애 전체를 하나님 앞에서 살아야 하는 것입니다. "우리 삶의 조그마한 한 부분까지도 그리스도께서는〈그것은 내 것이다〉고 말씀하시고 계신다"라고 말했습니다.

본인은 위에서 말씀드린 이러한 사상들은 세속화의 한 가운데 처해 있는 오늘의 우리에게 있어 더욱 중요한 것이라 생각합니다. 본인은 한국에서 한국 교회와 후학들에게 하나님의 위대한 종인 요한 칼빈과 그의 후계자들의 생애와 사상을 연구하도록 격려하기 위하여 한국 칼빈주의 연구원을 개원하신 정성구 박사님을 존경해 마지않습니다.

또한 작년의 칼빈 전시회가 대단히 성공적이었다는 소식을 듣고 매우 기뻤습니다. 본인은 금번 전시회 역시 아브라함 카이퍼 박사의 생애와 그의 사상, 다양한 활동들을 한국교회와 후학들에게 소개하는 좋은 기회가 될 것을 바라며, 성공적인 전시회가 될 것을 충심으로 기원드립니다.

I take great pleasure in sending hearty congratulations and best wishes on your Exibition on Dr. Abraham Kuyper.

Kuyper was a great church-reformer. Succeeding to the revival movement by Groen van Prinsterer and others, he battled with the modern liberal theology which had continued to give much influence on Hervormde Kerk, in order for Dutch churches to return to a truly reformed church true to the Scriptures and reformed confessions. He and his fellows founded Gereformeerde Kerken in Nederlands.

Kuyper was also a great education-and-science-reformer. He battled with all kinds of principle of Synthesis…whether it were thomistic or modern… and established the principle of Antithesis and advocated two systems of science, one by the regenerate and the other by the unregenerate. He sought after establishing the Calvinistic system of sciences which started from the regenerate Christian heart. He founded Free University in Amsterdam.

He strongly insisted on the Christianity as a whole and Calvinism as an all inclusive view of realities, namely as a Weltanschauung. He wanted to reform not only theology and science but also Christian daily life into a God-centered one. The whole life of a Christian should be performed in the Divine Presence. He said, "There is not one inch of life about which Christ does not say, ＜It is mine＞."

I think the importance of all these things mentioned above is increasing in the midst of the day of secularization today.

I hold Dr. S. K. Chung in high esteem, for he opened ICSK in the hope to encourage churches and students in Korea to the study of life and thought of a great servant of God, Jean Calvin and of his followers.

And I was very glad to hear that the Exibition on Calvin was very successful. I heartily hope that this Exibition on Abraham Kuyper will also provide an excellent oppotunity to introduce his life, thought and many-sided activities to your churches and students and be success-ful.

In May last year our Japan Calvinist Association

축사

Message for Congratutation

지난해 5월 저희 일본 칼빈연합회(JCA)에서는 연례모임을 갖고 아브라함 카이퍼 박사 탄생 150주년을 기념하는 공개 강의들을 가졌읍니다. 모두들 그의 생애와 사상에 관하여 배우고 큰 은혜를 받았읍니다. 한국 칼빈주의 연구회와 일본 칼빈연합회가 함께 개혁 신앙위에 서서 공동의 목적을 위해 봉사하고 있다는 사실로 인하여 하나님께 감사드립니다.

앞으로도 창조의 명령을 수행하고 하나님의 나라가 확장되도록 애쓰는 공동의 목적을 위해 좋은 유대관계가 지속되기를 기도합니다. 박사님의 연구원과 금번 전시회에 하나님의 축복이 함께 하시길 바랍니다.

1988. 9.   진실한 주님의 사랑안에서

春名純人

held the annual meeting and gave open lectures in commemoration of 150th anniversary of the birth of Abraham Kuyper and we got much blessing from learning about his life and thought. I am very thankful to God for the fact that ICSK and JCA are serving for the common purpose supported by common reformed faith.

I pray that in the future also we shall hold good partnership for the common purpose to respond creational mandate and to seek for advancement of the Kingdom of God. May God bless your Institute and this Exibition.

In cordial Christian love,
Sumito Haruna

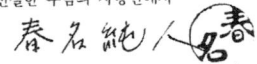

Profile : 일본 관서대학원 대학 사회학부 철학교수 (Professor of Kansaikuen University)
일본칼빈협회 회장(J. C. A) (Chairman of Japan Calvin Association)

그리스도의 왕권을 위하여…

美도르트대학
학장 J. B. 헐스트 박사

한국 칼빈주의 연구원을 개원하심을 축하드리며, 아울러 금번 아브라함 카이퍼 박사 전시회 또한 축하의 말씀을 전합니다.

아브라함 카이퍼는 그의 모든 활동들 가운데 그의 마음 속에는 일관된 외침이 있었는데, 그것은 "그리스도로 하여금 왕이 되시도록 하라!"는 것이었읍니다.

도르트 대학의 학문연구의 관점을 제공하고 있는것은 카이퍼가 가르친대로 삶과 학문의 모든 영역에 있어서의 예수 그리스도의 왕권사상입니다.

한국 칼빈주의 연구원 역시 그와같은 관점에 의해 운영되고 있음을 기쁘게 생각합니다.

하나님을 위한 귀하의 사역에 크신 축복 있으시길 바랍니다.

1988. 9.   .
J. B. 헐스트 박사

Congratulations to you on the 1985 opening of The Institute for Calvinistic Studies in Korea.

Congratulations to you also in connection with the Exhibition on Dr. Abraham Kuyper.

In all of his activities, the cry of Kuyper's heart was : "Let Christ be King!" It is the kingship of Jesus Christ over all of life and learning which provides the perspective for the academic program at Dordt College. We are pleased to learn that The Institute for Calvinistic Studies is directed by the same perspective.

May God continue to bless your work on His behalf.

Sincerely,

J.B. Hulst
President
Dordt College

Biography of Abraham Kuyper (1837—1920)

1837. 10. 29	Born to the Rev. and Mrs. J.F. Kuyper at Maassluis, their first son.
1855.	Entered Leiden University. Studied letters and theology. Learned biblical languages from Dr. De Vries.
1858. 11. 24	Entered the Leiden University Divinity School. Learned Systematic Theology from Dr. J.H. Scholten.
1862. 9. 20	Received the Doctor of Theology degree at Leiden University. His treatise "On the Doctrine of the Church of J. Calvin and A. Lasco" was awarded a grand prize from the government.
1863. 7. 1	Married Johanna H. Schaay. Became pastor of the Beesd Church. Under Mrs. P. Baltus' strong influence, he broke completely with Modernism and accepted the Reformed faith. Met the great leader of the Calvinistic Movement, Dr. Grean van Prinsterer, who was then the President of the Anti-Revolutionary Party (A.R.P.) and later became Prime Minister of the Netherlands.
1867—1879	Ministered at Utrecht church.
1869. 5. 18	Delivered a very impressive address at a pre-convention of the Society for Christian National Education's national convention in Utrecht.
1869. 6	Affiliated with the Utrecht Antirevolutionary Voters Club.
1969. 9	Appointed by Dr. Prinsterer as the future leader of the A.R.P.
1870—1874	Pastor of Ansterdam State Church. Founded the Christian daily newspaper, *The Standard*, and served 52 years as a journalist.
1874. 1.	Member of the Second Chamber of Parliament
1877.	Resigned his seat in Parliament Reissued *The Herald*, a Christian weekly and became editor-in-chief.
1878.	Published A.R.P.'s policies in *The Standard*.
1879.	Woote a book titled *Our Program* which contains Calvinistic principles of politics.
1880.	Founded Free University and became a professor and the first president. Propounded the "Sovereignty in sphere" idea at the opening ceremony.
1891.	
1894.	Reelected as a member of the Second Chamber of Parliament.
1898.	Awarded the honorary degree of Doctor of Laws by Princeton. Delivered special lectures on Calvinism (Stone lectures).
1901.	Became Prime Minister and formed his eight-member cabinet with Christians.
1905.	Retired from office.
1907.	His 70th birthday was proclaimed as national holiday.
1908.	Received the Doctor of Technical Sciences degree, *honoris causa*, from Delft Technological Univ.
1909.	Received the Doctor of Political and Social Sciences degree, *honoris causa*, from Louvain Univ., Belgium.
1912.	Published *The End of the World* which was the fruit of his six-year activity as regular columnist.
1913.	Because a member of the First Chamber Parliament.
1919.	Begin to write *Messiah*
1920. 11. 8	Died at the age of 83.

Abraham Kuyper, His Life and Theology

카이퍼의 사진자료

전능한 아브라함(Abraham the Mighty, 1904)
카이퍼의 집권 당시에 그에 대한 풍자그림이다.
이것은 그를 표현하는 대표적인 그림이 되었다.

1862년 Leiden 대학에서
신학박사(Th.D) 학위를 취득한 카이퍼

카이퍼가 유아세례 받은
Maassluis 교회전경

카이퍼에게 성경적 정통 신앙으로
돌아오도록 충고한 베이스트 교회의
발투스(P. Baltus) 여인

암스텔담에서 목회할 때의
카이퍼 1872년

카이퍼의 첫 목회지 베이스트 교회

1890년 아브라함 카이퍼의 가족 사진

카이퍼의 정신적 스승인
흐른 반 프린스터

은퇴한 후에도 헤이그의 서재에서
집필에 열중하는 A. Kuyper

프린스턴 대학에서
명예 법학박사 학위를 받다.

1880년 카이퍼가 설립한
자유대학의 전경

A. R. P. 정당으로부터
카이퍼가 받은 25년
봉직 기념품

1902년 기독교인으로 구성된
내각의 회의를 주재하는 A. Kuyper 수상

1906년 그리이스 아테네에서의
카이퍼 박사

1904년 빌레미나 여왕과 함께 신년
메시지를 발표하는 수상 A. Kuyper

1876년 스위스의
알프스를 등반한 카이퍼

1907. 10. 29. 그의 70회 생일이
화란의 국경일로 선포되던 날 카이퍼의 가족사진

'De Standaard' 지의 편집장으로
48년간 재직할 당시
카이퍼가 사용한 의자

1920년 은퇴한 후 그의 딸 Jo와 함께
헤이그의 거리를 산책하는 카이퍼

1912년 카이퍼 학교를 로테르담에서
개교한 후 기념강연 장면

1920년 Kuyper의 장례행렬

수상으로 선출된 카이퍼를 상징한 그림

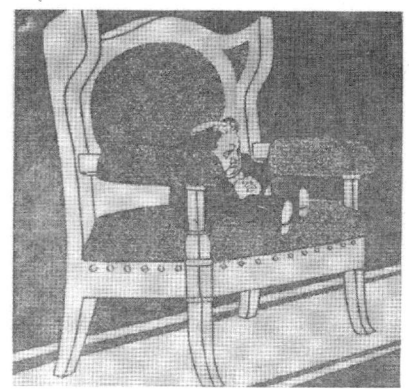
"난장이 카이퍼"
카이퍼의 단신을 풍자한 만화(신장 168cm)

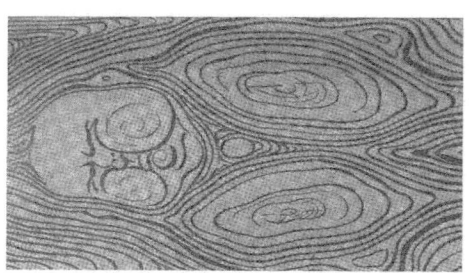
"부족한 정치강령"
카이퍼를 제외한채 내각이 개혁된
정치상황을 풍자한 만화

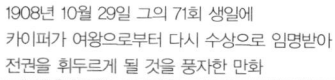
1908년 10월 29일 그의 71회 생일에
카이퍼가 여왕으로부터 다시 수상으로 임명받아
전권을 휘두르게 될 것을 풍자한 만화

1914년 SDAP 회합에서 공연된
Albery Hahn의 정치 풍자 인형극

하원의원으로서
열렬한 지지를 받는 카이퍼(1906)

화란 칼빈주의 운동의 계보
1920년 경에 제작된 것으로서
가운데 요한 칼빈을 위시해서
왼쪽에는 1618년에 칼빈주의 5대 교리를
작성할 때 총회 의장을 맡았던
요한네스 보겔만(Jogannes Bogerman)
그리고 왼쪽 큰 사진은
19세기 칼빈주의 운동의 부흥을 일으켰던
흐룬 반 프린스터(Groen Van Prinsterer
1801~1876)와 오른쪽에 아브라함
카이퍼(Abraham Kuyper: 1837~1920)가 보인다.

1897년 공산주의자의 세력을 제거하기 위해
기독교 정당과 로마 가톨릭과의 연합을 풍자한 만화

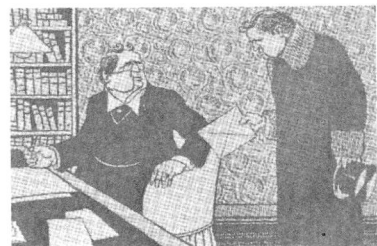

'De Standaard'지의 편집장으로서의 Kuyper에게
정책을 기사화해줄 것을 요청하는 수상 Kuyper

A. Kuyper의 유아세례 증명서.
(1837. 12. 3. Maassiuis 대교회에서 받음)

A. Kuyper-Schaay 부부의 은혼식
파티 때 연회장의 저녁식사 메뉴

Kuyper는 1898-1901년 까지
네덜란드 저널리스트협회의
회장으로 재직했다.

연합의 원리를 상징하는
화란 자유대학(Vrije Universiteit) 마크

1917. 10. 29. 카이퍼의 80회 생일에 발간된
"De Standard지"의 특집호

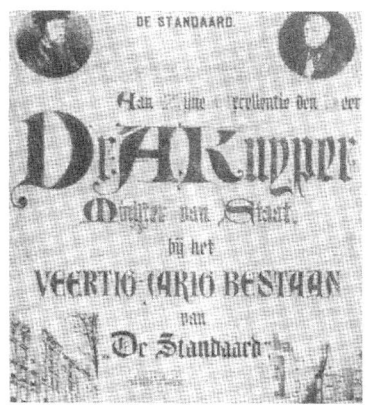

'De Standaard' 지 창간 40주년 기념에 카이퍼가
축하와 더불어 받은 앨범의 표지

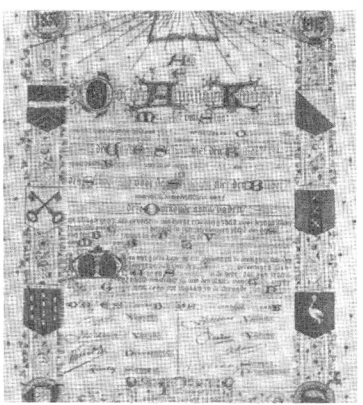

Kuyper의 80회 생일에 "성경과 함께 하는
학교연합회"에서 그에게 보낸 축하메시지가 담긴 증서

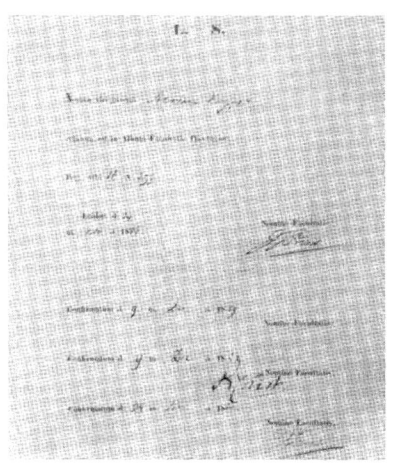

1858년 11월 24일, 카이퍼가 라이덴 대학 신학부
입학 예비시험을 치른 후 신학부 앨범에 서명 한 것

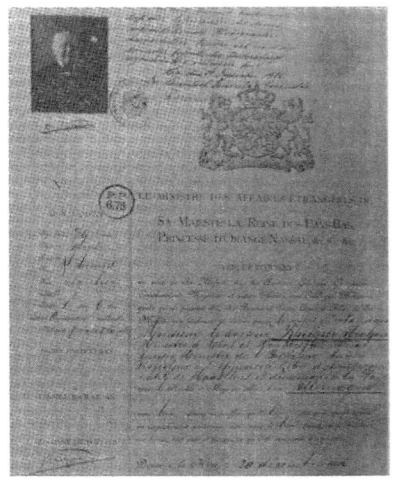

전쟁기간 중에도 카이퍼는 매년 Weisser Hirsch
순회를 의하여 독일을 여행했다. 여행시 패스포드
의 신상기록카드

화란어 신문에 난 정성구 교수의 활동상황

1 _ Trouw(1998)

2 _ De Volkskrant(1998)

3 _ Trouw(1998)

Instituut voor calvinistische studies heeft op VS na grootste collectie ter wereld

„Ik ben een kuyperiaanse calvinist"

4 _ Trouw. 10. Oct. (1998)

Abraham Kuyper leeft in Zuid-Korea

door Inez Polak

SEOUL – Op de gevel is een houten bordje bevestigd: Het Instituut voor Calvinistische studies. Dr. Chung Seun-ko draait met een zekere trots de sleutel om van de deur, die naar zijn heiligdom leidt. Binnen staan kasten vol boeken en manuscripten en ook de grond ligt er mee bezaaid, oude boekwerken van Calvijn en Abraham Kuyper. Op de muur prijkt een groot portret van

tend aan. „Wij in Korea hebben veelal een geloof, maar zonder theologie. Kuyper is daarom zo belangrijk omdat hij niet alleen een theoloog was, maar iemand die het calvinisme op alle gebieden van de samenleving doorvoerde, ook als leraar, als journalist en als staatsman."
Dr. Chung heeft zijn kennis over Abraham Kuyper vooral opgedaan in de vijf jaren dat hij in Amsterdam aan de Vrije Universiteit studeerde.

5 _ NRC - Handelsblad(1998)

'Abraham de Geweldige' is een begrip voor Oosterse protestanten

Koreanen laven zich aan Kuyper-kunde

Door onze redacteur
KEES VERSTEEGH

ROTTERDAM, 15 okt. — Het contrast is groot. Gisteren discussieerde het CDA-partijbestuur over het voornemen het Kuyperhuis aan de dr. Kuyperstraat in Den Haag, waarin het wetenschappelijk bureau van de partij is gevestigd, van de hand te doen. Aanstaande maandag opent het 'Institute for Calvinistic Studies' in de Zuidkoreaanse hoofdstad Seoul een tentoonstelling over het leven en werk van de Nederlandse gereformeerde oud-premier, theoloog, mede-oprichter van de Anti-revolutionaire Partij en sticater van de Vrije Universiteit.

Veel van het werk van Abraham de Geweldige is vertaald in het Koreaans en zijn boeken verkopen uitstekend in het „land van de ochtendkalmte". De Koreaanse *Kuyper-Welle* concentreert zich binnen de presbyteriaanse (= gereformeerde) geloofsgemeenschap, met zo'n zes miljoen leden de grootste protestantse kerk in Zuid-Korea. Ze is voortgekomen uit de gereformeerde zending in het Verre Oosten. De gemeenschap heeft zich inmiddels opgesplitst in meer dan zestig kerken; van tijd of plaats trekt de repeterende breuk der Reformatie zich kennelijk niets aan.

Het gereformeerde geloof werd begin deze eeuw Korea binnengebracht door Amerikaanse methodisten en presbyterianen. Velen van hen kwamen van de theologische opleiding van Princeton Un-

Dr. A. Kuyper in zijn werkkamer. (Foto Historisch Documentatiecentrum voor het Nederlands Protestantisme)

versity. Daar werd druk gestudeerd op de werken van Abraham Kuyper en Herman Bavinck. Beide gereformeerde theologen gaven lezingen aan de Amerikaanse universiteit: Zo kregen de geesten van de latere zendelingen in Korea een injectie met het Nederlands calvinistisch gedachtengoed.

Zending

De band tussen de presbyteriaanse kerken in Zuid-Korea en de gereformeerde gemeenschap in Nederland die daaruit voortkwam, was blijvend: Tientallen Koreanen laafden zich in de loop der tijd aan de Kuyper-kunde aan de Vrije Universiteit in Amsterdam of de theologische hogeschool in Kampen. Zo behaalde de theoloog F.K. Chung, directeur van het instituut waar de Kuypertentoonstelling wordt gehouden, zijn doctorsgraad van de VU.

De interesse voor Kuyper in Zuid-Korea is echter meer dan stoffig erfstuk uit het verleden van de zending, meent prof. dr. J. Veenhof, hoogleraar in de dogmatiek en dogmengeschiedenis aan de VU. Volgens Veenhof kunnen presbyterianen het werk van Kuyper gebruiken om hun positie in het land te versterken. De eeuwenlange invloeden van boeddhisme, confucianisme en sjamanisme hebben de presbyteriaanse en andere christelijke kerken altijd tot *outsiders* van de Koreaanse cultuur gemaakt. Wie het gereformeerde volksleven in die cultuur toch een voet tussen de deur wil geven, kan motivatie putten uit het volgens Veenhof typisch Kuyperiaans geloof dat God niet alleen heerst over de harten Zijner gelovigen, maar ook over alle aardse dingen: de politiek, het onderwijs, de cultuur.

De oosterse Kuyperianen moeten niet alleen tegen boeddhisme en confucianisme, maar ook tegen de eigen christelijke broeders opboksen. Hoewel de landkaart van christelijke stromingen in Zuid-Korea qua ingewikkeldheid kan wedijveren met die van Nederland, is de protestantse gemeenschap van ruwweg 9 miljoen zielen (op een bevolking van zo'n 43 miljoen) globaal te verdelen in drie groepen. Behalve de presbyterianen zijn er de snel groeiende pinkstergemeente-achtige groepen, *pentecostals* geheten, wier lawaaiige getuigenissen doen denken aan de Amerikaanse televisiedominees.

Preken

Nederlandse bezoekers van Zuid-Korea verhalen bij hun terugkomst vol verbazing over *pentecostal* kerken waar soms wel zeven diensten per zondag worden gehouden en waar dominees over de hel en verdoemenis preken die de communisten in het Noorden, en de radicalen, homoseksuelen en boeddhisten in eigen land zullen treffen. De voorgangers bidden hartstochtelijk voor de economische welstand van de gelovigen. Zelf geven ze het voorbeeld van een vroom-kapitalistische levenshouding door andere kerkgemeentes te kopen of, wie het wat rustiger aan wil doen, de eigen gemeente te koop aan te bieden, compleet met vermelding van de te verwachten inkomsten. De meeste lijnen in de grafieken van deze prognoses gaan in steil-opwaartse richting. Het bidden-wees-rijk geloof van de *pentecostals* sluit goed aan op het kapitalistisch ethos van Zuid-Korea.

Aan de andere kant van het religieuze landkaart bevindt zich de aanhang van de zogenoemde *Minjung*, een Aziatische variant van de bevrijdingstheologie. Aanhangers hiervan denken minder in marxistische structuren dan hun Latijns-Amerikaanse collega-bevrijdingstheologen. Net als hen verzetten ze zich echter tegen de autoritaire leiding van hun land. *Minjung* heeft een grote aanhang onder arbeiders en radicale studenten.

Houvast

Vele presbyterianen zoeken in Kuyper een houvast tegen de zuigkracht van het blije retoriek van de *pentecostals* en de revolutionaire romantiek van de Minjung-aanhangers. Serieuze studie van en sobere bezinning op het werk van Kuyper moeten een dam vormen tegen het emotionele gebedskarakter van het Koreaans christelijk fundamentalisme. Tegenover de revolutionaire verandering van Minjung stellen presbyterianen waarvan verreweg de meesten tot de gegoede burgerij behoren, de weg van de parlementaire geleidelijkheid van de anti-revolutionair Kuyper. Deze bedwong als minister-president de spoorwegstakingen van 1903 met de zogenoemde 'worgwetten'.

Ten slotte is de studie van het leven en werk van Abraham Kuyper onderdeel van een grotere zoektocht naar de wortels van het protestantisme in Korea. Doel is te onderzoeken welke nog iets voor deze tijd te betekenen hebben.

Dear Dr. Chung,

With joy I send you a copy of an article in the leading liberal newspaper NRC-Handelsblad in our country on your Institute for Calvin Studies. It got a place on the second page!! At an earlier stage there was already an article in Trouw. NRC is especially read by academically-trained people and many leaders in society and political life. Congratulations.

I hope, that your exposition on Kuyper has drawn the attention of many people.

Yours in Christ,

(J.D. Dengerink)

6 _ Korea Times(1998)

THE KOREA TIMES, TUESDAY, OCTOBER 18, 1988

CULTURE

Prominent Figure in Calvinistic Movement
Exhibition on Abraham Kuyper

The Institute for Calvinistic Studies in Korea is presenting an exhibition on Dr. Abraham Kuyper at the Korean Church Centennial Memorial Building (741-4370) at Yonji-dong, Chongno-gu, on Oct. 17-28.

The exhibition, co-sponsored by the institute, the Dutch Embassy and the Christian Broadcasting System, features the life and works of Abraham Kuyper (1837-1920), the most prominent figure in the Calvinistic movement during the last century.

Kuyper was a stateman and theologian, who served as prime minister of the Netherlands from 1901 to 1905. Among theologians, he is still known as the autor of"Encyclopedia der Heilige Godgeleerdheid" and, espcelally "De G'meene Gratie," in which he defended the Orthodox Reformed Dogmata against secularism and modernism.

He is remembered today as the politician who sought to emancipate the lower and middle classes of the calvinist part of the Netherlands. The political philosophy and political achievements of Kuyper may serve as good references to Korean Christians who are confronted with diverse problems arising from the unsettled relationship between the state and church.

Attendants at the opening ceremony of the exhibition included Prof. Son Bong-ho of Seoul National University and the Dutch Amb. J. van Ebbenhorst Tengbergen.

The Institute for Calvinistic Studies in Korea will also host a lecture on Kuyper at the institute (586-4948) at 2 p.m. Oct. 29

Dr. Abraham Kuyper's portrait shows him as prime minister of the Netherlands in formal attire in 1905.

THE KOREA HERALD, WEDNESDAY, OCTOBER 19, 1988

Dutch Ambassor to Korea J. van Ebbenhorst Tengbergen, left, visits an exhibit dedicated to the life and works of Dr. Abraham Kuyper, former Dutch prime minister and a noted theologian in the Netherlands Monday. To his left is Dr. Chung Sung-ku, president of the Institute for Calvinist Studies in Korea, the sponsor of the exhibit.

Memorabilia show of Dr. Kuyper on display at Centennial Hall

An exhibition of memorabilia of Dr. Abraham Kuyper, former Dutch prime minister and a noted theologian, opened for a 12-day run at the Korea Church Centennial Hall in Yonji-dong, downtown Seoul with several hundred guests attending.

The exhibit, sponsored by the Institute for Calvinist Studies in Korea, is jointly supported by the Embassy of the Netherlands in Seoul, the Korea Journalist Mission, and the Christian Broadcasting System in Seoul.

Among the dignitaries present at a worship service to open the display devoted to the life and works of the famed Dutch theologian (1847-1920), included Dutch Ambassador J. ven Ebbenhorst Tenbergen, and a group of prominent Presbyterian Church leaders in Korea. Dr. Chung Sung-ku, president of the Institute of Calvinist Studies in Korea, said the Dutch theologian is a second Calvin, whose life had been totally given to the expansion of God's kingship.

The current exhibit comes on the heels of an exhibit dedicated to John Calvin himself in Seoul last year.

Van Ebbenhorst Tengbergen, the Dutch ambassador to Seoul, hoped that the display will help stimulate Presbyterian movement in Korea as Kuyper had been a stout builder of the Dutch Reformed Church in the Netherlands.

The exhibit features the brilliant theologian and politician's photos and writings including many of his books on Calvinism, and various publications depicting the politician Kuyper.

A cartoon has Kuyper as the prime minister telling Kuyper the editor of the Standaard to do an article.

The exhibit is to last through Oct. 28.

THE KOREA HERALD,

SATURDAY, OCTOBER 15, 1988

—An exhibition on Dr. Abraham Kuyper Oct. 17-28 at the Christian Centenary Memorial Hall (741-4370) in Yonji-dong, downtown Seoul.

| 한국 신문

영문목차 Contents

Preface • 6

Part I.
Life of Abraham Kuyper

Introduction • 17

Younger Kuyper, formation of his Faith and Personality • 21
Kuyper's Character
Kuyper's Family
Kuyper's University Education
Kuyper's Conversion
Kuyper and Calvinists in a Rural District

A. Kuyper as a Great Pastor • 44
Pastoral Work in Beesd
Pastoral Work in Utrecht
Pastoral Work in Amsterdam

A. Kuyper as Founder of Calvinistic University • 61

Why A. Kuyper need Calvinistic Universty
Process for Establishment of Vrije Universiteit
Open Vrije Universiteit
A. Kuyper and His Calvinistic Successions

A. Kuyper as Church Reformer • 79

Secularization of State Church in Netherland
A. Kuyper as Pioneer of Church Reform
Processing of A. Kuyper's Church Reform
Separation and Doleantie in 1886
Establishment of Dutch Reformed Church

A. Kuyper as Reformer of Education • 101

Background of Education Reform in Kuyper
A. Kuyper's Struggles for Christian Education
Theo-Centric Science
A. Kuyper's Fruits for Education Struggles

A. Kuyper as Christian Politician • 113

Foundation of A. Kuyper's Political Philosophy
Kuyperian Model in Christian Politics
Kuyper's Political Party-(a Party Leader)
Kuyper's Political Leadership
Kuyper's Calvinistic Politics

Kuyper's Political Power-(the Prime Minister)
Challenge and Response (I) a Railroad Strike
Challenge and Response (II) Law of Higher Education
Challenge and Response (III) Law of Abstinence from Drink
Kuyper as Politician for Half Century
Fruits for Kuyper's Christian Politics
Evaluation on Kuyper's Christian Politics

A. Kuyper as Various Writer • 162
A. Kuyper's Doctoral Dissertation for Th.D
A. Kuyper's Theological Books
A. Kuyper's Political Books
A. Kuyper's Bible-Meditations Books
A. Kuyper's Church Reformed Books

A. Kuyper as Genius Journalist • 174
Kuyper has Talent for Literature
Editor for De Heraut
Editor for De Standaard
Kuyper is Calvinistic Journalist

A. Kuyper as Social Reformer • 188
Social Issues in Kuyper's era
Kuyper's Concern for Social Reform
Kuyper's Reality for Social Reform
Kuyper's Struggles for Making Law of Labour

Part II
A. Kuyper's Reformed Theology and Faith

On Kuyper's Sermon-a Sparking preacher • 203
Bible and Preaching on A. Kuyper
Understanding Preacher on A. Kuyper
Homiletics of A. Kuyper
Pastoral Work and Preaching of A. Kuyper
Contents of Sermon of A. Kuyper

A. Kuyper's Understand of Church • 226
Church Management
Church Must Preach the Word of God
Church Must give a Sacred Ceremonies
Holy Communion and Confession Faith
Christian Responsibility to Church

A. Kuyper as Theologian of Holy Spirit • 238
John Calvin and A. Kuyper in Holy Spirit
Work of Holy Spirit and His Sphere
Creation and Recreation of Holy Spirit
Holy Spirit and Holy Bible
Fill with Holy Spirit and Pentecost

Holy Spirit and New Testament
Work of Holy Spirit and Redemption
Work of Holy Spirit and Preaching
Work of Holy Spirit and Prayer

A. Kuyper, Proclamate Souvereignity of Sphere • 259
Background for Souvereignity of Sphere
John Calvin and A. Kuyper on Souvereignity of Sphere
Free University and Souvereignity of Sphere
Principle of Souvereignity of Sphere

Calvinism as Christian World-View • 274
Origin of calvinistic World-View in Kuyper
Christian World-View in Kuyper
Kuyper has Peace of his Heart in Calvinism
Refusal to Religious Pluralism
Calvinism and Politics

Kuyper, Organize Theo-Centric Theology • 301
Revelation and Symbolism
God's Self-Revelation and Principle of Christianity
Inspiration and Authority of Bible
Theo-Centric Theology
Refusal Pantheism and Evolution theory
Work of Christ
Work of Holy Spirit

Self-Evidence of Holy Spirit

Kuyper's Soteriology • 314
God Only Work for Salvation
Sola Gratia and Salvation
Souvereignity of God and Responsbility of Man
Conversion
Calvinism and Humanism
Sin and Grace
Rebirth and Science
Sola Fide
Sanctification
Spiritual War
Confidence for Final Victory

Particular Grace in A. Kuyper • 330
Kuyper is Theologian for Particular Grace
Christ is not for Everybody
Consequence is Important
Particular Grace is Mercy of God

Common Grace and Culture in A. Kuyper • 340
Common Grace and Terminology
Meaning of Common Grace
Common Grace and Culture
Christian Culture

Evaluation on Common Grace

Kuyper and Mission · 355
Kuyper is Mission Pronteer
Mission Work and Souvereignity of God
Misson for Glory of God

Kuyper and Godliness · 363
Work of God and Godliness
Christian Patience and Godliness
Power of Holy Spirit and Godliness
The Word of God and Godliness

Evaluation and Conclusion on A. Kuyper · 375

endnate · 381

Appendix · 411
A. Kuyper's Bibliography · 413
Bibliography on A. Kuyper
  -English
  -Dutch
An Exhibition on Dr. Abraham Kuyper(1837-1920) · 427
other materials · 445
Index on Name and Subject · 467

주제 및 인명 색인
Index on Name and Subject

ㄱ

가치중립적 학문방법론 143
강권적 은혜(Irrestible Grace) 317
개혁신학 58,79
개혁주의 원리 277
개혁주의 철학(Philosophia Reformata)
.... 74
갱신교회(Hervormed Kerk)...46,87,90,
169,226
경건과 학문(Pietatis et Academia)..363
경건의 대전(Pietatis Summa) 363
경건훈련 363-373
계몽주의(Enlightment) .... 63,100,180]
고마루스(Gomarus) 333
교의학 강의모음(Dictaten Dogmatiek).. 165
구속사 206,244,246,247,262,304,
317,318,335
구속계시사(Gesehiedeuis der
Heilsopenbaring) 205
구스타브 바르넥(Gustav Warneck) .. 356
구원론(Soteriology) 314-329
그리스도의 왕권(Pro Rege)... 113,115,
116,124,125,147,166,199,360,377
기독교 강요(The Institute of Christian
Religion)...................... 123,164
기독교 교육 191

기독교 문화건설 350-354
기독교 세계관 274-299
기독교 자유 고등교육기관(De Christelijk
Vrije Hoogeschool) 104
끄라이너 루이던(Kleine Luiden) .. 121,
186,191,194

ㄴ

눗슨(R.Knudsen) 76
니체(Fredrich Nietzsche) 81
니케아 신조(The Creed of Nicaea) .. 311

ㄷ

다윈(C.Darwin) 81
다코스타(Issac Dacosta).. 129,156,186
더 브라인(J. de Bruijn) 9,155
더 헤라우트(De Heraut)....20,133,163,
166,167,168,169,173-181,192,193,
200,204,209,223,311,328,331,340,341
돌레안시(Doleantie) 90,170
도예베르트(Herman Dooyeweerd) .. 7,
74,353
돌트신경 .. 167,233,252,253,301,330,
333
돌트총회(The Synod of Dordt) ... 41,
212,280

디 엘 무디(D.L.Moody) 199
딜로(F.W. Dilloo) 69
뜨롤스트라(Troelstra) 23,189,190

ㄹ

라스코(J.A.Lasco) 30,44,47,48,59,
  85,157,161,162,174,226
랑그레이(M.R. Langley) 119,159
럿거스(Rutgers) 69
레드클리프 상속인 33
레베이(Reveil) 운동 79,80
로끄마께(Hans R. Rookmaaker) .. 7,
  75
루터(M.Luther) 310,316
룰만(J.C. Rullmann) .... .161,190,357
리쳐(Richer) 356

ㅁ

메이천(J.G. Machen) 84
멕골디릭(J.E. McGoldrick) 301
문화(Culture) 345-354
문화명령(Cutural Mandate) 72
문화변증 279

ㅂ

바빙크(H.Bavinck) ..73,.149,165,278
바꾸닌(Michael Bakunen) 137
반동종교 개혁 운동
  (Anti-Reformation) 62
반덴벅(J. Vander Berg) 179
반룰러(A.A.Van Ruler) 352
반철도법(Anti-railroad Strike Law) .. 140
반혁명당(Anti-Revolutionary Party) ..53,
  79,97,117,122,129,130,132,133,153,
  167,181,183,184,293,309,377
반혁명 정치학 191,168

반틸(C.Van Til) 76
발투스(P. Baltus) 39,40,47,212
범신론Pantheism) 308
베인호프(C.Veenhof) 204
벨레마(W.H.Velema) 353,378
벨직신경(Belgic Confession) 280,
  330,333
벨까일(Jahannes Verkuyl) 52,361
보편적 은혜(Gemeene Gratie) ... 341
볼렌호번(D.H.Th. Vollenhoven).. 75
요한 블라우(J.Blauw) 361
불신앙과 혁명(Ongelorf on Revolutie)
  117,125
부티우스(Voetius) 157,333
빌더다익(Willem Bilderdijk) 129,
  156,186
보이스벤(Charles Boissevein) 21
뿌라야 대학교(Vrije Universiteit)
  -자유대학교 .. 61,64,66,67,62,69,
  77,72,77,141,180,375

ㅅ

삶의 전체성(Totality of life) 108,
  185,188,214,223
상징주의(Symbolism) 303,302
샬로트 영 32
선교 355-362
성경의 권위 304,305
성경의 영감 304,305,306
성경적 세계관 323
성경의 자증 312
성령의 사역 311,312,359
셍키(Sankey)........................ 199
소명(Roeping) 223
쇼펭하우어(A. Schopenhauer) .....
  81

수사학(Rhetorics) 173,213
스미스(R.P Smith) 199
스콜텐(J.H. Schoten) 27,45,162
스킬더(K.Schilder) 74,353
스탈(F.J.Stahl) 260
스텐다드(De Standaard) 20,40,97, 116,130,151,160,167,173,181-187,192, 193,376
스파이크만(Gorden Spijkman) 76
스프롤(R.C. Sproel) 76
시스템(System) 280
신의식(Sensus Divinitus) 288
신칼빈주의(Neo-Calvinism) .. 119,164, 263,275,348
신학백과사전학(Encyclopaedia der Heilige Godgeleerdheid) .. 164,276, 356

ㅇ

안티테제(Antithesis) 134,144,152, 276,279,350,351,352,378
알더스(G.Ch. Aldes) 73
얀 바빙크(J.H. Bavinck) 58
언약의 자녀(het kind des verbonds) .. 103
에번라너(Evan Runner) 76
역사적 예수 (Historical Jesus) 311
영역주권(Souvereiniteit in eigen Kring) 18,70,195,196,223,259-273,348, 360,379,
오직 믿음(Sola Fide) 324-327
오직 성경 (Sola Scriptura)..302,303,321
오직 은혜 (Sola Gratia) 316
오직 하나님께 영광(Soli Deo Gloria) .. 158, 283,306,335
우리들의 계획(Ons Program) 103, 104,113,167,191,194,293,377

우리들의 예배(Ons Eredienst) 166
워털잉크(J.Waterink) 73,163,108
월필드(B.B. Warfield).....73,164,239, 241,278
위그노파(Haguenotes) 152
이원론(Dualism)....64,108,115,299,344
인본주의(Humanism) .. 64,134,137,141, 150,286,304
일반은총른(De Gemeene Gratie).. 114, 116,118,133,165,172,214,278,281,295, 297,330,340-354,377

ㅈ

자유주의(liberalism) 66,67,83,321
자이드마(Zuidma) 353
자증적계시 312
재기독교화(Re-Christianization) .. 102
쟌케이우스(Zanchius) 333
전제주의적 학문 방법 143
정치적 영성(Political Spirituality) .. 123, 156,278,280
제네바 아카데미(Genava Academy) .. 61, 68,355,363
저널리스트 174,175
종교다원주의(Pluralism) 284
존 오웬(John Owen) 163,238,241
죠 스카이(Jo Schaay) 28
진화론 308,310
질스트라(A. Zilstra) 185
쯔윙글리(Zwingli) 107

ㅊ

차티어(Chartier)..................... 356

ㅋ

카우즈바르트(Bob Goudzwaard) ... 76
카이퍼 박물관(Kuyper Museum) ... 26

카이퍼적 칼빈주의 선언 281
칼빈(John Calvin) ..21,30,32,33,37,38,
 40,41,42,44,49,52,53,59,60,61,32,67,
 78,79,84,90,97,107,111,116,118,119,
 121,122,125,184,133,148,152,155,15
 6,158,159,161,163,164,173,174,197,2
 03,206,207,208,212,216,224,226,229,
 231,233,234,235,238,239,241,244,24
 5,246,256,261,262,263,267,268,269,2
 72,275,278,280,282,284,285,286,291,
 296,297,301,303,307,310,313,316,31
 8,323,325,326,330,332,333,348,352,3
 55,363,364,368,372
칼빈주의 강연 242
칼빈주의 기독교 교육투쟁 102
칼빈주의 신학 331
칼빈주의자 159
칼빈주의 세계관
 (Calvinistic World view)......67,68,69,
 70,71,72,73,78,82,85,90,99,100,106,1
 11,112,141,144,149,150,182,186,194,
 195, 203,..259,266,269,270,274-299
칼빈주의적 저널리스트 184
칼빈주의 철학회(De Vereniging voor
 Calvin-ische Wijsbegeerte) 74,75
칼빈주의 학문관 294
코메니우스(J.A. Comenius) 107
콕세이우스(Cocceius) 333
콜라인(H.Colijn) ... 22,73,149,152,153
크레머(H.Kraemer) 58,228,388

ㅌ
톨백(Johan Rudolf Thorbecke) 101
트룰스트라(P.J.Troelstra) 138,139
특별은총(Particular Grace) ...165,295,
 330-339

ㅍ
포프마(S.J.Popma) 353
푸칭거(Puchinger) 21,22
프란시스 쉐퍼(Fransis Schaeffer) .. 7,
 75,77
프라인(R.J.Fruin) 26
프리메이슨(Freemasony) 302
프린스톤(Princeton) 158,281,293
파비우스(D.D.D Fabius) 69
피엘슨(Alland Pierson) 80
피펜홀스트(P.A.Diepenhorst) 73

ㅎ
하나님의 강권적 사역 315
하나님께 가까이 169,211,214,307
하나님의 면전(Coram Deo) ... 19,152,
 180,279,363,373
하나님의 오묘(Magnalia Dei) 319
하나님의 영광 108,288,360
하나님의 주권 108,114,115,124,154,
 194,195,198,223,251,254,255,277,
 289,290,292,316,319,357,
하나님 중심 사상 109
하나님 중심 세계관 155,217,321
하나님의 형상(Imago Dei) 288,322
하이델베르크교리문답 ... 280,324,330,
 333
합리주의(Rationalism) 64
화란개혁교회(Gereformeerde Kerk) .. 95,
 98,170,332
헨리 반틸(Henry Van Til) 353
헬만 리델보스(Herman Ridderbos) .. 347
헴스켈크(Heemskerk)........... 65,78
현대주의(Modernism) 56,82
후더마커(Hoedemaker) 69
혹스마(H.Hoeksma) 332

호로샤이데(F.W Grosheide) 55,73
호룬 반 프린스터(Groen Van Princetere)
 ...18,35,41,49,52,101,119,121,125,152,
 156,171,176,27